集 集人文社科之思 刊 专业学术之声

集 刊 名：民商法论丛
主办单位：中国社会科学院法学研究所民法研究室
主　　编：梁慧星
副 主 编：朱广新

CIVIL AND COMMERCIAL LAW REVIEW

第72卷

集刊序列号：PIJ-2018-287
中国集刊网：www.jikan.com.cn
集刊投约稿平台：www.iedol.cn

中文社会科学引文索引（CSSCI）来源集刊

民商法论丛

第72卷

Civil and Commercial Law Review
Vol.72

梁慧星　主　编
朱广新　副主编

社会科学文献出版社
SOCIAL SCIENCES ACADEMIC PRESS (CHINA)

专题研究

法条评释

目　录

专题研究

债权让与中的不当得利[*]

——以债务人非债清偿为论题

李文涛[**]

内容提要： 债权让与后，债务人向受让人做出清偿而债权并不存在，此时，债务人应当向何者主张不当得利返还？对该问题的回答，首先应当从不当得利中给付的基本概念出发，而不宜径直对当事人利益进行衡量，针对该问题的争论正是基于给付概念的不同理解展开。一般而言，基于给付关系，债务人应当向受让人主张不当得利返还。但是，在特殊个案中，尤其在个别债权让与时，应充分考虑并尊重当事人的给付意思和给付安排，当债务人对受让人的给付同时符合债务人向让与人给付的要件时，可以构成债务人对受让人以及让与人的不当得利返还请求权之竞合。另外一种思路是，债务人可改变其清偿目的，转而向让与人主张求偿不当得利。

关键词： 债权让与　给付　不当得利　请求权竞合

导　言

债权让与后，债务人向受让人完成清偿，后发现该债权并不存在，此时，债务人是向让与人主张不当得利返还请求权，还是向受让人主张不当得利返还请求权？该问题一直饱受争议。德国主流学说认为，债务人应当向让与人主张不当得利返还请求权。但是德国少数派观点则认为，债务人

---

[*] 本文系中国劳动关系学院校级课题"人工智能时代法律行为新型形式研究"（项目编号：20XYJS036）的阶段性研究成果之一。

[**] 李文涛，中国劳动关系学院法学院副教授，法学博士。

应当向受让人主张不当得利返还请求权，并且对此做出了强有力的论证。同时，还存在着受让人与让与人构成不真正连带之债的观点，即债务人既可以向受让人，也可以向让与人主张不当得利返还请求权，受让人与让与人构成不真正连带债务人。

　　不当得利的逻辑起点是给付问题，该问题的争论首先基于不当得利中给付概念的不同理解展开，即债务人做出的给付，是向受让人给付还是向让与人给付，给付关系是存在于债务人与受让人之间，还是债务人与让与人之间。同时，该问题还涉及债务人、让与人、受让人之间利益的评判和考量，如债权让与中债务人利益的保护，交易关系中受让人利益的保护等。该争论涉及不当得利中的给付关系、指示给付、为第三人契约、债权让与、债务人保护、合理的破产风险负担、清算回复关系等诸多问题，同时牵连不当得利规则的整体系统。① 另一方面，解决该争议的方法和思路涉及法教义学上的基本概念、体系和逻辑，其对于解决其他法学争议问题具有方法论上的借鉴意义。

一　争议学说整理

　　债务人究竟向谁主张不当得利返还请求权，主要存在三种观点或学说，即向让与人请求说、向受让人请求说、连带债务说。向受让人请求说和向让与人请求说之间存在非常激烈的论战，对此，德国法院也作出过不同的判决，有的支持向让与人主张不当得利返还，② 有的支持向受让人主张不当得利返还。③ 显然，从德国相关的判例中不能提炼出一条清晰的线索，而且法院的判决往往是摇摆不定的。在奥地利的判例中，法院支持债务人向受让人主张不当得利返还，而瑞士法的判例则支持债务人向让与人

---

① Peter Mankowski, Zum Bereicherungsausgleich bei der Zession einer nicht bestehenden Forderung, ZIP 1993, 1214.

② BGHZ 105, 365; BGHZ 122, 46 以及 BGH NJW 2005, 1369, Medicus/Lorenz, Schuldrecht II, BT, 15. Auflage, Verlag C. H. Beck, 2010, S. 419。

③ BGHZ113, 62; BGHZ 151, 127, Werner Flume, Studien zur Lehre von der ungerechtfertigten Bereicherung, Mohr Siebeck, 2003, S. 182, 199.

主张不当得利返还,[①] 英美法判例则更倾向于支持向受让人主张利益返还。

(一) 观点之一: 债务人应当向让与人主张不当得利返还请求权

向让与人请求说是德国法理论和法院裁判的主流学说,支持向让与人主张不当得利返还的比较有代表性的学者包括卡纳里斯 (Canaris)、艾尔曼 (Erman)、韦斯特曼 (Westermann)、汉克 (Henke)、霍克 (Hock)、里伯 (Lieb)、洛伦茨 (Lorenz)、利特巴斯基 (Littbarski)、科勒 (Kohler)、库皮什 (Kupisch)、西莱希特姆 (Schlechtriem)。[②] 其典型的观点和理由整理如下。

1. 给付关系实质上存在于债务人与让与人之间

债务人虽然基于债权让与向受让人做出了清偿,但该清偿完全由让与人安排,债务人实质上是向让与人给付,即债务人给付的目的是向让与人给付,而不是向受让人给付。让与人借助债务人的给付免除了其对受让人的清偿义务,并由此获益。该情形与指示给付相类似,可以类推适用指示给付的付款规则,[③] 即让与人为清偿自己对受让人的债务而指示债务人向受让人给付,让与人与受让人之间存在对价关系,而债务人与让与人之间存在抵偿关系。债务人作为被指示人向受让人给付,债务人向受让人给付实质上是清偿自己对让与人的抵偿之债,让与人因为债务人的清偿而免除自己对受让人在对价之债中的债务。

就给付关系而言,卡纳里斯认为,很难区分权利让与和指示给付,债务人向受让人给付并不是直接给付,而是对指示人给付,其与抵偿关系相关,这可以通过对利益状况的分析得到确认。[④] 罗歇尔德尔斯 (Looschelders)

---

① Detlef König, Ungerechtfertigte Bereicherung, Carl Winter · Universitätverlag · Heidelberg 1985, S. 197, 199.

② Klaus Tiedtke, Bereicherungsschulder bei der Sicherungsabtretung einer nur vermeintlich beste-henden Forderung, WM 1999, 517.

③ Ulrich Loewenheim, Bereicherungsrecht, Verlag C. H. Beck München 2007, S. 53, 55.

④ Larenz/Canaris, Lehrbuch des Schuldrechts, Band II, 13. Auflage, Verlag C. H. Beck, 1994, S. 237, 240.

提出，债务人向假想的债权人清偿，与债务人受通知向第三人清偿不应当被区别对待。而且应当注意的是，这种回复清算根源于债务人与让与人之间的关系瑕疵，① 债务人向新债权人给付依然是为其与原债权人之间的债务关系的清算服务。债务人向受让人给付通常是因为其目的是向让与人履行债务。这里存在着与指示给付相同的情况，通过债权让与或通过指示向第三人给付的安排并没有实质的区别。② 德国联邦最高法院认为，这种情况是一种原因关系瑕疵而导致的回复清算关系，该状况可以参照适用指示给付。债务人向受让人给付是由让与人安排的。债权让与类似于为第三人合同中的独立请求权被安排作为履行对价关系之债的手段。③ 债务人向受让人给付，是债务人向让与人给付，同时也是让与人向受让人给付，这是一个当事人之间的三角给付关系。向让与人请求说将这种债务人、让与人、受让人之间的三角关系作为分析给付关系的框架和基础。但是否在客观上存在这样的三角关系，很多学者持怀疑态度。④

就获益而言，债务人向让与人主张不当得利返还请求权的内容正如指示给付一样，⑤ 让与人的获益涉及让与人因为被转让之债的履行免除了其对受让人的债务，即让与人从转让的权利瑕疵担保责任中解放出来，⑥ 让与人通过指示安排债务人向受让人给付抵偿之债而在对价之债中获益。但是，关于让与人是否由此获益存在激烈的争论。对此，包括拉伦茨（Larenz）在内的很多学者持不同的看法。

2. 受让人保有利益有正当原因

受让人与让与人的债务合同依然有效，受让人保有该给付利益有其正

---

① Dirk Looschelders, Schuldrecht BT, 13. Auflage, Verlag Franz Vahlen 2018, S. 464, 465.

② Helmut Rüßmann, Juris Praxiskommentar BGB, 6. Auflage, juris GmbH Saarbrücken 2013, S. 1496, 1497.

③ 但是，如果债务人对受让人做出了超额的给付，此时与指示给付的情况有所区别，这时需要判断超额的给付是不是由让与人安排。如果该超额给付是由受让人强加，让与人对此没有发挥任何作用，则债务人可向受让人主张不当得利返还。Nomoskommentar BGB Schuldrecht, Deutsche Anwalt Verein 2016, S. 5001, 5002。

④ Erman Kommentar/Buck – Heeb, 15. , neu bearbeitete Auflage, 2017, §812, Rn. 36.

⑤ Nomoskommentar/Linke, Deutsche Anwalt Verein 2016, §812, Rn. 166. S.

⑥ Larenz/Canaris, Lehrbuch des Schuldrechts, Band II, 13. Auflage, Verlag C. H. Beck, 1994, S. 237, 240.

当理由。虽然让与的债权不存在，但这并不影响受让人与让与人之间债务合同的效力，从交易安全和信赖利益保护的角度来看，受让人基于交易关系，基于有效的债务合同，有保有债务人给付利益的正当原因。王泽鉴认为，受让人和让与人之间存在法律关系，其受利益有法律上的原因，① 其受益不构成不当得利。

但是，受让人与让与人之间有效的债务合同能否作为受让人保有利益的正当理由，值得商榷。受让人与让与人之间的债务合同本身具有相对性，而给付不当得利的正当理由基于给付本身所依据的债务关系。

3. 向受让人主张不当得利会损害债务人利益

洛伦茨、卡纳里斯、库皮什、韦斯特曼认为，首先需要考虑债务人利益的保护，债务人不能遭受受让人破产的风险。债务人向受让人主张不当得利返还，违背了权利让与的基本规则，即债务人的法律地位不能因债权让与而变坏。② 让债务人向受让人主张返还不当得利，会使债务人承担受让人破产的风险，而受让人并非债务人自由选择，这违背了债权让与不得损害债务人利益的基本原则。当事人只能承担其选择的当事人的破产风险，而不能承担其未选择的当事人破产的风险。③ 债务人选择了让与人作为债的相对人，应当承担让与人破产的风险，而不应当承担受让人破产的风险。德国联邦最高法院的判决结果与该观点相一致，其更多从风险分配和信赖保护的视角出发，债务人要承担让与人破产的风险，因为让与人是债务人自己选择的，而不应当承担受让人破产的风险。④ 但是，债权让与中保护债务人的规则是否包括债务人无须承担新债权人破产的风险，值得进一步论证和思考，这涉及对债权让与制度目的和功能的分析和理解。

4. 简化法律关系

债权不存在的瑕疵根源于债务人与让与人，由债务人向让与人主张不

---

① 王泽鉴：《债法原理（第二册）：不当得利》，中国政法大学出版社，2002，第78~110页。

② Karl Larenz, Lehrbuch des Schuldrechts, C. H. Beck'sche Verlagesbuchhandlung, 1981, S. 549, 552.

③ Larenz/Canaris, Lehrbuch des Schuldrechts, Band II, 13. Auflage, Verlag C. H. Beck, 1994, S. 237, 240.

④ Ulrich Loewenheim, Bereicherungsrecht, Verlag C. H. Beck München 2007, S. 53, 55.

当得利返还，能避免循环追索，简化法律关系。如果选择让债务人向受让人主张不当得利返还，在债务人与让与人之间存在双务合同关系且让与人已经做出给付的情形下，则可能出现受让人在返还利益后，向让与人求偿，让与人再向债务人求偿的循环求偿关系。洛伦茨主张，当被转让的债权涉及一个双务合同关系时，债务人向让与人主张返还不当得利能避免债务人向受让人主张不当得利返还而导致的复杂关系。① 法院否定了债务人向受让人主张不当得利返还的判决不仅正确分配了破产风险，而且也有避免复杂的不当得利返还关系的考虑。② 但是，应当注意的是，不能以损害当事人之间的抗辩关系、牺牲当事人的利益来追求所谓的法律关系的简化。

（二）观点之二：债务人应当向受让人主张不当得利返还请求权

向受让人请求说虽然是少数派的观点，但其论证强而有力，而且在最近得到了越来越多的支持。在英国法上，法院支持向受让人主张不当得利返还。③ 美国法院在 1953 年的判例④中也支持了向受让人主张不当得利返还的观点。已经承担返还责任的受让人可向让与人追偿。这种利益衡平在普通法上普遍存在，美国判例主张通过法律地位的变更（受让人向让与人追偿）来减轻受让人的负担，在英国法上，权威的学者也支持该观点。法国法上虽然没有众所周知的观点，但是可以推断，法国的判例支持向受让

---

① Werner Lorenz, Abtretung einer Forderung aus mangelhaftem Kausalverhältnis: Von wem kondiziert der Schuldner, AcP 191 (1991).

② Manfred Lieb, Zur bereicherungsrechtlichen Rückabwicklung bei der Zession, Jura 1990, 359.

③ 对此，也存在不同的看法。在施道丁格法律评注中有这样的表述，在英国判例中，存在一种支持债务人向让与人主张不当得利返还的趋势。J. von Staudinger Kommentar zum Bügerlichen Gesetzbuch mit Einführungsgesetz und Nebengesetzen, Buch 2 Recht der Schuldrechtverhältnisse, 2007, S. 125, 130。

④ 某商人将其价款请求权让与银行，银行收取了该债权。而后在该商人破产清算程序中发现，该请求权系由虚假船运单据伪造的。由于错误的金钱支付，银行向债务人承担了返还价款的责任。

人主张不当得利返还，① 奥地利的判例持相同观点。

在德国法上，帝国法院的不少判例支持债务人向受让人主张不当得利返还请求权。② 德国联邦最高法院从 1988 年 11 月 2 日的指导性判例以来，与帝国法院的判例保持一致，即债务人应当向受让人主张不当得利返还。此外，德国联邦财务法院以及卡尔斯鲁厄高等地方法院认为，债务人应向受让人请求返还不当得利。③ 支持向受让人主张不当得利返还的主要学者包括拜亚尔（Bayer）、杜尔纳尔（Dörner）、菲克希尔（Fikentscher）、德雷斯克（Drexl）、凯尔曼（Kellmann）、柯德根（Köndgen）、马克斯基（Mankowski）、美亚尔（Meyer）、佩特斯（Peters）、胡伊特尔（Reuter）、马梯内克（Martinek）、舒伯特（Schubert）、梯扑克（Tipke）、库鲁斯（Kruse）、梯德卡（Tiedtke）。④ 其主要观点和理由整理如下。

1. 给付关系存在于债务人和受让人之间

在债权让与之后，债务人基于清偿自己债务的目的，有意识地向受让人给付，受让人基于自己对债务人的债权而受领。债务人有目的、有意识地向受让人给付，增加受让人的财产，给付关系存在于债务人与受让人之间。债权让与和指示给付、为第三人契约在法教义学上存在根本区别，在该争议问题上，根本不存在指示给付关系，也不存在为第三人契约关系，而仅仅是债务人向受让人的给付关系。向让与人请求说混淆了债权让与和指示给付之间的关系，动摇了法律体系的基础，造成了法教义学上的概念和逻辑体系的混乱。

---

① Detlef König, Ungerechtfertigte Bereicherung, Carl Winter · Universitätverlag · Heidelberg 1985, S. 224, 225.

② Detlef König, Ungerechtfertigte Bereicherung, Carl Winter · Universitätverlag · Heidelberg 1985, S. 197, 199. 在 1888 年的帝国法院判例中，买受人向债权让与的受让人支付了 14000 马克的价款，而实际价款只有 11500 马克。帝国法院拒绝了买受人向让与人请求偿还的主张，让与人并没有受益。买受人向受让人主张不当得利返还，因此受让人可以向让与人主张补偿。帝国法院在 1938 年的一个判例中，支持了债务人向受让人主张不当得利返还的主张。承建人将其报酬债权让与银行，作为债务人的业主向银行支付了报酬。业主应当向银行主张不当得利返还。

③ Chris Thomale, Leistung als Freiheit, Mohr Siebeck, 2012, S. 349, 363.

④ Klaus Tiedtke, Bereicherungsschulder bei der Sicherungsabtretung einer nur vermeintlich bestehenden Forderung, WM 1999, 517.

从债权让与的基本原理出发，拉伦茨认为，债权人让与不同于为第三人合同，债权让与后即排除让与人作为债权人，而只能是受让人作为权利人。意欲履行假想债务的债务人，是针对假想的受让人履行债务。债务人没有任何理由向让与人履行债务，即使债务存在，也不需要向让与人履行债务。这里不涉及一个三方主体债务关系的同时履行问题，而是债务人向受让人履行的单一给付关系，即债务人向受让人履行债务。[1] 因此，债务人应当向受让人主张不当得利请求权。这里不存在三角法律关系，而仅仅是债务人与受让人之间的双方法律关系，受让人取得了让与人的债权人地位。[2]

就给付关系而言，弗卢梅（Flume）提出，债务人向受让人给付不是让与人的安排，也不同于指示给付。让与人与债务人的给付没有关系，让与人对此没有做出任何行为。[3] 债务人基于清偿目的向受让人给付，是为了消灭其义务。不存在的债权并不改变给付所针对的确定目的，尽管债务人并不知道该债务是不存在的。[4] 给付关系存在于债务人与受让人之间，而与让与人没有关系。就让与人的获益而言，施劳德（Schnauder）认为，让与人对受让人责任的免除不能作为给付不当得利的利益客体，[5] 让与人没有因为债务人向受让人给付而获益。因此，德国联邦最高法院作出的债务人向让与人主张不当得利返还的判决与给付不当得利的基础规则是不一致的，其错误理解了债权让与中的利益状况，该解决方案不能被信服，其既没有事实基础也不实用。[6]

2. 债务人利益的考量

基于债权让与的基本原理，债务人利益可以得到充分保护，其对让与

---

① Karl Larenz, Lehrbuch des Schuldrechts, C. H. Beck'sche Verlagesbuchhandlung, 1981, S. 549, 552.

② Erman Bürgerliches Gesetzbuch, 15., neu bearbeitete Auflage, Ottoschmidt 2017, S. 3595, 3596.

③ Werner Flume, Studien zur Lehre von der ungerechtfertigten Bereicherung, Mohr Siebeck, 2003, S. 182, 199.

④ Medicus/Lorenz, Schuldrecht II, BT, 15. Auflage, Verlag C. H. Beck, 2010, S. 419.

⑤ Franz Schnauder, Grundfragen zur Leistungskondition bei Drittbeziehungen, Duncker & Humblot/Berlin 1981, S. 207 – 209.

⑥ Heinrich Dörner, Kondition gegen den Zedenten oder gegen den Zessionar, NJW 1990, 473.

人的抗辩依然可以对受让人主张。托马勒（Thomale）认为，债权让与制度的核心是债权人的变更以及债务人对新债权人的尊重，而并不涉及新债权人责任财产的多少。[①] 为防止债权让与而导致债权人财产状况的缩减，债务人可以通过与让与人约定债权不能转让来排除债权让与或通过担保来防范风险。就债的清偿关系而言，是债务人向受让人做出了给付，受让人受领了利益，债务人自然应当向受让人主张返还不当得利，而这与债权让与中债务人的保护规则无涉。

3. 受让人保有利益无正当原因

受让人与让与人之间的债务合同具有相对性。因转让的债权本身并不存在，而且债权本身也没有公示，在处分行为层面，一个客观上并不存在的权利客体无法发生权利变动的法律效果，处分行为会因为处分标的的不存在而无效。因此，债权让与无法产生债权移转的法律效果，受让人无法获得债权，而只能基于债务合同向让与人主张权利。在让与人无法偿债时，受让人需要承担让与人破产的风险。

4. 保留债务关系的抗辩

债务人向受让人主张不当得利返还，受让人与让与人、让与人与债务人通过各自的债务关系结算处理，符合债之相对性的基本原理，也可以保留各当事人之间基于各自债之关系产生的抗辩。

（三）观点之三：债务人可选择向让与人或向受让人主张不当得利返还请求权

连带债务说是指让与人与受让人构成不当得利之债的不真正连带关系，债务人可选择向让与人或受让人主张不当得利返还，因债务不存在，让与人和受让人的获益都缺乏正当性之基础，因此债务人可选择向让与人或受让人主张不当得利返还请求权。[②] 连带债务说不是具有代表性的学说，学者对之论述不多。

---

① Chris Thomale, Leistung als Freiheit, Mohr Siebeck, 2012, S. 356, 358.

② 参见黄茂荣《不当得利》，植根法学丛书编辑室编辑，2011，第189~190页。

二　债务人应当向受让人主张不当得利返还

从上述争议的总结和整理可以得知，争论首先围绕一个基本问题展开，即债务人向受让人做出给付的法律意义是什么，即债务人与谁存在给付关系，然后是债务人利益如何得到保护，债务人、受让人、让与人之间的利益如何评判和协调。笔者以为，基于给付的基本概念和基本原理，一般而言，债务人应当向受让人主张不当得利返还，债务人、受让人、让与人之间的利益衡量也可以为此提供有力的论证基础。

（一）不当得利中给付的基本概念

不当得利请求权的检索首先应当考查给付不当得利，然后是非给付不当得利，非给付不当得利相对于给付不当得利而言具有辅助性。给付不当得利的基础是给付概念、给付目的和给付关系。关于给付不当得利的判断，对给付概念、给付关系的分析和理解是逻辑起点，也是最基本的判断标准。在通过价值衡量的视角来解决问题之前，首先需要考虑不当得利制度中给付的基本概念，[①] 必需的出发点依然是基本的给付概念。[②] 正是在理解给付概念的基础上，我们才可能找到解决问题的方法。[③] 德国联邦最高法院作出的不同判决正是基于对不当得利中给付概念的不同理解。[④]

一般认为，不当得利中的给付是指有目的、有意识地增加他人财产的行为，其核心是以目的为导向，即不当得利债务人以增加不当得利债权人财产为目的而为给付行为，[⑤] 包括移转财产、授予用益权、交付占有、提供劳务等。给付目的包括一方为另一方履行债务、建立债务关系、为他方为财产给予、产生增加他人财产之结果，并由该目的建立起给付者与受给

---

① Chris Thomale, Leistung als Freiheit, Mohr Siebeck, 2012, S. 358.

② Wolfgang Fikenscher, Schuldrecht, Walter de Gruyer & Co., 1991, S. 700 – 701.

③ Klaus Schreiber, Der Bereicherungsausgleich im Mehrpersonenverhältnis, Jura 1986, 542.

④ Peter Mankowski, Zum Bereicherungsausgleich bei der Zession einer nicht bestehenden Forderung, ZIP 1993, 1214.

⑤ Dirk Looschelders, Schuldrecht BT, 13. Auflage, Verlag Franz Vahlen 2018, S. 414, 419.

付者之给付关系。① 给付的核心是给付人主观上的有目的和有意识。给付目的之法律性质包括意思表示说、准法律行为说等。② 给付是当事人创设法律关系的自治工具，给付包含着主观要素，法律行为的规范可直接适用于确定给付目的之行为。③ 当然，不当得利中的给付概念需要根据我国现行民法制度来解释，④ 给付不当得利也有类型化的必要。⑤ 在我国司法实践中，当事人的给付意思、给付目的对于不当得利的认定发挥了重要的作用。⑥

判断给付人是否为有目的、有意识的给付，不是单纯从给付人的主观角度出发，而是更多要从受领人的客观角度出发。德国法理论认为，给付不当得利涉及法律行为领域，与法律行为密切相关。非给付不当得利涉及非法律行为领域，与不法行为密切相关。给付不当得利中的给付决定往往被视为意思表示或者是具有法律行为意义的行为，因此其解释可以适用意思表示解释的理论和规则，对于有受领人的给付，需要从受领人的客观视角出发，⑦ 来判断给付人是不是有目的、有意识的给付。给付不当得利的核心要素是增加财产的目的。决定性的是，出于何种目的，给付人向受领人做出给付。因此，在关于给付目的的判断中，在很大程度上，是从受领人的客观视角出发，⑧ 给付受领人的客观视角在判断给付人是不是有目的、

---

① 黄茂荣：《不当得利》，植根法学丛书编辑室编辑，2011，第 2～5 页。
② 王泽鉴：《不当得利类型论与不当得利法的发展——建构一个可操作的规范模式（下）》，《甘肃政法学院学报》2015 年第 6 期。
③ 赵文杰：《给付概念和不当得利返还》，《政治与法律》2012 年第 6 期。
④ 娄爱华：《不当得利"没有合法根据"之概念澄清——基于"给付"概念的中国法重释》，《法律科学（西北政法大学学报）》2012 年第 6 期。
⑤ 崔建远：《不当得利规则的细化及其解释》，《现代法学》2020 年第 3 期。
⑥ 参见朝阳市双塔区人民法院（2018）辽 1302 民初 4668 号民事判决书，四川省成都市新都区人民法院（2019）川 0114 民初 8417 号民事判决书，成都市中级人民法院（2016）川 01 民终 10638 号民事判决书，泰州市中级人民法院（2018）苏 12 民终 1809 号民事判决书，上海市第一中级人民法院（2015）沪一中民四（商）终字第 1150 号民事判决书，眉山市东坡区人民法院（2018）川 1402 民初 3763 号民事判决书，攀枝花市东区人民法院（2018）川 0402 民初 1979 号民事判决书。
⑦ Dirk Looschelders, Schuldrecht BT, 13. Auflage, Verlag Franz Vahlen 2018, S. 414, 419.
⑧ 如在未成年人乘坐飞机案中，当没有行为能力的受领人是无意识的增加财产，则可以适用非给付不当得利。Dirk Looschelders, Schuldrecht BT, 13. Auflage, Verlag Franz Vahlen 2018, S. 414, 419.

有意识给付中起着决定性的作用。

给付的正当理由是一个有效的给付关系，其意味着这样一种权利关系：受领人对于给付人享有权利，保有其受益。这种关系包括各种类型，主要是各种债务关系（如合同、缔约过失、无因管理、侵权、不当得利等等）。如果给付的目的是清偿债务，则该债务关系对于受领人而言就是正当理由。基于该债务关系，给付受领人有权请求给付，并有权保有该给付的利益，[①] 如果该确定给付的债务关系无效、被撤销或不成立，则给付就缺乏正当理由。在给付关系的判断上，需要考虑给付的可归责性问题，即该给付是否可归属于当事人，如果不可归属，则不存在给付关系，也就不存在对给付意思的解释问题。

基于给付的基本概念，在债权让与后，债务人是有目的、有意识地向受让人履行债务，增加受让人的财产，这对于债权让与而言在客观上是清晰的，从受让人的客观视角来看，债务人在向受让人给付。因此，梯德卡指出，德国联邦最高法院向让与人主张不当得利返还是不值得赞同的，该观点违背了债务人清晰可辨的意思，[②] 违背给付的基本概念。拜亚尔甚至提出，论证在债务人与让与人之间存在给付关系对于卡纳里斯而言是不困难的，因为卡纳里斯想放弃给付概念作为核心法教义学的标准。基于主流的给付概念，应当对受让人主张不当得利返还。受让人可以从其与让与人的原因关系的瑕疵中得到保护。[③] 但是卡纳里斯主张，债务人向受让人主张不当得利返还的观点违背了给付概念在法教义学上的承载能力，因为引起不当得利的瑕疵源于债务人与让与人之间的关系。[④] 笔者认为，对给付概念的理解固然应当将法教义学的体系与案件事实相互结合，但是特殊个

---

① Karl Larenz, Lehrbuch des Schuldrechts, C. H. Beck'sche Verlagesbuchhandlung, 1981, S. 529.

② Klaus Tiedtke, Bereicherungsschulder bei der Sicherungsabtretung einer nur vermeintlich beste-henden Forderung, WM 1999, 517.

③ Walter Bayer, Bereicherungsausgleich nach Zession einer unwirksamen Forderung – BGHZ 105, 365, JuS 1990, 883.

④ Larenz/Canaris, Lehrbuch des Schuldrechts, Band II, 13. Auflage, Verlag C. H. Beck, 1994, S. 237, 240.

案事实的考虑依然是以法教义学的基本概念、逻辑和体系为基础的。从给付的基本概念出发，基于债权让与的基本事实，从受让人的客观视角来看，债务人系有目的、有意识地增加了受让人的财产，债务人与受让人之间的给付关系是明确的、清晰的。

（二）债权让与中的不当得利给付关系

1. 债权让与中的法律关系

（1）让与人与债务人存在债之关系，让与人对债务人享有债权，该债权涉及合同、单方允诺、无因管理、缔约过失、侵权甚至不当得利等不同类型，但其最主要的类型是合同之债。以合同之债为例，让与人可将债权债务概括转让给受让人，让与人完全退出合同关系；让与人也可仅仅将合同债权让与受让人（个别债权让与），让与人与债务人依然保持合同当事人地位。

（2）让与人与受让人之间存在一个债权让与的债务合同和债权让与的让与合意，其涉及让与人处分债权的处分行为和受让人取得债权的取得行为。该债权让与的债务合同，涉及买卖、赠与、互易、担保等多种类型，可能是有偿的交易，也可能是无偿的赠与。让与人与受让人之间关于债权的让与合意则直接完成了债权的让与，让与人对该债权进行了处分，而受让人取得了该债权。通过债权让与的让与合意，受让人获得让与人对债务人的债权。

（3）在债权让与后，债务人与受让人之间存在一个债务关系。在债务人向受让人清偿后，债务人与受让人之间又存在一个给付关系。该债务关系与该给付关系应当区分。

以合同之债让与为例，如图1所示。

2. 债务人与受让人的给付关系

在债权让与后，债务人向受让人清偿，形成与受让人的给付关系。从债权让与的基本原理来看，给付关系存在于债务人与受让人之间。请求权首先产生于让与人处，然后让与人将其转让给受让人，债务人将受让人作为新的债权人。虽然因让与人产生了债权并转让了债权，但其与给付过程

```
          1.债权让与合同（债务合同）
          2.债权让与（处分行为、取得行为）
      让与人 ——————————— 受让人
```

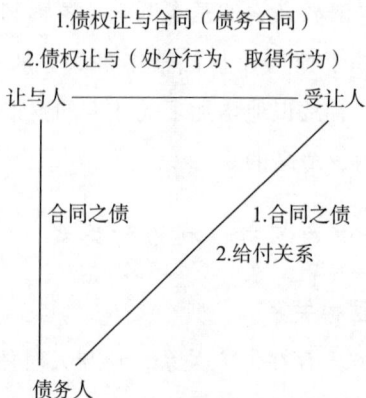

图 1　合同之债中的债权让与法律关系

没有任何关系。该债权的给付仅仅发生在债务人与受让人之间。[1] 受让人取代了让与人的法律地位，这不是三方关系，而是一个双方法律关系，[2]债务人通过清偿债权实现的目的仅仅是对新债权人的清偿，这不同于指示给付和抵偿关系中的为第三人合同，该处并没有一个以同时存在对价关系和抵偿关系为基础的三角关系。[3] 判断债务人与受让人之间是否存在给付关系，起决定性作用的不是让与人与受让人之间的内部关系，而是受让人是否能决定债务人的给付行为，[4] 没有让与人的参与，即使让与人反对，受让人依然可以要求债务人履行，债务人也可以对受让人履行。[5] 在债权让与后，受让人完全可以决定债务人的履行。

　　让与人并没有因为债务人向受让人给付而获得利益。如果债务人向让与人主张不当得利返还，则债务人的不当得利请求权取决于让与人与受让人的对价关系。如让与人将 120 元债权以 100 元价格让与受让人，则债务人只能向让与人主张 100 元的偿还请求权，即使其向受让人支付了 120元。这显然会损害债务人利益。显然，让与人不是因为债务人向受让人给

---

① Chris Thomale, Leistung als Freiheit, Mohr Siebeck, 2012, S. 349, 363.

② Ulrich Loewenheim, Bereicherungsrecht, Verlag C. H. Beck München 2007, S. 53, 55.

③ Wolfgang Fikenscher, Schuldrecht, Walter de Gruyer & Co., 1991, S. 700, 701.

④ Dieter Reuter, Michael Martinek, Ungerechtfertigte Bereicherung, 2. Teilband, Mohr Siebeck, 2016, S. 148, 158.

⑤ Chris Thomale, Leistung als Freiheit, Mohr Siebeck, 2012, S. 349, 363.

付而获益，让与人没有获得债务人可要求返还的不当得利的客体利益。[①]让与人的获益源于其与受让人的债务关系，是通过让与人与受让人之间的结算约定来实现的。[②]

3. 债务人与受让人的不当得利返还关系

在转让的债权并不存在时，债务人向受让人的给付缺乏正当理由，则债务人可以基于给付关系向受让人主张给付不当得利返还请求权。如果受让人的利益受到损害，其可以基于债权让与的债务合同向让与人求偿。基于让与人、债务人、受让人的基本法律关系，从债务人清偿时的给付关系出发，债务人向受让人给付符合法教义学的体系和逻辑，债务人与受让人之间的给付关系是清晰明确的。

（三）当事人之间的利益衡量

在给付概念、给付关系的法教义学分析的基础上，依然需要在债务人、让与人与受让人之间展开利益的评价和衡量。在债务人、让与人与受让人之间的相互请求权关系中，在价值中立的给付概念前提下，需要做最终的利益衡量，并应当考虑转让中的经济利益。债务人向让与人或向受让人主张不当得利返还的区别，涉及的是一种对风险分担的不同理解。正是从经济形式的角度出发，而不是从法律形式的角度出发，才产生了向让与人主张不当得利返还的观点。[③] 但是，就当事人利益状况的衡量来看，债务人给付行为可归属于让与人的观点可以被排除，[④] 确定债务人向受让人给付，并由债务人向受让人请求不当得利返还，能更好协调当事人之间的利益关系。

1. 债务人利益

债务人给付的利益由受让人获得，债务人向受让人主张返还，符合利

---

① Chris Thomale, Leistung als Freiheit, Mohr Siebeck, 2012, S. 349 – 363. 对此，有的德国学者有不同观点，在债务人无法获得足额利益保护时，可适用向获益第三人追偿的规则。
② Mathias Habersack, Münchener Kommentar zum Bürgerlichen Gesetzbuch, 7. Aufl. C. H. Beck 2017, S. 1294, 1298.
③ Hans Gerhard, Ganter, Rechtsprechung des BGH zum Kreditsicherungsrecht, WM 1998, 2081.
④ Dieter Reuter, Michael Martinek, Ungerechtfertigte Bereicherung, 2. Teilband, Mohr Siebeck, 2016, S. 148, 158.

益追踪的客观线索。反对债务人向受让人主张不当得利返还的一个理由是，债务人承担受让人破产风险是不正当的，因为受让人不是债务人选择的，债务人只承担让与人的破产风险，因为让与人是债务人自己选择的，而且债权让与不能损害债务人的利益。该理由的论证力显然不足。

（1）债务人的风险负担

其一，从债权让与的基本原理来看，债权让与意味着债权人的变更，而一般并不涉及债权人财产状况，也不涉及债权人破产风险问题。债权让与不能使债务人的法律地位变糟，但是债权让与并不能完全杜绝债务人利益受到影响，债权让与依然会对债务人利益产生影响，依然会存在各种风险，这些都需要债务人预防和事先安排。[1] 债务人的法律地位可能因债权让与而变坏，如受让人主张的抵销权、更少的宽限期、可能更高的损害赔偿数额等。当然，债务人的法律地位也可能变好。甚至有学者认为，在一般情况下，受让人比让与人更具有清偿能力，债务人向受让人主张不当得利返还一般不会使境况更坏。[2]

债权让与所关涉的，在更大程度上，仅仅是债务人将受让人作为新的债权人来加以尊重，而无论其相比于让与人而言，是更具有支付能力或更不具有支付能力，是更宽容迟延或更不宽容迟延。[3] 虽然债务人依然可以向受让人主张其对让与人的抗辩，但是债权人变更的法律效果意味着债务人需要承担新债权人的破产风险。[4] 破产风险承担由让与人移转到受让人是法律的规定，因为原债权人和新债权人可以不经债务人同意，在不损害债务人利益的前提下，完成债权让与。

其二，从债的给付关系来看，通过向受让人给付，债务人由于带有法律行为性质的清偿决定的效力而负担了受让人破产的风险，因为受让人是给付受领人。[5] 受让人的破产风险由债务人承担，不是因为债务人自己选

---

① Wolfgang Fikenscher, Schuldrecht, Walter de Gruyer & Co., 1991, S. 700 – 701.

② Werner Flume, Der Bereicherungsausgleich in Mehrpersonenverhältnissen, AcP 199 (1999).

③ Chris Thomale, Leistung als Freiheit, Mohr Siebeck, 2012, S. 356, 358.

④ Klaus Schreiber, Der Bereicherungsausgleich im Mehrpersonenverhältnis, Jura 1986, 542.

⑤ Chris Thomale, Leistung als Freiheit, Mohr Siebeck, 2012, S. 356, 358.

择了受让人作为合同当事人，而是因为其向受让人做出了给付，① 不是因为债的成立关系，而是债的履行关系决定了债务人必须负担受让人破产的风险。债务人承担受让人破产风险的结果在利益上也是公平的，通过债权让与，债务人保留着原债务关系中对原债权人的各种抗辩；通过债务人向受让人给付，债务人承担受让人破产的风险。对于受让人而言，其可以向让与人追偿，并承担让与人破产的风险。②

（2）债务人利益的保护

其一，债务人有多种可能针对受让人的破产获得保护。债务人可以通过限制债权让与，或向提存机关清偿等方式来规避这些风险。如果债务人想排除债权人变更的风险，其应当与债权人约定请求权不能转让。③ 如果债务人不能使用各种方式来保护其利益，则其需要承担受让人破产的风险。④

其二，在受让人因破产无法返还利益或获益不存在时，债务人可以适用向获益第三人追偿规则，⑤ 即向获得转移利益的让与人主张不当得利返还。在不当得利法上，通过第三人追偿规则的适用，可以使债务人免受受让人破产风险的影响，并足以保护债务人利益。在涉及债权让与的不当得利返还上，应当允许债务人向让与人主张补偿请求权，因为这也符合权利让与不能恶化债务人状况的基本规则，⑥ 因此在很大程度上，在受让人破产的案件中，让与人承担补充性的责任是具有正当性的。⑦ 凯尔曼甚至提

---

① Mathias Habersack, Münchener Kommentar zum Bürgerlichen Gesetzbuch, 7. Aufl. C. H. Beck 2017, S. 1294, 1298.

② Wolfgang Fikenscher, Schuldrecht, Walter de Gruyer & Co., 1991, S. 700, 701.

③ Dieter Reuter, Michael Martinek, Ungerechtfertigte Bereicherung, 2. Teilband, Mohr Siebeck, 2016, S. 148, 158.

④ Chris Thomale, Leistung als Freiheit, Mohr Siebeck, 2012, S. 356, 358.

⑤ 我国《民法典》第 988 条规定："得利人已经将取得的利益无偿转让给第三人的，受损失的人可以请求第三人在相应范围内承担返还义务。"还可参见我国台湾地区"民法典"第 183 条的规定，"不当得利之受领人，以其所受者，无偿让与第三人，而受领人因此免返还义务者，第三人于其所免返还义务之限度内，负返还责任"。

⑥ Detlef König, Ungerechtfertigte Bereicherung, Carl Winter · Universitätverlag · Heidelberg 1985, S. 197, 199.

⑦ Walter Bayer, Bereicherungsausgleich nach Zession einer unwirksamen Forderung – BGHZ 105, 365, JuS 1990, 883.

出，类推适用债务人保留对原债权人的抗辩规则，债务人享有选择权，即当受让人没有支付能力时，其可以向让与人主张返还不当得利。[①] 在英美法上，也存在类似的规则。如果出现了第三人通过有效的合同从受益人处获益的情形，受害人可以向第三人追偿。[②] 通过向获得转移利益的第三人追偿，债务人可以规避受让人破产的风险。

2. 受让人利益

反对债务人向受让人主张不当得利返还请求权的一个理由是，受让人基于有偿交易获得债权，其信赖利益需要保护，其对该债权的获益应当保有。该理由缺乏足够的说服力。

其一，从受让人与让与人的债务关系来看，受让人自己选择了让与人，并与之建立债权让与的债务合同关系，受让人可以基于该债务合同向让与人主张权利，并应当承担让与人瑕疵履行以及让与人破产的风险。

其二，从受让人与让与人的处分关系来看，让与人处分了一个并不存在的债权，一个在客观上不存在的债权是无法处分的。[③] 处分一个客观上并不存在的权利或物的行为是无效的，同时受让人的取得行为也是无效的，受让人自始至终都无法获得该债权[④]，其无法保有基于该债权而产生的给付利益，而只能基于债权让与的债务合同向让与人求偿。

3. 让与人利益

如果让与人与债务人之间是一个双务合同关系，而且让与人已经对债务人做出了给付，在该合同无效、被撤销或不成立时，让与人可以基于清算回复关系向债务人主张返还给付利益。当然，债务人可以其未从受让人处追回给付利益来抗辩，即债务人从其给付中未获得任何利益，因为受让

---

① Christof Kellmann, Erfüllungsgehilfen kondizieren nicht—Zum bereicherungsrechtlichen Drei - Personenverhältnis, JR 1988, 99.

② Peter Birks, *The Foudations of Unjust Enrichment*, Victory University Press, 2002, p. 94. 跳背游戏规则是指权利人跳过中间人而直接向受益的第三人主张权利。

③ Chris Thomale, Leistung als Freiheit, Mohr Siebeck, 2012, S. 356.

④ 虚构的债权让与可以参照善意取得，前提是该虚构之债权可归责于债务人和让与人，而且善意的受让人产生了债权之存在的信赖。我国《民法典》第 763 条规定："应收账款债权人与债务人虚构应收账款作为转让标的，与保理人订立保理合同的，应收账款债务人不得以应收账款不存在为由对抗保理人，但是保理人明知虚构的除外。"

人没有偿付能力或者其所受利益已经不存在了。让与人必须负担与该让与相关的风险，因为是让与人自己做出了债权让与行为。① 如果债务人已经从受让人处追回给付利益，受让人可基于债权让与的债务合同关系向让与人求偿，让与人则可基于清算回复关系要求债务人返还其获得的给付利益。据此，债务人向受让人主张不当得利返还，也不会影响让与人的利益。

（四）小结

基于给付的概念和债权让与的基本原理，从债务人和受让人的给付关系出发，结合债务人、受让人以及让与人的利益考量和破产风险负担，可以得出结论，债务人应当向受让人主张不当得利返还。但是，现实生活是鲜活多彩的。在个案中，存在特殊且复杂的事实，其中包含着当事人的多重意思和给付安排，债权让与也包括多种类型，此时，需要结合特殊情形进行具体分析。

三 特殊个案的考虑

（一）法教义学上的区分

在法教义学上，债权让与和指示给付、为第三人契约、间接给付存在根本的区别。法律主体不仅对其行为的经济目的负责，而且对其采取的实现其目的的法律方式负责。债权让与、为第三人合同、指示给付和受领，每一种给付方式都有自己独特的风险。② 从法律建构层面来看，债权让与和指示给付在一个重要的点上存在区别。在指示给付中，被指示人在抵偿关系中被要求给付，同时，从指示人的角度来看，是指示人必须履行其对第三人负担的义务。债权让与和指示给付的本质区别在于，后者是债务人

---

① Karl Larenz, Lehrbuch des Schuldrechts, C. H. Beck'sche Verlagsbuchhandlung, 1981, S. 549, 552.
② Chris Thomale, Leistung als Freiheit, Mohr Siebeck, 2012, S. 356, 358.

事实上在履行针对自己合同中的对方当事人义务。[①] 因此，在指示给付中，被指示人与受领人之间不存在有约束力的法律关系。当被指示人向受领人给付，则指示人在对价关系中的义务同时消灭。[②] 从法律评价层面来看，债权让与和指示给付同样存在本质区别。被指示人可选择是否履行指示。如在银行转账中，不能将其错误地理解为客户单方做出了有约束力的指令，银行首先是因为转账服务合同来履行转账义务，而且能决定其是否订立该合同。债权让与与此完全不同，其可以违背债务人的意志，让受让人径直作为债务人的债权人，债务人没有任何选择的余地。[③] 这种法教义学上的清晰区分是特殊个案考虑的基础和前提。

（二）特殊个案的考量

德国判例和主流学说主张向让与人请求返还不当得利，很大一部分原因可能是在特殊的个案中，债务人向受让人的给付同时符合了债务人向让与人给付的要件，[④] 或者说，债务人向受让人的给付可归属为向让与人给付。显然，在处理不当得利案件时，不能采取机械的解决方式，而是首先需要考虑个案的特殊性来发展合适的不当得利规则。[⑤] 对于给付目的具有决定性意义的给付往往有多重含义。如果通过对给付受领人有约束力的法律关系来决定给付关系，[⑥] 则受让人的利益受领可能同时受到其与让与人之间债务关系的约束，此时，债务人向受让人的给付可能会包含多重意义，可能会同时符合债务人向让与人给付的要件。

在特殊的个案中，以指示给付为例，债权让与可以成为指示给付的一种特殊手段或形式。给付有可能会具有双重目的：其一，履行原因合同；

---

① Mathias Habersack, Münchener Kommentar zum Bürgerlichen Gesetzbuch, 7. Aufl. C. H. Beck 2017, S. 1294, 1298.

② Heinrich Dörner, Kondition gegen den Zedenten oder gegen den Zessionar, NJW 1990, 473.

③ Münchener Kommentar zum BGB/Habersack, 7. Aufl. 2017, § 812, Rn. 203.

④ 在德国法上，也有学者主张，债务人对受让人的给付，构成让与人的非给付不当得利，即债务人向让与人主张非给付不当得利返还。该观点遭到了克劳斯·席海伯的批评。Klaus Schreiber, Der Bereicherungsausgleich im Mehrpersonenverhältnis, Jura 1986, 542.

⑤ Werner Flume, Der Bereicherungsausgleich in Mehrpersonenverhältnissen, AcP 199 (1999).

⑥ Daniel Busse, Internationales Bereicherungsrecht, Mohr Siebeck 1998, S. 206.

其二，被转让债务的履行。第一个目的是向让与人给付，第二个目的是向受让人给付。^① 债务人向受让人给付满足了让与人与受让人之间的对价关系，而且也实现了债务人与让与人之间的抵偿关系，^② 即让与人基于抵偿关系将其债权让与受让人，该债权让与作为间接给付方式清偿让与人对受让人的债务。债务人向受让人的给予行为实质上是债务人向让与人给付和让与人向受让人的给付，这是一个三角给付关系。债权转让通知包含了向受让人给付的指示，其类似于指示给付的法律关系。^③

1. 同时构成指示给付

首先，在让与人与受让人之间存在对价关系之债。让与人为清偿对价关系之债，通过债权让与方式，指示债务人对受让人给付。其次，在让与人与债务人之间存在抵偿关系之债。债务人向让与人给付，其目的是清偿自己对让与人的抵偿关系之债。再次，在债务人与受让人之间存在指示关系。债务人受到让与人指示，向受让人给付；同时债务人与受让人之间存在债务关系，因为债权让与导致了债权人变更。因此，债务人向受让人给付，既是基于债务关系，也是基于指示关系，既是向受让人给付，又是向让与人给付。债务人在抵偿之债中负担的财产义务和让与人在对价关系中所负担的财产义务是相同的。^④ 给付关系存在于债务人与受让人之间。债务人与受让人以及其与让与人之间的给付关系发生了竞合。这种竞合源于对当事人给付意思和给付安排的充分尊重，也是更好地保护做出给付行为的债务人利益的需要。

在火灾保险案中，^⑤ 德国联邦最高法院考虑的核心问题是，是否存在指示关系，以及投保人是否安排了保险公司向第三人的给付，该给付是否可归属于投保人，^⑥ 德国联邦最高法院认定该给付直接归属于让与人，而

① Jan Wilhelm, "Upon the cases" bei der Leistungskondiktion in Dreiecksverhältnissen, JZ 1994, 585.
② Chris Thomale, Leistung als Freiheit, Mohr Siebeck, 2012, S. 349, 363.
③ Manfred Wandt, Gesetzliche Schuldverhältnisse, Verla Franz Vahlen, 2019, S. 258, 259.
④ Heinrich Dörner, Kondition gegen den Zedenten oder gegen den Zessionar, NJW 1990, 473.
⑤ BGHZ 105, 365.
⑥ Claus - Wilhelm Canaris, Der Bereicherungsausgleich bei Zahlung des Haftpflichtversicheres an einen Scheingläubiger, NJW 1992, 868.

与受让人无关。卡纳里斯认为，债务人向受让人给付不是完全独立的，而是涉及抵偿关系。尽管债权已经让与受让人，但是让与人将该让与包括在对价关系和抵偿关系中，[1] 即债权让与作为指示给付的组成部分或途径，债务人给付的实质是向让与人给付。

可问题是，既然给付存在多重含义，为何一定要排除债务人向受让人给付的含义呢？这种排除既不符合法教义学的体系和逻辑，也不利于当事人利益的保护。托马勒提出，让与人虽然做出清偿决定，将债务人对受让人的清偿作为履行其在对价关系中债务的方式，债务人的给付依然不能被视为让与人的给付，因为债务人的清偿决定排除了让与人的清偿决定。[2] 杜尔纳尔主张，在债务人、让与人、受让人之间不存在通过一次财产转移同时完成两个给付的可能性，让与人至多涉及反射效果。[3]

笔者以为，尽管在特殊个案中，债务人对受让人的给付可以归属于对让与人的给付，尤其是在个别债权让与（债务人与让与人继续保留债之当事人地位）时，但是债权让与的事实无法否认，债务人确实是基于债权让与之事实向受让人清偿了债务，为充分保护作出给付的债务人利益，债务人对受让人以及让与人的不当得利返还请求权可以存在竞合。

2. 同时构成为第三人合同

为第三人合同是指合同当事人约定合同债务人向第三人给付来实现合同目的，其与债权让与存在根本区别。但是在特殊的个案中，债权让与也可以成为为第三人利益的手段或形式。债权人（让与人）可通过债权让与第三人（受让人）的形式来实现为第三人利益的目的。债权让与成为为第三人利益合同的履行方式，成为向第三人给付利益的手段。基于债权让与，债务人向第三人（受让人）给付，但该给付也同时符合为第三人合同的要件，实质上该给付完全由债权人（让与人）安排，源于债务人与让与人在为第三人利益合同中的约定。此时，债务人对第三人（受让人）的给付同时具有双重含义：其一，债务人基于债权让与向受让人给付；其二，

---

[1]　Manfred Lieb, Zur bereicherungsrechtlichen Rückabwicklung bei der Zession, Jura 1990, 359.

[2]　Chris Thomale, Leistung als Freiheit, Mohr Siebeck, 2012, S. 356.

[3]　Heinrich Dörner, Kondition gegen den Zedenten oder gegen den Zessionar, NJW 1990, 473.

债务人基于为第三人利益合同中与让与人的约定，履行对让与人的义务（抵偿债务），即债务人向让与人给付。让与人因债务人对第三人（受让人）的给付，而免除其对第三人（受让人）负担的债务（对价债务）。在转让的债权不存在时，债务人对让与人和受让人的不当得利返还请求权存在竞合的可能。

3. 同时构成间接给付

间接给付是债务清偿的一种方式，也称为间接清偿、新债清偿、新债抵旧，即债务人为清偿（旧）债务而负担新债务，先通过新债务的清偿来消灭旧债务，新债务不消灭，旧债务也不消灭，新债务消灭，则旧债务同时消灭。间接给付在某种意义上是一种债务人延期履行的抗辩。

在特殊的个案中，债权让与可以成为间接给付的一种手段，让与人通过让与债权来间接给付清偿其对受让人的债务，[1] 即以间接给付的方式来履行债务，[2] 债务人向受让人的给付和让与人向受让人的给付在内容上是相同的，由于债务人的给付，让与人与受让人之间的债务也得到清偿。[3]具体而言，让与人为清偿债务，可以将其债权让与受让人，在债务人向受让人给付时，新债务和旧债务都消灭。此时，债务人向受让人的给付包含着多重含义。其一，基于债权让与，债务人向受让人给付，债务人与受让人之间存在给付关系。其二，基于间接给付，债务人向受让人给付，实质上是让与人向受让人清偿旧债务。其三，债务人的清偿同时基于债务人与让与人之间的债务关系，债务人与让与人之间存在给付关系。在债务人与让与人之间的债务不存在时，债务人可以基于其与受让人的给付关系以及其与让与人的给付关系向受让人和让与人主张不当得利返还请求权，该二请求权存在竞合的空间。

4. 债务人改变清偿目的

不当得利理论认为，在受害人误偿他人之债时，受害人与受领人之间

---

① Mathias Habersack, Münchener Kommentar zum Bürgerlichen Gesetzbuch, 7. Aufl. C. H. Beck 2017, S. 1294 – 1298.

② Werner Flume, Der Bereicherungsausgleich in Mehrpersonenverhältnissen, AcP 199 (1999).

③ Werner Lorenz, Abtretung einer Forderung aus mangelhaftem Kausalverhältnis: Von wem kondiziert der Schuldner, AcP 191 (1991).

存在给付关系，受害人可向受领人主张给付不当得利返还请求权。但是，如果受领人进入破产程序，不能清偿债务，为保护受害人利益，受害人可改变清偿目的，替真正的债务人向受领人（债权人）偿债，消灭真正债务人之债务。据此，受害人可转而向债务人主张求偿不当得利返还请求权。①因此，在债权让与过程中，如果让与人通过债权让与之方式清偿对受让人的债务，债务人做出非债清偿后，为保护债务人利益，债务人可改变清偿目的，主动替让与人清偿对受让人的债务，转而向让与人主张不当得利返还请求权。

结　语

在某种意义上，疑难法律问题的争议首先都应当回到该问题涉及的法教义学上的基本概念和原理，而不能径直做价值的衡量和判断，这也是法律作为科学的前提和基础，这对于解决我国《民法典》适用过程中的重大争议问题也具有现实意义。在债权让与中的不当得利问题的争论中，基于对给付概念和含义的不同理解，产生了向受让人请求说和向让与人请求说的论战。依据不当得利和债权让与的基本原理，债务人与受让人存在给付关系在法教义学上是清晰的、明确的，但不是教条的、僵硬的。在特殊的个案中，应充分辨析和尊重当事人的给付意思和给付安排，全面细致考虑给付可能包含的多重含义，深入发掘并阐释其中涉及的不当得利返还请求权的空间和可能，由此，才能更妥当贴切地分析当事人之间的法律关系，并尽最大可能尊重当事人的意愿和吁求。

---

① Dirk Looschelders, Schuldrecht BT, 13. Auflage, Verlag Franz Vahlen 2018, S. 444.

违约损害可预见性判断标准的动态体系论[*]

李 亮[**]

内容提要： 违约损害可预见性标准的功能在于合理划定违约损害赔偿范围。可预见性标准背后存在复合价值构造，主要包括私的自治、给付均衡和交易效率。该复合价值构造为可预见性判断的动态体系化提供了运作空间，成为可预见性判断的"内在体系"。可预见性判断标准的动态体系化，需要从违约方的知识和损失发生可能性两个基础因素出发，形成初步的可预见损失范围，然后根据违约方的过错程度、损失与利益的均衡度两个辅助因素进行调整，最终确定可预见损失范围。其中，违约方的过错程度与损益均衡度之间的互动、违约方的知识和损益均衡度之间的互动构成可预见性判断的动态体系化的基础评价和原则性示例。

关键词： 可预见性 损害赔偿范围 动态体系

一 问题的提出

违约损害可预见性标准最早规定于 1804 年的《法国民法典》，随后该标准通过英国著名判例 *Hadley v. Baxendale* 案进入英美法视野中。在英美法中，可预见性标准通过一系列司法判例实践得到进一步发展，成为英美法中通行规则。[①] 国际统一法方面，《联合国国际货物销售合同公约》（CISG）

---

　　* 本文系江苏省普通高校研究生科研创新计划项目（项目编号：KYZZ16 - 0006）。

　　** 李亮，南京大学法学院博士研究生。

　　① See G. H. Treitel, *Remedies for Breach of Contract：A Comparative Account*, Oxford, Clarendon Press, 1988, pp. 150 - 153.

第74条和《国际商事合同通则》（PICC）第7.4.4条都确立了可预见性标准。我国原《涉外经济合同法》第19条和原《技术合同法》第17条第2款首次规定了可预见性标准。[①] 在总结之前立法和借鉴CISG的规定基础上，原《合同法》第113条第1款但书规定了可预见性标准，即"不得超过违反合同一方订立合同时预见到或者应当预见到的因违反合同可能造成的损失"。自2021年1月1日起生效的《民法典》第584条沿袭了原《合同法》第113条第1款的但书规定，未做实质性修改。[②] 据此，可预见性标准成为我国限制违约损害赔偿范围的重要标准。理论上通常采取客观判断标准，即根据抽象"理性人"的认知来确定损失是否可预见。[③] 如果与违约方处于相同位置的理性人在订立合同时能够预见到损失，则该损失属于可预见范围。理性人预见标准的确定需考虑合同的性质、合同目的以及特定合同义务的保护目的等规范因素。[④] 然而，在个案中理性人预见标准需要具体化，为个案的可预见性判断提供明确的指引。本文拟采取动态体系论的方法来具体化理性人预见标准，首先，讨论可预见性判断标准的"内在体系"，其次，抽取若干有效的判断因素，使"内在体系"外在化，最后，通过各个判断因素之间的协动得出妥当的结论。

二　可预见性判断标准的"内在体系"

可预见性标准的功能在于合理划定违约损害赔偿范围，背后的价值主

---

① 原《涉外经济合同法》第19条："当事人一方违反合同的赔偿责任，应当相当于另一方因此所受到的损失，但是不得超过违反合同一方订立合同时应当预见到的因违反合同可能造成的损失。"原《技术合同法》第17条第2款："当事人一方违反合同的赔偿责任，应当相当于另一方因此所受到的损失，但是不得超过违反合同一方订立合同时应当预见到的损失。"

② 《民法典》第584条仅对原《合同法》第113条第1款主文和但书规定之间的"逗号"改为"分号"，旨在明确可预见性规则适用范围为违约"损失赔偿额"。

③ 参见韩世远《合同法总论》（第4版），法律出版社，2018，第796页；崔建远《合同法》（第3版），北京大学出版社，2016，第376页；王利明《合同法研究》（第2卷），中国人民大学出版社，2015，第668页。

④ See Schlechtriem & Schwenzer (eds.), *Commentary on the UN Convention on the International Sale of Goods (CISG)*, 4th edition, Oxford, Oxford University Press, 2016, pp. 1078 – 1079.

要包括私的自治、给付均衡和交易效率。可预见性标准的复合价值构造为可预见性判断的动态体系化提供了运作空间。不同价值之间的相互共存或相互制约关系，形成了可预见性判断标准的"内在体系"。

（一）私的自治

违约损害赔偿范围受到可预见性标准的限制，实质上反映了意思自治原则的要求。[①] 合同本质上属于双方的合意安排。合同的权利义务来源于当事人的意思，而损害赔偿责任属于违反合同义务的法律后果，应受到当事人的意思的影响。"损害赔偿范围止于可预见"来源于当事人之间的默示合意。[②] 原则上，可预见损失表明违约方在缔约时默示承担的损失赔偿范围。例如，在英国法中，有观点认为损失是否可预见需要以当事人之间的合同为中心进行判断，旨在发现当事人默示承担责任的范围。可预见性标准应该被理解为发现当事人合意的方法。[③] 可预见性规则不过是提供了一个用于确定合同默示内容的公式，[④] 其功能在于决定当事人在协议中如何默示地分配利润损失风险。[⑤]

（二）给付均衡

除了当事人意思自治之外，可预见性判断背后还蕴含合同风险公平分配的思想。可预见性规则是旨在促进当事人之间公平的法律规则。该规则试图确保当事人在决定是否订立合同或以何种条件订立合同时，不会对不

---

① 尹田：《法国现代合同法：契约自由与社会公正的冲突与平衡》（第2版），法律出版社，2009，第352页。

② See H. G. Beale (ed.), *Chitty on Contracts: Volume I, General Principles*, 31th edition, London, Sweet & Maxwell, 2012, p. 1823.

③ Adam Kramer, "An Agreement – Centred Approach to Remoteness and Contract Damages", in Nili Cohen & Ewan McKendrick (eds.), *Comparative Remedies for Breach of Contract*, Oxford, Hart Publishing, 2005, p. 250.

④ Harris, Campbell & Halson, *Remedies in Contract and Tort*, 2nd edition, Cambridge, Cambridge University Press, 2005, p. 90.

⑤ Hugh Collins, *The Law of Contract*, 4th edition, London, LexisNexis UK, 2003, p. 413.

在其计算范围内的损失承担责任。^① 如果当事人在合同订立时预见或应当
预见到某一特定损失风险，则可以在订立合同过程中采取措施加以应对，
例如增加排除或减少其潜在责任的合同条款、提高合同对价、购买保险甚至
拒绝签订合同。^② 此时，将损失风险分配给可预见损失一方是公平合理
的。^③ 此外，可预见性标准受到这样一种认识的推动，即对不可预见的损
失赔偿可能造成违约方承担与他最初预期的风险以及相应获得的利益极其
不成比例的责任。^④ 风险与对价的不成比例违背合同给付均衡原理。

（三）交易效率

从可预见性标准可能产生的后果来看，该标准的正当性在于鼓励交易
和提高经济效率。在鼓励交易方面，可预见性规则使当事人能够管理合同
订立及履行的相关风险，避免承担异常和极端损失风险。^⑤ 可预见性标准
可以确保交易的预期，增加交易风险的可预见性，激励当事人通过缔约达
成交易。

可预见性规则可以促进当事人之间信息的有效传递，提高经济效率。^⑥
违约方对于不可预见的损失无须赔偿，这促使守约方在交易时披露其知悉
的任何不寻常的情况和风险，而信息披露可以使违约方针对额外的风险采
取预防措施或收取对价。若守约方传递信息的成本较低，那么这种信息的
传递是有效率的。^⑦ 正如波斯纳所言，"如果风险只为一方所知，那么契

---

① H. L. A. Hart & Tony Honore, *Causation in the Law*, 2nd edition, Oxford, Clarendon Press, 1985, p. 320.

② See Djakhongir Saidov, *The Law of Damages in International Sales: the CISG and other International Instruments*, Oxford, Hart Publishing, 2008, p. 102.

③ Andrew Burrows, "Lord Hoffmann and Remoteness in Contract", in Paul Davies & Justine Pila (eds.), *The Jurisprudence of Lord Hoffmann: A Festschrift in Honour of Lord Leonard Hoffmann*, Oxford, Hart Publishing, 2015, p. 263.

④ E. Allan. Farnsworth, *Contracts*, 4th edition, New York, Aspen Publishers, 2004, p. 792.

⑤ Djakhongir Saidov, *The Law of Damages in International Sales: the CISG and other International Instruments*, Oxford, Hart Publishing, 2008, p. 102.

⑥ See Peter van Wijck, "Foreseeability", in Gerrit De Geest (ed.), *Contract Law and Economics*, Cheltenham, Edward Elgar Publishing, 2011, pp. 226 – 228.

⑦ See William Bishop, "The Contract – Tort Boundary and the Economics of Insurance", 12 *J. Legal Stud.* 241, 254 – 257 (1983).

约另一方就不应对可能发生的损失承担法律责任。这一原则促使知晓风险的一方当事人采取适当的预防措施，或者在他相信另一方可能为更为有效率的损失预防者或风险分散者时，可向该方当事人表明并向他支付代价，要求他承担这一损失风险。这样，就产生了以最有效率的方法分配风险的激励"。①

综上所述，可预见性标准背后存在复合的价值构造，主要包括私的自治、给付均衡和交易效率。可预见性判断在于确定当事人的默示意思，体现私的自治；可预见性判断背后的风险公平分配思想，体现给付均衡；可预见性规则促进信息的有效传递，体现交易效率。

三 可预见性判断因素的展开

可预见性判断标准的"内在体系"影响可预见性规则的制度构造，具体包括预见主体、预见时间、预见标准及预见对象之确定。② 在预见主体为违约方以及预见时间为合同订立时的情况下，可预见性判断标准成为规则背后价值因素发力的场域。可预见性判断标准的"内在体系"需要通过具体判断因素之间的协动实现"外在化"。

（一）违约方的知识

可预见性判断的基础在于违约方的知识和能力，即违约方在知晓相关事实的基础上推断出损失发生的可能。违约方拥有的知识越多，其预见损失发生的可能性越大。违约方的知识分为推定知识和实际知识，前者是指法律推定违约方作为抽象理性人应拥有的知识，不论违约方实际上是否拥有该知识；后者是具体违约方实际拥有的知识。推定知识决定了违约方的基本预见范围，而实际知识则可能扩大违约方的预见范围。违约方的知识以推定知识为主，实际知识为辅。只有在违约方不知道就不会承担赔偿责

① 〔美〕理查德·波斯纳：《法律的经济分析》（第7版），蒋兆康译，法律出版社，2012，第178~179页。
② 参见毛瑞兆《论合同法中的可预见规则》，《中国法学》2003年第4期。

任的情况下，才有必要考虑违约方的实际知识。通常情况下，违约方推定知识至少与实际知识相同。①

1. 推定知识

违约方推定知识来源主要包括违约方自身的经验、违约方对守约方业务的认识以及违约方对合同标的物性质的认识三个方面。

（1）违约方自身的经验

违约方自身的经验，表现为违约方自身的认知能力，该能力与违约方所从事的业务领域相关。例如，如果违约方为从事商品买卖的贸易商，其通常可以预见到买卖合同标的物的价格随市场行情发生正常波动，因此，通常利润损失应在违约方可预见范围内。在"华锐风电科技（集团）股份有限公司与肇源新龙顺德风力发电有限公司买卖合同纠纷"一案中，二审法院认为，买方作为专门从事风力发电的市场主体，对于标的物市场价格浮动具备一定的预见能力，应当预见到违约可能导致卖方遭受转售差价损失。② 又如，在"中山彤泰投资发展有限公司与中山火炬开发区建设发展有限公司建设用地使用权转让合同纠纷"一案中，二审法院认为，违约方作为专门从事土地投资开发及房地产开发的主体，应对土地市场发展变化趋势以及其违约可能造成的损失具有充分的预见能力。③

然而，违约方应该具有对所从事业务领域的通常认识，而超出通常范围的认识不能被纳入违约方的知识中。例如，在"上海欣辰货物运输有限公司与李海等运输合同纠纷"一案中，二审法院认为，违约方为专门从事内河运输者，其预见范围一般仅限于国内货物相关损失，在未特别告知其货物为进口货物的情况下，进口货物费用损失不属于违约方的认知范围。④

（2）违约方对守约方业务的认识

违约方对守约方业务的认识，主要体现为违约方对守约方经营业务的种类和使用合同标的物情况的了解。正如英国上议院莱特勋爵所言，"理

---

① See *Victoria Laundry* (*Windsor*) *Ltd. v. Newman Industries Ltd.*，[1949] 2 KB 528，at 539.
② 参见最高人民法院（2015）民二终字第88号民事判决书。
③ 参见最高人民法院（2014）民一终字第286号民事判决书。
④ 参见上海市高级人民法院（2013）沪高民四（海）终字第94号民事判决书。

性的商人不仅必须预见因违约通常可能发生的结果，也必须了解对方业务的通常和紧急情况"。① 特别是在双方之间存在多次交易的情形下，违约方对守约方业务认知程度往往较高。例如，在"深圳市兴耀达电子有限公司与深圳市三诺电子有限公司买卖合同纠纷"一案中，二审法院认为，卖方与买方存在长期变压器买卖交易，知晓其生产的变压器将作为买方出口音响的一部分，应当预见到买方因卖方提供的变压器不符合约定标准导致出口退货损失的发生。②

此外，违约方对守约方业务的认识可能来源于当事人约定。例如，在"林宁法与陕西柴油机重工有限公司买卖合同纠纷"一案中，法院认为，双方在合同中已明确约定买方购买柴油机将用于造船，故卖方明知买方购买柴油机的用途，其应当预见到柴油机逾期交付将导致造船延误相关损失的发生。③

（3）违约方对合同标的物性质的认识

违约方对合同标的物性质的认识也可以作为认定推定知识的依据。通常违约方根据对守约方业务的了解会进一步认识到合同标的物的性质。例如，卖方知晓买方为服装零售商，而服装商品价格受季节影响较大，因此，卖方迟延交付服装导致买方降价出售商品而遭受的利润损失属于卖方可预见范围。④ 违约方对合同标的物性质的认识，涉及其可预见的损失类型。例如，在商业租赁合同中，承租人提前违约解除合同可预见到租赁物空置期租金损失。⑤

2. **实际知识**

通常认为，只有在没有实际知识就不会有赔偿责任的情况下，实际知识才是有意义的。⑥ 违约方实际知识可以扩大可预见性范围，例如，在守

---

① *Monarch Steamship Co. Ltd. v. Karlshamms Oljefabriker（A/B）*，［1949］AC 196，at 224.
② 参见最高人民法院（2013）民抗字第 15 号民事判决书。
③ 参见浙江省高级人民法院（2010）浙海终字第 113 号民事判决书。
④ See Djakhongir Saidov, *The Law of Damages in International Sales：the CISG and other International Instruments*，Oxford，Hart Publishing，2008，p. 110.
⑤ 参见最高人民法院（2016）最高法民再 28 号民事判决书。
⑥ Harvey McGregor, *McGregor On Damages*，18th edition，London，Sweet & Maxwell，2009，p. 219.

约方向违约方披露违约方无法预见的特殊情况下，违约方对特殊情况的知晓会扩张违约方的可预见范围。① 对于违约方的实际知识认定，需通过相关证据进行判断。例如，在 *Hadley v. Baxendale* 案中，法院认为，由于被告承运人缺乏对原告经营磨坊的特殊情况的认识，所以被告无法合理推断出迟延送达曲轴会导致磨坊停工。通常情况下，磨坊主都会有备用曲轴，而原告没有备用曲轴。② 此外，在 *Victoria Laundry（Windsor）Ltd. v. Newman Industries Ltd.* 案中，法院认为，被告不知晓原告与第三人之间签订的高额利润染色合同，所以不可能合理预见到该合同的利润损失。③ 在"苏州中环集团有限公司与长业建设集团有限公司建设工程施工合同纠纷案"中，法院认为，承包方原因导致逾期竣工损失范围，不包括发包方通过与第三人签订的建设工程租赁合同可获得的租金，因为承包方在订立合同时无法知晓发包方与第三人已订立的租赁合同事实，所以无法预见该租金损失。④

（二）损害发生的可能性程度

在 *Hadley v. Baxendale* 案中，法院将违约损失分为两类：一是因违约自然发生，即事物发展通常过程中发生的一般损失；二是特殊情况导致的特别损失。前者属于违约损害赔偿的范围，后者属于超出事物发展通常进程的损失，仅在当事人于缔约时已预见时，才能进入赔偿范围。⑤ 一般损失的发生可能性大小属于当事人应当预见且能够预见的范围，体现了可预见规则对损失发生可能性程度的基础评价。损失发生的可能性越大，违约方预见可能性越大。损失发生可能性程度的判断决定违约方"应当预见"的内容。

如何确定损失发生的可能性程度，无法用单一的精确度来衡量，需要结合个案确定。在 *Koufos v. C. Czarnikow Ltd.* 案中，法院认为损失发生可

---

① Schlechtriem & Schwenzer (eds.), *Commentary on the UN Convention on the International Sale of Goods (CISG)*, 4th edition, Oxford, Oxford University Press, 2016, pp. 1078 – 1079.
② See *Hadley v. Baxendale*, (1854) 9 Exch. 341, at 356.
③ See *Victoria Laundry (Windsor) Ltd. v. Newman Industries Ltd.*, [1949] 2 KB 528.
④ 参见最高人民法院（2015）民申字第 2208 号民事裁定书。
⑤ See *Hadley v. Baxendale*, (1854) 9 Exch. 341, at 355 – 357.

能性程度的要求在合同和侵权中存在差异：合同要求损失发生的重大可能性，而侵权仅要求损失发生的轻微可能性。法院作出这样的区分具有充分的正当性：在合同中，如果守约方希望违约方承担异常风险，他可以在合同订立之前提示对方注意它；然而在侵权中，受害方并没有机会通过上述方式来保护自己，且侵权人有时不得不赔偿一些不同寻常的但可合理预见的损害。① 合同可预见性规则旨在鼓励当事人信息传递，特别是异常损失信息的有效传递；而侵权可预见性规则的目的是保护被告免受发生概率非常低的风险损害。②

（三）违约方的过错程度

违约方的过错程度是否影响可预见性判断，主要表现为故意违约的损害赔偿范围是否适用可预见性标准。对此，比较法上存在不同观点。

肯定说认为，在违约方故意违约情形中，损害赔偿范围适用可预见性标准。肯定说的立法，主要以 CISG 和 PICC 为代表。基于文义解释，CISG 第 74 条和 PICC 第 7.4.4 条都未针对故意违约作出特别排除规定。CISG 的官方起草说明文件表明，CISG 第 74 条并未采纳违约方因欺诈违约情形排除适用可预见性标准的规则。③ 学者也普遍认为 CISG 第 74 条可预见性规则同样适用于故意违约情形。④ PICC 的官方评论认为，第 7.4.4 条也未特别将故意违约作为例外情形予以规定。⑤ 此外，英美法通说同样认为可

---

① See *Koufos* v. *C. Czarnikow Ltd.* （*The Heron II*），[1969] 1 A. C. 350.

② H. G. Beale (ed.), *Chitty on Contracts*：*Volume I*，*General Principles*，31th edition，London，Sweet & Maxwell，2012，p. 1830.

③ See "Commentary on the Draft Convention on Contracts for the International Sale of Goods"，prepared by the Secretariat，Document A/CONF. 97/5，http：//www. uncitral. org/pdf/english/texts/sales/cisg/a_ conf. 97_5 – ocred. pdf，2018 年 6 月 7 日访问。

④ See Peter Schlechtriem & Ingeborg Schwenzer (eds.)，*Commentary on the UN Convention on the International Sale of Goods* （*CISG*），4th edition，Oxford，Oxford University Press，2016，p. 1077；C. M. Bianca and M. J. Bonell (eds.)，*Commentary on the International Sales Law*：*the 1980 Vienna Sales Convention*，Giuffre，Milan，1987，p. 543.

⑤ See art. 7. 4. 4 UNIDROIT Principles 2016，comment.

预见性标准适用不区分违约行为性质，可预见性标准适用于故意违约情形。① 肯定说的理由主要有：其一，可预见性规则仅涉及违约责任后果的归属，与违约行为是否或在多大程度上归因于违约方的过错无关；② 其二，如果违约责任的范围取决于合同风险的明示或默示分配，那么这种分配不会受到违约是否故意的影响，违约方的过错与可预见性规则没有必然联系；③ 其三，英美法的合同责任通常属于严格责任，损害赔偿范围的确定并不考虑过错。④ 因此，故意违约不影响可预见性规则的适用。值得注意的是，2011 年《欧洲共同买卖法（草案）》（Common European Sales Law，CESL）第 161 条规定："债务人仅对其在合同成立时预见到或被期待预见的，作为债务不履行后果的损失负责。"该规定并未沿袭《欧洲合同法原则》（PECL）和《欧洲示范民法典草案》（DCFR）关于故意违约排除可预见性规则适用的例外情形规定，而是与 CISG、PICC 的规定保持一致。⑤然而，故意违约适用可预见性规则可能过于优待违约方，导致对被害方赔偿不足并且无法有效遏制故意违约行为。因此，在英美法中，若干法院通过扩大解释理性人在故意违约情况下可预见的损失类型，将更多被害人的损失纳入可预见赔偿范围，避免对受害方赔偿不足。⑥

否定说认为，故意违约不适用可预见性标准。支持否定说的立法，以法国法为代表。根据 2016 年修改后的《法国民法典》第 1231 - 3 条之规定，被告的欺诈（dol）或重大过失（faute lourde）导致的损害赔偿不受可预见性标准的限制。PECL 第 9：503 条以及 DCFR 第Ⅲ - 3：703 条也作

① See Ewan McKendrick, *Contract Law: Text, Cases, and Materials*, 6th edition, Oxford, Oxford University Press, 2014, p. 861.

② See Stoll & Gruber, "Art. 74", in Peter Schlechtriem & Ingeborg Schwenzer (eds.), *Commentary on the UN Convention on the International Sale of Goods (CISG)*, 2nd edition, Oxford, Oxford University Press, 2005, p. 764.

③ Reinhard Zimmermann, "Limitation of Liability for Damages in European Contract Law", 18 *Edinburgh L. Rev.* 193, 209 - 210 (2014).

④ E. Allan. Farnsworth, *Contracts*, 4th ed., Aspen Publishers, 2004, p. 761.

⑤ See Reiner Schulze (ed.), *Common European Sales Law (CESL): Commentary*, Baden - Baden/München/Oxford, C. H. Beck/Hart/Nomos, 2012, p. 646.

⑥ See Andrew Robertson, "The Basis of the Remoteness Rule in Contract", 28 *Legal Studies* 172, 192 - 193 (2008).

出了类似规定。① 否定说的主要理由在于以下两点。第一，故意违约与故意侵权一样是不正当的，因此故意违约方需对违约引起的全部后果负责。② 这样做的目的在于对违约方的故意违约行为实行制裁。③ 故意违约方没有正当理由受到可预见性规则的保护，应当剥夺他根据可预见性规则主张限制其赔偿范围的权利。④ 对于不可预见的风险，由故意违约方承担更为合理。⑤ 第二，由故意违约方承担全部损失赔偿责任，将促使故意违约方考虑违约成本，达到有效遏制故意违约的目的。然而，在否定说中，如果没有其他的责任限制工具配合，那么故意违约方的责任可能过重，从而导致给付失衡。⑥

折中说认为，故意违约损害赔偿范围应受到可预见性规则的限制，但与非故意违约需要区别对待。在故意违约的情形下，可预见性标准的判断时点从订立合同时推迟到违约时。⑦ 故意违约方对于违约时可预见的损失承担赔偿责任。折中说属于少数说，未得到普遍支持。⑧ 其主要理由在于，可预见性标准的判断以合同订立时为准，其正当性在于尊重私的自治和维护给付均衡。违约方对于合同订立时可预见的损失，可以通过调整价格、

① PECL 第 9：503 条规定了故意、重大过失两种例外情形，DCFR 第Ⅲ－3：703 条规定了故意、轻率、重大过失三种例外情形。
② See James Gordley, "Responsibility in Crime, Tort, and Contract for the Unforeseen Consequences of an Intentional Wrong", in Peter Cane and Jane Stapleton (eds.), *The Law of Obligations: Essays in Celebration of John Fleming*, Oxford, Clarendon Press, 1998, pp. 199－208.
③ 〔法〕弗朗索瓦·泰雷等：《法国债法：契约篇》，罗结珍译，中国法制出版社，2018，第 1082 页。
④ Neil Andrews, Malcolm Clarke, Andrew Tettenborn & Graham Virgo, *Performance, Breach, Termination and Remedies*, 2nd edition, London, Sweet & Maxwell, 2017, p. 490.
⑤ 欧洲民法典研究组、欧盟现行私法研究组编著《欧洲私法的原则、定义与示范规则：欧洲示范民法典草案》（全译本），高圣平等译，法律出版社，2014，第 805 页。
⑥ 针对这一问题，2016 年修改后的《法国民法典》第 1231－4 条规定，即使契约不履行是由债务人的欺诈或重大过失违约引起，对债权人应当给予的损害赔偿，仍然仅以因契约不履行而"立即发生的直接结果"为限。通过直接性要件可以缓和故意违约可能导致责任过重情形。
⑦ See Steven W. Feldman, "Autonomy and Accountability in the Law of Contracts", 58 *Drake L. Rev.* 177, 223－225 (2009)；姚明斌：《〈合同法〉第 113 条第 1 款（违约损害的赔偿范围）评注》，《法学家》2020 年第 3 期。
⑧ See G. H. Treitel, *Remedies for Breach of Contract: A Comparative Account*, Oxford, Clarendon Press, 1988, pp. 160－161.

订立免责条款其至拒绝缔约等方式来分配风险。然而，对于合同订立后可预见的损失，违约方无法通过采取上述措施进行分配，由其承担该损失赔偿责任是不公平的。

由于故意违约具有不正当性或应受谴责性，应受到法律的否定性评价，因此我国多数学者主张故意违约情形不适用可预见性规则。① 然而，根据原《合同法》第 113 条第 1 款（《民法典》第 584 条）的文义解释，该款未明文将故意违约作为例外情形，因此故意违约损害赔偿范围应受到可预见性规则的限制。在故意违约适用可预见性标准的前提下，可通过降低对可预见程度的要求来体现对故意违约的负面评价。② 违约方过错程度作为可预见性判断因素之一，违约方过错程度越大，可预见性程度要求越低，损失越容易被认定为可预见。

（四）违约方赔偿责任与其所获利益均衡度

若可预见性判断结果导致违约方的赔偿责任与违约方通过合同获得的利益显著不成比例，则难以实现合同正义。此时，法律必须进行调整。调整方法主要包括直接限制和间接限制两种方式。

1. 直接限制方式

在违约方的赔偿责任与其所获利益显著不成比例的情形下，即使该损失赔偿责任符合可预见性规则，法院仍然可以基于公平理念直接对赔偿责任进行限制。典型为《美国第二次合同法重述》第 351 条第（3）款之规定，即"为了避免不合比例的赔偿，基于追求公平正义之理念的需要，法院可通过排除利润损失赔偿、仅支持信赖利益损失赔偿或其他方式限制可预见性损失赔偿"。根据该款规定，即使损失赔偿符合第 351 条第（1）、（2）款的可预见性要求，法院依然可以显失公平为由拒绝赔偿。公平限制的典型方法为拒绝所失利润赔偿和将损失赔偿限制在信赖利益损失范围。③

---

① 参见范在峰、张斌《两大法系违约损害赔偿可预见性规则比较研究》，《比较法研究》2003 年第 3 期；毛瑞兆《论合同法中的可预见规则》，《中国法学》2003 年第 4 期。
② 叶金强：《可预见性之判断标准的具体化——〈合同法〉第 113 条第 1 款但书之解释路径》，《法律科学（西北政法大学学报）》2013 年第 3 期。
③ See Restatement (Second) of Contracts (1981) §351, comment f.

《美国第二次合同法重述》第 351 条第（3）款规定明确了法院在显失公平的救济中一直奉行的拒绝赔偿不成比例的损失的法政策。^① 在此前的判例实践中，法院通常通过强调损失可预见性、确定性和可避免性的要求限制不成比例的损失赔偿。^②

以下两种情形，法院通常基于公平理念对损害赔偿责任进行限制。第一种情形是，违约方承担的赔偿责任和其获取的对价之间显著不成比例。通常合同价款相对较小表明当事人无意承担此类责任风险。^③ 例如，私人卡车司机 A 与 B 签订运输合同，运输交付一台刚修好的机器至 B 工厂，A 知道如果没有机器，B 的工厂不能重新开工。由于 A 的卡车发生故障，运送迟延。B 请求 A 赔偿迟延期间的利润损失，法院可以在考虑详细的书面合同缺失以及 B 在延迟期间的利润损失与卡车司机 A 收取的服务价格显著不成比例等因素后，排除对利润损失的赔偿。^④ 第二种情况是交易的非正式性，包括没有详细合同文本，这表明当事人没有试图谨慎地去分配风险。当事人没有精确勾勒出所有风险，这为法院进行公平分配风险提供了正当性。^⑤ 例如，一个零售五金经销商 A 承诺向 B 出售廉价的照明配件，A 知道 B 晚上在农场上使用拖拉机时需要这种照明设备。B 迟延获得配件，并且由于没有替代品，B 在迟延期间晚上无法使用拖拉机。在 B 针对 A 的违约诉讼中，法院可以在考虑到没有详细的书面合同以及 B 在迟延期间的利润损失与配件价格之间的极端不相称等因素后，排除迟延利润损失的赔偿。^⑥

2. 间接限制方式

与外部的直接限制相比，间接限制主要从可预见性判断标准本身出

---

① M. N. Kniffin, "A Newly Identified Contract Unconscionability: Unconscionability of Remedy", 63 *Notre Dame L. Rev.* 247, 268 (1988).

② M. N. Kniffin, "A Newly Identified Contract Unconscionability: Unconscionability of Remedy", 63 *Notre Dame L. Rev.* 247, 247 (1988).

③ See Restatement (Second) of Contracts (1981) § 351, comment f.

④ See Restatement (Second) of Contracts (1981) § 351, illustrations 17.

⑤ See Restatement (Second) of Contracts (1981) § 351, comment f.

⑥ See Restatement (Second) of Contracts (1981) § 351, illustrations 18.

发，将损失与利益的均衡度要求内化为一项重要的可预见性判断因素。①
损失与利益不成比例，被认为损失不可预见，理由在于不成比例的损失显
著超出了合同对价范围，不属于违约方意图承担的责任风险。

我国不存在直接限制的立法规定，解释论上只能采取间接限制的方式，
即在判断损失是否可预见时，法院需考虑损失与对价均衡度，合理确定可预
见损失范围。在我国司法实践中，法院在判断损失是否可预见时，通常会考
量损益均衡度这一因素，并且认为显著不成比例的损失属于不可预见范围。
例如，在"南宁广发重工集团有限公司、南宁发电设备总厂与湖南新华晒北
淮水电开发有限公司买卖合同纠纷"一案中，二审法院认为："根据合同法
第一百一十三条之规定，可得利益损失不得超过违反合同一方订立合同时预
见到或者应当预见到的因违反合同可能造成的损失。本案合同约定的总标的
额仅1443万元，当事人很难预见到迟延履行会承担上千万元的赔偿责任。
综合考虑本案合同金额、履行情况以及国众联评估公司评估报告等，根据公
平原则，本院酌情判定南发总厂向新华公司赔偿可得利益损失500万元。"②
又如，在"哈尔滨振国房地产开发有限公司诉哈尔滨报达展览策划有限公司
等租赁合同纠纷"一案中，再审法院认为，出租方违约解除租赁合同，导致
房屋经营业务无法进行，承租方失去与第三方已签订的合同利润，应当获得
赔偿。但与第三人之间的合同其他损失数额远远超出振国公司订立合同时所
能预见到或应当预见到的可能造成的损失范围，无法获得赔偿。此外，其他
损失数额巨大，如获赔偿，严重背离损益的相当性。③

四　可预见性判断因素的动态化

（一）动态体系论的基本含义

奥地利瓦尔特·维尔伯格（Walter Wilburg）提倡的动态体系论，其

---

① 参见叶金强《可预见性之判断标准的具体化——〈合同法〉第113条第1款但书之解释
　　路径》，《法律科学（西北政法大学学报）》2013年第3期。
② 参见最高人民法院（2015）民提字第143号民事判决书。
③ 参见最高人民法院（2016）最高法民再351号民事判决书。

基本思想是"特定在一定的法律领域发挥作用的诸'要素',通过'与要素的数量和强度相对应的协动作用'来说明、正当化法律规范或者法律效果"。[①] 动态体系论是由两根支柱支撑起的评价框架[②]:其一,要素的协动,通过此要素的充足度和彼要素的充足度之间的互补来确定法律效果;其二,基础性评价和原则性示例。所谓基础性评价,是指在某一命题仅考虑一个因子的情形,当满足程度达到 T 这个数值时,效果为 R。"各项基础评价设想的是'其他条件'即其他要素始终处于一定的平均或典型的预设状态,基础评价将这种预设状态考虑在内,规定了所定的效果。"[③] 当两个以上的要素的满足度不是处于平均状态,那么通过此要素和彼要素的满足度的互补导出的法律效果称为原则性示例。[④] 如果仅存在因素的协动,法律适用无法得出确定的法律效果。一个完整的动态体系规范还需要基础性评价和原则性示例。基础性评价和原则性示例通常是由立法者给定的,但在欠缺明文规定的情形下,也可能由判例甚至学说来确立。[⑤]

(二) 可预见性判断如何动态体系化

可预见性判断标准呈现弹性化,个案中损失预见并非"全有或全无"的区别,基本上是可预见程度的差异。损失的可预见程度是一个弹性工具,许多法价值可以通过调整可预见程度的要求来实现。[⑥] 可预见性标准背后存在不同的限制责任的价值,主要包括私的自治、给付均衡、交易效率。各种价值通过派生出具体因素来影响可预见性判断。例如,私的自治要求可预见性判断须从违约方的知识出发,考虑违约方过错和损失发生的可能性。给付均衡原理要求违约方的赔偿责任与其所获利益之间保持均

---

① 〔日〕山本敬三:《民法中的动态系统论》,解亘译,载梁慧星主编《民商法论丛》(第23卷),金桥文化出版(香港)有限公司,2002,第177页。
② 参见解亘、班天可《被误解和被高估的动态体系论》,《法学研究》2017年第2期。
③ 〔日〕山本敬三:《民法中的动态系统论》,解亘译,载梁慧星主编《民商法论丛》(第23卷),金桥文化出版(香港)有限公司,2002,第218页。
④ 参见解亘、班天可《被误解和被高估的动态体系论》,《法学研究》2017年第2期。
⑤ 参见解亘、班天可《被误解和被高估的动态体系论》,《法学研究》2017年第2期。
⑥ 叶金强:《可预见性之判断标准的具体化——〈合同法〉第113条第1款但书之解释路径》,《法律科学(西北政法大学学报)》2013年第3期。

衡。不同价值之间如何"共处",不同因素之间的权重如何,都需要通过"各种因素的数量和强度的相对应的协动"来回应。因此,可预见性判断可采取动态体系论方法,通过不同判断因素之间的协动来实现妥当的法律效果。

(三) 可预见性判断因素的协动方案

可预见性判断因素本身存在强度,单一的判断因素之满足无法直接得出结论。可预见性判断因素之间存在层次区分,可以分为基础因素与辅助因素。可预见性判断需要从违约方视角出发,首先考察违约方的知识和损失发生可能性,形成初步的可预见程度,然后根据违约方的过错程度和损益均衡度进行调整,最终得出妥当结论。

1. 基础因素:违约方的知识和损失发生可能性

个案中,首先,结合违约方的实际知识判断违约方是否实际预见到,如果未实际预见到,则应依据理性人标准判断该损失是否属于应当预见的范围。可预见性判断采取"具体违约方(就高不就低)+ 理性人"标准。[①] 通常情况下,违约方的推定知识决定预见范围,而特殊情况下,违约方实际知识会扩大预见范围。违约方的推定知识需要结合合同性质、合同目的、交易背景等因素确定。一般而言,违约方的推定知识主要包括违约方自身的知识背景、违约方对守约方业务的知晓程度、守约方对标的物的处理。例如,区分民事主体和商事主体,商事主体的预见能力一般高于民事主体。[②] 若违约方为转售方、生产商或运输者等不同主体,其对利润损失的认识存在知识背景的差异。违约方对守约方业务的知晓包括因守约方的明确告知而知晓、通过与守约方之间多次交易往来所知晓、通过交易惯例所知晓等。违约方对守约方业务的认识越多,其预见损失的范围越大。守约方对标的物的使用,包括通常使用和特殊使用。通常使用所得利润一般属于应当预见的范围,特殊使用所得利润需守约方在缔约时特别告

---

① 参见姚明斌《〈合同法〉第 113 条第 1 款(违约损害的赔偿范围)评注》,《法学家》2020 年第 3 期。

② 朱广新:《合同法总则研究》(下册),中国人民大学出版社,2018,第 717 页。

知才可能纳入预见范围。

损失发生可能性大小，会影响当事人的预见可能性。违约方作为理性人可预见通常损失，而非特别损失。由于通常损失发生可能性大，法律推定违约方可预见；而特别损失发生可能性小，则需要根据违约方实际预见情况进行判断。

2. 辅助因素：违约方过错程度和损益均衡度

通过考察违约方的知识和损失发生可能性的两大基础因素，可得出初步的损失可预见程度。然后通过违约方的过错程度和损益均衡度两大辅助因素，调整影响可预见性程度要求，最终得出结论。

违约方过错程度影响可预见性判断，主要表现为：违约过错程度越大，可预见性程度要求越低，损失越容易被认定为可预见。当过错程度达到故意时，通过降低可预见性程度要求，损失被认为可预见。

损益均衡度是实现合同给付均衡原理的要求。损益均衡度越低，表明损失与对价收益不成比例，损失预见可能性越小。损益均衡度越高，损失与对价收益之间成比例，损失可预见可能性越大。个案中，法官通常以违约方损害赔偿责任远远大于违约方所获合同对价为由，否定损失的可预见性。[①]

3. 基础评价与原则性示例

（1）违约方的过错程度与损益均衡度之间的互动

在基础因素处于平均的状态下，违约方的过错程度和损益均衡度之间相互补足，可以得出确定的法律效果。当违约方过错程度达到故意时，即使损益均衡度较低，该损失仍然被认为可预见。例如，承运人 A 与托运人 B 签订合同，按照规定的路线将货物按照正常速度运送到 B 打算出售该货物的目的地。为了赚取额外的收入，A 偏离了既定的路线去运送额外的货物。因此，该货物交付时间大幅度延迟，迟延期间货物价格下跌导致 B 损失。由于 A 基于自己的经济目的故意违反合同从而导致 B 损失，因此 A 不得以 B 的损失与 A 从合同中获得的利益不成比例为由拒绝赔偿责任。[②]

---

① 参见最高人民法院（2016）最高法民再 351 号民事判决书。

② See Andrew Robertson, "The Basis of the Remoteness Rule in Contract", 28 *Legal Studies* 172, 194（2008）.

（2）违约方的知识与损益均衡度之间的互动

在其他因素处于平均状态下，违约方的知识越多，已经超出一般理性人的范围，即使损失均衡度较低，该损失仍然被认为可预见。例如，在"林宁法与陕西柴油机重工有限公司买卖合同纠纷"一案中，二审法院认为："双方在柴油机供货合同中已明确约定林宁法为'建造货轮'而向陕柴公司购买柴油机，交付后供方需免费派遣技术人员参加船舶的系泊试验及试航，故陕柴公司明知林宁法购买柴油机用于造船并出售，其应当预见到柴油机逾期交付与造船延误之间的关联性。因此，林宁法造船迟延所导致的损失当属陕柴公司订约时所应预见。"[①] 由于卖方明知买方购买柴油机用于造船，所以其应当预见到柴油机逾期交付导致造船延误的相关损失，包括延期增加的费用以及船舶价格下跌的损失。尽管船舶迟延交付期间恰逢金融危机，船舶价格下跌幅度超出通常范围，但法院认为卖方应承担船舶价格下跌的损失赔偿责任（船舶价格下跌损失大约为柴油机价格的两倍）。[②] 在本案中，涉及违约方的推定知识的事实包括："合同明确约定林宁法基于建造货轮目的向陕柴公司购买柴油机""陕柴公司作为长期供应台州地区船用主机的大供货商，对台州当地造船行业的发展模式较为熟悉与了解，应当明知林宁法造船系为了出售牟利""主机作为货轮极重要的一个部件，如主机未到货，船舶将肯定无法建造完成"。据此，通过违约方的推定知识足以认定违约方应当预见到船舶价格下跌损失，即使该损失与违约方所获对价不成比例。

五　结语

违约可预见性标准担当合理限制损害赔偿范围的任务。损失是否可预

---

① 参见浙江省高级人民法院（2010）浙海终字第 113 号民事判决书。

② 二审后，卖方陕柴公司以合同约定的柴油机价款 736 万元作对比，认为原审法院认定的船舶差价损失过高，显失公平公正，申请再审。最高人民法院认为，买方林宁法转售船舶所遭受的金融危机风险，正是陕柴公司迟延交付柴油机所造成的，将这种市场风险归咎于陕柴公司基本合理，最终驳回卖方的再审申请。参见最高人民法院（2010）民申字第 1559 号民事裁定书。

见，不仅涉及可预见事实判断，还涉及责任限制的价值判断。因此，抽象的可预见标准需要具体化，为个案的判断提供指引。为此，动态体系论可提供妥当的方法论路径。可预见性标准背后的复合价值构造成为可预见性判断标准弹性化的基础，而各价值通过派生出具体因素来实现自己的作用，为可预见性判断标准之弹性化提供具体路径。通过立法与判例的总结，可预见性判断因素分为基础因素和辅助因素，前者包括违约方的知识和损失发生可能性，后者包括违约方的过错程度、损失与利益的均衡度。可预见性判断标准的动态体系化，表现为判断者综合权衡各判断因素的强度，形成相应协动方案。通过基础判断因素得出初步可预见损失范围，然后经过辅助因素的检测，最终确定具体可预见损失范围。

论罗马法对人格权的保护及其
对我国法的启示[*]

——以"关于辱骂"的裁判官告示为例

周平奇^{**}

内容提要： 罗马法通过侵辱之诉制度对人格权采用消极防御形式加以保护，理论上打造了名誉、尊严等具体概念，为现代人格权理论奠定了基础。作为侵辱之诉的构成部分之"关于辱骂"的裁判官告示对名誉权和人的尊严进行周延保护，其颁布的时间早于公元前193年，是罗马共和晚期精神文明进步的体现；该种裁判官告示规制的辱骂之构成要件具体包括违背善良风俗、在公共场合大声喊叫、针对特定的某人、存在侵辱意图，辱骂的具体类型包括自己实施辱骂和教唆、帮助、委托他人实施辱骂；因辱骂引起的侵辱之诉责任承担，具体包括依据"善良与公正"判定的罚金以及承受破廉耻；在人格权保护的程序方面，从起诉主体和诉权移转方面进行了详细规定。我国法对辱骂的规制路径存有缺陷，辱骂作为一种促发行为，缺乏制度性架构，"关于辱骂"的裁判官告示在方法论和具体技术性规范层面对《民法典》的名誉权保护的完善具有借鉴意义。

关键词： 辱骂　侵辱之诉　名誉权　人格权

一　问题的提出

通说认为，人格的概念是古罗马法创设的，^① 罗马法仅有人格而没有

---

* 本文为厦门大学研究生国（境）外交流访学项目资助研究成果。

** 周平奇，厦门大学法学院博士研究生，意大利米兰大学访问学者。

① 马俊驹：《人格和人格权理论讲稿》，法律出版社，2009，第33页。

人格权，现代意义上的人格权萌芽于 16 世纪。雨果·多诺（Hugo Doneau）开创了人格权理论先河，18 世纪德国学者沃尔夫提出生命权等概念，直到 19 世纪末期，人格权概念才得以形成，是德国学者噶莱斯（Karl Heinrich Franz Von Gareis）提出的。① 有学者甚至认为，罗马法中不存在人格权的保护，人格权理论最早是由德国 19 世纪中期的历史法学派和潘德克吞学派的代表人物普赫塔（Georg Friedrich Puchta）提出的，后经法国学者不断完善。② 这主要是通过人格权理论的学者贡献顺序来否定罗马法的人格权及其保护。还有学者从理论逻辑推演视角否定罗马法的人格权及其保护，该种观点认为，在法律逻辑上，权利的产生通过两阶段完成：一是为主体的存在提供法律上的载体，即主观权利与人之结合；二是主体和客体之间权利纽带的建立。由此认为人格权客体是思想观念的产物，而非客观存在。③ 如此，人格权产生于罗马法便行不通，将人格权客体论述为人的伦理价值，并视为思想观念的产物，作为社会的一种评价，自然推演出奴隶社会的罗马无人格权可言，从而认为罗马法仅有作为特殊身份意义而言的人格，人格权及其相应保护也就无从言说。④

以上两种视角看待人格权保护的观点均遭受理论事实的冲击。就前者而言，1589 年雨果·多诺在《市民法评注》第 2 卷第 8 章第 1 节就提出人格权理论，依据客体的不同而将权利分为主体自身为客体的权利和非以主体自身为客体的权利，人格权的内容有四种类型，即生命、身体完整、自由与名誉。⑤ 雨果·多诺将人格权定位为"存于各人的人身中"（in persona cujusque）的权利，特别重视关于名誉权的保护。⑥ 雨果·多诺是在罗马法研究基础上得出这样的结论的，即从罗马法诉权的研究中抽象出具体

---

① 王利明：《论人格权的定义》，《华中科技大学学报》（社会科学版）2020 年第 1 期。
② 张民安：《法国人格权法》（上），清华大学出版社，2016，第 29 页。
③ 马俊驹：《人格和人格权理论讲稿》，法律出版社，2009，第 163～164 页。
④ 马俊驹：《人格和人格权理论讲稿》，法律出版社，2009，第 34 页。
⑤ 徐国栋：《人格权制度历史沿革考》，《法制与社会发展》2008 年第 1 期。
⑥ Hugonis Donelli, *Opera omnia*, *Commentariorum de Jure Civili*, *Tomus Primus*, *Cum Notis Osualdi Hilligeri*, Romae, Typis Josephi Salviuggi, 1828, pp. 227 – 229.

人格权，① 这种罗马法诉权即侵辱之诉，据此剥离出人格权保护的概念，它主要采用消极防御的形式保护人格权。诚如有学者认为，保护自然人的自然存在和社会存在的人格权在罗马法中就已经存在，只不过大多是以消极的形式加以保护。② 此外，我国也有学者将人格权追溯至罗马法，认为罗马法中存在人格权制度。民国时期的罗马法学家贾文范先生持此观点，其在著作《罗马法》中专章论述人格权，区别论述了人格和人格权，把人格权定性为对己身的物权，认为罗马法中的人格权侵害具体包括伤害身体、束缚自由、公然侮辱、妨害名誉、侵入家宅、图谋奸污、污行告诉、妨害交通等，③ 这昭示了罗马法中的人格权保护制度。就后者而言，权利产生的两阶段逻辑推演并不见得严谨。德国法学家卡泽尔认为，诉（actio）是主观权利的权利人实现和实施权利而采取的手段，即原告借以将其权利作为法律争议内容的行为。由起诉（无疑与现代的诉差异很大）这项行为就产生了这种含义：有一项诉（actio）= 有一项权利。它能使人在诉讼中作为原告有望成功。罗马法中的诉（actio）所针对的就已经不仅仅是给付了请求权的问题，还可以是权利形成或者确认。④ 由此，权利产生的逻辑基础是主体具有某种诉，进而获取某种权利。而且，上文关于权利产生的两阶段理论及人格权客体的逻辑推演，遭遇罗马法对各类人格要素进行保护的事实困境，罗马法中存在大量关于名誉、荣誉、贞操等具体人格权保护的法言规定，主要体现在优士丁尼《学说汇纂》第 47 卷第 10 题以及其他卷有关侵辱制度的法言之中，共 546 处之多。⑤ 对此，日本学者在

---

① 〔德〕格尔德·克莱因海尔、扬·施罗德主编《九百年来德意志及欧洲法学家》，许兰译，法律出版社，2005，第 120 页。

② 徐国栋：《人格权制度历史沿革考》，《法制与社会发展》2008 年第 1 期。

③ 贾文范：《罗马法》，朱正远、徐国栋校，清华大学出版社，2019，第 59～62 页。

④ 参见〔德〕马克斯·卡泽尔、罗尔夫·克努特尔《罗马私法》，田士永译，法律出版社，2018，第 76 页。

⑤ 需要予以说明的是，这是通过运用 E 方法对罗马法原始文献进行检索与分析的结果。所谓 E 方法，即意大利语 Esegesi（原始文献分析），意大利学者面对浩如烟海的原始文献，借助现代科技手段对文献全面考察和研究的一种新方法。陈帮锋：《罗马法中的意外事故》，法律出版社，2019，第 17 页。本文关于《学说汇纂》等文献中的法言，均是从拉丁文文本直译，并参考艾伦·沃森（Alan Watson）英译本和斯科特（P. Scott）的英译本。对于已经有中译本的，或者为统一译名或者出于个人的重新理解，进行（转下页注）

翻译罗马法学家舒尔茨的《古典罗马法》一书时，将罗马法中的"侵辱之诉"（actio iniuriarum）翻译成日语"人格権侵害訴権"，即"人格权侵害诉权"。[①] 罗马法对名誉等人格要素的保护是存在的，在保护人身权不受侵害的侵权行为诉权制度中发展并得到认可。[②] 这在一定程度上强化了人格权术语适用的范围效力。

所以，从本质上而言，侵辱之诉的现代法对应物就是人格权侵权，侵辱之诉是对人格权进行消极保护的罗马法制度。罗马法是否存在现代法意义上的人格权概念名词，在我阅读的范围内，可以做出否定性回答；但是可以肯定的是，现代法意义上的人格权概念是对罗马法的理论提炼，罗马法中存在大量关于人格权保护的法言规定，其对人格权保护自成体系。虽然罗马法没有人格权这样的概念名词将名誉权等具体人格权进行理论抽象，但是存在着作为人格权客体的具体人格要素的名词性表述，具体体现在古罗马法学家乌尔比安《告示评注》第56卷（D.47，10，1，2）中："一切侵辱，或者施加于身体，或者关涉尊严，或者关涉不名誉。"乌尔比安在理论上打造了身体、尊严、名誉等人格权客体的具体概念，后来在16～17世纪人文主义法学家雨果·多诺、格劳秀斯及约翰尼斯·沃特等著作

（接上页注⑤）了改译，会做出相应说明。对此，本文其他部分出现的法言译本出处不再进行说明。拉丁文本，参见 The Roman Law Library, https://droitromain. univ – grenoble – alpes. fr/，2015 – 01 – 25/2018 – 05 – 04；英译本，参见 *The Digest of Justinian*（Vol. I – IV），English – Language Translation Edited by Alan Watson, Philadelphia, University of Pennsylvania Press, 1985；*The Civil Law, Including the Twelve Tables, the Institutes of Gaius, the Rules of Ulpian, the Opinions of Paulus, the Enactments of Justinian, and the Constitutions of Leo*（Vol. I – XVII），Translated and Edited by S. P. Scott, Cincinnati, the General Trust Company, 1932。另外，关于《学说汇纂》等所引用的古代作者及作品目录的译名，本文均采用徐国栋教授的译法，参见〔意〕桑德罗·斯奇巴尼选编《法律行为》，徐国栋译，中国政法大学出版社，1998，第156～177页。

① フリッツ·シュルツ：《古典期ローマ私法要説（第5部 債権の法）》，埆浩訳著，信山社出版，1992，第593页。感谢在日本京都大学公共政策大学院攻读硕士学位的熊哲先生提供的文本及其翻译。

② 〔日〕五十岚清：《人格权法》，〔日〕铃木贤、葛敏译，北京大学出版社，2009，第1页。肖俊：《人格权保护的罗马法传统：侵辱之诉研究》，《比较法研究》2013年第1期。汪洋：《罗马法上的人格保护及其现代传承——以"侵辱之诉"为研究中心》，《法商研究》2014年第3期。

中得到进一步理论重述，成为现代法中的人格权理论的基础。① 乌尔比安从人格权客体角度出发，对物质性人格权和精神性人格权予以保护，体现了罗马法朴素的人格权思想。② 因此，从某种程度上而言，罗马法中存在人格权保护和具体人格权，这更多的是一种发现，而非演绎证成或"创造"。鉴于此，本文运用原始文献分析方法，试图对罗马法人格权保护制度侵辱之诉的构成部分之"关于辱骂"的裁判官告示进行深入探讨，揭示其对具体人格要素之名誉、尊严进行保护的内容和方式，以发现罗马法人格权保护的制度设计，萃取其不同的规定方式对我国法的启示。

二　"关于辱骂"的裁判官告示对人格权的保护

（一）"关于辱骂"的裁判官告示及其颁布的时间

古罗马共和时期，裁判官是处于执政官下属地位的官职，最初设置于公元前 367 年，拥有谕令权和司法权，一般任期为 1 年，任期内颁布告示、公布执法方针和程序，造就了裁判官法，成为罗马法的渊源。③ 裁判官对其告示具有完全的自由处置权，后来逐渐习惯接过前任裁判官告示的大部分内容，或作简要删除或添加，以作为自己的告示重新颁布，形成"沿袭告示"。裁判官的司法权主要体现为对特定的情形给予诉权或者否认诉权，裁判官权力的实质在于对法律救济的控制。④ 德国法学家勒内尔在

---

① Hugonis Donelli, *Opera omnia*, *Commentariorum de Jure Civili*, *Tomus Primus*, *Cum Notis Osualdi Hilligeri*, Romae, Typis Josephi Salviuggi, 1828, pp. 227 – 229. 格劳秀斯和约翰尼斯·沃特均在罗马法方面造诣精深。约翰尼斯·沃特（1647～1713）在格劳秀斯逝世两年后出生，最有名的作品是以拉丁语写就的《潘德克吞评注》（*Commentarius ad Pandectas*, 1698），它是法律人文主义思想代表作，这部作品也是南非法的学说渊源。两位法学家的学说，在现代南非法院审理案件中经常被援引。See Johannes Wilhelmus Wessels, "Notes on the History and Development of the Roman – Dutch Law（Chapter XXXV）", 4 *South African Law Journal*, 327 – 328（1906）.
② 参见李钧《古罗马侵权法律制度与现代沿革》，中国政法大学出版社，2015，第 254 页。
③ 参见黄风编著《罗马法词典》，法律出版社，2002，第 206 页。
④ 参见〔英〕H. F. 乔洛维茨、巴里·尼古拉斯《罗马法研究历史导论》，薛军译，商务印书馆，2013，第 128～129 页。

其《论永久告示》第 35 题 "论侵辱" (de iniuriis) 中重构了关于侵辱的裁判官告示，其中就包括 "关于辱骂" (de convicio) 的裁判官告示。①

"关于辱骂" 的裁判官告示颁布的时间，我们可以从西塞罗的《献给赫仑纽斯的修辞学》(Rhetorica ad Herennium)（下文简称《修辞学》）中的如下片段中推定。(1)《修辞学》(2，26，41) 中对侵辱进行了定义："这样的定义也是错误的，例如，如果某人说除了殴打 (pulsation) 或辱骂 (convicio) 之外，没有其他侵辱 (iniuria) 的情形。"② (2)《修辞学》(4，25，35) 中对侵辱的类型进行了说明："所谓侵辱 (iniuriae) 就是指殴打他人身体或者用下流的语言辱骂 (convicio) 他人或者以下流行为侵犯他人的生活。"③ 这两个片段均提及辱骂作为侵辱的一种类型，这说明在《修辞学》出版之前，"关于辱骂" 的裁判官告示已经为人所知。实际上，该作品出版于公元前 88 年。④ 由此可知，"关于辱骂" 的裁判官告示颁布的时间肯定早于公元前 88 年。对此，意大利学者弗斯科进一步推定，该告示由裁判官颁布于公元前 2 世纪末期，⑤ 但她没有给出详细的说明理由。其实，《修辞学》(4，25，35) 还提到了其他两种类型的侵辱，即殴打和侵害贞操（以下流行为侵犯他人的生活）。"关于辱骂" 的裁判官告示早于 "关于侵害贞操" 的裁判官告示，⑥ 后者颁布于公元前 193 年之前。⑦ 故本文认为，"关于辱骂" 的裁判官告示颁布于公元前 3 世纪末到前 2 世纪初的某年，而非弗斯科所认为的公元前 2 世纪末期。至此，本文

---

① Otto Lenel, *Das Edictum Perpetuum*, Leipzig, Scientia, 1927, S. 397 – 403.

② Cicero *Ad. C. Herennium*, *De Ratione Dicendi* (*Rhetorica ad Herennium*), With an English Translation by Harry Caplan, Cambridge：Harvard University Press, 1954, p. 132.

③ Cicero *Ad. C. Herennium*, *De Ratione Dicendi* (*Rhetorica ad Herennium*), With an English Translation by Harry Caplan, Cambridge：Harvard Universiity Press, 1954, p. 316.

④ 公元前 86 年到公元前 82 年，一位修辞学学生（西塞罗）用拉丁语为他的朋友赫仑纽斯 (Herennius) 撰写了一本修辞学教科书《献给赫仑纽斯的修辞学》(*Rhetorica ad Herennium*)，该书以最优秀的希腊作家的著作为蓝本。该书可能是托名之作。See Aubrey Gwynn, *Roman Education from Cicero to Quintilian*, Oxford, at the Clarendon Press, 1926, pp. 66 – 67.

⑤ Stefania Fusco, "*Studi sull'Iniuria：l'Edictum de Convicio*", 11 Diritto@ storia, 6 (2013).

⑥ Marta Fernández Prieto, *La Difamación en el Derecho Romano*, Valencia, Tirant Lo Blanch, 2002, p. 420.

⑦ Eva Cantarella, *Secondo Natura*, *La Bisessualità nel Mondo Antico*, Milano, Biblioteca Univ. Rizzoli, 1995, p. 141 ss.

所论述的"关于辱骂"的裁判官告示在罗马法上的历史分期已经呈现出来，这旨在将罗马法关于人格权保护的主题限定在特定历史分期之中，就罗马法所开创的具体人格权保护进行时代的具体定位。

（二）"关于辱骂"的裁判官告示的具体内容及其保护的具体人格权

拉丁术语"convicium"，黄风教授译为"辱骂"，肖俊博士译为"聚众侮辱"，汪洋博士将这种告示译成"公然性诽谤与言辞侮辱"。① 该词在词源学上是有争议的，主要有三种说法：（1）洛伊曼认为该词是由名词"convīcī"（同屋、室友）转化的名词；（2）德·瓦恩则认为该词与"vinciō"（团结、包围、缚住）的联系更大；（3）还有人认为该词来自"con + vōx"，"con"源于介词"cum"（和），作为前缀，表示多个物体的存在或聚集，但这种说法在构词形态学上被认为是站不住脚的。② 所以，后两种翻译，本文不予采纳。本文采用"辱骂"译法，具体特指口头侵犯他人名誉，即在公共场合大声喊叫将被视为侵辱。③ 辱骂构成侵辱，则属于该行为的具体要件问题，不宜以此为依据进行其他相应的中文翻译。

作为侵辱之辱骂在《十二表法》中有相似的侵辱情形，即第八表第 1 条中规定的"念诅语"（malum carmen）。④ "关于辱骂"的裁判官告示原文体现在如下法言之中。

---

① 参见黄风编著《罗马法词典》，法律出版社，2002，第 73 页；肖俊《人格权保护的罗马法传统：侵辱之诉研究》，《比较法研究》2013 年第 1 期；汪洋《罗马法上的人格保护及其现代传承——以"侵辱之诉"为研究中心》，《法商研究》2014 年第 3 期。
② Michiel de Vaan, *Etymological Dictionary of Latin and the Other Italic Languages* (*Leiden Indo - European Etymological Dictionary Series*；*Vol.* 7)，Leiden, Boston, Brill Academic Publishers, 2008, pp. 133 - 134. 〔美〕哈珀·柯林斯出版集团《柯林斯拉丁语 - 英语双向词典》，世界图书出版公司，2013，第 52 页；谢大任主编《拉丁语汉语词典》，商务印书馆，1988，第 135 页。
③ Adolf Berger, *Encyclopedic Dictionary of Roman Law* (*New series - Volume* 43, *Part* 2)，New York, American Philosophical Society, 1953, p. 416.
④ See Reinhard Zimmermann, *The Law of Obligations：Roman Foundations of the Civilian Tradition*, Johannesburg, Juta. & Co., Ltd., 1992, p. 1054.

D. 47，10，15，2。乌尔比安《告示评注》第 77 卷：裁判官说："对被主张违背善良风俗（*adversus bonos mores*）而辱骂（*convicium*）某人（*cui*）的人，或者由于他作出的努力（*opera*），使得违背善良风俗的辱骂（*convicium*）被实际作成的人：我将授予对抗他的诉权。"

由上述裁判官所说的内容可以判定，该段法言规制了两种类型的案件："亲自实施辱骂"和"努力使得辱骂作成"。该段法言特别突出了"某人"（*cui*），即辱骂的对象应该是特别指称的。作为侵辱之辱骂的构成要件之一是"违背善良风俗"，即并非任何辱骂都属于侵辱行为，只有违背善良风俗的辱骂才会被裁判官授予侵辱诉权。对此，我们可以从如下事实中得到进一步确定：乌尔比安在对该裁判官告示的评注中引用了法学家拉贝奥的话，即"辱骂构成侵辱"（*convicium iniuriam esse*）（D. 47，10，15，3），揭示出拉贝奥对该裁判官告示的看法，判定辱骂是否被授予侵辱诉权的标准是对善良风俗的违背与否。关于辱骂的性质，有学者认为它属于广义诽谤的具体形式，主要源于魔法的传统。①

通常，拉丁术语"*mos*"（*bonos mores* 中的 *mores* 为 *mos* 的复数形式）一词以两种形式出现在罗马法中，即习惯法和社会道德风俗。② 而作为道德风俗的含义无疑是最古老的，但是这与法律关联性不是很大，因为它属于道德的范畴，只有在某些特定的情形才会转化为法律上的规则而加以提及。③ 一般意义上的善良风俗，指的是具有重要意义的风俗习惯和伦理准则，④ 即由道德决定的规则，违反善良风俗的法律行为被认为是无效的，也被称为背俗。⑤ 善良风俗是祖先的善良传统，通常为法学家所指，具体

---

① See Peter Birks, "*The Early History of Iniuria*", 37 Tijdschrift voor Rechtsgeschiedenis, 206 (1969).

② Joseph Plescia, "*The Development of the Doctrine of Boni Mores in Roman Law*", 33 – 35 Revue Internationale des Droits de L'antiquité, 266 (1986 – 1988).

③ Stefania Fusco, "*Studi sull'Iniuria: l'Edictum de Convicio*", 11 Diritto@ storia, 11 (2013).

④ 黄风编著《罗马法词典》，法律出版社，2002，第 41 页。

⑤ Cfr. Federico del Giudice e Sergio Beltrani, *Dizionario Giuridico Romano (IIa edizione)*, Napoli, Esselibri Simone, 1993, p. 73.

准则不是来自宗教学说或哲学学说，而是正常的民众道德。^① 然而，试图对善良风俗的概念加以准确界定又是困难的，在每一种具体的情形中，必须考虑到那个时代特定的风俗习惯。^② 因为每个时代的善良风俗有所区别，当然，其中不少内容会随着时代的变化加以固定下来。在古罗马共和初期，一些主观意图不在于伤害他人的语言上的不道德和下流行为，处于法律所允许的范围之内，这些行为时常发生在乡村节日、婚礼或军事凯旋式的场合。直到"关于辱骂"的裁判官告示颁布之后，这些语言上的不道德和下流行为才被视为违背善良风俗而逐步受到惩罚。^③

　　作为侵辱之辱骂的"善良风俗"具体含义是什么，D. 47，10，15，5 和 D. 47，10，15，6 中给出了判定标准。D. 47，10，15，5 具体规定的是：裁判官所说的违背善良风俗，不是声音的聚集，而是声音的聚集使某人陷入不名誉或蒙受耻辱。有学者认为 D. 47，10，15，5 中的"陷入不名誉"是后世法学家添加的，这种添加将改变告示条款的原始含义，因此有必要将其删除，以免混淆"关于辱骂"的裁判官告示和"致人不名誉"的裁判官告示。^④ 可以说，作为侵辱之辱骂的"违背善良风俗"主要指称的是声音的聚集使某人蒙受耻辱。而 D. 47，10，15，6 则指出了善良风俗的界域性，该段法言引用了拉贝奥的观点，即"善良风俗不应该被理解为实施侵辱者所认为的善良风俗，而应该被理解为城邦（civitas）的善良风俗"。此段法言清晰地解释了善良风俗的公共性和客观性，而非某人内心确定的主观性，指向的是一系列受尊重的风俗习惯和正常的民众道德，是上升成法律规则的社会道德风俗，限于城邦的范围。

　　善良风俗代表着一种客观标准，即城邦认为的这种习俗是好的，可以通过经验进行验证。因此，违反善良风俗的辱骂受到惩罚，是因为它违背

---

① 〔德〕马克斯·卡泽尔、罗尔夫·克努特尔：《罗马私法》，田士永译，法律出版社，2018，第 130 页。

② Matteo Marrone, "*Considerazioni in Tema di《Iniuria》*", Synteleia Vincenzo Arangio – Ruiz, 480（1964）.

③ Stefania Fusco, "*Studi sull'Iniuria：l'Edictum de Convicio*", 11 Diritto@ storia, 11（2013）.

④ Elemér Pólay, *Iniuria Types in Roman Law*, Translated by József Szabó, Budapest, Akadémiai Kiadó, 1986, p. 104.

了罗马城邦中被认为是好的行为风俗：这是一种源于法律体系之外的价值体系，并具有普遍意义上的法律相关性。① "善良风俗"的标准是客观的，也意味着排除随机性。在"关于辱骂"的裁判官告示颁布的时代（古罗马共和末期），对善良风俗的评价不是根据随机标准进行，而是在实践中与公共利益相对应的那部分城邦好风俗。② 此外，该标准是具体的。在规制辱骂的法律背景下，善良风俗不是抽象的，而是基于城邦的实践经验和道德传统衍生的，涉及罗马市民个体的尊严、良好的名誉和体面。③

"关于辱骂"的裁判官法主要是从人格要素遭受侵犯的角度，即消极的视角对人格权提供保护，具体表现为"自己亲自实施辱骂"和"教唆、帮助、委托辱骂"。声音的聚集使某人蒙受耻辱，违背城邦的善良风俗，辱骂所侵犯的人格要素是个人的尊严，乌尔比安在 D. 47，10，1，2 中所说："任一侵辱，或者对身体作出，或者涉及尊严……"罗马法上的尊严（dignitas）可以分为秩序性尊严和人性尊严。④ 裁判官法通过对辱骂的法律资源配置，体现出对人性尊严的保护，人性尊严即要求作为独立个体的人受到应有的尊重。在罗马法中，作为人性的尊严，在一定程度上与作为人格要素之名誉相关联。秩序性尊严，指地方法官和元老等所享有的尊敬，也表示罗马人民的伟大和力量。⑤ "关于辱骂"的裁判官告示保护的人格要素除了尊严之外，还包括具体的名誉。辱骂主要涉及对他人名誉的侵犯。⑥ 辱骂之构成要件中的"违背善良风俗"并非抽象的和随机的，而是具体的和客观的，涉及罗马市民个体的名誉权。⑦ 由此可知，作为侵辱之辱骂主要侵犯的是名誉权，其中也包括对人格尊严的侵犯，但是这种尊

① Stefania Fusco，"*Studi sull'Iniuria：l'Edictum de Convicio*"，11 Diritto@ storia，12（2013）.

② Arrigo Manfredini，*La Diffamazione Verbale nel Diritto Romano*，Milano，Giuffrè，1979，p. 65 - 66.

③ Stefania Fusco，"*Studi sull'Iniuria：l'Edictum de Convicio*"，11 Diritto@ storia，14（2013）.

④ 史志磊：《论罗马法中人的尊严及其影响——以 dignitas 为考察对象》，《浙江社会科学》2015 年第 5 期。

⑤ Adolf Berger，*Encyclopedic Dictionary of Roman Law*（*New series - Volume* 43，*Part* 2），New York，American Philosophical Society，1953，p. 437.

⑥ Adolf Berger，*Encyclopedic Dictionary of Roman Law*（*New series - Volume* 43，*Part* 2），New York，American Philosophical Society，1953，p. 416.

⑦ Stefania Fusco，"*Studi sull'Iniuria：l'Edictum de Convicio*"，11 Diritto@ storia，14（2013）.

严不同于现代法一般人格权中的人格尊严，它是独立的一种具体人格要素，具体包括人性尊严和秩序性尊严。

（三）"关于辱骂"的裁判官告示对人格权保护的具体方式

1. 作为侵辱之辱骂的构成要件

在构成要件方面，除了前文所论述的"违背善良风俗"之外，还存在其他要件。这可从乌尔比安关于该裁判官告示的评注中知晓。作为侵辱之辱骂的具体情形，体现在如下法言之中：

> D. 47，10，15，4。乌尔比安《告示评注》第 77 卷：然而，被说成辱骂（convicium），要么源于骚乱，要么源于聚集，换言之，源于声音的汇集。由于许多声音被集中对一个人的情形，被称为辱骂（convicium），与聚集（convocium）差不多。

该段法言提及"辱骂"在法律意义上的构词，在裁判官告示原文的基础上，进一步界定了辱骂的实质含义，即进行辱骂的声音聚集起来针对某人。基于拉贝奥对行为侵辱和口头侵辱两种不同方式的区分（D. 47，10，1，1），可以确定的是辱骂属于口头侵辱的形式，即通过口头语言实施不法行为，乌尔比安的该段法言旨在澄清用言语表达的侵辱之内涵。

并非所有口头的喊叫都是辱骂，辱骂除了违背善良风俗之外，还必须满足三个条件：一是大声地喊叫（vociferatione）说出的坏话才是（D. 47，10，15，11）；二是必须发生在公开的场合，或是在无序的人群中（D. 47，10，15，12），或是在人员流动性较大的场所（D. 47，10，15，7）；三是这种辱骂必须针对特定的人。对此，法学家的评注中特别对该裁判官告示中的"某人"（cui）进行了解释，"告示中加入的'某人'并不是没有理由：事实上，如果辱骂针对的是一个未被指定之人实施的，则不会被起诉"（D. 47，10，15，9）。显然，在没有指向特定的人而为辱骂的情况下，由于不影响特定人的利益，因此不可能以该裁判官告示所规定的内容加以保护。换言之，对不确定之人而为辱骂是不会受到惩罚的，因为不存在提起诉讼的人。

由此可知，作为侵辱之辱骂从辱骂的言语粗鲁性（大声喊叫）、辱骂发生的场合（聚众公开）以及指向特定的人三个方面得以界定。值得注意的是，被辱骂的某人，不是必须在现场，正如拉贝奥所说："辱骂不仅可以针对在场的实施，也可以针对不在场的实施。"（D.47，10，15，7）例如，某人不在家的时候，任何人来到他的房屋前进行辱骂，站在门前，大喊"你就是个骗子和造谣者"或者"你以为你拥有半个城邦，你就不需要结账了"。当然，辱骂并非一个人的自言自语，必须传播开来。① 其中在辱骂的公开性方面，还有更加细化的规定，例如，在驿站或者小酒馆等人员流动性较大的公开场合散播谣言也构成侵辱之辱骂（D.47，10，15，7）。

有学者认为，辱骂是许多人被召集在一起并聚集在某人的家中，引起侮辱性的大声喊叫。② 从"关于辱骂"的裁判官告示及其评注的法言来看，这种观点是欠妥的，因为其依据的仅仅是 D.47，10，15，4，而这只是一种情形，而且也并非限于房屋内发生。D.47，10，15，12 提及：无论是一人还是多人说出辱骂的话，都可能构成辱骂。辱骂并非要求是一群人对某人进行辱骂，个人对个人或确定的多人，以及群体对个人或确定的多人实施辱骂，都是符合要求的。所以，将"convicium"翻译成"聚众侮辱"，并不能全面概括关于"convicium"的所有情形。对此，有学者进行了较为全面的总结，认为辱骂的话语应该指的是：来自一个人的大声或多个单一成员组成的群体共同发出的声音。③

辱骂要求对"某人"为之，这里隐藏着尽管发生了辱骂但不为法律制裁的情形，即针对非特定的人为辱骂而表达自己的诉求，如同现代法中关于在示威游行中喊出的诉求和抱怨。这属于辱骂的排除情形或免责事由。在古罗马社会，辱骂同时作为一种公认的自助行为，是一种保护个人合法

---

① Peter Birks, *The Roman Law of Obligations*, Oxford, Oxford University Press, 2014, p. 226.

② Reinhard Zimmermann, *The Law of Obligations*: *Roman Foundations of the Civilian Tradition*, Johannesburg, Juta. & Co., Ltd., 1992, p. 1054.

③ Stefania Fusco, "*Studi sull'Iniuria*: *l'Edictum de Convicio*", 11 Diritto@ storia, 10（2013）.

权益或抵抗不法行为的庭外的救济方式。典型的被法律允许的辱骂包括喊出正当的投诉，例如，审判前喊出正当的诉求，比如说，他确实是债务人、穷人的压迫者或者通奸者等。① 这些辱骂不会被认定为侵辱之辱骂。

由上文可知，作为侵辱之辱骂的构成要件主要包括违背善良风俗以及辱骂行为本身的"三要件"（大声喊叫、公开场合、针对某特定人）。除此之外，是否包括主观方面的侵辱意图（*animus iniuriandi*）呢？单纯从告示原文及法学家评注的法言中，难找到"侵辱意图"的字眼，D. 47，10，15，5 中"违背善良风俗而使人蒙受耻辱（*invidiam*）"有模糊提及"意图"：辱骂旨在使人蒙受耻辱，具备侵辱意图。有学者从 D. 47，10，15，9 加以解读，认为该段法言中的"某人"，本身就蕴含着辱骂的主观恶意。② 但是，从上文对该段法言的论述可知，其中并没有明确提及"侵辱意图"。对此，只能另辟蹊径予以解释，可以从这些法言背后的理论层面寻找有无侵辱意图的意蕴，或者从罗马法司法实践发生的案件中找寻是否存在侵辱意图的依据。有学者认为，"侵辱意图"是任何形式的侵辱之诉中都存在的主观因素。③ 当然，作为侵辱之辱骂也不例外。在古罗马的司法实践中，关于辱骂的案件时有发生，西塞罗在其《修辞学》中记载了两则案件：（1）某个哑剧演员在戏台上指名辱骂诗人阿克丘斯，随后被阿克丘斯提起侵辱之诉。（2）恺流斯担任法官时，将在戏台上指名侮辱诗人路奇流斯的人开释；穆丘斯（Mucius，公元前 136 年的裁判官）担任法官时，则将指名侮辱诗人阿克丘斯的人判罚。④ 然而，令人困惑的是：为何两则案件的判决结果存在区别，一个开释而另一个被判罚。

上述两则案件均符合违背善良风俗以及辱骂本身的"三要件"。法官都是依据"善良与公正"原则审理侵辱之诉，但是判决的结果迥异。有学者认为，"侵辱意图"起着重要的作用，主观上具备"侵辱意图"是基本

---

① Peter Birks, *The Roman Law of Obligations*, Oxford, Oxford University Press, 2014, p. 227.

② Arrigo Manfredini, *La Diffamazione Verbale nel Diritto Romano*, Milano, Giuffrè, 1979, p. 126.

③ Stefania Fusco, "*Studi sull'Iniuria: l'Edictum de Convicio*", 11 Diritto@ storia, 15 (2013).

④ 出自 *Rhetorica ad Herennium* 1. 14. 24 和 2. 13. 19。See Cicero, *Ad. C. Herennium*, *De Ratione Dicendi* (*Rhetorica ad Herennium*), With an English Translation by Harry Caplan, Cambridge, Harvard University Press, 1954, pp. 44 – 94.

前提，所以导致了这样的判决区别。① 因为被释放的案件，行为人不存在"侵辱意图"，所以被开释。由此，"侵辱意图"也成为辱骂的构成要件之一，该要件主要来源于司法实践中所发生的案件。与此相关的一个问题是：对辱骂的对象认识错误是否构成辱骂？只要存在侵辱意图，仍然要承担侵辱之诉的责任，《学说汇纂》第47卷第10题中提到这种情形：有人将盖尤斯·塞尤斯当成路奇尤斯·蒂丘斯而实施侵辱，盖尤斯·塞尤斯对该人享有侵辱诉权（D.47，10，18，3）。

总而言之，作为侵辱之辱骂的构成要件主要包括主观方面的侵辱意图和客观方面的违背善良风俗，以及辱骂本身的"三要件"，亦即发生在公开场合的、针对特定的某人实施大声喊叫。

2. 作为侵辱之辱骂的具体类型

如裁判官告示原文（D.47，10，15，2）所言，辱骂主要有两种类型，即"自己实施"和"努力使得辱骂作成"（opera factum）。当然，拉丁术语"opera"是名词"opus"的复数形式，具有多种含义，"努力、作成、劳动、行动、雇工"，② 在"关于辱骂"的裁判官告示的语境下，它涵盖一系列旨在使某人以告示规定的方式对他人实施辱骂的活动。对此，下述法言进行了明确的阐述：

D.47，10，15，8。乌尔比安《告示评注》第77卷：不仅发出大声喊叫的人被视为构成辱骂（convicium），而且煽动（concitavit）他人进行大声喊叫的人或者暗中指使（summisit）大声喊叫的人也被视为构成辱骂。

该段法言中，首先提及"煽动他人进行大声喊叫的人"。拉丁语"concitavit"一词，是动词"concito"的第三人称单数形式。③ 该动词的原初含

---

① Stefania Fusco, "*Studi sull'Iniuria：l'Edictum de Convicio*", 11 Diritto@ storia, 16 (2013).

② 参见谢大任主编《拉丁语汉语词典》，商务印书馆，1988，第382页；〔美〕哈珀·柯林斯出版集团《柯林斯拉丁语－英语双向词典》，世界图书出版公司，2013，第147页。

③ 参见〔美〕哈珀·柯林斯出版集团《柯林斯拉丁语－英语双向词典》，世界图书出版公司，2013，第44页。

义是"激起、召集、邀请、煽动",① 意思是促发某人去做某事,在"关于辱骂"的裁判官告示中,即煽动他人为辱骂。因此,D. 47, 10, 15, 2中所说的"努力使得辱骂作成"(opera factum),即这种努力作成具有挑衅性,即通过一些行为或活动去煽动他人实施辱骂。其次,该段法言还提到了"暗中指使(summisit)大声喊叫的人"。单词"summisit"是动词"summitto"的第三人称单数形式,其字面意思是"屈服、屈从、产出、暗暗派遣",② 主要强调的是偷偷地进行指使,从而使得他人屈服于自己,"偷偷地"表明该种行为是暗中、背地里进行,与被指使者的大声喊叫的大声而公开的行为正好相反,即低声地、秘密地进行。

本文将上述法言中提到的两种具体行为(煽动和暗中指使)合称为"教唆辱骂"。从 D. 47, 10, 15, 8 本身的规定可以看出,辱骂实际上已经作成了。但是,如果没有形成辱骂,而仅仅是教唆他人进行辱骂的举动,并不需要承担辱骂之侵辱责任。可见,教唆应该形成辱骂的结果,教唆辱骂本身作为一种侵辱,但最终的责任构成与否取决于结果是否发生,而非只是单纯的教唆行为,这类似于我国刑法中的行为犯和结果犯的区分。③ 对此,D. 47, 10, 15, 10 进行了明确的规定,其辞曰:"如果教唆(curaverit)他人去对某人进行辱骂(convicium),但没有作成,将不承担责任。"

该法言中的"curaverit"一词,是动词"cūrō"的第三人称、单数、完成时态、虚拟式形态,意思是"如果安排、准备、领导、指挥、使得、教唆",④ 表示教唆的行为已经完成,但是辱骂结果没有实现。这是 D. 47, 10, 15, 8 的责任排除事由,即两种具体的行为(煽动和暗中指使)必须使得辱骂最终作成,如果没有产生辱骂,将不会承担侵辱的责任。

不仅教唆他人作成辱骂的人要承担侵辱责任,而且为他人实行侵辱之辱骂提供帮助的人也要承担侵辱责任。保罗《论点集》中有一句法言,大

① 参见谢大任主编《拉丁语汉语词典》,商务印书馆,1988,第 116 页。
② 参见谢大任主编《拉丁语汉语词典》,商务印书馆,1988,第 522 页。
③ 张明楷:《刑法学》(第 5 版),法律出版社,2016,第 168 页。
④ 参见谢大任主编《拉丁语汉语词典》,商务印书馆,1988,第 148 页;〔美〕哈珀·柯林斯出版集团《柯林斯拉丁语 – 英语双向词典》,世界图书出版公司,2013,第 56 页。

意说的是：不仅实施辱骂的人，而且为实施辱骂提供帮助或教唆（ope consiliove）的人，都要承担侵辱之诉而被判处破廉耻（PS.5，4，20）。[①] 该段法言中的拉丁术语"ope"一词，是名词"ops"的离格单数形式，意思是"帮助"；而"consilio"是名词"consilium"的离格单数形式，意思是"教唆"。根据《罗马法百科全书》的解释，词组"ope consilio"主要是指有助于他人实施不法行为的各种附件，一般使用在危害国家、通奸以及私犯的行为中。"ope"主要指向的是物理性帮助，而"consilio"不是指简单的建议，而是指导、鼓动、唆使。例如，在私犯之债中，"consilium"指的是说服并指导某人进行盗窃的人；而"ope"则是指协助和帮助他拿走财物的人（D.47，2，50，1）。[②] 此外，"consilium"一词也表示"建议"的意思，主要出现在合意之债中，它与委托（mandatum）有所不同，因为在建议的情形下产生了不良后果，建议者是无须承担责任的。[③] 其使用在如下法言之中，"每个人都可以自由衡量建议（consilium）对他自身是否有利"（D.17，1，2，6）。[④]

关于委托的情形，实际上，在侵辱之诉中有一条通用规则，即适用于各种类型的侵辱之中：如果我委托（mandatum）他人对某人实施侵辱，作出委托的我和接受我委托的他人都应该承担侵辱之诉的责任（D.47，10，11，3）。

综上所言，辱骂的类型中所存在的"努力使得辱骂作成"（opera fac-

[①] 值得一提的是，此处存在不同的观点。认为保罗的《论点集》中的该段法言呈现出的辱骂的规则是属于非常审判中的规制方式，并非属于告示中的侵辱。Marco Balzarini，《De Iniuria Extra Ordinem Statui》Contributo allo Studio del Diritto Penale Romano dell'Età Classica，Padova，CEDAM，1983，p.173s. 这主要是《学说汇纂》第48卷罗马刑事法中的规定："将受到处罚的事实是：或者是做出的事情……或者是由于一定的语言，比如辱骂……（D.48，19，16pr.）。"参见〔古罗马〕优士丁尼《学说汇纂（第48卷）：罗马刑事法》，薛军译，〔意〕纪尉民、阿尔多·贝特鲁奇校，中国政法大学出版社，2005，第311页。

[②] Adolf Berger，Encyclopedic Dictionary of Roman Law（New series – Volume 43，Part 2），New York，American Philosophical Society，1953，p.608.

[③] Adolf Berger，Encyclopedic Dictionary of Roman Law（New series – Volume 43，Part 2），New York，American Philosophical Society，1953，p.408.

[④] 中译本，参见〔古罗马〕优士丁尼《学说汇纂（第17卷）：委任与合伙》，李飞译，〔意〕腊兰校，中国政法大学出版社，2014，第7页。

tum）中的"*opera*"复数形式，至此可以解释为"教唆、帮助、委托辱骂"等具体情形，这是除了"自己亲自实施的辱骂"之外的另一种类型的辱骂。

3. 作为侵辱之辱骂的法律后果

罗马法以辱骂这种具体的侵权行为对名誉权和人的尊严进行保护，由 D. 47，10，15，2 和 D. 47，10，15，3 可知，构成辱骂的侵辱，辱骂者将要承担侵辱之诉的法律责任。（1）侵辱之诉是罗马法人格权侵害之诉，与财产损害的阿奎流斯法之诉相对，属于罚金之诉（*actio poenalis*），① 即不法行为的责任人向原告支付金钱罚金，而不同于现代刑法中的作为财产刑的罚金，交付给国家。② 至于罚金的数额，德国古典学者、法学家蒙森认为由法官进行估价加以确定。③ 依据"善良与公正"进行估价，做出判罚，或者如果法官认为判罚的数额违背"善良与公正"（*bonum aequum*），则可以降低乃至取消该判罚的数额。④ 支付一定数额的金钱，既有抚慰痛苦作用也具有补偿性质，并且构成了私犯之债的客体，这是该制度的民事功能之所在。⑤ 但是，这种演变一直持续到优士丁尼法时期，经济上的补偿主要针对遭受的侵辱所带来的精神损害。⑥ 可见，罚金制度既具备抚慰功能，又具备对精神损害的补偿功能。（2）除了罚金之外，承受侵辱之诉的责任者一般要被判处破廉耻，⑦ 这是罗马法中的权利能力削弱制度，即承受破廉耻者会丧失公共名誉和某些民事权能，诸如不得担任诉讼代理人、失去表决权以及不得担任公职。⑧ 例如，诉讼当事人一方的诉讼代理

---

① Fritz Schulz, *Classical Roman Law*, Oxford, At the Clarendon Press, 1951, p. 597.
② 张明楷：《刑法学》（第 5 版），法律出版社，2016，第 534 页。
③ Cfr. Giovanni Pugliese, *Studi sull'Iniuria*, Milano, Giuffrè, 1941, p. 142.
④ Giovanni Pugliese, *Istituzioni di Diritto Romano*, Torino, G. Giappichelli, 1990, p. 306.
⑤ Emilio Betti, *La Struttura dell'Obbligazione Romana e il Problema della Sua Genesi*, Milano, Giuffrè, 1955, p. 186.
⑥ Aldo Cenderelli, "Il Carattere non Partrimoniale dell'Actio Iniuriarum e D. 47，10，1. 6 – 7", 15 IVRA, 163（1964）.
⑦ Marco Balzarini,《*De Iniuria Extra Ordinem Statui*》*Contributo allo Studio del Diritto Penale Romano dell'Età Classica*, Padova, CEDAM, 1983, p. 23.
⑧ Cfr. Federico del Giudice e Sergio Beltrani, *Dizionario Giuridico Romano*（*IIa edizione*）, Napoli, Esselibri Simone, 1993, pp. 249 – 250.

人进入了被判处破廉耻的人名单，诉讼将自动中止，等待另一位有资格者代替他来担任代理人。这就在公共领域和私人领域合理限制了侵辱之诉的责任承担者的能力。关于破廉耻的性质问题，意大利法学家巴尔扎利尼在对保罗《论点集》（PS. 5，4，9）（任何因造成侵辱而被民事判罚的人都必须支付估价并承受破廉耻）进行评论时认为，该段法言说的是"民事判罚"（即被判罚要支付构成估价的数额的款项）的人承受的破廉耻责任为民事性质。① 这种民事责任，在盖尤斯《法学阶梯》（Gai. 4，182）和优士丁尼《法学阶梯》（I. 4，16，2）中都有规定。（3）"关于辱骂"的裁判官告示中还存在一段法言，即 D. 47，10，15，13，其主要规制的问题是：关于占卜师在占卜的过程中被询问谁是小偷，而占卜师乱说某人是小偷。这类似于辱骂的情形，应否承担侵辱之诉的责任，该段法言的回答是否定的，虽然无须承担侵辱的责任，但承担的却是犯罪的责任。这属于一种施加魔法的行为，应该受到刑事法律的制裁，判处死刑，因为即使每次制造魔法，对某人造成伤害，也有资格被定罪。② 该段法言提出了辱骂的排除事由，此种犯罪行为不被认定为辱骂，由此人格权受到侵害时的保护方式主要是民事救济的性质，区隔开犯罪行为。

作为侵辱之辱骂而产生的侵辱诉权，除了上述实体方面的内容之外，在程序上也相对完备。（1）提起诉讼的主体。主体必须具备诉讼主体资格，侵辱之诉的起诉主体必须是诉讼资格没有被剥夺者，如果本身不具备诉讼资格，如承受破廉耻者，自然不能提起诉讼。此外，主体必须是自权人，即不处于他人权力下的人，例如，家子遭受辱骂而发生侵辱之诉时，原则上是家父享有侵辱诉权，由家父提起侵辱之诉。直到公元前81年颁布《关于侵辱的科尔内流斯法》之后，家子可以提起侵辱之诉（D. 47，10，5，6）。需要说明的是，侵辱之诉的提起也可以由代理人行使（D. 47，10，17，16）。（2）关于诉讼移转的问题。侵辱之诉属于"当事人之间的

---

① Cfr. Marco Balzarini, 《*De Iniuria Extra Ordinem Statui*》 *Contributo allo Studio del Diritto Penale Romano dell'Età Classica*, Padova, CEDAM, 1983, p. 23.

② Elemér Pólay, *Iniuria Types in Roman Law*, Translated by József Szabó, Budapest, Akademiai Kiadó, 1986, pp. 150 – 151.

报复性诉讼"（*actio vindictam spirans*），不发生被动移转（即不针对继承人行使），而且也不发生主动移转（即继承人不得行使该诉权）。当多人的行为构成侵辱，每个人都要承担全部的责任，并且这些诉讼是累加的。①对此，可以从 D. 47，10，15，12 得知，关于实施辱骂的主体多寡情形，不管是单人辱骂还是群体辱骂，都应该承受侵辱之诉的责任。D. 47，10，15，14 中提到：基于辱骂产生的侵辱之诉，不能够授予继承人或者对抗继承人。这主要规制的是辱骂侵害人格权的程序性问题，意在说明侵辱之诉的人身依附性。但是，当进入证讼（*lite contestata*）阶段之后，侵辱诉权才能够发生继承等主动移转和被动移转（D. 47，10，13pr.）。证讼是诉讼的决定性时刻，标志法律审的完结，如此，当事人之间相互受到约束，②即程式经原告向被告建议采纳，在被告无异议之后，证讼即告完成，诉讼正式成立。③

4. 小结

"关于辱骂"的裁判官告示针对名誉权和人的尊严进行保护，构成辱骂之后，裁判官将授予侵辱诉权加以保护。这种侵辱之诉的本质在于保护人的自身，体现的是人自身的价值，与物（财产）的法律保护加以区别，而针对财产的损害是通过阿奎流斯法之诉予以救济。④对名誉权和人的尊严进行保护的"关于辱骂"的裁判官告示，在辱骂的内涵、构成要件、类型以及法律后果等方面规定得甚为详细。从实体和程序两方面全面规制违背善良风俗的"辱骂"，直接针对侵害人格权的具体行为之"辱骂"，而且对侵害客体之名誉和尊严进行规定。其实，在古罗马，辱骂等法律语言也主要是由日常通用语言提供，而逐步上升为法律术语。⑤"辱骂"在古罗马法中作为一项独立的人格权保护制度存在，有着详细的制度安排。裁

---

① Fritz Schulz, *Classical Roman Law*, Oxford, At the Clarendon Press, 1951, p. 597.

② 〔意〕彼德罗·彭梵得:《罗马法教科书》，黄风译，中国政法大学出版社，2005，第 75 ~ 76 页。

③ 参见周枏《罗马法原论》（下册），商务印书馆，2014，第 983 页。

④ 黄文煌:《阿奎流斯法: 大陆法系侵权法的罗马法基础》，中国政法大学出版社，2015，第 153 ~ 157 页。

⑤ Cfr. Biondo Biondi, *La Terminologia Romana come Prima Dommatica Giuridica*, Milano, Scritti Giuridici I, 1965, p. 181.

判官在就任后以告示形式警示罗马市民，直接对"辱骂"这种行为本身进行详细规定，与名誉和人的尊严进行一体式规制，相较于以单纯的人格权客体之名誉和尊严规定的保护方式，它从预防型视角更加强化了名誉权等具体人格权保护；而侵辱诉权的授予，又是对名誉权和人的尊严受到侵害时的回复型法律评价。对人格权的具体保护方式，可谓预防型和回复型评价机制相结合模式。

与远古罗马时期的《十二表法》相比，"关于辱骂"的裁判官告示在侵害人格权的具体方式方面规定得更加精细，具体的侵犯方式主要有"自己实施"以及"教唆、帮助、委托他人实施"辱骂，侵犯名誉权和人的尊严的具体内容还包括在某人的房屋前或者在驿站或者小酒馆等人员流动性较大的公开场合散播谣言，这体现了裁判官法更加突出对罗马现实生活中多发情形的具体考量，特别是从司法实践中吸收"侵辱意图"作为责任判定的具体参考标准，体现出裁判官法的创造力和生命力的强大，结合了司法实践中的个案发展并丰富了法学理论。在罚金制度上，相较于《十二表法》第八表第 4 条规定的"对人施行其他侵辱的，处 25 阿斯的罚金"①固定罚金制度而言，裁判官依据"善良与公正"予以判罚，改采浮动的罚金制度；在衡量人格权侵害行为是否严重时要考虑的情节，主要包括行为是否使用工具、加害地点是否有公众或重要官员、受害人的身份、伤害的部位等因素（I.4，4，9），浮动罚金制度和精神损害赔偿的考虑因素的明确规定以及具体细化体现了法律技术的进步。

三 "关于辱骂"的裁判官告示之人格权 保护对我国法的启示

英国法学家哈特曾说："那种认为仅仅通过阐明词语本身便可探讨词语意义的观点是错误的。"② 词语的含义应在具体的语境中加以理解，作

---

① 中译本，参见徐国栋《〈十二表法〉研究》，商务印书馆，2019，第 21 页。
② 〔德〕马蒂亚斯·赖曼、莱因哈德·齐默尔曼：《牛津比较法手册》，高鸿钧等译，北京大学出版社，2019，第 672 页。

为拉丁法律术语，更应综合考察词源、语境、罗马法背景知识等关联情形，而后做出精准的词义解释与翻译的解码与转码，本文所论述的辱骂及其相关规定，就是在考察具体制度后作出术语翻译之抉择。另外，从德国比较法学家茨威格特和克茨关于比较法功能主义的观点来看，为了寻求同本国问题的解决相应的法律，我们必须进入外国法的领域，从其相关制度中获得解决方案或启发，[①] 从功能性原则来看，罗马法中的侵辱之诉与我国法的人格权制度解决的是同一个问题：人格权的保护。

现代社会高速运转，特别是互联网、人工智能等高科技迅猛发展，在如此经济社会变革中，人格权地位逐渐凸显，各种人格要素面临的挑战逐步增多。我国在立法上也在不断回应这些现实问题，从本国司法实践经验出发，吸取罗马法、德国法、美国法等大陆法系和英美法系的理论精华，最终将人格权法作为我国《民法典》的独立一编，体现出民法典的时代品格和时代精神。我国《民法典》人格权独立成编，为世界民法典编纂提供了独特的中国方案，殊值肯定。然而，人格权独立成编并不意味着人格权的研究就迈入解释论时代，因为不同于其他已制定过单行法的《民法典》分编，作为《民法典》全新一编的人格权编，还有不少理论问题有待继续深化，当下的人格权研究应该坚持走立法论和解释论相结合的道路。

（一）我国现实生活和司法实践中关于辱骂的情势及其规制路径

辱骂这种行为在我国实际生活、司法实践中也是大量存在的。首先，在我们的实际生活中，存在不少为社会公众所关注的辱骂事件。例如，2018 年，厦门某房东夫妇在一分钟零六秒内于公开场合被房产中介人员骂 49 次 "滚"，8 次 "X 你妈的 X"。在被辱骂的过程中，还遭到辱骂者拳头挥舞的威胁。[②] 又如，泉州公交司机劝乘客补票招辱骂，被骂 20 分钟

---

① 〔德〕K. 茨威格特、H. 克茨：《比较法总论》，潘汉典、米健、高鸿钧、贺卫方译，法律出版社，2003，第 27~28 页。

② 袁静静：《1 分钟被骂 49 次 "滚"，中介费没谈拢房东夫妇遭店长辱骂》，《海峡导报》2018 年 4 月 10 日第 12 版。

未还口，其间，这名乘客还想拉司机下车打架，导致这辆公交车被迫停驶10多分钟。① 这两则社会事件中的辱骂者都没有遭受处罚。当然，也有遭受某种处罚的辱骂事件。例如，2014年1月，丽江导游口出秽言，辱骂游客并强迫购物事件，引起广大网友关注。后来，云南省旅游发展委员会对此事进行调查予以通报，该导游被列入"黑名单"，三年内不得在云南省范围内从事导游工作，另一无证的导游不得在云南省范围内参加导游资格考试，并因无证私自接待旅游团队、辱骂游客，违反了《旅游法》的相关规定，被处以1万元人民币的罚款。② 还有遭受学校层面处罚的辱骂事件，上海交通大学博士生导师倪某在学术交流群辱骂学生"垃圾，白痴，文盲，写的东西跟屎一样，都是垃圾一样的东西"，后来被学校以违反师德师风问题予以通报处理，被责令立即向学生当面道歉并停止教学工作。③

其次，我国的司法实践中也发生了一些辱骂的案件。例如，因辱骂引发殴打等侵害行为，进而侵犯他人生命权等具体人格权。案件当事人因为合租的公用厨房有蟑螂，在合租房的微信群中发消灭蟑螂的消息，其间发生辱骂等不当言语，后演变成互相殴打事件，产生了生命权、健康权、身体权纠纷。④ 又如，因辱骂引发的侵犯名誉权的案件。双方当事人是邻里关系，被告王某怀疑其丈夫与原告刘某关系暧昧，双方常发生争执，积怨较深。后在村民聚集聊天地、县医院、刘某的商店等多处公开场合发生口角，互相辱骂，甚至厮打，王某因侮辱他人受到行政处罚。这种事件给双方的生活、工作、名誉、人格尊严都造成严重影响，心理上造成了无法愈合的伤痛。法院最后认定为双方均构成名誉权侵害。⑤ 再如，因辱骂而引发的妨碍公务案件。2019年12月26日17时许，被告人何某在派出所接

① 苏桐轩：《泉州公交司机劝乘客补票招辱骂，被骂20分钟未还口》，载腾讯大闽网：https://fj.qq.com/a/20150527/010014.htm，2020年4月10日访问。

② 《云南省旅游发展委员会关于丽江导游辱骂游客强迫购物事件调查处理情况的通报》，载北大法宝：https://www.pkulaw.com/lar/34e5ab73f701b5c8ac23473f4e2064c0bdfb.html，2020年5月20日访问。

③ 凌芹莉：《上交大博导辱骂学生最新处理结果，倪冰冰辱骂学生始末》，载中国新闻网：http://www.mnw.cn/edu/news/2144643.html，2020年1月20日访问。

④ 北京市第三中级人民法院（2020）京03民终5135号民事判决书。

⑤ 青海省互助土族自治县人民法院（2019）青0223民初3156号民事判决书。

受询问调查时，不断辱骂办案人员，并打民警赵某脸部一巴掌。法院认为，被告人何某采取暴力手段，阻碍警察依法执行职务，其行为已构成妨害公务罪，应予惩处，判处有期徒刑一年。① 此外，还包括非口头的辱骂，这不同于古罗马法时代下的辱骂，这是信息社会条件下发生的，即"短信辱骂案"，该案的案情是：高某和郁某原系夫妻，离婚后，郁某在向高某发出的数百条短信中，称高某为"高畜生""骚狗""垃圾人""人渣"，并对高某母亲进行疯狂辱骂，法院最后认定郁某的系列短信辱骂行为构成对高某人格尊严的侵害，支持高某的诉求，判决郁某停止侵害、赔礼道歉并进行精神损害赔偿。②

　　由上观之，辱骂在我国现实生活和司法实践中呈现出不同的情势。（1）就是否受法律制裁以及承担何种性质的责任而言，有的基于诉权放弃或基于尚不足以形成诉权而没有发生后续的民事责任承担，使得辱骂者没有遭受相应的法律惩戒；有的只是以名誉权诉讼撤销和解告终；有的遭受行政机关的罚款和民事权利剥夺的惩罚或者事业单位内部的处分；有的作为物质性人格权侵害的促发行为或直接认定名誉权侵权纠纷而受到民事制裁（民事责任的方式主要采用停止侵害、赔礼道歉等）；有的则是作为刑事责任的促发行为而受到刑事制裁。辱骂主要是一种促发行为，催生后续的有关行为。（2）就辱骂实施的具体情形而言，主要发生在公共场所，有的在实施辱骂的主体上是单个主体、被辱骂的对象是特定的个人，有的在实施辱骂的方式上是非口头形式，即由于现代通信技术发展，出现"手机短信辱骂"方式，由此发生的场合处于较为私密的情景之中，且持续时间较长，前后一年进行很多次辱骂。（3）就辱骂的具体内容而言，多是违背良好的社会风俗的言辞，与我国的社会主义核心价值观严重相悖。总体而言，辱骂在我国法中没有独立的制度框架设置，多是"寄生性"存在，仅有的"辱骂"规定出现在我国《刑法》第 293 条等少数法律条文之中，该条文规定"追逐、拦截、辱骂、恐吓他人，情节恶劣的"属于寻衅滋

---

① 吉林省蛟河市人民法院（2020）吉 0281 刑初 29 号刑事判决书。
② 上海市第二中级人民法院（2019）沪 02 民终 8375 号民事判决书。

事，这也仅仅是一种促发犯罪认定的行为。在我国新近颁布的《民法典》中也未见"辱骂"一词，虽然存在着"侮辱"（第 1024 条）、"侮辱性言辞"（第 1025 条）等术语，但与罗马法中的"辱骂"存在一定的区别，即这类术语未曾有制度性框架结构的法律安排，而且在具体内涵上也没有侵辱意图、善良风俗、公开场合等具体的条文配置，"侮辱或侮辱性言辞"并非直接针对现实生活中的"辱骂"加以规制；我国社会生活和司法实践中所发生的辱骂所承载的内容多是"不堪入耳"的，而这种口头言辞行为在古罗马社会并不见得就是那么"不堪入耳"的内容，正如前文所说的"站在他人门前大喊骗子或造谣者""你以为你拥有半个城邦，就不需要结账了"。

总体而言，我国法对辱骂的规制路径主要采用的是回复型法律评价机制，即发生相应的侵害结果，或者是身体等遭受侵害，或者是引起财产损失，或者是造成生活困扰，才引发相应的法律责任承担和诉权行使的完满实现，采用的是结果主义规制，辱骂主要还是作为一种促发式行为，而非作为单独的不法行为加以规制，多是捆绑式和寄生式存在，缺乏详细的制度架构。这种回复型法律评价机制的主要缺陷在于：（1）不能防微杜渐，在贯彻民法诚实信用原则和公序良俗原则上出现功能阙如，造成民事主体潜在的社会和心理问题；（2）在司法实践中，辱骂的认定标准出现缺失，难免造成当事人之间法律救济的失衡。

（二）"关于辱骂"的裁判官告示研究对我国法的启示意义

研究罗马法中"关于辱骂"的裁判官告示对我国法的启示意义主要体现在两个方面。

（1）方法论上的启发。第一，作为罗马法上的人格权保护制度的侵辱之诉，主要是对人自身进行保护，与对物进行法律保护的阿奎流斯法之诉相对，形成罗马法对人与物进行二元保护的机制。"关于辱骂"的裁判官告示对名誉权和人的尊严的保护，不以实际损害来判定赔偿，而是根据"善良与公正"标准由法官进行权衡，功能在于抚慰遭受辱骂者，而不在于金钱赔偿，受到保护的对象是人而非物。这在当代的民法体系人格权保护制度中得以传承。我国法的人格权独立成编，更走在人格权保护与财产权保护的区隔规制模式的前面，这也足见罗马法人格权和财产权二元保护机制在精神理念上的先进性，该种制度安排是一种有生命力的法律资源配置方式。特别是"善良风俗"发挥着重要作用，善良风俗可以作为人格权保护中的私法方法论，在一个多元化的社会中，应该以一般的道德进行充分的抽象，在个案中进行具体化和法律化。① 第二，罗马法主要采用行为和权利客体相结合模式对名誉权和人的尊严进行保护，即直接对辱骂这种口头行为本身进行法律规制，确立其作为对名誉权和人的尊严的侵犯的法律制度。从辱骂本身出发就加以规制，在源头上直接规制辱骂行为，能够起到更加积极的预防作用；采用预防型和回复型相结合的规制模式，更加有利于社会风气的纯化和名誉权的法律保护。我国法在未来（法律修订或司法解释）可以采用预防型法律评价机制，即从源头上进行相应的法律规制，防微杜渐，可以将辱骂作为一种独立的侵害名誉权的行为，而非仅仅作为引发民事责任或刑事责任或行政责任的促发式行为，进而纳入法律规制的范围，并在内涵、类型及其构成要件上进行详细界定。这样可以达成如下效果：一是贯彻《民法典》基本精神之"社会主义核心价值观"；二是在司法认定上也不会过度宽松，形成司法诉讼阀门，将法律意义上的辱骂和现实生活中的辱骂加以区隔，不至于影响民众的政治生活和经济生活。预防型规制模式应该大力推进，这也符合新时期国家法律理念转变的新思潮，预防型和回复型相结合模式是在因辱骂行为发生的法律纠纷中较为合理的路径选择。此外，裁判官在个案中提取诸如"侵辱意图"等理论化标准，这在法律规范的产生方面提供了方法论指引。

（2）规范层面的参考。第一，除了法律规制方法论上的思路转变之外，还需要在制度框架的具体内容上进行完善。即使在未来的法律修订或司法解释中不采用"辱骂"制度架构的法律安排，《民法典》第 1025 条中的"侮辱性言辞"应该如何理解的问题也应该予以正视，至少应该细化规定它。尽管它不完全等同于罗马法中的"辱骂"，但是"关于辱骂"的

---

① 肖俊：《人格权保护的罗马法传统：侵辱之诉研究》，《比较法研究》2013 年第 1 期。

裁判官告示能够在构成要件和类型化方面提供规范选择，未来在法律层面至少应该补齐"自己实施的"之外的"教唆、帮助、委托他人实施的"这种侵犯名誉权的类型。第二，在"侮辱性言辞"的具体认定标准层面，"关于辱骂"的裁判官告示中的精神损害赔偿的认定标准之"善良与公正"以及"考虑发生的具体场合、当事人的身份等要素"加以综合判定。侵辱之诉的罚金制度的传承之一便是惩罚性赔偿，[①] 我国《民法典》关于惩罚性赔偿制度的规定主要适用于侵犯知识产权（第 1185 条）、产品责任（第 1207 条）以及环境污染、生态破坏责任（第 1232 条），惩罚性赔偿目前不适用于人格权保护，未来在特定情境和理论发展中，特别是名誉权侵害中，针对特定的行为予以惩罚性赔偿也不失为一种可供选择的立法思路。另外，"关于辱骂"的裁判官告示规制了被辱骂的某人不是必须在现场，以及对辱骂主体多样性进行了规制，一人或多人对一人或多人，多人的可称为"群骂"，对"群骂"加以规制可供我国法借鉴。互联网时代，被辱骂者并不一定在现场，特别是网络群体辱骂事件时有发生，不少辱骂事件甚至从网络空间发展到线下，而且出现不少"网络事件反转"事例（例如 2020 年 11 月中下旬发生的"清华美院学姐事件"），网民在未弄清事实前就开始用不道德言辞谴责当事人。除此之外，也会发生群体遭受辱骂的情形。群体辱骂事件会带来极其负面的社会效应，从纯化网络环境的目的出发，法律应该做出理性回应。近年来，我国提出的"强化风险防控立法，完善预防性法律制度"等法律理念，对辱骂等源头性的促发行为加以规制，不再将辱骂作为促发行为，这也是对新的法律理念的积极贯彻，以此达到积极的社会效果。

四　结语

人格权保护是人类社会共始终的法律现象，早在罗马法中就有详细规

---

① 参见汪洋《罗马法上的人格保护及其现代传承——以"侵辱之诉"为研究中心》，《法商研究》2014 年第 3 期。

定。"关于辱骂"的裁判官告示对名誉权和人的尊严进行合理确权与保护，在辱骂的内涵、构成要件、类型等方面进行合理规定，采用预防型与回复型相结合的规制模式，在方法论和具体技术性规范层面，对我国法的名誉权保护依然具有借鉴和传承意义。从这个方面来看，罗马法人格权保护制度之"关于辱骂"的裁判官告示的制度的历史梳理，构成我国人格权制度的批判反思基础。

罗马法侵辱之辱骂，属于口头侵辱的具体表现（书面形式则由"致人不名誉"的裁判官告示加以规制，两者均属于侵辱之诉的规制范围，对此，笔者将另行撰文），这种辱骂是违背善良风俗的，发生在公开场合而针对特定的某人大声喊出不好的言辞，当然这种辱骂不是下意识的，而是具备侵辱之意图。罗马法强调辱骂本身的恶劣性，在其本身的要件中已经包含着名誉权和人的尊严受到侵害的结果。辱骂在我国法中并没有被直接地作为单纯的侵犯人格权行为方式予以规制，大多数情形下是作为一种促发行为，一般由辱骂引发相应的其他行为（例如殴打他人，侵害身体权），而后凭借行为之后果而纳入法律规制范围，并非如同罗马法一般，直接认定为一种对人的尊严与名誉的侵犯的行为。严重的辱骂行为，破坏社会的道德风尚，不仅仅关涉道德问题，法律应该对此予以干预，这是法律对社会道德纠偏的理性回应。从辱骂行为本身就开始规制，针对生命权、健康权等人格权侵害行为的发生可以得到一定的遏制。对辱骂的规制及其具体的构成要件应该达到明确性要求，在此层面吸收罗马法的经验或许能够使人格权保护更加完整，并能更有效地防范后续的更为严重的侵权行为的发生。

南京国民政府时期夫妻姓氏制度的传承与发展

孙慧娟[*]

内容提要：姓氏法律制度兼具公法和私法的双重属性，姓氏制度立法背后蕴藏着个人自由和社会秩序等多重价值的考量。民国以后，伴随着女性社会化进程的开启和女性群体分化，夫妻姓氏制度也在传承中发展变化。南京国民政府时期通过严谨的立法，将"婚后妻取得夫姓氏"传统夫妻同姓基本规则以成文法的形式确立下来，同时还通过协商机制的引入推动夫妻姓氏制度从夫妻同姓向夫妻异姓制度转变。立法的出台引起社会对夫妻姓氏制度的关注，满足了社会变革时期不同女性群体的称谓需求，与司法实践中已婚女性称谓使用情况相符，进而助推整个姓氏制度多元化发展。

关键词：夫妻姓氏　妻冠夫姓　《中华民国民法》

一　引言

姓氏制度在我国源远流长，在相当长的历史时期内该制度以习惯的形式存在，本姓之前冠夫姓，"在嫁娶婚上，尤其媳妇行庙见礼之后，即入夫宗而冠夫姓"是中国古代夫妻姓氏制度的主要形式。这种夫妻姓氏规则虽未被成文法明文规定，但在社会实践中一直以习惯的形式广泛存在，并有户籍、婚姻、继承、家族制度支撑，形成了稳固的、类似实践中的自然

---

[*]　孙慧娟，社会科学文献出版社博士后科研工作站博士后。

法规则，是中国古代维护父系制生育秩序和社会、家庭权力运作的重要工具。直到北洋政府时期，民国《民律草案》才开始对传统夫妻姓氏制度以成文法的形式进行了确定。由于民国《民律草案》完成之际，正处于"北京政变"的社会大环境中，该部民法草案最终未能颁行，社会效果有限。南京国民政府时期颁行的《中华民国民法》，是中国第一部对夫妻姓氏进行明确规定的正式成文法典，它在亲属编中共设置了两个有关姓氏的法律条文，分别是第 1000 条和第 1059 条。第 1000 条位于第四编亲属第三章"婚姻"第三节"婚姻之普通效力"之下，第 1059 条位于第四节"父母亲子编"。条款的具体内容如下：

> 第 1000 条，妻以其本姓冠以夫姓，赘夫以其本姓冠以妻姓，但当事人另有订定者，不在此限。
>
> 第 1059 条，子女从父姓。赘夫之子女从母姓，但另有约定者，从其约定。

这种立法演变让人思考：南京国民政府时期的姓氏制度是在什么样的历史背景下从习惯走向成文法的？这一制度是如何制定的？成文法出台后有什么样的社会影响？现在社会，以"北雁云依"为例的司法案例再次引起了学界关于姓氏制度背后的"个人自由"与"社会秩序"价值之间的讨论。[①] 回溯南京国民政府时期夫妻姓氏制度立法过程，或许能为当下姓氏制度立法、司法和社会实践找到一些基本的回应和答案。

二　夫妻姓氏制度民事立法的历史背景

1927～1945 年，南京国民政府处于从农业社会向工业社会过渡的历史变革时期。这一时期社会呈现出二元发展的特征，整个女性群体可划分为

---

① 宋天一、陈光斌：《从"北雁云依案"看"姓名决定权"与社会公序的价值冲突——兼论公序良俗的规制》，《法律适用》2019 年第 6 期。

职业女性和家庭主妇两大类，其中职业女性群体进一步发展，该部分女性需要独立的姓氏来表达自己的身份；同时家庭主妇需要通过冠夫姓的方式来标明自己的社会和家庭身份。在政治上，南京国民政府亦需要姓氏制度同时标识个人人格和维持家庭、社会秩序。社会发展和政治上的双重需要从根本上决定了这一时期夫妻姓氏法律制度的发展方向。

（一）夫妻姓氏制度民事立法的社会背景

20 世纪 20 年代，在经济社会进步、女性教育发展以及社会运动的共同推动下，中国女性就业状况有了新的发展。从晚清中国出现第一批以女工和女知识分子为主体的职业女性群体开始，到 1894 年甲午战争之前，中国有 30 万到 40 万产业女工，占全部工人的百分之三；截至 1910 年，中国知识女性也超过 2 万人。[①] 然而在五四运动以前，广大中国女性并无就业权。限制女性就业的重要因素之一是其不具有独立的民事主体地位，无论是《大清民律草案》抑或北京政府颁布的《中华民国暂行民律草案》，都将妇女归入限制行为能力人之类，并作了诸如"妻之行为能力，不属于日常家事之行为，须经夫之允许方有效力。放在职业上，妻须得夫之允许，方能独立从事一种或数种营业"的规定。具体到姓氏方面，妻冠夫姓仍是习惯（清末）和成文法（民国《民律草案》）规定的一般规则。女性不仅在就业机会上遇诸多障碍，在就业层次发展方面也处于弱势地位。这一时期女性职业一般仅限于体力劳动的范畴，如女工、女佣等；脑力劳动领域的职业女性岗位极少，仅限于小学女教员、女护士，一般无法涉及社会地位高、专业性强、报酬丰厚的职业。而到了南京国民政府时期女性参与社会分工的状况得到较大改观，商品经济的发展将家族成员无论男女一律吸收到社会大生产中，不仅使女性职业群体进一步扩大，而且使女性在就业领域和就业层次方面不断拓展。这一时期女性职业人数大为增加，仅就女工数量讲，根据 1930 年对 9 省 29 城市的女工调查结果，共有

---

① 孙毓棠编《中国近代工业史资料》（第一辑 1840—1895 年），科学出版社，1957，第 972 页。

女工 374117 人，占工人总数的 31.1%。① 与 1915 年的 245076 名女工相比增长了十余万人；就业人数增长之外，女性就业领域大为扩展，延伸到政府机关、商业圈、娱乐圈等领域，如从政的王昌国，从事律师行业的邓季惺、史良、纪清漪、孔鸾卿等。

女性职业化发展改变了女性的家庭、社会地位。首先，女性职业化带来了家庭制度以及家庭内部两性关系的改变。职业女性参加社会生产活动，不仅具有独立的经济基础，并且视野日益开阔，婚姻观念也进一步发生了变化。在这些新兴的家庭中，男女两性的结合，除了满足两性的需要和消费外，已经没有太多的经济和政治意义，追求婚姻美满和两性平等成为小家庭的普遍愿望，而婚后保留独立的姓氏是婚内两性平等的重要体现。其次，女性职业化发展还打破了传统女性局限于家庭内部的封闭状态，公共领域的扩展增强了女性与社会的紧密程度，女性在社会中的定位不再单纯依赖亲属关系网或家庭成员关系，而更多依赖个人自身在日常实践中构建的社会关系。随着女性从家庭走向社会，需要以个体的身份学习、工作、生活，妻冠夫姓这种姓氏方式不仅有碍女性身份的独立，这种类型化的称谓方式更可能导致指称上的混淆，从而会频繁引发纠纷，给生活工作带来诸多不便。职业女性对独立姓名称谓的需求和新兴小家庭对两性平等的需求为夫妻姓氏制度变革提供了社会基础。具体到姓氏称谓上，则是要满足新女性作为民事主体对独立人格和身份的需要，这种发展趋势决定了夫妻姓氏制度改革的必然。与之相伴随的是，工商业经济发展只限于大中城市，被卷入较高分工水平的人口只占总人口的一小部分。小农经济依然是国民经济的支柱产业，大部分女性仍遵循着旧有的人际关系互动法则，从而决定了夫妻姓氏制度必然以传统的"妻以其本姓冠以夫姓"为基本规则。

（二）夫妻姓氏制度民事立法的政治背景

南京国民政府以三民主义为立法宗旨，积极致力于男女平等两性秩序

---

① 刘明逵编《中国工人阶级历史状况》，中共中央党校出版社，1985，第 219 页。

的构建。三民主义指的是民族、民权、民生三大主义，它注重现实、注重民生，"民生就是人民的生活，社会的生存，国家的生计，群众的生命"；① "民生能够实行，社会问题才可以解决；社会问题能够解决，人类才可以享受很大的幸福"。② 这种革命的特质决定了南京国民政府对西方两性平等理念抱有乐于接受的态度，它积极倡导"人人平等，同为一族，决不能少数人压制多数人"③ 的理念，致力于对不合时宜的传统法制进行有限度的改造，力图通过法律制度的推行实现种族平等、男女平等。《中华民国宪法》规定"中华民国人民，无分男女……，在法律上一律平等"，在宪法层面上保障人民享有不因性别差异而受恣意差别对待的平等权。婚姻家庭制度方面，南京国民政府积极引入西方男女平等原则对传统的家族主义进行改造，"中国向来的立法是家族的，欧美向来的立法是个人的，而我们现在三民主义的立法乃是社会的……既然是社会的，换言之，即以社会的共同福利，或民族的共同福利为法律的目标"。④ 鉴于此，妻冠夫姓制度"尤不容囿于旧习，拘于成例，而忘以立法手段促进社会改善之任务"，⑤ 通过引入男女平等原则对传统"妻以其本姓冠以夫姓"的夫妻姓氏规则进行改造。其目的是通过法律运作实现对普通民众法律意识潜移默化的影响，进而改变传统性别秩序，以适应未来工商业社会发展的需要。

三 《中华民国民法》夫妻姓氏制度立法过程

《中华民国民法》是中国第一部正式颁行的民法典，⑥ 该法在体系编

① 江振良：《孙中山法治思想谈》，《中山大学学报》（哲学社会科学版）1987 年第 3 期。
② 孙中山：《三民主义》，岳麓书社，2000，第 167 页。
③ 《孙中山全集》（第 6 卷），中华书局，1986，第 56 页。
④ 胡汉民：《三民主义之立法精义与立法方针》，1928，吴曼君编选《胡汉民选集》，台北帕米尔书店，1959，第 93～95 页。
⑤ 李祖荫：《民法法典编纂史略》，《实报半月刊》1936 年第 1 期。
⑥ 章正璋：《民法典修订的百年历程与当前中国民法典的制定》，《江苏社会科学》2004 年第 6 期。

排上以德、日、瑞为参照对象，采用一般立法通例，分总则、债、物权、亲属、继承五编，共 1225 条。[①] 该部法典采用分编起草、定期公布的形式，其中《中华民国民法》亲属编由于"原则大都根据社会上道德观念而来，而社会上道德观念又因时代环境的不同而有变异，所以很难定出一个标准出来",[②] 因此立法过程非常缓慢。作为亲属编的一部分，夫妻姓氏法律规范的编订过程也异常艰难，先后经历了专家讨论、先决意见草案的拟定、先决意见之后的争论、征求专家学者意见、立法院民法起草委员会争论等诸多历程。

（一）立法前学界的讨论——夫妻姓氏制度是否入成文法看法不一

《中华民国民法》颁布之前，尚未有正式颁行的成文法对姓氏制度进行规定。1911 年《大清民律草案》开创了将姓名权列入人格权范畴进行调整的时代，1925 年民国《民律草案》效仿《瑞士民法典》，首次对传统夫妻姓氏制度予以成文法确定。但这两部民律草案均未正式颁行，因此论证夫妻姓氏制度进入民法典的必要性和可能性，如何进行法律制度设计成为南京国民政府时期姓氏制度立法面临的首要问题。

关于夫妻姓氏制度成文法化的必要性，当时学术界有两种看法。一种看法认为没有必要对其进行民事立法。理由是人口规模已经足够庞大，单纯的同姓结婚不会引起生育秩序的混乱，因此姓氏制度不再具有维护生育秩序的功能。此外，妻冠夫姓制度也不涉及侵犯女性权利的问题，因为即使女性婚后保留本姓，也是父姓，表示的是父系血统，并不能实现真正彻底的男女平等。这样来讲，无论是姓还是名，都只是一个标记符号，根本就不具有社会价值，更没有特殊的法律意义。[③] 法律不仅没有规定的必要，

---

① 杨振山、〔意〕桑德罗·斯奇巴尼主编《罗马法、中国法与民法法典化》，中国政法大学出版社，1995，第 153 页。
② 《立法委员傅秉常讲演民法亲属继承起草之困难》，《司法杂志》1930 年第 31 期，第 47 ~ 50 页。
③ 赵德仁：《妇女结婚后的姓氏问题》，《法律评论（北京）》1929 年第 6 卷第 30 期，第 14 ~ 19 页。

而且与整个民法典所倡导的"男女平等"价值理念相违背,①因此没有必要对夫妻姓氏制度进行民事立法。另一种看法则相反。认为妻冠夫姓制度侵犯了女性的人格和身份利益,不利于女性权利的改善和男女平权的实现,因此有必要对其进行民事立法,通过民事立法对传统的夫妻姓氏制度进行改造。②

对于夫妻姓氏制度成文法化的可能性,学界亦有两种看法。一种观点认为有可能。解决方案是法律规定妇女婚后冠夫姓,或者保留本姓,或者用共同的姓。另一种观点则认为没有可能。理由是依据男女平等的原则,如果妇女婚后使用本姓的话,则子女应同时冠父姓和母姓,按照这个思路推理的话,几代之后将会给后代姓氏的使用带来不便,几十代之后,姓氏将不能使用。基于此不能将妻冠夫姓制度成文法化。

(二) 先决意见草案为夫妻姓氏法律条文的制定提供了样本参考

在夫妻姓氏立法问题上,南京国民政府持谨慎立法的态度,在正式立法前拟定先决意见草案以供立法参考。先决意见草案对夫妻姓氏制度的立法理念和具体的制度设计在《中华民国民法》中得到了体现。

1. 先决意见草案的立法原则

早在《中华民国民法》制定前,民国十六年(1927年)六月南京国民政府法制局就率先制定了亲属法草案——"三原则"草案和立法院民法起草委员会的先决意见草案,亲属法先行草案于1928年10月草拟完毕。这两大草案的制定表明了南京国民政府致力于改造宗族及婚姻家庭制度,倡导个人自由、平等,建立全新亲属关系的立法倾向:其一,亲属编不再坚持采用家族主义而采用个人主义,但设专章对家制进行规定,以承认和保留家制的存在;其二,按照男女平等的原则进行亲属分类,将其分为血

---

① 在对姓氏(主要是姓)有特别限制的国家,婚姻可以使夫妻一方取得使用他方姓氏的权利;或因户籍制度的限制,入他人户籍必须与户主同姓。在上述情况下,姓氏是有法律意义的,婚姻的效力中自然也包括姓氏变动的权利。

② 薛祀光:《妇女结婚后的姓及姓在法律学上之我见》,《社会科学论丛》1929年第1卷第3期,第28~38页。

亲（直系血亲、旁系血亲）、姻亲、配偶三种；其三，婚姻以自由平等为原则，在法律所规定的范围之内男女双方自由缔约；其四，法律不再保留同姓不得结婚的明文规定；其五，对夫妻财产制进行了规定；其六，不再采取嫡子、庶子、嗣子、私生子的划分方法，而将其分为婚生、非婚生、养子女等；其七，在法律上不再保留妾制的明文规定。尽管这次草案由于未经审议而告破产，但是其确立的基本原则表明了立法者致力于建立两性平等的社会秩序和家庭秩序的基本态度，并且这一立法理念被《中华民国民法》所承袭。此外，南京国民政府法制局还力主废除同姓不婚。中国传统婚姻是两姓家族的结合，繁衍后代是婚姻承担的一项重要社会职能，"它的价值远远超过夫妻之间的私人感情"。① 姓是国家通过婚姻制度维护生育秩序的控制手段，② 严格管理已婚妇女姓氏是实现这一功能的主要路径。南京国民政府法制局的立法态度，削弱了姓氏的公法属性，为夫妻协商姓氏提供了空间和可能。

南京国民政府虽致力于建立全新的国家，但在亲属、继承两编仍采取了谨慎的态度，认为这两编与风俗习惯关系甚大，如不审慎，会导致诸多问题。在国民党中央政治会议第 236 次会议上，基于"法律纵不能制造社会，而改良习惯，指示方向，确有效力"的基本原则，③ 立法院院长胡汉民、副院长林森针对民法亲属和继承两编，将包括夫妻姓氏制度在内的九大最有争议的问题，提请中央政治会议先行决议（简称为"先决意见"），并且提供了三点原则、六种办法以供立法参考。④

2. 先决意见提供的姓氏立法方案

先决意见对夫妻姓氏制度立法提出了三点立法原则：一是以妻冠夫姓，夫入赘妻家时冠妻姓为立法的基本原则，但得设例外之规定；二是在夫妻姓氏的衍生问题，即子女姓氏问题上，以子女从父姓为原则；三是

---

① 〔英〕罗素：《婚姻革命》，靳建国译，东方出版社，1988，第 53 页。
② 周安平：《对我国婚姻法原则的法理学思考》，《中国法学》2001 年第 6 期。
③ 《大理院判例解释民法集解》，世界书局，1928，第 9 页。
④ 胡汉民、林森：《民法亲属继承两编立法上应先决各点之提案》，《司法杂志》1930 年第 31 期，第 23～27 页。

赘夫之子女从母姓，但得设例外之规定。在以上三点原则基础上，先决意见提供了六种立法方案，这六种方案分别是：

第一，夫妻均以协定之姓（夫姓、妻姓或第三姓）为姓，子女亦从之；

第二，夫妻各用本姓，子女并用父母之姓；

第三，夫妻各用本姓，子从父姓，女从母姓；

第四，妻从夫姓，子女从父姓；

第五，夫从妻姓，子女从母姓；

第六，妻冠夫姓，子女从父姓。

在提供方案的同时，先决意见还分别对每一种立法方案的优缺点加以分析，论述如下。第一种方案的优点在于建立在男女平等的基础上，体现了对自由、平等价值的追求；缺点在于将会导致姓氏制度的灭亡：如果夫妻有选择姓氏的自由，子女亦有同样的自由，那么几代之后，姓氏将不复存在。姓氏制度已经存在了几千年，对于维护生育秩序和保持家庭的稳定发挥着重要作用，因此不能为了实现私权领域的平等自由而放弃姓氏的社会功能。第二种方案，子女用父母双方的姓，虽然符合男女平等的原则，但是每增一世，姓氏的字数随之增加，这样下去的话，姓氏字数增多无穷，最终将扞格难行。第三种方案，夫妻各用其姓，子随父姓，女随母姓，虽然夫、妻在姓氏方面实现了平等，但是兄弟和姐妹之间姓氏不同，似乎不利于家庭内部的团结和统一。第四种方案，妻随夫姓，子女从父姓，显然有女子附庸男子之嫌，不利于男女平等的实现。第五种方案，夫随妻姓，虽然维护了女性的姓名权，但是对男性同样不公平，而且这种方案在现实生活中根本就不可能实现。第六种方案，妻冠夫姓，子女从父姓，夫妻在姓氏方面仍为不平等，但是这种方案沿用的是自古流传下来的习惯，比较容易被社会接受。①

---

① 谢振民编著《中华民国立法史》，中国政法大学出版社，2000，第779～784页。

（三）先决意见草案出台后学界对夫妻姓氏制度的讨论

1. 学界对先决意见的讨论

先决意见公布之后引起了学术界的关注，形成了以胡长清、陈长蘅、三五法学社为代表的三大派别的激烈讨论，这一讨论为姓氏制度民事立法提供了重要参考。

作为立法院立法委员和近代中国著名的人口学家、法学家，陈长蘅认为"出嫁女子，应编入夫之户籍，惟对外得用本人之姓名"。① 在家庭之内，仍应遵守传统妻冠夫姓的习惯；在家庭之外，已婚女性可以用自己本来的姓名。陈长蘅对已婚女性姓名权的设计，是为了调和传统和现代生活的矛盾，通过在家庭内部保留妻冠夫姓的传统以维护女性服从男性的家庭秩序，通过规定女性在家庭外使用本姓本名的称谓方式满足女性读书、就业、社会交往的需求。这种方案虽然兼顾了传统和现实生活的实际需要，却不符合法律普遍适用性的要求。

胡长清针对陈氏的观点，发表了《读陈长蘅氏"对于民法亲属继承两编应先决各点之意见"》② 一文，他认为男女能否真正实现平等，并不在于姓氏问题上。即使妻冠夫姓，对"男女平等之义尚无大碍"。"吾人以为姓之为姓，仍以保存为是；姓氏问题，暂仍旧惯，尚无大害；否则徒滋纠纷，于事无补"。对于已婚女性冠姓问题，胡长清认为应维持习俗旧制，以避免增加不必要的社会纠纷。

三五法学社认为在夫妻姓氏问题上根本没有讨论的必要。在陈胡争论之中，三五法学社站在了胡长清这一边，他们认为对夫妻姓氏制度进行民事立法既没有可行性，也没有必要性："且本党男女平等精神之表现，仅于必要的问题而已，非于不必要之事——等量齐衡之也。"③ 尽管三五法

---

① 陈长蘅：《对于民法亲属继承两编原则上应先决各要点之意见（二）》，《法律评论（北京）》，1930 年第 36 期，第 25～30 页。

② 胡长清：《读陈长蘅氏"对于民法亲属继承两编应先决各点之意见"》，《法律评论（北京）》1930 年第 40 期，第 9～13 页。

③ 《三五法学社对于民法继承编先决各点意见书》，《法律评论（北京）》1930 年第 39 期，第 26～29 页。

学社一再宣称自己是男女平等原则的忠实捍卫者，却认为夫妻姓氏制度不过是细枝末节的小事，并不涉及男女平等的本质，因此根本没有必要在立法层面涉及。

2. 立法院征求学界意见

鉴于先决意见引发的广泛争议，1930 年 4 月 15 日南京国民政府在召开第二届全国教育会议时就包括夫妻姓氏制度在内的亲属问题征求与会学者的意见。在这次会议的第四日即 4 月 18 日，立法院院长胡汉民、副院长林森邀请全国教育会议全部与会人员，包括蔡元培、李石曾、吴稚晖、蒋梦麟、杨杏佛等百余人到立法院，就立法中的问题请教于他们，其中第一个问题就涉及妇女姓氏问题。姓氏问题包含三个方面："（一）要姓?（二）不要姓?（三）如要姓，应从父姓抑应从母姓?"针对姓氏规定的必要性、可行性和具体方案三个核心问题，与会人员展开了热烈的讨论，激进主义的代表蔡元培认为姓氏根本没有存在的必要，那么也就不存在妇女婚后冠夫姓问题之争了；温和主义的代表张默君、李石曾、蒋梦麟等则认为姓氏有存在的必要，或在一定期间内有存在的必要，儿女的姓氏可以自由加以选择；无为主义者的代表钟荣光、吴稚晖认为有没有姓都不妨碍社会的正常运转；还有一种是中立主义者的看法，代表人物主要是胡庶华，他认为有女生的大学，姓氏就有存在的必要，没有女生的大学，姓氏就没有存在的必要。

（四）立法委员对夫妻姓氏制度的态度

南京国民政府的立法由立法院负责。根据《中华民国国民政府组织法》，立法院设院长、副院长各一人，其主要成员是立法委员，人数为 49 至 99 人，由国民政府任命；每届任期两年，并不得兼任中央及地方各机关之事务官。[1] 1928 年 12 月南京国民政府立法院成立时，胡汉民以国民党中央执行委员会常务委员、中央执行委员会政治会议（以下简称"中央

---

① 中国第二历史档案馆编《中华民国史档案资料汇编》第 5 辑第 1 编政治（一），江苏古籍出版社，1994，第 24 页。

政治会议"①）委员的身份，被中央执行委员会选任为国民政府立法院院长。在第一届立法委员会中，胡汉民提名了全部的49名立法委员，进而由国民政府任命，立法院议决指定立法委员傅秉常、史尚宽、焦易堂、林彬、郑毓秀（后由王用宾继任）组成民法起草委员会，并聘请司法院院长王宠惠、考试院院长戴传贤与法国人宝道为顾问，委任何崇为秘书，胡长清为纂修。②

　　民法起草委员会成员组成属于复合型结构，这一组成结构对夫妻姓氏制度立法有着重要的意义。首先，傅秉常虽是起草委员会召集人，但他自幼在香港接受教育，获得香港大学工程学学士学位，其学术背景是理工科，并不具有较深的法学造诣，其在民法起草过程中主要起的是政治上、组织上的作用，并不能提供专业性的意见和建议，故而他对夫妻姓氏制度的立法走向主要取决于胡汉民的观点。其次，其他四位起草委员则同时兼具较高法学理论专业深度、中西结合的学术能力和实践能力。这四位起草委员皆是法学科班出身，其中焦易堂、林彬在国内接受教育并具备较深厚的实践经验；③ 史尚宽、郑毓秀以及后来的王用宾都具有留学经历。由于知识结构、阅历、实践的差异，起草委员会存在冲突必然难免。焦易堂持有何种观点，尚未在史料中得到证实；郑毓秀虽支持女性婚后保留本姓的权利，但由于"焦郑二人程度稍差，但焦为党国元老，且识大体，稍后两

---

① 中央执行委员会和中央政治会议为国民党中央的两套常设党治机构。中央执行委员会代行国家最高政权，选任国民政府主席、各院院长及其他国务委员，但该机构并不直接指导具体国家政务；中央政治会议对中央执行委员会负责，为国民党中央训政机构，训导国家最高治权的行使，决定国民政府大政方针，指导、监督国民政府行使行政、立法、司法、考试、监察五项治权。在立法权方面，中央政治会议得议决、修正、解释一切法律。中央政治会议对立法权的训导主要表现为议定立法原则，以立法原则保证各个法律与国民党纲领政策保持一致。

② 《命令：院令：国民政府立法院训令：第八三五号（十九年十二月二十五日）：令本院民法起草委员会委员傅秉常、史尚宽、焦易堂等：派傅秉常等为本院民法起草委员会委员由》，《立法院公报》1931年第25期，第1946页；《命令：院令：国民政府立法院训令：第五四一号（十九年二月十一日）：令本院委员王用宾：令本院民法起草委员会傅委员秉常：令本院委员王用宾民法起草委员郑毓秀辞职即派该员加入由》，《立法院公报》1930年第15期，第1566页。

③ 张生：《民国民法典的制定：复合立法机构的组织与运作》，《比较法研究》2015年第3期。

人均藉故缺席，实际负责逐条起草之委员为史、林与余（傅秉常）三人"。① 尤其是在起草亲属、继承两编时，王用宾已经代替了郑毓秀。② 王用宾毕业于日本法政大学，对夫妻姓氏制度的看法是："姓名上冠夫姓名，赘夫姓名上冠妻姓名。如是则书妇人者，直曰李某妻张某，直截了当，无隐无疑，尚不失为亲属法上一新颖条文也。"③ 同时对这一问题他也持保留意见，"夫妻姓氏问题，从来书法题例，已有成规，通俗之妇人称谓，纵有未合，无伤大体，苟无若何改革主义可言，听诸礼俗之自然变化，不规定于亲属编可也"，④ 认为如果没有改革，不如因循旧制，观点呈现出一定的矛盾性。

综上所述，胡汉民和史尚宽这两个人直接决定了夫妻姓氏法律制度的走向。其中立法院院长胡汉民是主持民法典制定的灵魂人物，胡汉民除了拟定民法典各编立法原则外，还参加了起草委员会 80 次以上会议，⑤ 发表了诸如《民法上姓、婚姻、家庭问题之讨论》《民法亲属继承两编中家族制度规定之意义》等文章。这些文章体现了胡汉民致力于追求三民主义与民法典立法的有机结合，通过将三民主义转化为平等、自由的私法精神，实现民法典内部价值的和谐统一，从而避免出现《大清民律草案》和民国《民律草案》精神上的分裂。在夫妻姓氏方面，胡汉民基于维护中国家族制度的初衷是赞成妻冠夫姓制度的："中国家族制度，长短不一，优劣互见。应如何斟酌损益，实为最难解决之问题。本人近来舌战群儒，两面为难，盖新者以我为旧，旧者以我为新。而我之本意则尽欲保留若干中国家族制度的精神于不坠。"⑥ 史尚宽则由于自己深厚的民法学理论素养，为民法各编立法原则的拟定、篇章结构的设计、全案条文的起草提供了系统

---

① 张生：《民国民法典的制定：复合立法机构的组织与运作》，《比较法研究》2015 年第 3 期。
② 黄宗智：《法典、习俗与司法实践：清代与民国的比较》，上海书店出版社，2003，第 49 页。
③ 王用宾：《妻冠夫姓问题》，《法学季刊（南京）》1930 年第 1 期，第 27～48 页。
④ 王用宾：《妻冠夫姓问题》，《法学季刊（南京）》1930 年第 1 期，第 27～48 页。
⑤ 黄宗智：《法典、习俗与司法实践：清代与民国的比较》，上海书店出版社，2003，第 49 页。
⑥ 蒋永敬编著《民国胡展堂先生汉民年谱》，中国台湾商务印书馆，1981，第 497 页。

的理论支持，因而他对夫妻姓氏法律制度的立法起到了主导性作用。傅秉常在其回忆中曾说道，起草委员会内部的分工是："史尚宽负责德、法、日文方面之法律资料，林彬负责中国判例。"① 可以说，民法主要框架和观点都来自史尚宽对欧陆民法熟知的基础之上。史尚宽认为，妻以本姓冠以夫姓，赘夫以其本姓冠以妻姓，以示男女平等之意；然如有男或女在社会上已有相当之地位和声誉，变更姓氏不免遭受损害，故许夫妻另为协定，认为这是"实为最进步及合于现状之有弹性的立法"。② 从最终颁布的法律文本来看，《中华民国民法》是按照史尚宽之思想对已婚妇女冠姓进行的条文设计。

在经过广泛讨论之后，民国十九年（1930 年）七月，除涉及夫妻财产制第三项有所修改外，亲属编的其他各条均经中央政治会议审查讨论通过。其中涉及亲属编的立法原则交予了立法院着手起草，经草案议定之后，在第 20 次会议上提出草案，分别完成三读程序，第四编亲属编、第五编继承编于 1930 年 12 月 26 日正式公布。③

四　《中华民国民法》夫妻姓氏制度的评析

关于夫妻姓氏立法，南京国民政府参考了民国《民律草案》将夫妻姓氏制度成文法化的做法。民国《民律草案》是中国第一部对夫妻姓氏进行明确规定的成文法典，在第四编"亲属"第三章"婚姻"中，设置了两个法律条文对夫妻姓氏制度进行规定（第 1118 条：妻于本姓之上冠称夫家之姓，并取得与夫同一身分之待遇；第 1157 条：离婚时，妻不得享有第一千一百一十八条之权利，妻于离婚后，专称母家本姓）。它虽未正式颁行，但采传统"男尊女卑"的性别理念，将传统"结婚后妻取得夫姓氏、离婚后妻恢复本姓"的基本规则以成文法形式确立下来，是研究传统

---

① 张生：《民国民法典的制定：复合立法机构的组织与运作》，《比较法研究》2015 年第 3 期。
② 林秀雄：《婚姻家庭法之研究》，中国政法大学出版社，2001，第 280 页。
③ 王宏治主编《历代法典说略》（下），燕山出版社，2012，第 662 页。

夫妻姓氏制度的重要法律文本。与民国《民律草案》为代表的传统夫妻姓氏制度相比，《中华民国民法》既有传承延续也有变革和突破。

（一）尊重传统：夫妻姓氏法律制度的历史传承

《中华民国民法》保留了传统夫妻姓氏制度"男尊女卑"的底色，以"妻以其本姓冠以夫姓"为夫妻姓氏的基本规则。这一法律规定在理念、内容和技术上都深深残留着中国传统身份法的痕迹，意味着人身权改革"更不容易适应新条件，它更趋向抱残守缺、因循守旧"。[1]

《中华民国民法》在夫妻姓氏制度上对传统的尊重体现在两个方面。第一，在内容上，"妻以其本姓冠以夫姓"是对传统"在嫁娶婚上，尤其媳妇行庙见礼之后，即入夫宗而冠夫姓"习惯规则的成文法确立。此外，《中华民国民法》还在第 1059 条第一部分规定了"子女从父姓"的法律条款，这一条款是"妻以其本姓冠以夫姓"的自然衍生，是对"妻以其本姓冠以夫姓"基本规则的再次确认，体现了民法典逻辑上的统一。第二，在立法技术上，"妻以其本姓冠以夫姓"采用传统亲属法"规范—事实"的表述方式，通过将妻姓名类型法定化，即婚后冠夫姓的做法，实现对妻在家庭和社会中的定位。[2] 这样的设置为夫与妻之间的关系披上了人伦的外衣，将男性对女性的支配"建立在一个虚构的、自然伦理的生活关系之上"，[3] 从而继续维持男尊女卑不平等的两性秩序。

在夫妻姓氏问题上，《中华民国民法》之所以要"向后看"，以传统夫妻姓氏规则为基本内核，是因为妻冠夫姓制度作为习惯，是中国古代民法的一部分，表达着中华民族所特有的性别观念，这种理念已深深融入民众日常生活之中并潜移默化于心。而法律对传统和现实的改变是极其困难

---

[1] 〔法〕亨利·莱维·布律尔：《法律社会学》，许钧译，上海人民出版社，1987，第 57 页。

[2] 所谓类型法定化指的是"在亲属法中，只能在法律规定的框架下来确定个人的法律地位"，即每个人只能根据法律预设的种类和内容从事与其身份地位相符的行为，而无内容选择上的自由。参见〔德〕维尔纳·弗卢梅《法律行为论》，迟颖译，法律出版社，2013，第 15 页；〔德〕鲍尔、施蒂尔纳《德国物权法》（上册），张双根译，法律出版社，2004，第 9 页。

[3] 〔德〕罗尔夫·克尼佩尔：《法律与历史——论〈德国民法典〉的形成与变迁》，朱岩译，法律出版社，2003，第 114 页。

的，"法律条文可以循着理想创造制定，而社会是有惰性的"。① 在涉及性别秩序法律条款设置方面，只有在尊重传统的基础上，才能将现在与过去相联，为即将进行的夫妻姓氏改革提供传统文化的滋养和支撑，缩短超前立法改革的阵痛期，避免改革流于形式。

(二) 改革突破：夫妻姓氏法律制度的创新

在夫妻姓氏制度上，《中华民国民法》并未完全囿于传统，而是融入了男女平等的新理念，在立法内容、立法技术方面都有突破：引入夫妻协商机制、增加"赘夫以其本姓冠以妻姓"和删除了"离婚时，妻不得冠夫姓，而要专称母家本姓"的法律条款，这"两增一去"对夫妻姓氏制度改革意义重大。

与民国《民律草案》为代表的传统夫妻姓氏制度相比，《中华民国民法》在第 1000 条第二部分增加了"赘夫以其本姓冠以妻姓"的法律规定，这一条款是对"妻以其本姓冠以夫姓"的修正。北洋政府时期和南京国民政府时期对赘夫是否要冠妻姓以及赘夫所生子女的姓氏问题进行了民事习惯调查，并将这一习惯调查成果转换为成文法，这是出于平衡男女在姓氏上不平等的考量。② 南京国民政府成立后，高举"三民主义"，致力于通过新秩序的建立赢得民众支持。在这样的时代背景下，打破传统社会中的等级制度，改变传统男女两性的不平等地位，自然也就成为立法改造的重点。③ 然而基于政治统治的压力和社会现实的需要，夫妻姓氏法律规范亦不得不遵循传统，这样的设置显然违背了民法典的基本原则，对于这一点立法者们在提出先决意见时就已经认识到了。④ 《中华民国民法》之所以增加"赘夫以其本姓冠以妻姓"这一项内容，就是从视觉上平衡男女两性

---

① 王伯琦：《近代法律思潮与中国固有文化》，清华大学出版社，2005，第 67 页。
② 《民事习惯调查书》，《北洋法政学报》1909 年第 122 期，第 37 ~ 44 页。
③ 张生：《民国初期民法的近代化——以固有法与继受法的整合为中心》，中国政法大学出版社，2002，第 198 ~ 199 页。
④ 谢振民主编《中华民国立法史》，中国政法大学出版社，2000，第 779 ~ 784 页。

在姓氏称谓上的不平等，以"略示男女平等之意"，① 尽管这种做法并没有取得预期的效果，"以示平等，平等有限"。②

与民国《民律草案》相比，《中华民国民法》在第 1000 条第三部分增加了"但当事人另有订定者，不在此限"但书条款，为了达到法典逻辑上的统一，第 1059 条子女姓氏法律条文规定"但另有约定者，从其约定"。这一契约机制的引入打破了传统家制类型法定化的封闭性，缓和了夫权制结构下夫的绝对主导地位，体现了这一时期夫妻关系不再完全受制于家族本位主义，不再单纯强调夫和妻对家庭、对社会的责任和义务，而在于满足新兴小家庭制"夫妻双方形成自己生活自由"和生活自治的需要。③ 值得注意的是这种夫妻姓氏方面的自治权指的是自主权（liberty or privilege），而非权利（ringt or claim）的增长，④ 是非财产性的身份利益。这种因契约所产生的债权具有不可执行性，是不完整的。因此这一机制的引入不是为了增设权利，而是通过契约形式鼓励夫妻"根据自己的生活特点和行为习惯选择实现伴侣关系的方式"。⑤ 这种开放式的立法方式为夫妻姓氏制度的发展指明了方向；同时这一契约机制的引入也是一把双刃剑，在有效降低习惯所带来的法典僵化风险的同时，也增加了法律适用上的不确定性，是对法稳定性的挑战。⑥

与民国《民律草案》相比，《中华民国民法》去掉了"离婚时，妻不得冠夫姓，而要专称母家本姓"的法律条款。这一条款去掉的意义在于以下几点。第一，削弱了国家对姓氏的强制干涉，扩大了当事人婚后生活的自主性。权利构成的核心要件是自由行为，民国《民律草案》在第 1157 条中将冠夫姓定义为权利，然而无论是在结婚后是否冠夫姓以及在离婚后

---

① 《中央执行委员会政治会议法律组亲属法先决各点审查意见书》，《法令周刊》1930 年第 6 期，第 1~8 页。

② 王用宾：《妻冠夫姓问题》，《法学季刊》1930 年第 1 期，第 27~48 页。

③ Jonathan Herriing, "Relational Autonomy and Family Law", London：Springer, 2014, p.5.

④ 这一理论主要基于的是霍菲尔德对基本法律概念的分类，具体参见〔美〕霍菲尔德《基本法律概念》，张书友译，中国法制出版社，2009。

⑤ 〔德〕迪特尔·施瓦布：《德国家庭法》，王葆莳译，法律出版社，2010，第 66 页。

⑥ 刘征峰：《家庭法中的类型法定原则 基于规范与生活事实的分离和整合视角》，《中外法学》2018 年第 2 期。

是否保留夫姓问题上，当事人都不能自由加以选择。按照法理学的基本原理，授予当事人某种权利，同时又不允许当事人自由加以选择的法律规范属于权利义务复合型规范。① 因此，以民国《民律草案》为代表的传统夫妻姓氏制度实则是权利义务的统一。《中华民国民法》并未对夫妻姓氏制度的法律性质进行规定，但通过扩大结婚后女性是否冠夫姓的自主权和减少对离婚女性是否保留冠夫姓的干涉，提高了当事人在冠姓方面的自主性。第二，减轻了离婚给妇女和子女带来的不利影响，改善了离婚女性和子女的生活。妇女离婚后改回本姓是向外界"宣布"她离婚的一个标志，强行要求离婚女性改回本姓将侵犯离婚女性隐私，给离婚女性带来心理压力、负担和困扰；对于离婚后抚养孩子的女性，如果强行要求其改回本姓，而让孩子随父姓，将会导致母亲和她的孩子拥有不同姓氏，给离婚后女性和孩子带来歧视；离婚后改回本姓会给女性职业生涯带来姓名识别的困难，破坏女性职业生涯中自我构建的延续性，不利于女性职业生涯的发展。第三，女性改回本姓还要支付户籍变更等行政管理费用，而这些都是她的前夫不必承担的。因此这一条款的删除缩小了男女两性在姓氏方面的不平等，有利于平等两性关系的建立。②

总体来看，《中华民国民法》对夫妻姓氏制度的设计体现了过渡时期亲属法的基本特征：既强化夫妻姓氏制度类型化、封闭性，又通过引入男女平等理念和契约机制的立法技术引导夫妻姓氏制度向多元、动态、开放的方向发展。

五　《中华民国民法》夫妻姓氏制度的社会影响

南京国民政府通过引入契约机制对传统的夫妻姓氏制度进行了有限度的改造，体现了时代新旧更迭的特征。这一制度的设计与统治者构建男女

---

① 苏晓宏：《法理学基本问题》，法律出版社，2006，第 138 页。

② Kyoko Ishida, "Why does Surname Matter? Past, Present, and Future Prospect of Family Law from a Gender Perspective in Japan", *Journal of Korean Law I Vol.* 18, 59 - 81, December 2018.

平等社会秩序的预期相符，满足了整个女性群体对姓名称谓的不同需求，同时也尊重了姓氏制度的独特属性，推动了姓氏制度稳健和扎实的发展，体现了《中华民国民法》良好的制度品质。

（一）引起社会对夫妻姓氏制度的关注和讨论

《中华民国民法》颁布之后，再一次引发了社会对夫妻姓氏制度问题的讨论，这次讨论主要围绕着女性婚后是否要冠夫姓这一问题展开。时任天津女界爱国同志会副会长的李峙山认为，男女结婚后均不用改换姓名，并从女子事业、婚姻变动、选举权、人格以及虚荣心等六个方面进行了论证。① 著名妇女运动家金石音认为，已婚女子应维持本姓不冠夫姓，其依据主要是妇女要确立独立、完全的人格，必须首先从形式上的姓开始，此外，他还对《中华民国民法》夫妻姓氏法律规范进行了评析，认为民法有关夫妻姓氏制度的规定，不但不能使男女在法律上真正平等，反而侮辱妇女的人格。② 曾在南京司法部任职、著名的法学专家邓季惺认为夫妻各以原有之姓氏为姓氏，但当事人另有约定者不在此限。③《妇女共鸣》杂志主编谈社英认为婚后不必更改姓氏。④ 柔耜在《妇女姓氏刍议》中主张男女各自保有自己固有姓氏，最为公允。对于子女，分属父母，男子完全遵从父姓，女子完全遵从母姓。⑤ 署名为云儿的作者在《为嫁后姓名请教陈衡哲女士》中认为男女应各保留自己的姓，理由是冠夫姓是男权社会下妇女作为男子所有物的一种标志，在提倡男女平等的时代，这种表征不仅有碍妇女独立，而且是一种外观上的侮辱，他倡议所有有个性又有独立能力的女子都应以身作则摆脱这种传统习俗。⑥ 署名为茜的作者主张维持本姓，妻冠夫姓，无血统依据，不过是由于妻子对丈夫的经济依赖产生的从属关

---

① 峙山:《男女姓氏问题的讨论》,《妇女共鸣》1931 年第 58 期, 第 18～22 页。
② 金石音:《读民法亲属编后之疑问》,《妇女共鸣》1931 年第 39 期, 第 8～17 页。
③ 邓季惺:《修改民法亲属编之建议》,《妇女共鸣》1933 年第 8 期, 第 5～9 页; 邓季惺:《民法亲属编男女不平等各条研究》,《妇女共鸣》1935 年第 1 期, 第 33～37 页。
④ 社英:《评论男女姓名平等问题》,《妇女共鸣》1930 年第 34 期, 第 1～3 页。
⑤ 柔耜:《妇女姓氏刍议》,《妇女青年》1934 年第 108、109 期。
⑥ 云儿:《为嫁后姓名请教陈衡哲女士》,《妇女共鸣》1936 年第 4 期, 第 18～20 页。

系。① 此外，还有个别学者认为不应关注冠姓这些细枝末节的事情，而应当以事业为重，只要经济上独立了，姓氏问题就会迎刃而解。② 从讨论情况来看，平等的夫妻姓氏制度已成为学界的普遍共识，从一个侧面体现出法律规范潜移默化的影响。

（二）夫妻姓氏法律制度的社会影响

从社会影响来看，《中华民国民法》对姓氏制度的法律规定，适应了中国近代社会发展不平衡的现实，满足了中国不同群体对姓名权的不同需要，达到了统治者要求姓氏制度兼顾传统和现代、个人自由和社会秩序等多重价值的制度预设，是一次成功的民事立法。

1. 符合了大部分女性婚后冠夫姓的社会现实

《中华民国民法》颁布之后的相当一段时间内，在中国广大地区，已婚女性仍遵循着冠夫姓的传统。1936 年《内政公报》刊登了一则南京市政府对有姓无名妇女应如何进行公民登记的答复：南京市政府认为按照市组织法第 6 条第 1 项规定，所有公民无论男女都不能拒绝其宣誓登记为公民。至于在行使选举权过程中出现的众多妇女有姓无名的情况应如何处理，答复称，将这些有姓无名的妇女称作某氏既符合习俗又不违反法律规定。只是为了避免混淆，对于出嫁者，应以"夫家姓＋母家姓＋氏"的称谓方式表示，李姓女嫁于王姓家，则应称为王李氏，并标明某某的妻子。未嫁者，以列其姓及乳名为原则，并标明某某之第几女。③ 从这则答复可见，在 1936 年，即《中华民国民法》颁布后相当一段时间内，中国大部分妇女仍然处于有姓无名的状况，对于这种情况，政府选择了通过冠夫姓的称谓方式对其进行定位，并认为这种称谓方式既符合民众的思维和行为习惯，又没有违反法律的禁止性规定。

---

① 茜：《谈已婚女子的姓名问题》，《女声（上海 1932）》1934 年第 5 期，第 3 页。

② 火竹：《姓氏问题与妇女解放》，《正风（北平）》1937 年第 11 期，第 989～990 页。

③ 《民政：（十五）地方自治暨调查事项：四、准咨询举行公民资格调查关于不识字及有姓无名妇女应如何办理一案咨请查照—咨南京市政府（中华民国二十五年二月二十五日）》，《内政公报》1936 年第 9 卷第 2 期，第 115～116 页。

总体而言，《中华民国民法》对姓氏制度的法律规定，符合了大多数女性婚后冠夫姓的社会现实，没有与社会现实相脱节。所以尽管民法典颁布之后并未影响到中国广大农村地区，但是其对传统的继承使这一条文的规定并没有流于形式，更不会出现民众不知法而违反法的情况。

2. 满足了新女性作为独立民事主体的称谓需求

《中华民国民法》在继承传统夫妻姓氏制度的基础上，通过契约机制实现了对传统的改造。这一契约机制的引入为部分新女性自主决定是否冠夫姓提供了法律依据。在《中华民国民法》颁布之后，越来越多新女性以本姓本名的面貌出现在社会上，有些女性在这方面走得更远，将其扩大到对子女姓氏的决定权方面，这说明第 1000 条和第 1059 条并不是空文，而是在社会生活中切实发挥了指引民众生活的作用。

《中华民国民法》颁布之后，一些夫妇开始通过订立契约的形式来协定子女的姓氏。1946 年的《香雪海》刊登了一篇《子从父姓，女从母姓：李公朴夫妇之君子协定：张曼筠呼天抢地》的文章。这篇文章的主人公李公朴夫人张曼筠女士，是一位有智识的女性，做过女教师，结婚以后，不仅保留了自己的本姓，而且在婚后通过契约形式协定了子女姓氏：生男孩随父姓，女孩随母姓。他们的第一个孩子是女孩子，取名张国男，从母姓，后来生一男孩，取名李国有，从父姓，以示男女在姓氏方面的平等。[1]该案例反映了姓氏法律制度影响和改变了民众的意识和行为。正是法律制度变革等多种力量的综合推动，才有了夫妻姓氏制度的不断发展。

3. 与司法实践中已婚女性称谓使用情况相符

通过翻阅 1930～1948 年《中国历代契约汇编》和《申报》可以大概了解这一时期已婚女性在司法实践中的称谓情况。由于这一时期案例太多，只能通过随机抽选的方法，虽然避免不了以偏概全，但是结合之前的社会现实来看，以下两个典型案例还是反映出这一时期已婚女性的称谓情况。

---

① 大风：《子从父姓，女从母姓：李公朴夫妇之君子协定：张曼筠呼天抢地》，《香雪海》1946 年第 1 期，第 2 页。

案例 1　张丹之被苏盛贞控诉要求给付赡养费①

上告人：苏盛贞　被上告人：张丹之

案情简介：张丹之与苏盛贞都是汕头人，两人系自由恋爱结婚，因苏盛贞生一女儿遭张丹之歧视，张丹之在外与一蒋姓女子同居。苏盛贞不堪忍受，遂与张丹之协议离婚。现控诉张丹之要求一次性支付女儿的赡养费和教育费。由于一些事实尚未查明，法院判决择期再审。

案例 2　浙江黄陈氏分产合同②

案情简介：黄攀彬与黄陈氏共育有二子，长房瑞意，幼房瑞祥，因分居时，田产房屋及零器具由黄攀彬主持并没有均分。后黄攀彬去世，由于物价上涨，现在黄陈氏主持下对家产进行重新分配，为避免日后纠纷，特立此据。

从以上两个案例可以看出，这一时期中国尚处于新旧婚姻家庭制度并存的时期：在经济发达的大城市，由男女双方自由恋爱组成的小家庭成为一种新的家庭模式，女性权利意识、独立意识逐渐增强，一些已婚女性已经摆脱了对婚姻家庭的依赖，一个重要表现为女性使用本名本姓主动提起离婚诉讼，如案例 1 中的苏盛贞；在广大农村，同居共财仍是主流的生产生活方式，女性依然需要通过妻冠夫姓的称谓方式对自己进行定位，如案例 2 中的黄陈氏。鉴于以上两种情况，司法实践中使用的女性称谓方式主要有两种：一种是传统的妻冠夫姓称谓方式，一种是独立的姓名。司法实践对这两种称谓的采纳符合了姓氏法律规范的要求，有效地减小了司法实践与立法规定的冲突。由于这一规范满足了不同女性群体的需求，在这一时期的司法判例中，没有出现已婚女性因为称谓问题而提起的诉讼案件，达到了预定的司法效果。

---

① 《张丹之被离婚妇控诉要求给赡养费等原被告互诘其短》，《申报》1936 年 5 月 20 日，第 13 版。

② 张传玺主编《中国历代契约粹编》，北京大学出版社，2014，第 1940 页。

六 结语

从《中华民国民法》姓氏制度的立法过程可以看出，南京国民政府的立法者们在进行姓氏制度立法时考虑到了姓氏制度的特殊性，在个人自由与社会、家庭治理多种价值之间做了综合权衡，最终呈现的法律效果是削弱了对姓氏制度的强制干涉，提高了姓氏制度的私人自治性。这一改变适应了近代中国从农业社会向工业社会过渡的发展需要，实现了姓氏制度的不断发展。

近年来，姓氏制度再次成为社会、司法和立法关注的热点之一。2020年5月28日通过的《民法典》规定夫妻双方都有各自使用自己姓名的权利，进一步明确家庭内部夫妻（男女）享有平等的"冠姓权"，在子女姓氏选择方面原则上应在父姓或母姓范围内确定，新颁布的民法典在姓氏制度上采取的是兼具个人自由和家庭、社会治理功能价值的立法态度。当代社会，姓氏制度在维护家庭、社会治理中的功能呈现式微的发展趋势，但这一制度仍关系到家族建构、亲情伦理、婚姻禁忌、血脉传承机制的形成与维持，是社会基本组织体系的重要根基之一。① 因此，尽管姓与名同是姓名的一部分，但与名完全属于人格权可以由个人自由选择、更改不同，姓氏兼具人格权和身份权的特征，兼具家庭和社会治理的功能。因此姓氏的取得、变更不能完全由个人自由选择，而要受社会公序良俗原则的限制。这就可以理解当今立法、司法和国家对现实生活中应如何处理子女姓氏的态度：《民法典》对姓名权与姓氏权进行了分别设置，姓名权规定于人格权编，以自由平等为原则，姓氏权规定于婚姻家庭编，它的行使（即父姓或母姓）须在社会公序范围之内进行选择。"北雁云依"一案最终以原告要求确认被告燕山派出所拒绝以"北雁云依"为姓名办理户口登记行

---

① 张力：《"冠姓权"：如何兼顾个人自由、男女平等、家庭和谐》，《检察日报》2020年7月1日，第007版。

为违法的诉讼请求遭到驳回而告终。① 在社会实践中，针对子女姓氏应如何选择，我国倡导子女姓氏应在父姓或母姓这个范围内作出选择，至于选择父姓还是母姓，则最终仍依赖于夫妻的协商。这也进一步启发我们，在当今社会，姓氏制度仍需要综合平衡公序良俗和个人自由之间的价值关系。

---

① 宋天一、陈光斌：《从"北雁云依案"看"姓名决定权"与社会公序的价值冲突——兼论公序良俗的规制》，《法律适用》2019 年第 6 期。

孝道在民法典婚姻家庭编的表达及适用[*]

朱晓峰^{**}

内容提要：孝道是中华民族的传统美德，中国长久以来的社会生活法则重视践行孝道。虽然孝道并没有出现在当代中国的制定法体系当中，但其依然通过各种途径对当代中国的法律实践产生实质性的影响。在此意义上，孝道属于当代中国法律秩序的有机构成部分。在此意义上，立法者通过《民法典》第 1043 条将孝道作为《民法典》内在体系构成部分的法律原则的一般法律思想来源，来形塑民法典的外在体系，保证民法典体系的科学性、体系性。立法者对于孝道的这种体系安排，是制定法与社会生活具体需要之间良性互动的结果，有助于进一步夯实《民法典》第 1067 条第 2 款等在具体案件涵摄中的正当性论证基础。

关键词：孝道　民法典　赡养规则

一　孝道入法引致的问题

孝道既是中华民族的传统美德，又是我国传统法制的重要构成部分。在我国传统社会，一方面，制定法层面上道德法律化，以孝帅法，以孝为本的制定法层出不穷。① 例如，首次正式确立"重罪十条"制度的《北齐律》明确将"不孝"纳入其中，进一步推动了道德与传统法制的融合。②

---

　*　本文为 2020 年北京市社会科学基金青年项目"民法典人格权编相关联、相配套法律法规建设研究"的阶段性成果。
　**　朱晓峰，中央财经大学法学院副教授，法学博士。
　①　参见黄源盛《中国法史导论》，广西师范大学出版社，2014，第 90 页。
　②　参见张晋藩、李青主编《中国法制史》，中国政法大学出版社，2013，第 41、120 页。

深受《北齐律》影响的隋代《开皇律》因袭了前者关于"重罪十条"的做法而将"不孝"归入"十恶"重罪当中，后来的《永徽律》《宋刑统》《大明律》《大清律》等都遵循了《开皇律》的这一做法直至清末。另一方面，在司法实践层面，法官在解决社会纠纷时通常都会进行道德说教，生效裁判文书中道德说教意味浓重。① 传统社会践行孝道的法律效果在对内关系上主要表现为卑亲属对尊亲属，尤其是子女对父母要承担法定的善事义务，违此则要面临法律的严厉制裁；② 在对外关系上，孝道影响行为人对家庭关系之外第三人的责任认定和承担，人子出于孝道而杀死辱亲者，非但无须承担责任，还可能会被共同体视为道德楷模而加以褒奖。③ 清末以降，传统法制赖以存在的社会生活基础发生了剧变，由此导致相应的法律改革基本上抛弃了传统法律制度，代之而来的是全面师法西方的法治经验。④ 这种一刀切的法律改革导致包括孝道在内的可能在现代法治实践中仍有重要价值的经验传统，逐渐在持续的社会变革中被制定法淡忘。在传统社会的制定法中扮演重要角色的孝道在变革后的我国当代制定法中不再被明确表达出来，取而代之的是立法者在个人本位的价值观基础上将孝道内涵的最低层次的要求在制定法层面部分程度上予以了表达：在民事制定法层面，1949 年以后的首部婚姻法即 1950 年《婚姻法》仅在第 13 条第 1 款规定了"子女对于父母有赡养扶助的义务；……不得虐待或遗弃"；在刑事制定法层面，1979 年《刑法》第七章"妨害婚姻、家庭罪"第 182 条和第 183 条分别规定了虐待罪和遗弃罪，相应的刑事责任没有传统法制规定得那么严苛。1950 年《婚姻法》与 1979 年《刑法》对于父母子女关系的此种基本立场被 1980 年《婚姻法》和现行《刑法》（1997 年）所坚持。就此而言，孝的概念在我国当代制定法中显然已不复存在了。然而不容忽视的是，传统社会中形成的孝道深刻影响并形塑了中国人的民族精

---

① 参见朱亚非、陈福广、李俊颖《以孝律人——孝与古代法律》，中国国际广播出版社，2014，第 106 页。

② 参见瞿同祖《瞿同祖法学论著集》，中国政法大学出版社，2004，第 51 页。

③ 参见（宋）周密《齐东野语》，中华书局，1983，第 164~165 页。

④ 参见林端《儒家伦理与法律文化：社会学观点的探索》，中国政法大学出版社，2002，第 391 页。

神或说国民性，^① 这种民族精神绵延不绝地流淌在普通民众的日常生活观念中。即使自晚清以来中国社会历经了天翻地覆的变革，但这些深入民族精神内部的生活法则，仍能再次浮出水面并现出勃勃生机。

时至今日，孝道在当代中国社会生活中仍广泛存在，影响着普通民众的价值判断与生活方式。相应地，当代中国司法实务中法院通常会将孝道作为论证其法律效果评价的正当性基础，强化判决的可反驳性和可接受性。在家庭关系内部，尤其是在涉及赡养纠纷案件的处理上，法院通常会以"孝道是中华民族的传统美德"来论证子女履行赡养义务的正当性。^②当然，在家庭关系外部，法院通过孝道正当化法律效果评价的论证亦不鲜见。在某电子公司与张某劳动争议纠纷案中，张某之父患胃癌急需手术，手术期间除张某外无其他人可以照顾父亲，张某只得依公司规定请假照顾父亲，在其请假到期后再次请假时，公司未予批准，张某因照顾父亲无法脱身而旷工，公司以此为由解除了与张某的劳动关系。法院认为，张某虽违反了公司的规章制度，但其行为符合孝道人伦以及社会主流价值，公司因此解除劳动关系明显不合理，不予支付经济补偿金有违公平合理原则。^③在指导案例 93 号中，于欢因非法讨债人员肆意违反人伦，侮辱、侵犯其母亲人格而奋起反击并导致防卫过当，审理法院在判决书裁判理由部分明确指出："防卫过当案件，如系因被害人实施严重贬损他人人格尊严或者亵渎人伦的不法侵害引发的，量刑时对此应予充分考虑，以确保司法裁判既经得起法律检验，也符合社会公平正义观念。"^④

法官在具体法律规则适用中引入孝道进行正当性论证以增强相应法律效果评价的可反驳性和可接受性，在道德上是可欲的。这种法律论证符合道德哲学后果取向的结果主义立场，即行为在道德上是好的，那么它在具

---

① 参见肖群忠《孝与中国国民性》，《哲学研究》2000 年第 7 期。
② 参见浙江省绍兴市中级人民法院民事判决书（2013）浙绍民终字第 683 号，河北省石家庄市中级人民法院民事判决书（2014）石民二终字第 00682 号。
③ 参见广东省高级人民法院民事裁定书（2016）粤民申 1797 号。
④ 法〔2018〕164 号。

体案件中通常有好的法律效果评价。^① 并且在解释论上，法官在法律规则适用过程中可依其保留的"法律适用"权利，来确定什么结果是依据法律规则的且是正确的。^② 然而存在的问题是，法官作出的判决并非主要依据教义，而是很大程度上受其本人的法学素养及个人情感、伦理道德、生活经验、世界观、价值观等影响，^③ 若对法官"法律适用"的权利不加以适当限制，那就意味着法的安定性的保障基本上取决于法官个人。这显然有悖于立法者制定法律时所追求的保障法的安定性和可预见性的目的。那么，应如何平衡处理法的安定性和法官"法律适用"的权利间的关系呢？对此，在民法典编纂过程中，一种理想的处理模式是，可以将司法实务中法院普遍适用包括孝道在内的人伦道德的一般规则及相应的经验与民法典编纂结合起来，使民法典体系能够反映包含孝道在内的人伦道德的合理成分，从而将法官"法律适用"的权利限制在法典体系内，一方面保障制定法的安定性，另一方面及时回应现实生活的迫切需求。此种思路得到了立法者的重视。立法者明确指出，民法典编纂工作应当遵循的基本原则之一是："坚持社会主义核心价值观，将社会主义核心价值观融入全过程，弘扬中华民族传统美德，强化规则意识，增强道德约束，倡导契约精神，弘扬公序良俗。"^④ 在该指导思想的指引下，立法者在 1980 年《婚姻法》（2001 年修改）第 4 条的基础上新增了一款形成了现在《民法典》的第 1043 条。该条规定："家庭应当树立优良家风，弘扬家庭美德，重视家庭文明建设。夫妻应当互相忠实，互相尊重，互相关爱；家庭成员应当敬老爱幼，互相帮助，维护平等、和睦、文明的婚姻家庭关系。"《民法典》的这一做法获得了学理上的肯定。^⑤ 因为《民法典》第 1043 条作为婚姻

---

① 参见〔德〕乌尔弗里德·诺伊曼《法律论证学》，张青波译，法律出版社，2014，第 12 ~ 13 页。

② 参见崔建远《合同解释辨》，《财经法学》2018 年第 4 期。

③ Vgl. Frank O. Fischer, Das Bewegliche System als Ausweg aus der dogmatischen Krise in der Rechtspraxis, AcP 197 (1997), S. 603 f.

④ 李建国：《关于〈中华人民共和国民法总则（草案）〉的说明——2017 年 3 月 8 日在第十二届全国人民代表大会第五次会议上》，《民法总则立法背景与观点全集》编写组编《民法总则立法背景与观点全集》，法律出版社，2017，第 5 页。

⑤ 参见王歌雅《民法典婚姻家庭编的价值阐释与制度修为》，《东方法学》2020 年第 4 期。

家庭编的沟通制定法与家庭生活之伦理道德的一般性条款，能够在体系构造上妥善处理包括孝道在内的一般家庭人伦道德在《民法典》中的安置问题，既可以解决 19 世纪末日本民法典编纂过程中延期派代表人物穗积八束在《民法出则忠孝亡》一文中提出来的民法典与固有人伦道德的规范处理问题，① 也可以部分回应我国学理上所提出的"《民法典》婚姻家庭编对中国传统文化的继承是有限的"质疑。② 但从《民法典》第 1043 条的逻辑构成来看，该条显然既非行为规则，亦非裁判规则，因此在《民法典》实施过程当中，究竟应当如何理解和处理第 1043 条与婚姻家庭编其他具体法律规则之间的规范关系，如何在法典内外体系融贯的视角下更好地落实立法者"弘扬中华民族传统美德，……增强道德约束，……弘扬公序良俗"的立法目的，应当是《民法典》生效后解释论上必须及时予以回应的重要议题。循此思路，下文着重分析讨论实然状态下作为人伦道德的孝道在法体系中的位置，并以此为基础讨论其在民法典体系中的表达方式以及实践运用的基本途径，为《民法典》第 1043 条的准确适用提供解释论上的支持。

二 孝道作为现行法秩序的构成部分

在法学方法的一般理论中，彰显一般法律思想或价值理念的法律原则通过内在的阶层秩序构成法的内在体系：部分法律原则或被明确地规定在制定法当中，或通过整体类推、回溯至法律理由等方式而从法律规定中推知；部分法律原则初始仅被规定用于通过其他方式无法解决的特定事件，嗣后因为在法学理论或司法裁判中首次被发现或宣示，并因其内在的信服力而在一般的法理念中获得贯彻，获得普遍的适用性。③ 对孝道而言，虽然当代制定法中并没有关于它的明确表述，但司法实务所承认的孝道所内含的价值因与当前民法内在体系彰显的一般法律思想相吻合而内化为法秩

---

① 参见〔日〕加藤雅信等编《民法学说百年史》，牟宪魁等译，商务印书馆，2017，第 20 ~ 21 页。
② 参见李拥军《民法典时代的婚姻家庭立法的突破与局限》，《法制与社会发展》2020 年第 4 期。
③ Vgl. Karl Larenz, Methodenlehre der Rechtswissenschaft, Springer Verlag 1991, S. 474 – 475.

序内在体系的构成部分，可以通过整体类推、回溯至法律理由等从具体法律规定中推论出内含此等价值理念或法律思想的原则，获得支配和指导相应规则、原则解释与适用的正当性与合法性基础，并避免出现学理上所担忧的枉法裁判等异化现象。①

在当代中国的既有民事法律体系中，经《民法典》等明确宣示以彰显一般法律思想或价值理念的基本原则包括合法权益受保护原则、平等原则、自愿原则、公平原则、诚实信用原则、合法原则、公序良俗原则、绿色原则等；② 非为法律所明确宣示但能依据法律解释方法从已有法律规定中推论出来的人格尊严、人格自由以及人与人、人与自然的和谐共存等，亦属于构成民法内在体系的基本原则。③ 从当前司法实务上的普遍观点来看，孝道与民法基本原则呈现以下关系。

一方面，部分民法基本原则所内含的基本价值或者思想理念与孝道的内涵存在交集，孝道得通过此等基本原则外显出来，指导相应法律规则的解释与适用。已被司法实务在裁判文书中广泛运用的公序良俗原则、和谐/和睦原则即为示例。例如，有法院在判决书的裁判理由部分经由公序良俗原则来展示和表达孝道，对此的通常表述是"孝敬老人是中华民族优良传统，赡养义务是法定义务，属于公序良俗的范畴"；④ 亦有法院在裁判理由部分认为孝道是实现家庭和谐的理想途径，法院在作出相应法律效果评价时所持的基本立场是"双方应互相体恤，母慈子孝，共建和睦家庭，传承良好家风：作为父母，不妨以德报怨、海纳百川；作为儿子，应克尽孝道，努力让父母安度幸福晚年"。⑤ 于此显现出来的图景是，孝道内含的价值理念与相应的民事法律基本原则所体现的思想理念融贯为了一体。⑥

---

① 参见焦和平《法律之内实现社会效果的合理路径——社会学解释方法的司法适用》，《河北法学》2013 年第 6 期。

② 参见于飞《民法基本原则：理论反思与法典表达》，《法学研究》2016 年第 3 期。

③ 参见张新宝《〈中华人民共和国民法总则〉释义》，中国人民大学出版社，2017，第 215 页。

④ 北京市高级人民法院民事裁定书 (2016) 京民申 27 号。

⑤ 湖北省高级人民法院民事裁定书 (2016) 鄂民申 2275 号。

⑥ 参见朱晓峰《民法一般人格权的价值基础与表达方式》，《比较法研究》（西北政法大学学报）2019 年第 2 期。

另一方面，部分民法基本原则内含的价值或思想理念构成对孝道的反向制约。因为构成内在体系的诸项基本原则可能因内含不同的价值或思想理念而彼此间存在矛盾冲突，于此情形下，每一原则均应在法益阶层的体系下依法益衡量而确保两者都可以得到最佳的实现。① 例如，司法实务中所呈现出来的平等原则、自愿原则、自由原则、人格尊严原则等所内含的价值理念在与孝道相遇时，基本原则所彰显的价值理念的内在阶层秩序，决定了孝道不得违反处于较高位阶的人格尊严、自由、平等理念，并清楚显现其效力范围及意义，避免价值评价矛盾的情形。例如，尽管法院也明确承认"孝是中华传统文化提倡的行为，指儿女的行为不应违背父母、家里的长辈以及先人的心意，……，遵从父母的指点和命令，按照父母的意愿行事"，② 但若子女违背父母的意愿而不履行其承担的精神赡养义务，那么法院基于子女人格尊严以及行为自由的保护原则也不会强制其探望父母或给父母打电话。③ 对此，学理上也存在着极为清晰的认知："只有凭借交互补充和相互限制的协作方式，才能得到原则本来的意义内涵。"④

当代司法实务中法院的一般性经验表明，孝道能够内化为民法的一般法律思想并通过基本原则外显出来，成为民法内部体系的构成部分。于此场合，孝道内含的一般法律思想或价值理念的核心功能包括以下几点。

（一）制定法规则解释适用的正当性依据

孝道作为一般法律思想可以使法秩序中的具体法律规则在涉及价值判断时能凭借此种价值理念而得以正当化和一体化，并因此避免抽象概念及由此构成的具体规则彼此之间的矛盾。⑤ 例如，对于因照顾病危的父亲而违反用人单位管理规章的员工，用人单位可否解除劳动合同并且拒绝支付

---

① Vgl. Karl Larenz, a. a. O., S. 475.
② 湖南省临湘市人民法院民事判决书（2016）湘 0682 民初 92 号。
③ 参见重庆市第五中级人民法院民事判决书（2015）渝五中法民终字第 00387 号，浙江省绍兴市中级人民法院民事判决书（2010）浙绍民终字第 255 号。
④ Vgl. Claus – Wolhelm Canaris, Systemdenken und Systembegriff in der Jurisprudenz: entwickelt am Beispiel des deutschen Privatrechts, Duncker & Humblot 1983, S. 57.
⑤ Vgl. Karl Larenz, a. a. O., S. 435.

赔偿金?① 第三人惩戒违反赡养义务的子女并导致其人身伤害的，在侵权
责任的成立和负担上应如何确定?② 子女拒绝打电话③、经常不回家的,④
老人可否请求子女主动打电话给父母或常回家看看？这些行为的法律效果
评价实际上都涉及对《民法典》第 26 条第 2 款、第 1067 条第 2 款及《老
年人权益保障法》第 14 条、第 15 条等，与《劳动合同法》第 39 条第 2
项及《民法典》第 1165 条、第 1173 条等具体条款之间的内在紧张关系的
规范处理。而《民法典》中内含孝道要求的基本原则如公序良俗等，则可
以为此等具体规则的解释提供正当性说明，避免分歧和矛盾，保持法律规
则适用的统一性和协调性。⑤

（二）司法实践法律续造的价值基础

孝道通过民法基本原则而作为一般法律思想存在，在法律规则存在漏
洞或者缺位时，可以助益于法官通过解释的途径在法律内或者超越法律而
进行法律续造，从而达到缓和制定法的安定性和向社会现实需求开放性之
间的紧张关系的目的。⑥ 例如，在典型家庭关系外的其他生活关系如同居
关系、生活伴侣关系等当中，一方当事人的成年子女因与另外一方当事人
共同生活而形成的关系，法律应否调整，如何调整？⑦ 对被继承人尽了主
要赡养义务的非第一顺位的法定继承人，包括未被视为第一顺位的法定继
承人，是否可以分割遗产？⑧ 遗嘱继承人拒绝或者未尽主要赡养义务但又
不符合继承权丧失条件的，尽了主要赡养义务的法定继承人或其他人可否
分割遗产？⑨ 于此存在的主要问题是，以亲属关系存在为前提的关于家庭

① 参见广东省高级人民法院民事裁定书（2016）粤民申 1797 号。
② 参见河南省济源中级人民法院民事判决书（2014）济中民三终字第 411 号。
③ 参见重庆市第五中级人民法院民事判决书（2015）渝五中法民终字第 00387 号。
④ 参见上海市浦东新区人民法院民事判决书（2016）沪 0115 民初 48993 号，河北省正定县
人民法院民事判决书（2015）正民新初字第 00417 号。
⑤ 参见朱晓峰《孝道理念与民法典编纂》，《法律科学（西北政法大学学报）》2019 年第
1 期。
⑥ Vgl. Karl Larenz, a. a. O. , S. 435.
⑦ 参见江苏省如东县人民法院民事判决书（2015）东民初字第 00598 号。
⑧ 参见中华人民共和国最高人民法院民事裁定书（2015）民申字第 1759 号。
⑨ 参见北京市西城区人民法院民事判决书（2015）西民初字第 02790 号。

成员之间权利义务关系的规定，如《民法典》第 26 条第 2 款、第 1067 条第 2 款及《老年人权益保障法》第 13 条至第 25 条等，可否类推适用于同居关系、同性生活伴侣关系等?① 过于僵化和狭窄的《民法典》第 1123 条、第 1125 条、第 1127 条、第 1129 条、第 1130 条等，可否予以适当扩展? 对此，孝道可以在法律解释时提供正当性说明，以促成合乎现实需要的法的形成。

孝道作为法秩序内部体系构成部分的价值基础或思想来源，其发挥作用的前提在于，立法者是人而非神，其依据形式逻辑规则建构的法的抽象概念体系亦即外部体系是不完美的。② 这种不完美性既体现在法律规则彼此之间可能存在的形式逻辑、价值评价体系的分歧和冲突上，也体现在法律规则本身的固有漏洞之中。这种漏洞因立法者的有限理性，③ 或在法律制定时即先天存在，或因时代背景的变化而逐渐被发现。于此，内部体系内含并彰显的一般法律思想或价值理念可以为外在体系之构成部分的矛盾、漏洞的克服提供指引，借此沟通内部体系和外部体系，实现外部体系之抽象概念的正当化、一体化，并使法秩序形神合一、内外一致。这也是民法典追求的科学性、体系性的题中之义。④ 也正是在此意义上，为当代司法实务所广泛使用的孝道在民法典相应规则的具体理解适用中仍有其作用发挥的空间。

三 孝道成为内在体系构成部分的途径与表述

民法典内在体系由内含一般法律思想或价值理念的基本原则依一定阶层秩序相互协作而构成。这些基本原则要么由民法典直接明确宣示出来，要么从法律规定中推知，要么经由学理或司法实务而从特别规定中发现或

---

① 参见夏吟兰《民法分则婚姻家庭编立法研究》，《中国法学》2017 年第 3 期。

② 参见〔英〕哈特《法律的概念》（第 2 版），许家馨、李冠宜译，法律出版社，2011，第 123～124 页。

③ 参见方新军《内在体系外显与民法典体系融贯性的实现 对〈民法总则〉基本原则规定的评论》，《中外法学》2017 年第 3 期。

④ 参见孙宪忠《我国民法立法的体系化与科学化问题》，《清华法学》2012 年第 6 期。

宣示并获得一般性的适用。① 那么，孝道是如何进入民法典内在体系的？

（一） 孝道成为民法典一般法律思想的基本途径

首先应予排除的是经由学理或司法实务而从特别规定中发现或宣示作为一般法律思想的孝道并予以一般性的适用这种途径。这主要是因为孝道并非新鲜事物，其为我国传统法制实践所固有。我国当代法律实践虽然未在制定法中明确规定孝道，但孝道因能反映并满足当代社会现实需求而得隐匿于既有法律体系的具体规定之中，并深刻影响和指导这些具体规定的解释适用。例如，在以《民法典》第 1067 条第 2 款 （原《婚姻法》第 21 条） 以及《老年人权益保障法》第 14 条为裁判依据时，法院作出相应法律效果评价的通常论证方式是：“孝道是中华民族的传统美德，所谓百善孝为先，为人子女不尽赡养义务，不仅不为法律所允许亦不为道德所容。被告等作为子女今后应积极履行赡养义务，保障老人安享晚年。依照《婚姻法》第 21 条，《老年人权益保障法》第 14 条之规定，判决……”② 因此，孝道并非被首次发现或宣示而得以其内存的信服力获得贯彻，而是本就内存于制定法的具体规定之中，由法院通过这些具体规定及它们彼此间的规范关系，并借助整体类推和回归法律目的的方式获得。

（二） 孝道在民法典中的表现形式

在民法典编纂过程中，究竟是在民法典中明确规定孝道为基本原则，③ 还是如司法实务中法院通常所做的那样，继续坚持运用法律论证的一般方法而从具体法律规定中推知内含孝道的原则？对此不无疑问。从法的安定性和制定法规则的可预见性角度出发，民法典中明确规定内含孝道的基本原则，似乎有助于前述目的的实现，但问题显然并非如此简单。

首先，民法典编纂的科学性、体系性要求进入民法典的抽象概念应当

---

① Vgl. Karl Larenz, a. a. O., S. 474–475.

② 四川省广元市中级人民法院民事判决书 （2015） 广民终字第 438 号，安徽省池州市中级人民法院民事判决书 （2015） 池民一终字第 00379 号。

③ 参见梁慧星主编《中国民法典草案建议稿附理由：亲属编》，法律出版社，2013，第 254 页。

具备相对的确定性和周延性。因为只有作为民法典砖石基础的抽象概念满足形式逻辑上的这些基本要求，由其构筑起来的民法典体系才可能符合科学性和体系性的应然要求。从孝道这一抽象概念的历史发展演进看，一方面，孝道本身的内涵异常丰富，难以周延界定而仅得以类型化方式把握；[1]另一方面，孝道的内涵因时代背景的变化而时常处于一种变动不居的状态，这种状态加剧了准确把握其内涵的难度。[2] 以一个自身本就面临形式逻辑上质疑和认识论上诘难的不确定概念来构筑体系严谨、内容科学的法典，无异于缘木求鱼。

其次，若将孝道作为法秩序的一般法律思想而明确规定在民法典中，那么随之而来的问题就是，民法典在形式体系上应当如何妥善安置孝道？若将之置于民法典婚姻家庭编以规范指导家庭法领域尤其是父母子女关系，那么将之适用于其他为司法实务所承认的合同法、侵权法、劳动法等领域即存在解释、适用上的难题；若采取提公因式法而将之置于民法总则中，则既可能面临法律道德化的诘难，也会导致与其他和这一原则存在交集之基本原则的区分界定难题。

基于此，结合司法实务已有经验，在民法典中不明确规定孝道，而是通过内含孝道的一般规定并借助整体类推和回归法律目的的方式推导彰显孝道价值理念的基本原则，既能避免前述法典体系难以妥善处理的问题产生，亦能及时涵摄案件事实以满足现实需求，助益民法典在安定性和向社会生活开放之间寻得妥适的平衡点。事实上，从《民法典》第1043条的具体表述来看，立法者亦正是在这一意义上来安置作为家庭伦理的孝道问题的，值得肯定。

四　孝道作为内在体系构成部分对外在体系的形塑

民法典能够彰显孝道价值理念并将之外显为法律基本原则，本质上在

---

[1]　参见侯欣一《孝与汉代法制》，《法学研究》1998年第4期。
[2]　参见朱晓峰《孝道理念与民法典编纂》，《法律科学（西北政法大学学报）》2019年第1期。

于法典各编的具体规定及彼此间的规范关系。作为民法典外在体系构成部分的抽象概念所构筑起来的具体规定，应当规整、彼此之间契合形式逻辑且经受得住价值评判且彼此无矛盾之虞。也就是说，这些具体规定能够满足民法典编纂的体系性、科学性要求。对此，当前司法实务中法院在运用孝道进行法律效果评价的论证时，通过孝道来梳理相关规定之间的关系并阐明其得以适用的正当性基础。通过总结法院于此过程中所得出的有益经验，可以将孝道作为内在体系构成部分形塑外在体系的方式呈现出来。

（一）合理确定法律原则彼此间的关系

民法典体系内的诸项原则，无论是基于何种方式外显出来，均应依价值位阶排序并合逻辑地共存于法典体系当中，同一价值序列的原则还应通过法益权衡规则来确定彼此之间的界限。

第一，诸项基本原则并不是孤立的，其彼此之间可能存在交集或有意义的脉络，对此可以通过交互澄清的方式来确定彼此的内涵，从而助益于基本原则各自规范功能的实现。

第二，诸项基本原则之间可能存在矛盾，对此应当依价值位阶排序以使民法典体系内无论是基于何种方式外显出来的诸项原则，合形式逻辑地共存于法典体系当中，同一价值序列的原则还应通过法益权衡来确定彼此间的界限。

在此意义上，民法典承认通过对具体规定以整体类推等方式而外显出来的孝道并非没有意义。司法实务中的已有经验表明，孝道在与其他基本原则如公序良俗、和谐/和睦原则等存在交集时，可以通过交互澄清的方式丰满并确定公序良俗等于此的内涵，使该项原则得以适用的正当性基础更加坚实；而在与其他基本原则如人格尊严、自由、平等、合法权益受保护等相矛盾时，通过基本原则内含的一般法律思想的价值序列以及法益权衡等方式在诸项原则之间划定界限，愈能彰显民法典的一般法律思想或价值理念彼此之间的整体协调性。在此基础上，体现这些不同价值理念的抽象概念以及具体规则亦即民法典外在体系的诸成分之间，才会在价值评价上相互协调,这也是民法典表里如一或融贯性的关键所在。[①]

(二) 厘清具体规则之间的脉络并消弭彼此间的矛盾

从司法实务中法院所作判决的论证经验来看,外显为法典基本原则的孝道与法典其他基本原则能够合体系地共存于民法典之中,并且可以共同作用于外在体系之构成部分彼此间之规范关系的妥适处理,助益于民法典体系性、科学性的实现。

1. 家庭法领域内的影响

此种效果首先表现在孝道主要发挥作用的家庭法领域内,尤其是在家庭关系中赡养关系的规范处理上。当代民法体系中调整此种关系的具体规则,可以依据其内含的一般法律思想或者价值理念的不同而主要区分为两种:一种是反映平等、自由、独立、尊严等现代法治思想理念的,此种价值观是双向的,权利和义务是对等的,行为人享有权利的同时也承担与之相对的义务,典型的如《民法典》第 1041 条第 2 款、第 1042 条第 1 款、第 1055 条、第 1056 条、第 1068 条、第 1069 条等;另一种是反映孝道、和睦等传统家庭伦理的,此种价值观是单向的,一方主要享有权利,另一方主要承担义务,如《民法典》第 26 条、第 1043 条、第 1067 条、第 1069 条、第 1074 条、第 1075 条及《老年人权益保障法》第 13 ~ 24 条等。[②] 在具体的案件处理中,法院在作出判决的论证过程中,对体现不同价值理念的具体规则,可依据价值位阶和利益权衡规则进行处理,从而正当化其法律效果评价过程和结果,增强判决的可反驳性和可接受性。例如,对于赡养义务的履行,如果父母年老体弱多病并且没有收入来源,法院在作出判决时当然以老人的生命尊严的维持与保护为首要考量要素而认定子女应当尽孝道并履行赡养义务,即使子女有疾在身或缺乏经济供养能力,亦不能免于承担赡养义务;[③] 如果老人明确表示不想让某子女照顾,

---

① 参见方新军《内在体系外显与民法典体系融贯性的实现 对〈民法总则〉基本原则规定的评论》,《中外法学》2017 年第 3 期。

② 参见蒋月《20 世纪婚姻家庭法:从传统到现代化》,中国社会科学出版社,2015,第 105 页。

③ 参见陕西省宝鸡市中级人民法院民事判决书 (2016) 陕 03 民终 1467 号。

于此场合法院会在老人的自由意志与子女遵循的孝道之间进行利益权衡，原则上优先保护老人的自由意志；① 但在精神赡养问题上，法院则会考虑优先保护子女的尊严、自由，并不必然强制子女为特定行为以满足老人的要求。② 可以发现，法典体系中融入孝道作为一般法律思想的来源并外显为基本原则，可以为法院所作判决提供更充分的正当性考量依据。

2. 家庭法领域外的影响

由于人的社会性，奉行孝道理念而确定行为准则的人，在特定情形下势必会超越家庭关系而与那些依据其他价值理念如诚实信用、合法权益受保护等确定行为准则的人产生利益上的冲突，引发家事法与其他民法分则领域内之具体法律规则的适用难题。例如，《民法典》第 26 条第 2 款、第 1067 条第 2 款以及《老年人权益保障法》第 14 条、第 15 条等与《劳动合同法》第 39 条第 2 项及《民法典》侵权责任编第 1165 条、第 1173 条等。亦即，法院在具体案件的处理中，在对特定行为作出相应的法律效果评价时，对于具体规则因内含的一般法律思想的不同而生的分歧和矛盾，可以通过这些价值排序和利益权衡规则来处理，从而使法律效果评价过程和结果更具有说服力。对公司员工因照顾患病的父亲而违反公司管理规定③、儿子虐待母亲被舅舅殴打，④ 或儿子在母亲被他人肆意凌辱而奋起反击并致损害发生的，⑤ 法院在所作判决的具体论证中，通过引入内含孝道的公序良俗等与合法权益受法律保护等基本原则进行权衡，从而在彼此价值冲突的具体规则之间确定何者应予适用，何者予以排除，使判决"既经得起法律检验，也符合社会公平正义观念"。

虽然法官在法律规则适用过程中有权依其保留的"法律适用"的权利来确定什么结果是依据法律规则且是正确的，⑥ 但法官的相应法律效果评价过程和结果必须能够被证立，其论证不能是法官开示其个人的、可能影

---

① 参见湖南省临湘市人民法院民事判决书（2016）湘 0682 民初 92 号。
② 参见重庆市第五中级人民法院民事判决书（2015）渝五中法民终字第 00387 号。
③ 参见广东省高级人民法院民事裁定书（2016）粤民申 1797 号。
④ 参见河南省济源中级人民法院民事判决书（2014）济中民三终字第 411 号。
⑤ 参见山东省高级人民法院刑事附带民事判决（2017）鲁刑终（151）号。
⑥ 参见崔建远《合同解释辨》，《财经法学》2018 年第 4 期。

响判决的同情或者反感，而是应当展现裁判背后的、合理的、原则上能被普罗大众的自然情感所接受的实质视角。① 在此意义上，孝道作为通过民法基本原则而外显出来的一般法律思想或价值理念，无论是在家庭法领域内，还是在家庭法与其他民法典的构成部分之间，都可以作为相应具体规则解释适用的正当化理由来促成法典外在体系的一体化。

（三）完善法典体系以保持其对现实生活的涵摄力

人之理性的有限性决定了制定法规则的有限性，此种有限性既包括法律规则彼此之间的矛盾分歧，也包括规则本身的固有漏洞以及随着时间的推移而逐渐出现的不合时宜。鉴于此，民法典内含的一般法律思想或价值理念及反映相应法律思想的基本原则，构成法律规则漏洞填补和法律创制的一般性依据和正当性基础。司法实务的经验表明，孝道作为基本原则的一般法律思想来源，于此可通过两种途径而为民法典外在体系的完善提供帮助。

1. 解释论上的展开依据

孝道因符合社会生活的现实需要而得通过法官的理性运用以指导具体规则的解释适用，从而使相应具体规则能够完成对现实生活的涵摄。于此，则无须再通过立法程序修改具体法律规则以完善民法典的外在体系，从而达到节约立法资源的目的。例如，以孝道为基本价值导向，通过《老年人权益保障法》第13条并结合《民法典》第26条第2款、第1067条第2款和《老年人权益保障法》第14条等，法院将成年子女对父母的善事义务类推适用于儿媳与公婆②、女婿与岳父母之间的关系处理上，③ 合乎法理人情，作出的相应法律效果评价，在合法性、正当性论证上更为妥帖；另外，法院通过对孝道的理性运用来解释《民法典》第26条第2款、第1067条第2款关于善事父母的一般规定而确定善事的具体内容，④ 无须

---

① 参见〔德〕乌尔弗里德·诺伊曼《法律论证学》，张青波译，法律出版社，2014，第5页。
② 参见湖北省荆门市中级人民法院民事判决书（2015）鄂荆门民一终字第00049号。
③ 参见山东省济南市中级人民法院民事判决书（2015）济民五终字第462号，山西省长治市中级人民法院民事判决书（2015）长民终字第00246号。
④ 参见重庆市高级人民法院民事判决书（2012）渝高法民提字第218号。

再通过立法将这里的一般规定具体化，可以保持法典体系的开放性以应对变化着的实践需要。

2. 立法论上的证立依据

外显为法律原则的孝道可以在外在体系存在漏洞时为某特定规则类推适用于相近或类似事实提供正当性论证，但此种解决方案并非放之四海而皆准，实践中亦存在难以通过类推解释解决的难题。例如，制定法在被制定时即明确将特定规则适用于某种情形以表明自己的支持或反对立场，若通过法律原则内含的一般法律思想或价值将此类规则类推适用于立法者故意留白的空间，将会导致当时被立法者以高度区分的方式所确定的各种生活模式彼此之间的保护界限被掩盖。① 这实质上构成对制定法目的的违反。例如，将《民法典》第 1043 条以及《老年人权益保障法》第 13 条所明确宣示的仅适用于家庭关系的善事义务经由内含孝道理念的一般原则，类推适用于现行法家庭关系之外的非婚同居关系、同性生活伴侣关系等当中，事实上会因不符合《民法典》婚姻家庭编的立法目的而缺乏合法性基础；同样地，在行为人尽了主要赡养义务但被继承人已将全部遗产通过遗嘱处分给其他人的场合，② 由于《民法典》继承编未在法定继承和遗嘱继承之间规定沟通二者关系的特留份制度，司法实务通过孝道而修正制定法缺漏的行为正当性无虞，但欠缺合法性基础。在此意义上，经由《民法典》第 1043 条表达的家庭伦理道德规范，可以使通过孝道填补法律漏洞的行为更具合法性基础，同时这也表明了司法对立法的反哺，而这恰恰是部分学者坚持认为的孝道的公共道德属性的应然要求。③

五　结论

正如日本民法学者加藤雅信教授所讲的，维护自己祖祖辈辈传下来的生活方式以及被认为好的道德观、生活观，可以说是国民很自然的情

---

① Vgl. MüKo/ Wagner, §823, 5. Aufl., S. 1816.
② 参见北京市西城区人民法院民事判决书（2015）西民初字第 02790 号。
③ 参见郑玉双《孝道与法治的司法调和》，《清华法学》2019 年第 4 期。

感。① 对于各国的法律实践而言，应当遵循和保护民众的这种自然情感而非违背或破坏它，否则会像贝卡利亚所预言的那样，"一切违背人的自然感情的法律的命运，就同一座直接横断河流的堤坝一样，或者被立即冲垮和淹没，或者被自己造成的漩涡所侵蚀，并逐渐地溃灭"。② 以此为基点，对作为中华传统美德的孝道而言，当代中国的法律实践表明，虽然其因时代变革而在中国当代的制定法文本中不再像传统法律实践中那样风光无限，但其仍能通过法官在裁判文书中的理性运用与规范解释，而继续顽强地在私法领域内产生影响。之所以如此不外乎在于，孝道所内含的那些反映家庭生活伦理的基本价值要求和调整家庭关系的实践规则，在剔除与现代法治要求相悖的成分后，仍能满足当代中国社会的现实需求。在此意义上，《民法典》第1043条可以被视为立法者在审慎对待司法实务于此取得的经验并发现其中的问题的基础上所及时作出的回应，从而使《民法典》婚姻家庭编能够在内外在体系上满足社会生活对制定法规则的现实需求。

---

① 参见〔日〕加藤雅信等编《民法学说百年史》，牟宪魁等译，商务印书馆，2017，第20～21页。

② 参见 Beccaria, *On Crimes and Punishments and Other Writings*，中国政法大学出版社，2003，第47页。

包价旅游合同标的及其展开[*]

包价旅游合同标的及其展开[*]

包价旅游合同标的及其展开[*]

孙思琪[**]

内容提要： 包价旅游合同的标的是旅游法基础理论的重大命题。我国理论研究对此关注较少，大多笼统界定为旅游服务而不作具体解释；《旅游法》第 111 条第 6 项关于包价旅游合同标的的表述语意模糊。旅行社以中介职能为其核心职能，要求旅行社为履行辅助人承担责任主要是基于倾斜保护旅游者的价值取向。包价旅游合同的标的分为两个部分：一是组织安排由履行辅助人提供的住宿、餐饮、游览、娱乐等具体服务的中介服务，二是导游、领队等少数确由旅行社自行提供的旅游服务。包价旅游合同标的的误认可能影响邮轮旅游等旅游活动基础法律关系的认定，以及涉外关系法律适用服务提供地和民事诉讼地域管辖合同履行地的判断。《旅游法》修改应当明确区分包价旅游合同和其他旅游服务合同，完善包价旅游合同和履行辅助人的定义，规定旅行社负有在包价旅游合同中披露履行辅助人的义务。

关键词： 包价旅游合同　旅行社　旅游服务　中介服务　合同履行地

一　问题的提出

旅游合同或称旅游服务合同是旅游者与旅游经营者之间法律关系的基

---

* 本文系国家社科基金后期资助项目"《海商法》修改基本理论与主要制度研究"（16FFX 010）、上海市人民政府决策咨询研究邮轮经济专项课题"我国邮轮旅游消费者权益保障研究"（2018－Z－J07－A）的部分研究成果。

** 孙思琪，上海海事大学法学院讲师。

础和载体，而包价旅游合同则是旅游合同的典型形态，也即传统意义上的组团旅游合同。① 因此，包价旅游合同的标的应是旅游合同法乃至旅游法基础理论的重大命题。

我国2013年颁布施行的《旅游法》虽已建立了较为完整的旅游服务合同法律制度，而且调整的重点正是包价旅游合同，② 但由于其中未将包价旅游合同与其他旅游服务合同明确区分，关于包价旅游合同的定义也未尽周延，理论和实践之中对于包价旅游合同的标的多有误认。我国学理上关于旅游合同概念之广狭虽有争议，却很少具体关注包价旅游合同的标的。现有研究关于包价旅游合同的概念界定，或是照搬《旅游法》第111条第3项的内容，③ 或是笼统概括旅行社提供的是旅游服务或谓综合性旅游服务，④ 而于旅游服务的具体含义却甚少论及。

民法上债的标的是指债的内容。⑤ 合同的标的作为债的标的在合同领域的具体表现形式，一般是指合同法律关系的客体，即合同当事人的权利和义务共同指向的对象，也是合同债权人得以请求债务人履行的一定行为或不为。⑥ 史尚宽认为："债之标的，谓构成债的关系之内容与债务人行为，即债权人所得为请求及债务人应实行者是也。自债务人方面言之，则为给付。"⑦ 比较法上亦有通过条文明确界定合同标的的立法例，比如法

---

① 参见王天星、杨富斌编著《旅游法教程》，中国人民大学出版社，2015，第194页。
② 《旅游法》第五章为"旅游服务合同"。包价旅游合同与其他旅游服务合同在主体方面的重要区别在于，包价旅游合同的经营者一方仅限于旅行社，而不包括景区以及交通、住宿、餐饮、娱乐服务提供者等其他旅游经营者。《旅游法》第57条作为"旅游服务合同"一章的首个条文，明确规定旅行社组织和安排旅游活动应与旅游者订立合同。而且，该章许多条文直接采用"包价旅游合同"的表述。该法第111条关于用语的定义也仅有包价旅游合同，而无旅游服务合同。因此，结合第五章主要规定的具体内容，可以推知该章调整的旅游服务合同主要是指包价旅游合同。
③ 参见王莉霞主编《旅游法学》，华中科技大学出版社，2017，第127页。
④ 例如，刘劲柳认为："包价旅游合同是指旅游营业人以营利为目的与旅游者签订的提供综合性旅游服务，旅游者支付总价金的合同。"参见刘劲柳《旅游合同》，法律出版社，2003，第92页。
⑤ 参见陈自强《契约之内容与消灭》，元照出版有限公司，2018，第40页。
⑥ 参见北京大学法学百科全书编委会编《北京大学法学百科全书：民法学　商法学》，北京大学出版社，2004，第438页。
⑦ 史尚宽：《债法总论》，作者自版，1954，第223页。

国《民法典》第 1126 条规定："一切契约，均以一方当事人承诺给付某物或者承担作为或不作为义务为标的。"① 虽然也有法国学者认为，标的应当是指合同所生债权的标的，合同本身并不存在标的。② 但是，根据我国合同法理论长期以来形成的通说，合同的标的与合同的客体或内容只是同一概念的不同称谓，即指权利和义务共同指向的对象。③ 本文同样是在此一层面研究包价旅游合同的标的，旨在确定旅行社一方基于包价旅游合同负有的主给付义务。

　　旅游合同的标的固然应是旅游服务，而在包价旅游合同的场合难点在于如何理解旅游服务的具体内涵。包价旅游合同之所以成为旅游合同的典型形态，主要原因在于旅游者仅需支付一次费用，便可享受旅行社提供的代办签证、安排行程、交通、住宿、餐饮等涵盖旅游活动全程的各项服务，因而高度便利且符合旅游者的客观需要。而且，旅馆、餐厅、运输企业等主体主要是作为旅行社的履行辅助人而存在，其与旅游者订立的各类合同虽与旅游相关，但只是为了辅助包价旅游合同目的的实现。④ 因此，界定包价旅游合同标的的重点在于，对于交通、住宿、餐饮乃至娱乐等主要由履行辅助人提供的服务项目，旅行社的给付义务也即所谓的提供旅游服务，究竟是指旅行社作为中介组织安排此类服务，还是在负责具体提供此类服务的同时将其委托他人，一如运输合同的承运人将运输业务全部或部分委托给实际承运人。⑤ 此一问题看似只是名词之争，但对认定各类旅游活动的基础法律关系，以及由此产生的责任主体、不同主体之间的责任承担，乃至涉外关系的法律适用、民事诉讼的地域管辖，均有无法回避的基础性意义。

---

① 《法国民法典》，罗结珍译，北京大学出版社，2010，第 302 页。
② 参见尹田编著《法国现代合同法》，法律出版社，1995，第 147 页。
③ 参见李永军《合同法》，法律出版社，2010，第 210 页。
④ 参见王利明《合同法研究》（第 4 卷），中国人民大学出版社，2017，第 565 页。
⑤ 根据《合同法》第 290 条的规定，承运人基于运输合同负有的主给付义务首先表现为安全、及时运输的义务，但并不妨碍承运人将运输服务的全部或部分内容委托实际承运人，同时也不免除承运人自身的义务。《民法典》第 811 条的规定实质相同。

二 包价旅游合同标的诸说

(一) 包价旅游合同标的的学理界定

我国学理上鲜少直接界定旅游合同的标的,而是更多体现在旅游合同的定义之中。① 即使关于合同本身的定义,也主要是围绕各类旅游合同作出的共性界定,专门针对包价旅游合同的情形较少。除直接沿用《旅游法》第 111 条第 3 项的定义外,目前我国学理论著关于包价旅游合同标的的表述大致可以分为以下三类。

第一,说明给付可由旅行社本人或委托他人提供,但并不具体解释旅行社的给付义务为何。例如,刘云亮认为,旅游者与旅行社之间成立包价旅游合同关系,旅行社就合同约定的给付或者自行提供,或者委托给付提供人提供。② 此处"给付提供人"应当指我国现行《旅游法》规定的"履行辅助人"。

第二,说明旅行社的给付义务是提供综合性旅游服务,但不具体解释旅游服务的内涵。③ 例如,刘劲柳认为,包价旅游合同是旅行社以营利为目的与旅游者签订的提供综合性旅游服务、旅游者支付总价金的合同。④ 稍有不同的应是张艳敏、田丽红认为,旅行社的给付义务是"安排旅游计划或线路并提供约定的旅游综合服务"。⑤ 此一定义将提供综合旅游服务

---

① 少数的例外之一应是刘海山认为:"旅游合同中,标的是旅行社、旅游饭店提供的食、宿、旅游项目、导游和交通服务等。"参见刘海山主编《旅游法》,法律出版社,1988,第 164 页。

② 参见刘云亮主编《旅游法学》,法律出版社,2011,第 184 页。

③ 也有部分学者在定义旅游合同的同时,明确解释了旅游服务的具体内涵。例如,渠涛认为,旅游合同是旅行社提供旅游服务,游客支付费用的合同。旅游服务包括为游客提供旅行服务、导游服务、景点观赏服务以及附带的餐饮、娱乐、购物服务,其中旅行服务是指按照合同约定对于行程和交通工具的安排,即旅行日程的编排、车船机票的预订和代购、观光用车的提供等。参见梁慧星主编《中国民法典草案建议稿附理由·合同编》,法律出版社,2013,第 1026 页。

④ 参见刘劲柳《旅游合同》,法律出版社,2004,第 92 页;其他类似观点可见王惠静、汪立宏《包价旅游营业人的违约责任初探》,《政治与法律》2005 年第 1 期。

⑤ 参见张艳敏、田丽红《旅游格式合同法律问题研究》,中国经济出版社,2015,第 110 页。

与安排旅游计划分列并置，似乎在一定程度上表明旅游服务并不包括安排旅游计划等中介服务。①

第三，说明旅行社的给付义务包括旅游相关的全部服务，并且具体列举主要的服务项目。最为典型的应是王天星认为，旅行社的给付义务是有关旅游的全部服务，包括吃、住、行、游、购、娱等旅游服务。② 此一定义显然过于绝对而有失偏颇，原因在于无论如何理解包价旅游合同的标的也即旅游服务的具体内涵，旅游活动涉及的全部服务仍不可能一概皆由旅行社提供。特别是公共运输、医疗乃至购物等具有公共属性的服务项目，旅行社既无实际提供此类服务的意向，也不具备开展经营活动的资质。

上述诸种观点严格而言尚不构成关于包价旅游合同标的的不同学说，互相之间的不少差异恐怕也并非有意为之，而是具有较为明显的偶然性或表述的随意性。但是，共性之处在于文义上均不否认旅行社的给付义务涵盖交通、住宿、餐饮等由履行辅助人提供的服务，王天星等学者更是持有比较明确的肯定态度。可以认为我国理论研究此前对于包价旅游合同的标的关注甚少，尤其对于组织安排服务和具体提供服务缺少应有的区分意识。

（二）包价旅游合同标的的立法界定

我国构建旅游合同法律制度的尝试始于《合同法》，该法1997年5月14日的征求意见稿第325条规定："旅游合同是旅行社提供旅游服务，旅游人支付旅游费用的合同。"③ 但是，该稿"旅游合同"一章并未针对旅游服务的具体含义作出规定，整体规定也远比《旅游法》第五章单薄。④ 2013年通过的《旅游法》第111条第3项明确规定了包价旅游合同的定义："包价旅游合同，是指旅行社预先安排行程，提供或者通过履行辅助

---

① 我国台湾地区学者孙森焱的观点与之颇为类似，认为"旅游契约系由旅游营业人为旅客设计全程之旅游计划，并提供旅游服务"。参见孙森焱《旅游契约之研究》，《东吴大学法律学报》1998年第1期。

② 参见王天星主编《旅游法教程》，重庆大学出版社，2019，第145~146页。此前王天星在其他著作中列举的服务项目还包括学、养、医等。参见王天星、杨富斌编著《旅游法教程》，中国人民大学出版社，2015，第194页。

③ 何勤华、李秀清、陈颐编《新中国民法典草案总览》，北京大学出版社，2017，第2029页。

④ 该章仅有9个条文，而《旅游法》第五章共有19个条文。

人提供交通、住宿、餐饮、游览、导游或者领队等两项以上旅游服务，旅游者以总价支付旅游费用的合同。"根据此条之文义，虽然合同标的的重点仍然落在旅游服务上，但"提供"和"通过履行辅助人提供"之间以"或者"一词连接，表明二者构成选择关系的并列结构，互相之间并无包含关系。因此，如果一项旅游服务是通过履行辅助人提供的，至少在文义上也就不再构成由旅行社提供。可见通过履行辅助人提供旅游服务并非只是单纯委托第三人履行合同债务，而应有其在包价旅游领域的特殊意义。此外，我国台湾地区"民法"债编虽有关于旅游的专门规定，但其中仅对旅游营业人及其提供的旅游服务给出了定义。①

比较法上针对包价旅游合同直接作出定义的情况较少，更为常见的是对包价旅游的概念界定。例如，欧盟《关于包价旅游和联合旅游安排的指令》② 第 2 条规定"包价是指基于同一旅行或度假目的至少两种不同类型的旅游服务的组合"。③ 值得注意的应是德国民法的立法例，该法 1979 年修订时增设了旅游合同的专门规定，将其作为承揽合同的特殊形式进行规范。④ 其中第 651a 条虽无旅游合同或包价旅游合同的定义，却规定了旅游合同的典型义务。该条第 1 款规定"旅游营业人因旅游契约负有对旅客提供旅游给付之全部（旅游）之义务"。⑤ 但是，该法并未规定旅游组织者⑥具体应当完成何种义务。原则上旅游组织者除完成自行提供的各项给

---

① 我国台湾地区"民法"第 514 - 1 条第 1 款规定："称旅游营业人者，谓以提供旅客旅游服务为营业而收取旅游费用之人。"第 2 款规定："前项旅游服务，系指安排旅程及提供交通、膳宿、导游或其他有关之服务。"

② Directive（EU）2015/2302 of the European Parliament and of the Council of 25 November 2015 on package travel and linked travel arrangements, amending Regulation（EC）No. 2006/2004 and Directive 2011/83/EU of the European Parliament and of the Council and repealing Council Directive 90/314/EEC.

③ 参见马炎秋、刘居艳《欧盟包价旅游立法及其对中国立法的借鉴意义》，《大连海事大学学报》（社会科学版）2019 年第 2 期。

④ 参见《德国民法典》（第 4 版），陈卫佐译注，法律出版社，2015，第 258 页。

⑤ 台湾大学法律学院、台大法学基金会编译《德国民法典》，北京大学出版社，2017，第 612 页。

⑥ "旅游营业人"（Reiseveranstalter），我国大陆地区译本通常译为"旅游举办人"，也有译为"旅游组织者"。考虑到"旅游组织者"更为符合中文的表述习惯，也不违背法条的文义以及作为其立法来源的欧盟指令的本意，本文采用此种译法。参见申海恩《旅行社转团中的责任承担——德国法视角的考察》，《苏州大学学报》（哲学社会科学版）2017 年第 1 期。

付义务外，同时也应为给付承担人完成的给付承担责任。① 该条虽有 "全部" 一语，但主要用于强调包价旅游服务的整体性特征，也即至少两种以上给付的组合，② 而并不意味着旅行社应当负责具体或实际提供包价旅游合同约定的全部服务。而且，考察旅游合同在德国法上的发展，法律规制的核心目的之一是应对旅游合同包含的 "媒介条款"，即通过格式条款约定旅游组织者不为给付承担人的过错承担责任。③ 因此，上述规定更多只是肯定旅游组织者应为给付承担人的过错负责，而并非否认旅游组织者的媒介角色。

此外，1970 年在布鲁塞尔通过的《国际旅行合同公约》（International Convention on Travel Contracts）第 1 条第 2 款明确规定了包价旅游合同（organized travel contract）的定义："包价旅游合同是指一方以其自身名义以总价为他人提供包括交通、独立于交通的住宿以及其他服务的组合服务的合同。"④ 同样规定旅行社提供的是组合服务。因此，立法层面除我国《旅游法》对旅行社自行提供和通过履行辅助人提供的服务在文义上略有区分外，以上比较法的立法例重点均在强调包价旅游的组合特征，也即旅行社必须至少提供两项以上的旅游服务，而未涉及旅游服务实际提供者的不同对包价旅游合同标的的影响。

三　包价旅游合同标的的界定因素

（一）旅行社的核心职能

包价旅游合同的标的是旅行社提供的旅游服务，因而界定标的的具体内涵必须首先考虑旅行社的主要职能和业务范围。旅行社业是颇为典型的

---

① 参见杜景林、卢谌《德国民法典全条文注释》，中国政法大学出版社，2015，第 545 页。
② 参见杜景林、卢谌《德国民法典全条文注释》，中国政法大学出版社，2015，第 544 页。
③ 参见〔德〕迪特尔·梅迪库斯《德国债法分论》，杜景林、卢谌译，法律出版社，2007，第 389~390 页。
④ 参见袁振民译《国际旅行合同公约》，《法学译丛》1992 年第 3 期。

中介服务产业。旅行社在旅游产品的供应者和消费者之间发挥媒介作用,[1]
因而中介职能应是旅行社的核心职能之一。具体而言,旅行社的业务活动
可以大致分为三个方面:一是设计、开发和销售旅游产品,二是接待旅游
者,三是处理各类中介服务。其中中介服务主要是指为旅游者代办旅游涉
及的护照、签证等旅行证件,代为订购各类交通票证和住宿,代向海关办
理申报、检验手续等。[2] 除此以外,旅行社虽然亦有部分生产职能,但并
非指生产包价旅游包含的单项产品,而是限于旅游产品的发现以及整体产
品的生产,即将其他旅游经营者提供的单项产品组合为以旅游路线、旅游
日程形式存在的复合产品,从而改变产品的存在形态。[3] 此一职能因此也
被称为组装职能。[4]

即使从立法的角度考察,我国《旅行社条例》第 2 条也明确规定:旅
行社从事的经营活动是招徕、组织、接待旅游者等。[5]《旅行社条例实施
细则》第 2 条第 1 款将其进一步规定为六种具体服务类别,其中除导游、
领队服务和旅游咨询、旅游活动设计服务两类是由旅行社自行提供外,交
通、住宿、餐饮以及观光游览、休闲度假四类服务均强调了旅行社提供的
服务内容是安排上述项目,[6] 而不是直接经营此类服务。因此,旅行社实
质上并非服务产品全部要素的直接提供者,而是提供安排交通、食宿等服
务的旅游服务者,[7] 也即中介服务者。2016 年 8 月公布的《旅行社条例

---

[1] 参见谢彦君《基础旅游学》,商务印书馆,2015,第 123 页。

[2] 参见邵琪伟主编《中国旅游大辞典》,上海辞书出版社,2012,第 251 页。

[3] 参见戴斌、张杨主编《旅行社管理》,高等教育出版社,2018,第 12 页。

[4] 参见李晓标、解程姬主编《旅行社经营与管理》,北京理工大学出版社,2015,第 17 页。

[5] 学理上针对该条规定的三类经营活动,一般认为招徕是指开展宣传、推销业务,招揽旅
游者;组织是指划、选定旅游线路和沿途观光、休闲、娱乐、餐饮等旅游项目,并向
其他服务提供者事先订涉及的交通、住宿等要素,配合自身的导游或领队服务,形成
由自身和履行辅助人提供服务的组合并以总价打包销售;接待则是指根据合同约定为旅
游者提供交通、住宿、餐饮、观光等要素组合而成的旅游服务。参见王天星、杨富斌编
著《旅游法教程》,中国人民大学出版社,2015,第 61 页。

[6] 《旅行社条例实施细则》第 2 条第 1 款规定:"《条例》第二条所称招徕、组织、接待旅
者提供的相关旅游服务,主要包括:(一)安排交通服务;(二)安排住宿服务;(三)安
排餐饮服务;(四)安排观光游览、休闲度假等服务;(五)导游、领队服务;(六)旅游
咨询、旅游活动设计服务。"

[7] 参见国务院法制办工交商事法制司、国家旅游局政策法规司组织编写《〈旅行社条例〉
释义》,人民交通出版社,2009,第 44 页。

（修订草案送审稿)》第 3 条第 3 款更是直接规定：交通、景区和住宿经营者在其交通工具上或者经营场所内提供交通、住宿、餐饮等单项或者多项服务，不属于经营旅行社业务。① 可供比较的是我国台湾地区的"发展观光条例"，② 其中规定旅行社的服务内容是"为旅客设计安排旅程、食宿、领队人员、导游人员、代购代售交通客票、代办出国签证手续等"，③ 重点同样在于设计安排而非直接提供，具体列举的业务范围也以设计行程、安排服务为主。④

　　此外，包价旅游涉及的许多服务项目往往需要取得相应的经营资质。例如，经营酒店业务需要取得县级以上地方人民政府公安机关核发的"旅馆业特种行业许可证"；⑤ 销售航空客票此前必须取得中国航空运输协会颁发的"中国民用航空运输销售代理业务资格认可证书"，现在至少也需满足《航空运输客运销售代理人业务规范》第 3 条规定的基本条件；代理销售保险产品需要取得"经营保险代理业务许可证"；⑥ 直接经营航空客运和保险业务的则要求更为严苛。然而，多数旅行社特别是中小型旅行社并不具备此类资质，但也不妨碍其销售的包价旅游产品包含相应服务。原因在于此时旅行社发挥的正是自身的中介职能，主要表现为代替旅游者订购包价旅游涵盖的服务，而不是作为此类服务的经营者直接提供服务，否则即有违反经营管理规定之嫌。⑦

---

① 参见国家旅游局《旅行社条例（修订草案送审稿)》，http：//www. fjrd. gov. cn/ct/47 - 113309，2020 年 9 月 6 日访问。

② 日本以及我国台湾地区对于旅行社行业均称"旅行业"，比如日本即有《旅行业法》（旅行業法)。

③ 我国台湾地区"发展观光条例"第 2 条第 10 项。

④ 根据我国台湾地区"发展观光条例"第 27 条第 1 款的规定，旅行社的主要业务范围包括：第一，接受委托代售海、陆、空运输事业之客票或代旅客购买客票；第二，接受旅客委托代办出入境及签证手续；第三，招揽或接待观光旅客，并安排旅游、食宿及交通；第四，设计旅程、安排导游人员或领队人员；第五，提供旅游咨询服务。

⑤ 《旅馆业治安管理办法》第 4 条、《国务院对确需保留的行政审批项目设定行政许可的决定》（国务院令第 412 号）第 36 项。

⑥ 《保险专业代理机构监管规定》第 2 条第 2 款。

⑦ 关于旅行社核心职能对于包价旅游合同标的的影响，详见孙思琪《再论邮轮旅游包船模式的基础法律关系——兼论〈海商法〉增设邮轮旅游特别规定的观念障碍》，《国际经济法学刊》2019 年第 3 期。

（二）包价旅游合同的性质认定

包价旅游合同的性质也是影响合同标的界定的因素之一。如果认为旅行社的给付义务是负责提供各项具体的旅游服务，包价旅游合同的性质应当只是多种服务合同的混合；如果认为给付义务是以提供中介服务为主，合同的性质则应认定为自成一类的典型合同。关于旅游合同的性质学理上多有争议，[①] 至少存在承揽合同、委托合同、居间合同、服务合同等不同观点，[②] 但此种争议更多集中于旅游代办合同等包价旅游合同以外的旅游合同类型。包价旅游合同的内容尽管确有一定的复合性，但仍应认为是自成一类的典型合同。原因在于虽然包价旅游合同涉及餐饮、交通、住宿、游览、娱乐、购物等内容，但各个给付内容是作为一个有机整体而存在的，并由旅行社一体对外销售，旅游者也是整体接受。[③] 因此，包价旅游合同作为典型合同的核心特征在于，旅行社对于合同约定的旅游服务是否发挥了组织作用，包括旅游服务的采购、预订以及有机整合等。[④] 旅行社的此项义务也是包价旅游与其他旅游产品的本质区别。[⑤]

基于旅行社的组织作用，包价旅游合同的标的显然不宜解释为旅行社负责提供合同约定的各项具体旅游服务，否则包价旅游合同的内容将无异于运输、餐饮、住宿、娱乐等多种服务合同的简单组合，从而具有混合合同的性质。而且，此时旅行社的给付义务也不再以组织安排也即中介服务为重点。所谓组织，是指安排分散的事物使其具有一定的系统性或整体性。[⑥] 一旦各项具体旅游服务均由旅行社负责提供，则即代表不同服务项目已然聚集在旅行社的业务范围之内，对于自己提供的服务自然不复组织安排的必要，从而与包价旅游合同的核心特征明显抵牾。可做比较的应是

①　参见杨富斌主编《旅游法教程》，中国旅游出版社，2018，第 201 页。

②　参见郑文科《旅游合同研究》，首都经济贸易大学出版社，2014，第 36～37 页。

③　参见王利明《合同法研究》（第 4 卷），中国人民大学出版社，2017，第 578 页。

④　参见傅林放、阚杭平《论包价旅游合同相关问题》，《旅游学刊》2015 年第 9 期。

⑤　参见刘劲柳《旅游合同》，法律出版社，2003，第 22 页。

⑥　参见中国社会科学院语言研究所词典编辑室编《现代汉语词典》（第 7 版），商务印书馆，2016，第 1750 页。

货物多式联运合同。此类合同的本质实为多个单一运输合同的组合，合同标的仍是运输服务，① 因而多式联运经营人也只是承运人的特殊形态。虽然多式联运经营人的给付义务是货物运输，但并不妨碍其将部分或全部运输服务委托给区段承运人，一如单一运输合同的承运人也可将运输服务交由实际承运人完成。因此，现今国际以及各国国内多式联运立法的重点均在多式联运经营人应为全程运输负责，② 而非强调多式联运经营人的组织作用。③ 与此截然不同的是，包价旅游的组织性、整体性特征决定了合同标的的重点在于旅行社提供的中介服务，也即旅行社对于具体服务的组织安排作用。此亦包价旅游合同作为独立的典型合同类型存在的根基所在。

如果包价旅游合同只是多种服务合同组合而成的混合合同，立法创设包价旅游合同法律制度便有蛇足之嫌，因为各类服务合同大多已有现成的法律制度可以适用，而且不同于多式联运可能发生隐藏损失故而需要另设法律规则加以填补。④ 以我国法律为例，航空运输可以适用《民用航空法》，海上运输可以适用《海商法》，旅游保险可以适用《保险法》。反观《旅游法》第五章 "旅游服务合同"，其中多数规定均与调整上述具体服务合同的法律制度无交集，而是重点强调了旅行社与履行辅助人等第三人之间的责任承担关系。⑤ 运输等服务合同的经营人一方负有具体提供相应服务的给付义务，因而即使其将服务内容委托第三人，仍然应为第三人的

---

① 《联合国国际货物多式联运公约》第 1 条第 1 项应是关于多式联运最为通行的定义，其中明确规定此类合同的内容是由多式联运经营人将货物从一地运输至另一地。

② 参见张永坚《国际海运公约》，法律出版社，2018，第 31 页。

③ 虽然《联合国国际货物多式联运公约》的通行中文译本将公约第 1 条第 3 项关于多式联运合同的定义译为 "多式联运经营人凭以收取运费、负责完成或组织完成国际多式联运的合同"，我国《合同法》第 317 条关于多式联运经营人义务的规定在参考公约规定的基础上也有 "组织履行" 一语，《民法典》第 838 条维持了此一表述，但公约原文采用的表述是 "perform or to procure the performance"。"procure" 一词并无组织之意，而是指设法获得、取得，《布莱克法律大词典》将其解释为 "To obtain（something），esp. by special efforts or means"。参见 Sally Wehmeier 主编《牛津高阶英汉双解词典》，王玉章、赵翠莲、邹晓玲等译，商务印书馆，2009，第 1580 页；Bryan A. Garner（ed.），*Black's Law Dictionary*，Thomson Reuters，2019，p. 1460。

④ 隐藏损失是指不能确定发生区段的损失。多式联运立法的新近发展重点正是为了克服隐藏损失造成的影响。包价旅游以旅客为服务对象，人的主观能动性决定了发生类似隐藏损失的可能性很小，无须立法予以特别处理。

⑤ 《旅游法》第 71 条。

行为承担责任。此乃合同相对性的基本要求，我国原《合同法》第 121 条以及《民法典》第 465 条第 2 款对此也有规定。正是包价旅游合同不是多种服务合同的简单组合，旅行社是以提供中介服务而非具体服务为其主要的给付义务，因而要求旅行社为具体服务承担责任并非理所当然，故有另作特别规定的必要。而且，《旅游法》第五章虽然规定了旅行社应为履行辅助人的行为承担责任，但并未涉及确定责任的具体规则，因而仍需适用调整具体服务的法律规则。例如，旅行社如果须为邮轮旅游的邮轮公司承担海上运输服务的责任，应当适用《海商法》第五章"海上旅客运输合同"的规定，包括其中关于赔偿责任限制的规定。[①] 个中原因在于运输等具体服务本就不是包价旅游合同的内容，后者规制的重点在于中介服务产生的问题，旅行社与履行辅助人的责任关系便是典型。

（三）履行辅助人行为的责任承担

包价旅游合同法律规制的重点应是履行辅助人行为的责任承担。首先必须明确的是，要求旅行社为履行辅助人的行为承担责任，并不等于否定旅行社提供的是中介服务，二者之间实无非此即彼的对立关系。根据我国《旅游法》第 71 条的规定，对于履行辅助人原因导致的违约，旅行社应当先行承担责任；对于履行辅助人原因造成的侵权，旅游者也可以要求旅行社先行承担责任。此种规定固然确有合同相对性原则的考量，[②] 但更多应是基于倾斜保护旅游者的消费者权益的价值取向，符合此类合同的消费者合同属性。旅游者毕竟是以包价旅游合同为基础接受各项具体的旅游服务，直接面对的旅游经营者往往并非履行辅助人，因而对其具体状况不甚

[①] 参见孙思琪《邮轮旅游旅行社责任限制权利研究——基于〈旅游法〉第 71 条的法律漏洞及其填补》，载解亘主编《南京大学法律评论》（2018 年秋季卷），南京大学出版社，2019，第 276～295 页。

[②] 例如，中国人大网刊载的《〈中华人民共和国旅游法〉释义》认为："虽然地接社实际承担旅游接待任务，宾馆、饭店、运输部门等履行辅助人提供住宿、餐饮、交通等旅游服务，但他们都不是旅游合同的当事人，由于他们的原因导致违约的，只能由作为旅游合同一方当事人的组团社来承担违约责任。这体现了合同相对性原则的要求。"参见中国人大网《〈中华人民共和国旅游法〉释义》，http://www.npc.gov.cn/zgrdw/npc/flsyywd/xingzheng/2013-12/24/content_1819954.htm，2020 年 9 月 6 日访问。

了解。如果要求旅游者径直向履行辅助人提出赔偿请求，难免由于信息不对称等而存在障碍。而且，履行辅助人多数是在旅游目的地开展经营活动，对于异地旅游者而言提出索赔更显不易。① 此外，通过规定旅行社为履行辅助人的行为承担责任，也可促使旅行社在选择具体的旅游服务提供者时尽到审慎选择的义务，尽量避免不必要的风险发生。②

倘以比较法的视角考察履行辅助人行为的责任承担，部分法域的司法实践甚至否定旅行社应为履行辅助人承担责任。例如，日本学说上虽然倾向于认为运输、住宿等服务提供者如果构成旅行社的履行辅助人，旅行社应当就其过失承担责任，但是，日本的裁判实践对此却无判例支持，而是认为旅行社本身并不负有实际提供此等服务的义务。③ 美国法上旅游经营者也主要承担传统的过错责任，而对第三方服务提供者的过失原则上不承担责任，并且享有较为宽泛的抗辩。④ 即使立法明确要求旅行社为履行辅助人承担责任的情形，比如法国法要求旅行社为服务实际提供者的行为承担法定责任，而且是颇为严苛的无过错责任，但此种责任设定的目的仍然在于保障旅游者的人身和财产安全，以及提高旅行社的从业水准和谨慎程度。⑤ 因此，可以认为旅行社为履行辅助人承担责任的法理基础，更多在于包价旅游合同内容本身的特殊构造，即旅行社提供的中介服务串联了形态各异的具体服务，并且将其一体整合向旅游者销售，旅游者也是以此为基础接受履行辅助人的服务。

至于我国司法实践对于旅行社责任的认定，更是时常出现责任轻于履行辅助人的情形。以蒋建萍诉皇家加勒比 RCL 邮轮有限公司、浙江省国际合作旅行社有限公司上海分公司海上人身损害责任纠纷一案为例，旅客

---

① 参见李飞、邵琪伟主编《〈中华人民共和国旅游法〉释义》，全国人大常委会法制工作委员会编，法律出版社，2013，第 176 页。

② 参见杨富斌、苏号朋主编《〈中华人民共和国旅游法〉释义》，中国法制出版社，2013，第 236 页。

③ 参见周江洪《旅游人身损害赔偿责任的中日比较——以履行辅助人理论为中心》，《苏州大学学报》（哲学社会科学版）2017 年第 1 期。

④ 参见李昊《论英美法上的旅游经营者责任》，《苏州大学学报》（哲学社会科学版）2017 年第 1 期。

⑤ 参见叶名怡《法国法上的旅游损害责任》，《苏州大学学报》（法学版）2017 年第 1 期。

在参加邮轮旅游期间于露天甲板摔倒。① 一审法院上海海事法院认为，邮轮公司虽已采取了必要的防水防滑措施，但仍可通过其他措施进一步降低事故风险，因而未能尽到安全保障义务；旅行社的情况则有所不同，导游无法在乘坐邮轮期间始终伴随团内任何成员左右，要求其为旅客在船期间摔倒承担责任明显超出了安全保障义务的合理限度，因此旅行社并不存在过错。② 二审法院上海市高级人民法院对此判决予以维持。③ 而且，实践中旅行社大多会在合同中列明旅客在船期间属于自行安排活动期间，旅行社此时的义务主要是提示和救助，④ 而邮轮公司显然负有较高的安全保障义务。如果旅行社在包价旅游合同下的给付义务是提供具体服务，旅行社的安全保障义务至少应与邮轮公司等履行辅助人相当，而不可能出现责任程度更轻的情形。此亦可以佐证旅行社的给付义务是以组织安排具体旅游服务的中介服务为主，而与邮轮公司等履行辅助人提供的具体服务迥然不同。

值得注意的是，《最高人民法院关于审理旅游纠纷案件适用法律若干问题的规定》原第14条第2款规定了旅行社对于履行辅助人的选任过失责任。⑤ 此项责任的设定依据分为两个方面：既要为旅游者提供充分的保护，同时也须考虑旅行社的承受限度。因此，旅行社此时承担的是与其过错相应的补充赔偿责任，而非全部赔偿责任。⑥ 此一规定同样可以证明旅行社最为主要的给付义务只是组织安排具体服务的中介服务，否则对于旅

---

① 上海海事法院（2017）沪72民初136号民事判决书；上海市高级人民法院（2018）沪民终85号民事判决书。
② 参见孙思琪《邮轮旅客人身损害纠纷的司法实践——基于我国海事法院首例判决展开》，《青海师范大学学报》（哲学社会科学版）2019年第1期。
③ 参见孙思琪、金怡雯《邮轮旅游经营者安全保障义务的司法实践进展》，《世界海运》2019年第5期。
④ 《旅游法》第70条第3款、《最高人民法院关于审理旅游纠纷案件适用法律若干问题的规定》第17条第1款。
⑤ 《最高人民法院关于审理旅游纠纷案件适用法律若干问题的规定》原第14条第2款规定："旅游经营者对旅游辅助服务者未尽谨慎选择义务，旅游者请求旅游经营者承担相应补充责任的，人民法院应予支持。"
⑥ 参见最高人民法院民事审判第一庭编著《〈最高人民法院审理旅游纠纷案件司法解释〉理解与适用》，人民法院出版社，2010，第186页。

行社自身负责提供的具体服务应无所谓选任过失与否。① 正如承运人即使对于实际承运人的选任存在过失，也应基于运输合同直接承担全部赔偿责任，而非作为补充责任的选任过失责任。

基于上述旅行社的核心职能、包价旅游合同的性质认定、履行辅助人行为的责任承担三个方面的因素，包价旅游合同的标的也即通常所称的旅游服务应当分为两个部分：一是导游、领队等少数确由旅行社自行提供的旅游服务；② 二是组织安排由履行辅助人提供的住宿、餐饮、游览、娱乐等具体服务的中介服务。而且，后者应当居于更为主要的地位，因为一旦脱离游览、娱乐等具体服务，导游、领队服务便会缺少解说的对象而无所依托。

四　包价旅游合同标的误认引发的问题

（一）旅游活动的基础法律关系

关于包价旅游合同标的的误认，首先直接导致的问题应是旅游活动的基础法律关系认定。旅游活动形成的法律关系除旅游者与旅行社之间的包价旅游合同关系外，另一重要的组成部分应是旅游者与履行辅助人之间的法律关系。最为典型的当属近年以来在我国快速发展的邮轮旅游。我国邮轮旅游市场由于《旅行社条例》第 23 条等规定了对于外商投资邮轮公司经营出境旅游的市场准入限制，形成了特有的以旅行社包销邮轮船票为主的包船模式。

基于旅行社包船模式，旅游者、邮轮公司和旅行社之间形成了三方法律关系：一是旅游者和旅行社之间直接签订的邮轮旅游服务合同，具有包价旅游合同的性质；二是旅游者和邮轮公司之间通过邮轮船票证明的海上

---

① 选任过失责任作为补充责任较早见于 2003 年颁布的《最高人民法院关于审理人身损害赔偿案件适用法律若干问题的解释》，其中第 10 条规定的定作人责任即包含选任过失责任，而且具有明显的替代责任性质。

② 此类服务还有可能包括包价旅游以旅游巴士等公路运输为主要交通方式时，旅行社自行提供的运输服务，但实践中此类运输服务仍然不乏由履行辅助人提供的情形。

旅客运输合同，同时可能含有餐饮、住宿、娱乐等其他服务合同的内容，而船票是包价邮轮旅游产品的组成部分；三是旅行社与邮轮公司签订的邮轮船票包销合同。[①] 但是，我国学理上目前仍然存在一种较为普遍的误解，即认为旅行社才是海上旅客运输合同的承运人，[②] 而邮轮公司相应降格为实际承运人，[③] 甚至一度导致 2018 年 3 月 23 日下发的《海商法（定向征求意见稿）》也明显受到此种观点的影响。[④] 2019 年 12 月 6 日《海商法（修改送审稿）》面向部分专家的征求意见稿第 134 条第 2 项更是直接规定："'实际承运人'，是指接受承运人委托或者转委托，从事旅客及其行李载运或者部分载运的人，包括接受旅游经营人委托提供邮轮旅客在船期间运输和服务的人。"[⑤] 即旅行社作为旅游经营人构成承运人，而邮轮公司只是实际承运人。此种观点的基本理据在于旅游者是通过与旅行社签订合同参加邮轮旅游，而与邮轮公司之间并未直接签订合同。[⑥] 然而，一旦明确了旅行社提供的中介服务才是包价旅游合同标的的主要内容，此种观点应当再无立论的空间。因此，厘定包价旅游合同的标的应是澄清邮轮旅游包船模式基础法律关系的基本前提。

类似的误认也存在于我国的司法实践之中。以被称为"中国邮轮旅客

---

① 参见孙思琪、戎逸《邮轮旅游法律关系的立法范式与理论辨正》，《中国海商法研究》2017 年第 3 期。

② 参见陈琦《中国海上旅客运输法完善的动因、问题与建议——以〈海商法〉第五章的修改为核心》，《大连海事大学学报》（社会科学版）2017 年第 5 期。

③ 参见郭萍《邮轮合同法律适用研究——兼谈对我国〈海商法〉海上旅客运输合同的修改》，《法学杂志》2018 年第 6 期；陈琦《邮轮旅游法律规制的理论困境与制度因应》，《大连海事大学学报》（社会科学版）2018 年第 6 期。

④ 例如，2018 年《海商法（修订征求意见稿）》第六章"海上旅客运输合同"增设的第三节"邮轮旅游的特别规定"第 168 条第 1 款规定："除依据本章第 151 条规定外，邮轮旅游票价包含岸上旅游项目及费用的，承运人责任期间包括旅客在岸上旅游的期间。"该条将承运人的责任期间拓展至岸上观光环节，显然是将通常由旅行社组织的岸上观光一并纳入了承运人的责任范围。

⑤ 2020 年 5 月司法部正式开展定向征求意见的《海商法（修改送审稿）》第 134 条第 2 项删除了"包括接受旅游经营人委托提供邮轮旅客在船期间运输和服务的人"一语，基本保持了现行《海商法》第 108 条第 2 项关于海上旅客运输合同实际承运人的定义。

⑥ 关于邮轮旅游包船模式基础法律关系的学理分歧，详见孙思琪《再论邮轮旅游包船模式的基础法律关系——兼论〈海商法〉增设邮轮旅游特别规定的观念障碍》，《国际经济法学刊》2019 年第 3 期。

公海人身侵权第一案"的蓝宝石公主号案为例，上海海事法院在该案判决中认为："虽然本案原告和被告①之间没有以船票为凭证的运输合同证明，但双方事实上存在海上旅客运输合同关系，被告的身份符合公约'履行承运人'的规定，依法可以享有承运人的赔偿责任限额。"② 既然认定"双方事实上存在海上旅客运输合同关系"，根据"承运人系指由其或以其名义订立运输合同的人"的定义，③ 被告邮轮公司的法律地位应是承运人，而非实际承运人或者判决书所称的履行承运人。旅客与实际承运人之间应无直接的海上旅客运输合同关系。④

此时值得关注的另一问题应是履行辅助人的法律地位。不少学者主张履行辅助人与旅游者之间不存在合同关系，⑤ 但无论是从法理抑或事实的角度考察，实际情况恐怕并非如此。旅游者与履行辅助人之间围绕运输、游览等服务存在客票、门票等票证，很难否定双方存在合同关系，而且此类票证对于合同的证明效力亦有法律的明文规定；⑥ 至于住宿、餐饮、娱乐等服务，只要旅游者与履行辅助人之间存在服务关系，原则上即须订立合同为其基础，无论此种合同是否双方直接订立，也不考虑是否通过书面形式记录合同内容。旅行社大多并不具有此类服务的经营资质，显然不能构成服务合同的经营者一方。即使认为旅行社以受托人或代理人的身份介入了服务的提供过程，也不妨碍委托代理行为作为联结被代理人和相对人的桥梁，⑦ 进而形成约束旅游者和履行辅助人的合同关系。

与此恰好相反的应是旅行社与履行辅助人之间的合同关系，《旅游法》

---

① 本案原告、被告分别为旅客、邮轮公司。
② 上海海事法院（2016）沪 72 民初 2336 号民事判决书。
③ 《1974 年海上旅客及其行李运输雅典公约》第 1 条第 1 款第 a 项规定："'承运人'系指由其或以其名义订立运输合同的人，不论该项运输实际由其实施或由实际承运人实施。"
④ 孙思琪、郑睿：《邮轮旅客人身损害责任纠纷四题——评中国邮轮旅客公海人身侵权第一案》，《大连海事大学学报》（社会科学版）2020 年第 2 期。
⑤ 参见周晓晨《论旅游服务提供者在包价旅游合同中的法律地位及责任》，《旅游学刊》2013 年第 7 期；《〈中华人民共和国旅游法〉解读》编写组编《〈中华人民共和国旅游法〉解读》，中国旅游出版社，2013，第 213 页。
⑥ 例如，《民用航空法》第 111 条第 1 款规定："客票是航空旅客运输合同订立和运输合同条件的初步证据。"《海商法》第 110 条规定："旅客客票是海上旅客运输合同成立的凭证。"
⑦ 参见邹海林《民法总则》，法律出版社，2018，第 394 页。

第 111 条第 6 项关于履行辅助人的定义明确要求"与旅行社存在合同关系",但也有观点认为此非履行辅助人的必备条件,而只是对其典型形式的描述。① 包价旅游合同的履行辅助人既可能是受旅行社委托协助其履行债务的主体,亦有可能是旅行社受旅游者委托而代理旅游者与之签订合同的服务实际提供人。② 实践中景区、酒店以及航空、铁路承运人等主体与旅行社之间往往并不签订合同,但显然不能就此否认此类主体具有履行辅助人的法律地位。③

(二) 涉外关系的法律适用

出境旅游在包价旅游中占有很大比例,此时形成的涉外民事关系在解决纠纷时需要首先确定准据法。包价旅游合同是典型的消费者合同,即合同一方当事人是消费者,另一方当事人是经营者。④ 关于消费者合同的法律适用,我国《涉外民事关系法律适用法》第 42 条规定:"消费者合同,适用消费者经常居所地法律;消费者选择适用商品、服务提供地法律或者经营者在消费者经常居所地没有从事相关经营活动的,适用商品、服务提供地法律。"该条最为明显的特征应是消费者享有有限的单方意思自治,可以选择适用商品、服务提供地法律。⑤

关于服务提供地的认定标准,目前我国国际私法的理论研究仍付阙如,几乎未见任何关于服务提供地具体内涵的学理解释。《最高人民法院关于适用〈中华人民共和国涉外民事关系法律适用法〉若干问题的解释(一)》同样未对此作出解释。以"服务提供地法律 + 旅游"或"服务提供地法律 + 旅行社"为关键词通过中国裁判文书网进行检索,尚无任何检

---

① 参见杨富斌、苏号朋主编《〈中华人民共和国旅游法〉释义》,中国法制出版社,2013,第 237 页。
② 参见周江洪《从"旅游辅助服务者"到"履行辅助人"》,《旅游学刊》2013 年第 9 期。
③ 孙思琪、金怡雯:《邮轮休闲娱乐服务经营者的法律地位与责任承担》,《旅游研究》2019 年第 1 期。
④ 参见韩世远《合同法总论》,法律出版社,2018,第 911 页。
⑤ 参见黄进、姜茹娇主编《〈中华人民共和国涉外民事关系法律适用法〉释义与分析》,法律出版社,2011,第 233 页。

索结果。① 可以肯定的是，关于包价旅游合同标的的不同认识将会直接影响服务提供地的认定。如果认为旅行社的给付义务主要是中介服务，由于中介服务大多在旅游者出行前已经完成，服务提供地应当是指旅行社依据往取债务原则作为履行义务一方的所在地等合同履行地。② 除导游、领队等延伸至行程中的服务外，服务提供地一般不会超出旅游者经常居所地和旅行社登记地或主营业地的范围。但是，如果认为旅行社的给付义务是负责提供各项具体的旅游服务，服务提供地便会覆盖旅游行程涉及的所有地域，必须根据引发纠纷的具体服务项目确定服务提供地。导致的结果是法律适用的不确定性明显增加，而且直接背离了《涉外民事关系法律适用法》第 42 条的立法目的，即通过限制消费者经常居所地的适用和消费者单方意思自治的范围，保护消费者权益的同时避免经营者负担过重的义务，③ 尽量促使经营者能够预见可能适用的法律以及存在的法律风险，维护市场秩序稳定。④

（三）民事诉讼的地域管辖

与服务提供地类似的问题也存在于民事诉讼的地域管辖。根据我国《民事诉讼法》第 23 条的规定，合同纠纷应由被告住所地或合同履行地的法院管辖，其中合同履行地的认定同样会受到包价旅游合同标的的影响。《最高人民法院关于适用〈中华人民共和国民事诉讼法〉的解释》第 18 条设置了多个层次的规则用于确定合同的履行地点，原因在于履行地点的单一化应是确定管辖的前提。但是，实践中时常发生当事人在不同履行地点任意起诉或以不同的履行地点任意抗辩，导致管辖法院的确定陷入不必要的混乱的情况。⑤

如果主张旅行社基于包价旅游合同负有的给付义务是负责提供各项具

---

① 中国裁判文书网 2020 年 9 月 6 日检索结果。

② 原《合同法》第 61 条、第 62 条以及《民法典》第 510 条、第 511 条。

③ 参见齐湘泉《〈涉外民事关系法律适用法〉原理与精要》，法律出版社，2011，第 320 页。

④ 参见高宏贵《中国涉外民事关系法律适用法研究》，法律出版社，2016，第 350 ~ 353 页。

⑤ 参见沈德咏主编《最高人民法院民事诉讼法司法解释理解与适用》，最高人民法院修改后民事诉讼法贯彻实施工作领导小组编著，人民法院出版社，2015，第 149 页。

体的旅游服务，合同履行地亦将延伸至旅游行程涉及的所有地域。此时导致的结果将是管辖权的确定性和灵活性失衡，一些法院甚至可能对于旅游者起诉和旅行社应诉均有不便，甚或影响案件的审理和后续执行，从而违背确定管辖应当遵循的基本原则。① 而且，合同履行地究竟是指涉诉特定服务项目的履行地，还是包价旅游合同涉及的全部服务项目的履行地法院均可管辖，虽然在学理上未必复杂，但实践中也有可能导致管辖权异议更加突出，影响民事诉讼的纠纷解决效率。

以穆克教诉山东中青国际旅行社有限公司旅游合同纠纷一案为例，原告旅客提出的管辖权异议认为：本案系旅游合同纠纷，合同履行地人民法院具有管辖权。旅游合同作为服务合同的标的物是提供旅游服务活动，包括行、游、住、食、购、娱等服务，旅行社提供服务、旅客接受服务的地点就是合同履行地。因铁路、公路、水上、航空运输和联合运输合同纠纷提起的诉讼，应由运输始发地、目的地或者被告住所地人民法院管辖。本案虽然不是运输合同纠纷，但旅游合同属于混合合同，包括为旅客提供交通运输服务。旅客乘坐旅行社提供的交通运输车辆开启旅游行程，运输始发地法院应当具有管辖权。山东省淄博市中级人民法院则认为：旅游合同纠纷是指旅游机构和旅客在签订、履行、变更、终止旅游合同时产生的权利义务纠纷。本案争议标的为其他标的，应以履行义务一方所在地，即旅行社所在地为合同履行地。②

五 包价旅游合同标的的立法拨正

基于包价旅游合同标的的上述认识，包价旅游合同和旅游代办合同等其他旅游服务合同区别明显。《旅游法》将来修改时首先应当对此作出明确区分，改变目前章名为"旅游服务合同"而实际条文大多规范包价旅游合同的混乱情况。建议可将现有条文整理后拆分为"一般规定"和"包

---

① 参见张卫平《民事诉讼法》，法律出版社，2019，第 103 页。
② 山东省淄博市中级人民法院（2020）鲁 03 民辖终 192 号民事裁定书。

价旅游合同"两节,从而形成一般规定与特别规定的总分结构。此外,具体条文至少也应作出以下三个方面的修改。

首先,完善现行第 111 条第 3 项规定的包价旅游合同定义,明确旅行社对于履行辅助人提供的服务负有的给付义务是组织安排,重点是将"通过履行辅助人提供"修改为"组织履行辅助人提供",避免表述模糊引起此类服务也由旅行社负责提供的歧见。具体修改建议如下:"包价旅游合同,是指旅行社预先安排行程,提供或者组织履行辅助人提供交通、住宿、餐饮、游览、导游或者领队等两项以上旅游服务,旅游者以总价支付旅游费用的合同。"

其次,基于现行法第 60 条增加第 3 款,规定旅行社负有在包价旅游合同中披露履行辅助人的义务,以此从合同内容的角度明确区分旅行社提供的中介服务和具体服务。具体建议如下:"旅行社组织履行辅助人提供旅游服务的,应当在包价旅游合同中载明履行辅助人的基本信息和提供的旅游服务。"

最后,修改现行法第 111 条第 6 项规定的履行辅助人定义,删除"与旅行社存在合同关系"的表述,使其符合包价旅游实践中履行辅助人的实际情况,避免履行辅助人范围不尽合理地限缩影响包价旅游合同标的的认定。具体建议如下:"履行辅助人,是指协助旅行社履行包价旅游合同义务,实际提供相关服务的法人、非法人组织或者自然人。"①

此外,《旅行社条例(修订草案送审稿)》第 3 条关于旅行社业务的规定也应作出相应修改。除第 2 款关于旅行社业务的定义应和《旅游法》第 111 条第 3 项一样将"通过履行辅助人提供"修改为"组织履行辅助人提供"外,② 第 3 款第 1 项规定的排除情形也应增加娱乐经营者的情形,以此契合文化旅游、邮轮旅游等涉及娱乐服务较多的新兴旅游形式,同时

---

① 根据原《民法总则》以及《民法典》的规定,民事主体除现行《旅游法》第 111 条第 6 项规定的法人、自然人外,还应包括非法人组织,履行辅助人也不应例外。

② 《旅行社条例(修订草案送审稿)》第 3 条第 2 款规定:"本条例所称旅行社业务,是指以营利为目的,预先或者按照旅游者的要求安排行程,提供或者通过履行辅助人提供交通、住宿、餐饮、游览、娱乐、导游或者领队等两项以上旅游服务,并以总价销售的活动。"

也更为准确地界定旅行社业务的范围。①

六 结论

通过上文分析，可以得出以下结论。

第一，我国理论研究对于包价旅游合同的标的关注较少，大多笼统界定为旅游服务而不作具体解释；《旅游法》第111条第6项关于包价旅游合同标的的表述语意模糊，而比较法上的立法重点主要在于包价旅游的组合特征，但较少具体界定包价旅游合同的标的。

第二，旅行社以中介职能为其核心职能，包价旅游合同作为自成一类的典型合同并非多种服务合同的简单组合，要求旅行社为履行辅助人承担责任主要是基于倾斜保护旅游者的价值取向。包价旅游合同的标的分为两个部分：一是组织安排由履行辅助人提供的住宿、餐饮、游览、娱乐等具体服务的中介服务，二是导游、领队等少数确由旅行社自行提供的旅游服务。

第三，包价旅游合同标的的误认可能影响邮轮旅游等旅游活动基础法律关系的认定，以及涉外关系法律适用服务提供地和民事诉讼地域管辖合同履行地的判断。

第四，《旅游法》修改应当明确区分包价旅游合同和其他旅游服务合同，完善包价旅游合同和履行辅助人的定义，规定旅行社负有在包价旅游合同中披露履行辅助人的义务。《旅行社条例》也应作出相应修改。

---

① 《旅行社条例（修订草案送审稿）》第3条第3款第1项规定："下列情形不属于经营旅行社业务：（一）交通、景区和住宿经营者在其交通工具上或者经营场所内，提供交通、住宿、餐饮等单项或者多项服务的……"

商业健康保险中等待期条款的性质定位与规则适用[*]

王家骏[**]

内容提要：等待期条款是为了抵御商业健康保险中显著的风险隐匿与逆向选择特征，解决证明难题，通过假设方式妥协性地向客观主义倒退的产物，其性质为变相的保证条款。由于该条款有着和早期保证条款相同的特征，其不可避免地存在制度缺陷。在改革方向上，应在遵循其性质的基础上吸收保证条款的现代改革经验，对其不合理性予以矫正。在规则适用上，对疾病出现时间的界定需从投保方的角度考察症状的重要性，对疾病出现和损失发生间应做因果关系上的判断。在监管规则上，对可治愈情形须限制合同的当然终止，在连续投保的情形中应扣减等待期期限，并进行类别区分上的时间限制，以确保商业健康保险社会功能的最大化。

关键词：等待期条款　逆向选择　保证条款　重要性标准　因果关系

一　问题的提出：等待期条款的效力认定

等待期条款作为商业健康保险中广泛存在的特有条款，在我国实践中通常拟定为，从合同生效之日（或复效之日）起的一段时间内，若出现承

---

[*] 本文为上海金融法院 2020 年度课题"人身险免责条款法律问题研究"的阶段性研究成果。

[**] 王家骏，华东师范大学法学院讲师，法学博士。

保疾病，保险人退还保险费、终止保险合同。① 问题在于，在我国保险法的告知义务中，保险人仅在投保方故意或重大过失违反义务时免除责任，且重大过失情形中需考虑因果关系。而在等待期条款中，当投保方②因无过失或一般过失未如实告知保前身体状况，而在等待期内出现疾病时，保险人仍可根据该条款终止合同。这种较法定规则更为严苛的效果，不免存在逃避甚至架空告知义务规则的嫌疑。③

由于该条款直接决定着赔付结果，立法又未作针对性规定，遂逐渐成为商业健康保险纠纷中的焦点。④ 在司法裁判中也出现了某些否定该条款效力的观点：（1）不当缩减保障期间，等待期条款是对保障期间的实质缩减，免除了保险人本应承担的责任；⑤（2）违反对等原则，保单的费率标准包含了等待期间，设定免责显然违反了对等原则；⑥（3）不当免责，该条款明显限制了投保方的主要权利，根据《保险法》第19条应属无效；⑦

---

① 如《阳光人寿团体重大疾病保险条款》（阳光人寿［2018］疾病保险112号）中拟定："自本合同生效之日起90天内，被保险人发生下列情形之一的：（一）本合同约定的重大疾病，（二）因导致本合同约定的'重大疾病'的相关疾病就诊，本公司不承担给付重大疾病保险金的保险责任，本合同效力终止，本公司将无息退还该被保险人所交纳的本合同的保险费。这90天的时间称为等待期。"《工银安盛人寿珍爱e生特定疾病海外医疗保险条款》（工银安盛人寿〔2018〕医疗保险001号）中拟定："若被保险人在等待期内发病或被确诊为白血病、特定疾病的，我们不承担任何保险责任，并向您无息退还已收的本合同全部保险费，本合同效力终止。""本合同生效日起90天内（含第90天）为等待期，续时无等待期。"《健康保险管理办法（草案）》（2005年）第18条第4款曾界定为："保险责任等待期指按照产品条款约定，保险公司在保单生效后免于赔偿责任的时期。"在国家标准中，该条款被界定为："从保险合同生效日或最后一次复效日开始，至保险人具有保险金赔偿或给付责任之日的一段时间。"参见《保险术语（GB/T 36687‐2018）》第4.3.3.3项。
② 由于我国保险法在人身保险合同中采取投保人、被保险人和保险人的三分法，为论述方便，本文将与保险人相对的投保人、被保险人一方统称为投保方。
③ 如2014年发布的《最高人民法院关于适用〈中华人民共和国保险法〉若干问题的解释（三）》（征求意见稿）第7条第1款拟定："订立保险合同时，保险合同约定的事故已经发生或者确定不发生的，保险合同无效，但当事人双方均不知道的除外。"但此条最终被删除。若该条继续存在，在基础原理上实际已否定了等待期条款。
④ 参见《中国银保监会办公厅关于2018年上半年保险消费投诉情况的通报》（银保监办发〔2018〕66号）、《中国保监会关于2016年保险消费投诉情况的通报》（保监消保〔2017〕11号）、《中国保监会关于2015年保险消费投诉情况的通报》（保监消保〔2016〕7号）。
⑤ 参见内蒙古自治区扎兰屯市人民法院（2017）内0783民初1310号民事判决书。
⑥ 参见吉林省长春市朝阳区人民法院（2014）朝民初字第2531号民事判决书。
⑦ 参见云南省保山市隆阳区人民法院（2018）云0502民初2168号民事判决书。

（4）直接或混合的否定效力，有相当多判决未有说明径直适用第 17 条（明确说明义务）或第 19 条否定其效力，[①] 或同时适用两种条款。[②] 在理论上，还有早期观点认为，该条款对未带病投保却在等待期内患病的投保方实属不公。因而，当投保方未带病投保且不存在主观欺诈时，保险人仍应承担责任。[③]

上述否认观点的缺陷不言而喻：缩减保障期间、违反对等原则的理由会在合同自由、对价平衡等方面受到强有力的反驳，[④] 未明确说明和不当免责的依据也存在滥用法条的固有问题。[⑤] 这些混乱观点反映的核心问题是：等待期条款的具体性质究竟为何？是否违反了告知义务的法定规则？这也决定了在承认该条款效力时对发病时间、因果关系等问题的判断标准。现有立法的空缺和解释思路的混乱显然不能与近年来商业健康保险快速发展的政策要求相适应。对此，本文将重新审视等待期条款存在的合理性基础，分析条款内容的界限，探究司法裁判的方式，并期望对监管规则的改善提出有益的参考。

二　等待期条款作为变相保证的实质

等待期的目的是抵御健康保险中显著的疾病隐匿和逆向选择问题，使得该条款必须采取更为严格的，甚至较现有立法有所退化的规则，这也决定了其变相保证条款的属性以及与告知义务等规则的区别。

---

① 关于以第 17 条和第 19 条为依据的判决统计，参见曹明哲《健康保险合同中等待期条款的效力和裁判路径研究》，《法律适用》（司法判例）2019 年第 6 期。
② 参见内蒙古自治区乌兰浩特市人民法院（2018）内 2201 民初 1664 号民事判决书；浙江省杭州市下城区人民法院（2011）杭下民初字第 713 号民事判决书。
③ 参见偶见《订立观察期条款旨在防止带病投保而非刻意排除保险人应承担的风险——与庄长兴先生商榷》，《保险职业学院学报》2013 年第 5 期；代瑞《质疑与重构——健康保险合同中等待期条款的正当性》，《海南大学学报》（人文社会科学版）2009 年第 3 期；周玉华《保险合同与保险索赔理赔》，人民法院出版社，2001，第 930 页。
④ 参见叶启洲《健康保险复效观察期间条款的效力》，《月旦裁判时报》第 36 期（2015 年 6 月）。
⑤ 相关研究参见马宁《保险人明确说明义务批判》，《法学研究》2015 年第 3 期。

(一) 存在基础：商业健康保险中风险的特殊性

商业健康保险中存在着特殊的逆向选择问题。第一，疾病通常有一定的潜伏期，须累积至一定程度才可确诊，即使现代技术也难以推测准确的发生时点。因而在保险实务上，疾病时间的判断就成了难题。[①] "因为疾病相对于意外事故来说更容易假装"，[②] 投保方极易借助该种隐匿性，在发现疾病后才投保，且此事实牵涉双方权益甚深，极易产生争议。[③] 第二，疾病的隐匿性导致善意的投保方也难以察觉事实，加之时间认定的困难，可能使保险人承担已发事故，侵害了保险的根本理念，造成保费的集体上升。[④] 第三，作为健康保险的成熟形态，医保合作中极易产生医生为获得保金而串通欺诈的情形。"医疗费用不仅与被保险人之健康状况有关，且易受医师之左右，道德危险较高……易发生逆选择现象。"[⑤]

可见，商业健康保险中存在着疾病时间认定困难、逆向选择严重等问题，因此投保方天然倾向于带病投保，并在索赔后立即退出，这就将保费负担转移到长期投保群体上，产生对低风险群体的排挤，造成"劣币驱逐良币"的恶性循环。[⑥] 以善意和衡平为基础的现代告知义务虽有所应对，但这需以投保方的善意可有效披露危险状况和事后可确定事故或危险因素出现时间为前提。[⑦] 而在商业健康保险中，投保方的认识与事实间容易产生较大差距，在事后的事实证明上又存在困难，告知义务难以发挥作用。[⑧] 这种危

[①] 参见叶启洲《健康保险复效观察期间条款的效力》，《月旦裁判时报》第 36 期（2015 年 6 月）。

[②] 〔美〕埃米特·J. 沃恩、特丽莎·M. 沃恩：《危险原理与保险》（第 8 版），张洪涛译，中国人民大学出版社，2002，第 386 页。

[③] 参见江朝国《保险法逐条解释（第四卷 人身保险）》，元照出版有限公司，2015，第 798 页。

[④] 参见江朝国《保险法逐条解释（第四卷 人身保险）》，元照出版有限公司，2015，第 798 页。

[⑤] 陈彩稚：《保险法》（增订 3 版），台湾三民书局，2012，第 310 页。

[⑥] See The Pre – Existing Conditions Rule，at http://www. ombudsman. gov. au/publications/bro-chures – and – fact – sheets/phio/the – pre – existing – conditions – rule（Last visited on Nov. 11，2020）.

[⑦] 参见樊启荣《保险契约告知义务制度论》，中国政法大学出版社，2004，第 79 ~ 81 页。

[⑧] 参见许慧如《论健康保险中"等待期间"之约定》，《万国法律》第 183 期（2012 年 6 月）。

害"较一个火灾保险公司去承保被保险人一个已经被焚毁的建筑更甚"。①

(二) 条款设置：假设方式与客观标准

上述问题决定着在商业健康保险中需要既能避免证明难题，又能应对逆向选择的特殊方式，由此也决定了等待期条款的设置。第一，假设性方式。等待期系根据临床医学经验，推断出某些疾病从患病到显现症状的时间，以此为基准，将订约后一定期间显现的病症推定为合同订立前即已发生。② 这一方面避免了对疾病发生时点的认定困难，另一方面也隔绝了带病投保的恶意。③ 第二，客观性标准。该条款不考虑主观状态，期间内一旦出现病症即认定投保前疾病已经发生，避免证明难题以防止已发生的危险，④ "此属保险契约本身目的性之限制。准此，一般健康保险契约之保险人为确定承保风险及降低承保成本，于契约中约定契约生效后之等待期间条款"。⑤

由上，等待期条款是以统计为基础，采取假设方法，从风险概率上杜绝一切逆向选择和带病投保的可能。这是在难以证明投保方主观状态和客观事实的情况下，通过容忍一定程度上更严格的限制，弥补告知义务的缺陷，换取界定时间上的明确性，限制可能的逆向选择，⑥ 降低对高风险人群的吸引力，⑦ 在总体上降低保费。⑧

---

① See David Norwood, John P. Weir, *Norwood on Life Insurance Law in Canada*, 2nd edition, Toronto, Carswell, 1993, p. 24.

② 参见叶启洲《论健康保险之保前疾病、追溯保险与被保险人之善意——相关实务见解综合评析》，《科技法学评论》2009 年第 2 期。

③ 参见江朝国《保险法逐条解释（第 4 卷 人身保险）》，元照出版有限公司，2015，第 798 页。

④ 参见叶启洲《论健康保险之保前疾病、追溯保险与被保险人之善意——相关实务见解综合评析》，《科技法学评论》2009 年第 2 期。

⑤ 我国台湾地区台中地方法院 2013 年度保险字第十四号判决。

⑥ See Ermanno Pitacco, *Health Insurance: Basic Actuarial Models*, Cham, Springer International Publishing, 2014, p. 39.

⑦ See Timothy Stoltzfus Jost, "Private or Public Approaches to Insuring the Uninsured: Lessons from International Experience with Private Insurance", 76 *N. Y. U. L. Rev.* 419, 477 (2001).

⑧ See Tom Baker, "Containing the Promise of Insurance: Adverse Selection and Risk Classification", 9 *Conn. Ins. L. J.* 371, 382 (2003).

(三) 实质属性：变相保证条款

等待期条款的存在与疾病的隐匿性、技术的局限性和逆向选择的显著性存在着密切的联系，这与保险业早期的情形极为相似：由于经营技术的落后，必须采取客观主义标准从而绝对杜绝任何可能的恶意。[1] 由此，等待期条款的特征也指向了产生于相同根源的保证条款。

1. 作为保证条款的表征

第一，涵盖范围上，等待期条款是通过假定方式确定投保方的身体状态，确保其符合承保前提，这与保证条款最大限度地框定合同成立时保险标的危险状态，排除特定危险因素的作用相当。[2] 第二，判断标准上，等待期条款与保证条款同样必须被严格遵守，约定状况的出现与损失的关系并非考虑对象，[3] 也不考虑主观状态，[4] 这其实是对健康状态的保证。[5] 而任何对于此类保证的违反都将使保险人免责，此时投保方是否如实告知已无关紧要。[6] 第三，具体效果上，等待期条款的目的在于排除已存在的事故，[7] 在违背假设事实的情况下，保险人不再承担保险责任。[8] 该效果与一般保险合同中违反"条件"的效果实质相同。[9]

---

① 参见王家骏《我国保险法告知义务"全有全无模式"之批判与制度改革选择》，《法律科学 （西北政法大学学报）》2018 年第 1 期。

② 参见樊启荣《保险契约告知义务制度论》，中国政法大学出版社，2004，第 331 页。

③ See Joseph C. Veneziano, *Insurance: the Law of Australia*, 2nd edition, Pyrmont, Thomson Reuters (Professional) Australia, 2014, p. 360.

④ See Baris Soyer, *Warranties in Marine Insurance*, 3rd edition, London, Routledge – Cavendish, 2016, p. 6.

⑤ 解释上，保险法上的保证通常指被保险人向保险人做出的担保某种事实存在或不存在， 或者为或不为一定行为的承诺。See Raoul Colinvaux, *The Law of Insurance*, 5th edition, London, Sweeta & Maxwell, 1984, p. 203.

⑥ See Mark Cannon, Brendan Mcgurk, *Professional Indemnity Insurance*, 2nd edition, Oxford, Oxford University Press, 2016, pp. 148 – 150.

⑦ 参见我国台湾地区台中地方法院 2013 年度保险字第十四号判决。

⑧ 如《英国 1906 年海上保险法》第 33 （3）条规定："按照上述定义，无论保证对风险是否重要，均是一种必须严格遵守的条件。如果被保险人不如此遵守之，除非保险单另有明示规定，从被保险人违反保证之日起，保险人解除责任，但不妨碍在违反保证之前产生的任何责任。"

⑨ See Joseph C. Veneziano, *Insurance: the Law of Australia*, 2nd edition, Pyrmont, Thomson Reuters (Professional) Australia, 2014, p. 176.

2. 作为保证条款的实质

等待期条款作为保证条款的实质并非仅来自表征上的归纳，这些相同特点产生于同样的背景和目的：商业健康保险面临着信息严重不对等、逆向风险严重和技术受限等早期保险经营中的典型问题，保险人难以有效确定保险标的的实际状态，进而将某些条款当然作为合同的基础性条款，以维持合同根本。① 这种客观性条款的设置能够为保险人提供有效明确的方式以对风险进行隔绝和控制。② 因而与其说是等待期条款是对告知义务的补充，不如说是对早期手段的妥协性回归。在保险精算上，等待期的设置也被认为是健康保险可以提供保障的严格条件，③ 这与保证条款在最大限度上保护缺乏风险信息和风险控制能力的保险人的目的④实属同质。

实际上，对于健康状态的陈述确实可能成为保证条款的对象。早期英国判例中，对自己健康状态的陈述被认定为告知的范围，而对他人的陈述则可能构成对事实的保证，这是因为在后种情形中投保方实际并不知晓，难以为告知义务所有效涵盖。⑤ 澳大利亚法律改革委员会在 1982 年报告中也指出，在实践中某些对事实的绝对保证被重新表述为除外责任，典型者即在健康保险中通常排除任何保前疾病，即使投保方没有也不可能合理地意识到这些疾病。⑥

3. 等待期条款的性质定位

由此，等待期条款可解释为变相的保证条款：投保方对自身在投保前没有患有承保疾病作出了承诺，只是在是否有带病投保问题的判断上，因

---

① 参见马宁《保险人明确说明义务批判》，《法学研究》2015 年第 3 期。

② See J. Hare, " The Omnipotent Warranty: England v. the World ", in Huybrechts M. A. et al. eds. , *Marine insurance at the Turn of the Millennium*, vol. 2, 2000, p. 42.

③ See Ermanno Pitacco, *Health Insurance: Basic Actuarial Models*, Cham, Springer International Publishing, 2014, p. 33.

④ 参见马宁《保险法中保证制度构造及其现代化转型——以英国为视角》，《环球法律评论》2011 年第 1 期。

⑤ See Nicholas Legh‐Jones, John Birds, David Owe, *Macgillivray on Insurance Law*, 11th edition, London, Sweet & Maxwell, 2008, pp. 264 – 265.

⑥ See The Australian Law Reform Commission: Insurance Contracts, No. 20, at 112 (1982).

为时间认定等难题，采取了假设方式进行倒推。从分类上，等待期条款应属确认性、明示性的保证条款。[①] 当然，等待期条款与保证条款仍有区别：前者以假设方式下的推定事实为基础，后者则以客观事实为基础；前者设有固定期间，后者则一般无时间上的限制。

由上可以确定等待期条款与告知义务的关系：（1）前者做出的是保险事故是否已经发生的判断，后者做出的是风险因素是否已合理告知的判断；（2）前者是针对所有承保疾病的保证，即投保方是否告知不影响等待期条款对疾病的排除；（3）前者并非对后者的客观化，两者交叉于投保方可能意识到带病投保的领域。

将等待期条款定位于变相的保证条款并非否认免责条款的性质。相反，无论免责条款形式如何，只要实质上能达到免除或限制责任的效果，均应被认为属于免责条款。[②] 但这种定位仅能成为信息控制的依据，国内理论上长期争论的该条款是否属于明确说明义务对象的问题，也难以真正透视该条款的内容控制方式。[③] 而且，在实践中还存在着将该条款的效果设计为向受益人支付相当于缴纳保费的保险金的情况。[④] 而探究该条款的特性仍需回到其变相保证条款的属性中，以确定规则适用的方式。

三　固有问题与可能的矫正方向

将等待期条款作为变相的保证条款绝非刻意在理论上复杂化，无论是告知义务还是免责条款等均无法发现该条款的特征。而只有在明确其特有属性

[①] 等待期条款的变相保证性质应当属于 Warranties of Past or Present Fact，即对于过去或现实状况的保证。See John Birds, *Birds'Modern Insurance Law*, 8th edition, London, Sweet & Maxwell, 2011, p. 168.

[②] 参见刘宗荣《免责约款之研究》，台湾大学 1985 年博士学位论文，第 1 页。

[③] 国内前期理论探讨多聚焦于等待期条款是否属于免责条款。笔者首先肯定该条款仍属于免责条款的范畴，2019 年《健康保险管理办法》第 39 条也将其作为了明确说明的对象。但仅信息上的控制难以明确该种条款的司法裁判标准，也使得该种具备"核心条款"特征的等待期条款极易被法院所不当排除。现有的行业典型案例也多仅聚焦于其是否属于明确说明的对象，参见泰康人寿保险股份有限公司《人身保险合同中的等待期条款是否属于免责条款》，中国保险行业 2019 年度十大保险诉讼典型案例（2019 年 12 月 3 日）。

[④] 参见江苏省高级人民法院（2017）苏民再 353 号民事判决书。

后，才能从经营实践和立法规范间的冲突中观察该条款所带来的问题。

（一）　相对强制性规范的检验

等待期条款之所以面临较多的批评，可能在于我国《保险法》上天然地未承认保证条款。立法沿革上，普通法和大陆法的保险法虽起源相同，但在保证制度上遵循了不同发展路径。[①] 17 世纪英国法院基于合同自由的理念开始认为保险合同中保险人设定的某些特定条款是保险人提供保障的条件，一旦违反保险人即可免责，[②] 并于 18 世纪的判决中形成了对保证条款的应用规则。[③] 与之相反，同期的大陆法则要求对应条款必须关系到合同的基础，且在对条款的违反与损失具有因果关系的情况下，保险人才可免责，并未在大陆法保险法中发展出承认保证条款的规则。[④]

比较而言，普通法上的保证制度系对任何可能危险增加的特定情形和效果做出预先的约定，从而应对承保期间风险增加的问题，而没有"保证"概念的大陆法系国家，保险人主要利用法律关于风险变更的规定限制和控制承保风险。[⑤] 我国法在对逆向选择控制的义务群上，几乎都采用了因果关系和重要性标准，加之告知义务等规则对主观主义的采纳，作为变相保证条款的观察期条款与我国立法遵循的大陆法理念和现代告知义务规则必然产生冲突，由此也受到了来自大陆法甚至普通法本身的讨论。

大陆法上，通常认为告知义务属相对强制性规范，在主观状态、重要性和因果关系上，一般不允许保险合同作有利于保险人的变更，否则将会使投保方陷入严重不利的境地。[⑥] 其意义在于设定最低的合同内容标准，

---

① See Baris Soyer, *Warranties in Marine Insurance*, 3rd edition, London, Routledge – Cavendish, 2016, p. 6.

② See *Jefferies* v. *Legandra*, 4 Mod. 58 （1692）; Lethulier's Case, 91 Eng. Rep. 384 （1692）; *Gordon* v. *Morley*, 93 Eng. Rep. 1171.

③ 参见李春彦、李之彦《保险法告知义务及其法律规制》，法律出版社，2007，第 4 页。

④ See J. P. Van Niekerk, *The Development of the Principles of Insurance Law in the Netherlands From 1500 to 1800*, volume 2, Oxford, Hart Publishing, 1999, p. 957.

⑤ 参见徐仲建《海上保险保证：完善抑或摒弃》，《国际经济法学刊》2018 年第 4 期。

⑥ 参见马天柱《相对强制性规范——保险格式条款规制的特殊技术》，《保险研究》2016 年第 11 期；江朝国《保险法论文集（一）》，台湾五南图书股份有限公司，1993，第 139 页。

以符合保险法的监督性质并避免保险人借助格式合同剥夺投保方权益。[①]
在德国法上，联邦法院最初将等待期的目的视为限制主观风险，进而认为
该条款违反了作为相对强制性规范的告知义务规则。但此后则改变观点认
为，该条款还承担了排除在合同前发生却未被发现疾病的功能，这种必然
僵化的时间限制具有很大的优势，它带来了更清晰的划分和法律确定性。[②]
《德国保险合同法》第 197 条也对等待期条款作出了承认性的规定。再如
我国台湾地区"保险法"第 127 条规定，对于订约前已发生的疾病，无论
当事人是否善意，保险人均无须承担保险责任，这也符合保险原理和合同
法上自始客观给付不能的处理方式。[③]

在普通法上，还存在着禁止保险人将投保方的告知义务作为保证的规
定，这也是在防止告知义务不合理的严格化。如《澳大利亚保险合同法》
第 47 条规定，当投保方未意识且不可能意识到疾病的存在时，保险人不
得以此限制或排除其责任。该条的意图在于避免保险人通过将某种行为定
位为投保方的保证来规避法定规则。[④] 但其最初并没有考虑到等待期问题，
这也在早期引起了争议。在 Asteron Life Ltd v. Zeiderman 案（简称"Asteron
案"）中，地区法院曾以第 47 条否定了等待期条款，而州上诉法院的多数
观点认为，第 47 条针对的是保险合同前存在的病症，而等待期条款仅考
虑合同成立后的状况，不考虑合同成立前投保方究竟是否患有疾病。[⑤] 对
此，澳大利亚人寿保险与理赔协会 2004 年的报告指出，等待期条款是一
个常见的、可被接受的特有条款，它使保险人免受早期潜在的欺诈索赔，
如果适用第 47 条，保险人可能会被迫要求潜在投保方进行广泛的医疗筛
查，或收取更高的保费，这将与保险法的理念直接冲突，对此应修改第 47

① 参见陈俊元《保险代位之存废是否属强制规定之辩证》，载编辑委员会编《保险法学之
前瞻：林勋发教授六秩华诞祝寿论文集》，元照出版有限公司，2011，第 150～151 页。
② See Langheid/Wandt/Hütt, 2. Aufl. 2017, VVG § 197, Rn. 1 - 3.
③ 参见叶启洲《论健康保险之保前疾病、追溯保险与被保险人之善意——相关实务见解综
合评析》，《科技法学评论》2009 年第 2 期。
④ See Peter Mann, *Mann's Annotated Insurance Contracts Act*, 6th edition, Pyrmont, Thomson Reuters (Professional) Australia, 2014, p. 293.
⑤ See *Asteron Life Limited v. Zeiderman* [2004] NSWCA 47.

条以表明不适用于等待期条款。① 而最终立法审查小组认为 2004 年的判例已解释清楚，没有修改的必要。② 澳金融调查专员服务处同样认为第 47 条系针对广泛排除责任的条款，而并非针对排除特定保前疾病的条款，因此该条并不适用于等待期条款。③

（二）保证条款性质带来的固有问题

上述讨论反映出等待期条款合理性的两个基础：对逆向选择的绝对隔离，而非对善意投保方的不当限制；为保险经营带来了极为重要的明确性。实际上，这些承认的基础仍在于该条款是降低风险概率的重要条款，④ 这是一种正当善意的区别对待。⑤ 而这也反映了告知义务规则的存在并不能否定等待期条款。但这种合理性也不能否定等待期条款的保证性质，尤其在上述 Asteron 案中，持不同意见的法官和某些消费者团体仍认为该条款存在保证的性质。⑥

等待期条款受到司法实践排斥的原因仍在于其与早期保证条款相同的严苛性特征。保证条款促进了尚属幼稚期的保险产业的发展，通过保证将不能识别的风险完全排除在保险之外是合乎情理的。⑦ 但随着经营技术的发展，其严苛性受到了长期的、普遍的质疑。如 1980 年英国法律委员会的报告指出其不公平之处在于：无重要性要求，无因果关系要求，保险人

① See Australasian Life Underwriting and Claims Association: Review of the Insurance Contracts Act 1984: Final Submission of the ALUCA on Provisions of the Insurance Contracts Act other than Section 54, at 15 (2005).

② See Department of the Treasury, Australia: Final Report in Insurance Act 1984, at http://icare-view. treasury. gov. au/content/Reports/FinalReport/10_ Chapter8. asp # P1086 _ 198125 (Last visited on July 10, 2020).

③ See Australia Financial Ombudsman Service: the FOS Approach to Section 47 of the Insurance Contracts Act 1984, at 4 (2015).

④ See Tom Baker, "Containing the Promise of Insurance: Adverse Selection and Risk Classification", 9 *Conn. Ins. L. J.* 371, 382 (2003).

⑤ See David Norwood, John P. Weir, *Norwood on Life Insurance Law in Canada*, 2nd edition, Toronto, Carswell, 1993, p. 24.

⑥ See Chris Rodd, "Section 46 of the Insurance Contracts Act – Is It Defective?" 37 (1) *Tec. Couns*, *CGU Ins.* 1, 1 (2014).

⑦ 参见徐仲建《海上保险保证：完善抑或摒弃》，《国际经济法学刊》2018 年第 4 期。

可因纯粹技术原因免责，这种早期的保证条款"毫无疑问需要进行修改"。[①] 2006 年苏格兰法律委员会的报告指出保证条款在被违反的情况下，即使被保险人进行补救，保险人仍可拒绝给付保险金并获得全部的保费，[②] 2007 年两机构更指出投保方可能无法合理意识到保证条款的存在。[③] 这些问题显然造成了实质的不公，保证条款也已经成为保险人随意免责的工具。[④]

现有等待期条款显然也存在着相似的问题：（1）等待期内发生的病症，究竟系疾病本身，还是与疾病相关的因素，并不明确，这也影响到对重要性的考察和证明责任的分配；（2）当等待期内疾病与后发疾病不存在因果关系时，实际并未引起最终的损失，此时免除保险人责任则明显欠缺基础；（3）等待期条款以合同终止为效果，但若期内疾病被完全治愈，假设上带病投保的基础即难以成立。这些标准显然相当苛刻，[⑤]"这种类型的除外责任与相似的保证一样令人反感"。[⑥]

上述问题有着相同的原因：在面对信息不对称和风险隐匿的问题上，保险人采取客观化和绝对化的条款以杜绝逆向选择固然具有合理性，但在该类条款缺乏限制的情况下，保险人就可不当免责，这也会刺激保险人不再认真核保，使得本来防范逆向选择的条款恶化为保险人逃避责任的工具。尤其等待期条款在适用中违背对价平衡原则和最大诚信原则时，就难以为现有立法理念所接受。

（三）保证条款改革思路作为矫正途径的可能

在作为普通法代表的英国法中，关于保证条款的晚近理论和立法建议多

---

① See The Law Commission: Insurance Law: Non – Disclosure and Breach of Warranty, No. 104, at 82, 90 – 91 (1980).

② See Scottish Law Commission: Insurance Contract Law: Issues Paper 2 "Warranties", at 38, 62 (2006).

③ See The Law Commission and Scottish Law Commission: Insurance Contract Law: Misrepresentation, Non – Disclosure and Breach of Warranty by the Insured, No. 182 (Consultation Paper) and No. 134 (Discussion Paper), at 174 (2007).

④ See Baris Soyer, "Beginning of A New Era for Insurance Warranties?" 3 *Lloyd's Maritime and Commercial Law Quarterly* 358, 359 – 365 (2013).

⑤ See *Hussain v. Brown*, 1 Lloyd's Rep. 627 (1996).

⑥ See The Australian Law Reform Commission: Insurance Contracts, ALRC Report No. 20, at 112 (1982).

提出，应当考虑保证事项是否足以构成保险合同的基础、是否与最终的损失
存在必然联系，① 当重要性和因果关系不存在时，此时保证条款就失去了其
设定的依据。而且，当违反保证的情况可以纠正时，对价平衡也就得到了矫
正，回归到了保险合同所要求的状态。如 1980 年的报告提出应当对事件的
重要性、损失原因等进行考察等。② 这些改革思路集中体现在《英国 2015
年保险法》中：违反保证的法律后果由终止变为中止；有条件地纳入因果关
系；限制保证条款的滥用；要求保险人确保"不利条款"的透明性。③

　　上述改革的背后隐含了对最大诚信原则的重新思考与定位，平衡了投
保方和保险人的利益，④ 以实现诚信规则向诚信解释原则的改良，⑤ 减少
保险人滥用这种严苛规则不当免责的可能。可见，作为变相保证的等待期
条款，在可以实现其对于逆向选择隔离和降低保险费率的基础上，应有
"软化"严苛性以避免保险人不当免责的可能。尤其是在后文所呈现的司
法案例中，对于重要性的审视、因果关系的考察均会成为争议的焦点。对
此应借鉴保证条款上的改革经验，对等待期条款的适用进行合理化矫正。

四　司法裁判中的重要性考察与因果关系判断

（一）重要性视角下的疾病发生标准的确定

1. 争议与问题实质
司法实践中出现较多的问题是，在等待期内投保方出现异常的健康状
况，但在期后才确诊，此时即面临疾病发生时间的确定问题。现有判决

---

① 虽然英国法律委员会的报告否认了对因果关系的提法，但在《英国 2015 年保险法》第
11（3）条中仍然加入了被认为是肯定了因果关系的标准。参见张金蕾、潘秀华《中国
海上保险法律制度修改的再审视——以〈2015 年英国保险法〉为背景》，《中国海商法
研究》2015 年第 4 期。
② See The Law Commission: Insurance Law: Non - Disclosure and Breach of Warranty, No. 104, at
86（1980）.
③ 参见《英国 2015 年保险法》第 10 条、第 11 条、第 17 条第（3）项。
④ 参见郑睿《英国海上保险保证制度改革评析》，《中国海商法研究》2016 年第 2 期。
⑤ 参见初北平《海上保险的最大诚信：制度内涵与立法表达》，《法学研究》2018 年第 3 期。

中，有观点以确诊日期为疾病发生时间，其多以前期诊断不能证明疾病的出现①或不利解释②为理由，此可称为确诊说。而另有观点认为应以症状的出现时间为准，此类判决多以前期症状系疾病的表现③或通常解释④为依据，此可称为症状说。

首先，症状说的缺陷显而易见。该标准并未考察投保方是否会将某类症状联系到相应疾病，而从保证条款的改革理论审视，症状本身仅属于关系到保险事故的因素而非事故本身，其并非必然关系到合同成立的基础，不当然具备重要性。并且，等待期条款本在于倒推疾病时间，症状说会使这种倒推变成对症状的倒推而非疾病的倒推，这相当于变相地延长等待期，重新带来了症状与疾病关系的证明难题。在日常生活中，某些轻微或常见症状很难引起投保方甚至医生的特别注意，若采症状说，投保方需无限对投保方进行检查，这种不现实的要求也将推定的保证事项无限扩大化，混淆了告知和保证的界限。

比较而言，确诊说虽能区分保险事故和风险因素，避免变相保证范围的实质扩大，但也存在一定的问题：若完全以确诊为准，会鼓励投保方隐瞒出现的症状而故意拖延诊断。这实际是将所有并非事故本身的风险因素都排除在了保证范围之外，而未考察其是否可能已触及合同的基础。该问题的焦点在于：既要控制投保方可能的恶意，又要避免证明难题的反复，防止给投保方增加不合理的负担，这需要确定究竟何种情形可被认为具有足够的重要性从而涉及合同的成立基础。

2. 重要性标准下的规则适用

传统的保证条款通常被假定为合同的基础。代表性批评指出，这种方式使得保险人可基于不重要的因素而随意免责。英国法上的晚近立法观点

---

① 参见北京市第三中级人民法院（2016）京 03 民终 995 号民事判决书；辽宁省沈阳市中级人民法院（2016）辽 01 民终 7360 号民事判决书。

② 参见河北省沧州市中级人民法院（2016）冀 09 民终 3591 号民事判决书；江苏省南京市中级人民法院（2015）宁商终字第 1820 号民事判决书。

③ 参见黑龙江省哈尔滨市中级人民法院（2015）哈民三商终字第 366 号民事判决书，但该判决最终被黑龙江省高级人民法院（2017）黑民再 410 号民事判决书撤销。

④ 参见新疆维吾尔自治区乌鲁木齐铁路运输中级法院（2016）新 71 民终 26 号民事判决书。

认为，保证事项需对合同成立有足够的重要性。在判断上，除事故本身外，仅有明显的、直接关系到事故的因素才能成为保证的事项，该事项必须确实足以影响到保险人承保的基础和判断。[①]

基于等待期条款变相保证的性质，前述关于发病时间的判断，实质上是等待期中何种症状可成为变相保证对象的认定，这也意味着需审视症状的重要性。在主观标准上，对重要性的认识固然存在着不同的角度和知识背景，但从合意基础来看，基于一般投保方的认识才是其进入合同的前提。[②] 因而，症状必须在常识上能够与疾病相互联系，或已显现足以使一般投保方引起注意并寻求诊断、治疗或护理的病症，[③] 才可以认为具有重要性。如《澳大利亚 2007 年私人健康保险法》规定，病情出现的标准应当是对一般投保方或者"合格的全科医生"是相当明显的体征，这也是对重要性的标准要求。

由此，对期内症状应从三方面考察：首先，需判断症状与疾病在程度上的联系，如症状的出现难以联系到疾病本身，则不能证明疾病的出现；其次，需判断症状与疾病在时间上的联系，如仅为慢性症状，则不应视为疾病的出现；最后，症状的出现需具备较强的迫切性，如其仅为一般的不适而不需要进一步检查时，也不能视为疾病已经出现。在规则适用上，当足够明显的症状已经出现时，投保方应及时进行进一步诊断确定症状或通知投保方，否则应认定疾病已经发生。当然，对于该标准的判断，仍应当结合投保本身所处的知识背景，尤其在投保方具备一定医学知识背景的情形下，作出适当调整。[④]

（二）等待期内与期后疾病的因果关系判断

1. 可能存在因果关系时的标准认定

当期内和期后出现的疾病相近时，有法院主张，保险事故或其原因在

---

① See The Law Commission: Insurance Law: Non – Disclosure and Breach of Warranty, No. 104, at 83 – 84（1980）.

② See The Law Commission: Insurance Law: Non – Disclosure and Breach of Warranty, No. 104, at 21（1980）.

③ 参见山东省高级人民法院（2018）鲁民申 4040 号民事裁定书。

④ 参见山东省烟台市牟平区人民法院（2017）鲁 0612 民初 2537 号民事判决书。

期内已出现，故无须承担责任。① 但更多的法院通常采取较严格的标准，即只要在名称上非属同类，就不能证明疾病已出现。如常见的期内甲状腺结节与期后甲状腺癌的情况多被认为未达到等待期的约定情况。②

该问题实际关系到原因的出现是否构成对假设保证事项的违反。传统上保证条款通常将事故发生的原因作为违反保证事项，且这种因果关系并不做近因原则上的考察。但在发展中发现，如果将因果关系毫无限制地扩大，实质上是在扩张保证范围以使保险人轻易地免责。对此，英国法的判例逐渐有观点认为，仅在近因关系上可引起违反保证事项的原因，才能成为保证的延伸范围。如果存在可能的中断事件，或者在因果关系的距离上过于遥远，都不能视为保证事项本身。③

因而，当期内与期后疾病存在可能的因果关系时，仍需要进行两方面的判断。第一，期内疾病必须能够是保险事故产生的必然性或决定性原因，如果存在中断的情形则不应触及等待期条款。美国多数法院的判决认为只有当期内疾病与保险事故存在并发型或决定性因果关系时，保险人才可免责。而这些疾病不能造成保险事故或者只是一个较远的关系时则不能适用。④ 第二，期内疾病必须在等待期内足以导致保险事故的出现。如果该种疾病同样仅能是慢性发展的特征，从假设性上仍仅能是属于保前的隐藏病因，尚不能认为在保前保险事故已出现。

与等待期前症状出现问题结合，当投保方在等待期内出现足以引起注意的非承保疾病时，也应有进一步检查或通知保险人的义务。但在期内检查仍无法诊断出承保范围内的疾病时或保险人未作出调查时，则应认为此非承保的疾病，仅能被推定为在保前的其他因素，非欺诈情形下保险人仍应当承担责任。

---

① 参见辽宁省沈阳市中级人民法院（2018）辽 01 民终 10013 号民事判决书。该案中，法院以期内诊断为承保疾病的可能性较大为由支持了保险人的主张。

② 参见江苏省苏州市中级人民法院（2018）苏 05 民终 294 号民事判决书；河北省唐山市中级人民法院（2015）唐民二终字第 1711 号民事判决书。

③ See John Birds, *Insurance Law in the United Kingdom*, 2th edition, London, Wolters Kluwer, 2014, pp. 87 – 91.

④ See Jeffrey W. Stempel, Peter N. Swisher, Erik S. Knutsen, *Principle of Insurance Law*, 4th edition, New York, LexisNexis, 2011, p. 959.

2. 不存在因果关系时保险人的责任承担

实践中还存在期内与期后出现的疾病完全不同的情形，当投保方未作及时通知且两者均属于承保疾病时，则会产生保险人是否可免责的问题。若只从文义理解，一旦在等待期内出现疾病，保险人即享有终止权。但该种与早期保证条款相似的效果也受到了长期的批评：若损失与保证的违反间不存在因果关系，就不会给保险人在风险测评上造成影响。不能当然地以保证的违反承认保险人的终止权，仍需考察违反事项与损失之间的关联，以确保条款的公正性与必要性。[①] 如《英国 2015 年保险法》第 11（3）条即进行了该方面的修改。从变相保证角度，当前后疾病不存在明显因果联系时，期中出现的疾病对损失并没有直接影响，保险人的终止权就不存在正当性基础，且期后疾病属投保方不能认知的范围，仍符合可保性的要求，此时仍需承担责任。此外，由于等待期为权利排除条款，应由保险人就疾病在等待期内发生举证。[②] 虽然从医学角度看任何疾病的发生都可能会对其他疾病产生影响，但基于近因原则的要求，不同疾病间的证明仍需显示其显著性和直接性。

（三）与告知义务的适用区分

等待期条款与告知义务所规范的事项非属同类。投保方事前非因故意或重大过失而未如实告知，但在等待期内发病的，保险人仍可基于等待期条款免除责任。相反，虽在等待期内未发病，但投保方确实违反告知义务时，投保方仍可主张免责。现有裁判中将告知义务和等待期条款区分判断也反映了该种原理。[③]

国内有较多观点主张，等待期条款属相对免责条款，即投保方在等待

[①] See Baris Soyer, "Beginning of A New Era for Insurance Warranties?" 3 *Llo. Mar & Com. L. Q.* 358, 359 (2013).

[②] 参见许慧如《论健康保险中"等待期间"之约定》，《万国法律》第 183 期（2012 年 6 月）；叶启洲《健康保险复效观察期间条款的效力》，《月旦裁判时报》第 36 期（2015 年 6 月）。

[③] 参见广东省中山市中级人民法院（2017）粤 20 民终 4497 号民事判决书；河北省石家庄市中级人民法院（2019）冀 01 民终 4334 号民事判决书。

期中发病，若其未带病投保且不存在主观故意，保险人应承担责任。[①] 但这种观点显然忽视了等待期条款解决证明难题的目的，将问题踢回了原位。因而，保险人没有必要证明投保方对告知义务的违反。[②] 同理，即使在期后根据医学诊断推测疾病已存在较长的时间，除有证据表明投保方存在欺诈，保险人不能免责。

还可能存在的竞合是，告知义务的抗辩期间（两年）经过后保险人是否可再根据等待期条款主张免责。根据前述，等待期内所发生的疾病被推论为保前疾病，因而在解释上，这种保前疾病不能适用不可抗辩条款。[③]况且，等待期条款属于合同另行约定的终止事项，与告知义务规范对象不同，此时保险人仍可主张免责。[④]

五 基于社会功能实现的监管限制

等待期条款的设置并非单纯的私法问题。在商业健康保险在整个健康保障体系中占据重要地位的情形下，等待期的设置关系到保障的稳定性甚至是劳动自由的问题，允许保险人任意设置该条款将会造成患病人群难以获得医疗保障的"逆向效应"，[⑤] 甚至产生对"人权的挑战"。[⑥] 因而从社会功能的角度，仍需对该条款进行监管上的限制。

（一）条款终止效力限制

我国现有等待期条款以事实上的终止为后果，这与早期保证条款的效

---

① 相关论述参见方乐华《保险与保险法》，北京大学出版社，2009，第371页；偶见《订立观察期条款旨在防止带病投保而非刻意排除保险人应承担的风险——与庄长兴先生商榷》，《保险职业学院学报》2013年第5期；代瑞《质疑与重构——健康保险合同中等待期条款的正当性》，《海南大学学报》（人文科学版）2009年第3期。

② See Prölss/Martin/Voit, 30. Aufl. 2018, VVG § 197 Rn. 1 - 3.

③ 参见陈某诉中国平安人寿保险股份有限公司乐山中心支公司人身保险合同纠纷案，最高人民法院发布19起合同纠纷典型案例（2015年12月4日）。

④ 参见广东省广州市中级人民法院（2016）粤01民终7766号民事裁定书。

⑤ See Barry V. Bye, Gerald F. Riley, "Eliminating the Medicare Waiting Period for Social Security Disabled - Worker Beneficiaries", 52 *Soc. Sec. Bull.* 2, 3 (1989).

⑥ See David Norwood, John P. Weir, *Norwood on Life Insurance Law in Canada*, 2nd edition, Toronto, Carswell, 1993, p. 24.

果相同，但其引起的不当效果也引起了激烈的批评：当违反保证情形被纠正后，风险因素即被消除，对价重新回归平衡，若仍使保险人完全免责则毫无合理性根据。① 而且不可逆地终止合同效力反而显然有可能刺激投保方故意隐瞒事实，扩大损失可能。对此，英国立法重新改革了违反保证的后果，即将原来的终止后果改为中止，在违反保证的事件被纠正之前，保险人不承担责任。②

以此而论，期内疾病的发生虽可视为对保证的违反，但若该疾病治愈时，应视为对违反状态的纠正，此时仍符合投保标准。即使在一般情形下，在承保期间内再次罹患保前已经治愈的疾病，保险人仍应承担责任。③ 已治愈的疾病，倒推上属于影响事故的风险因素而不属于事故本身。若保险人在保障范围上直接排除某种疾病，则保险人自可免责，相反则仍应当承担保险责任。但是，对于某些非疾病的风险因素，比如家族病史等，并不能认为属发生过的病症，保险人不能以此免责。

（二）连续投保中条款的排除

在连续投保的情况下，投保方前期已存在保险保障，在理论上没有隐瞒疾病的必要，该种情况下已不存在等待期存在的前提性条件。换言之，投保方的逆向选择在存在保险合同的基础上才产生，若合同已经存在，仅需要继续持有健康保险即可，根本无须转换保险合同或保险人。

实际上，在商业健康保险起到重要作用的情况下，这种连续投保中等待期间的设置有着极为重要的影响。尤其在团体保险中，当投保方在变更工作的时候若仍存在等待期条款，则不得不进入保障的空白期，这会造成其不敢轻易更换工作，即"工作锁死"的困境。如美国 1996 年《健康保险携带和责任法案》中规定，连续投保的情况下，针对既存症的等待期限应根据前一保险合同的等待期进行排除或扣减，且当旧保险和新保险的间

---

① See Robert Merkin, *"Reforming Insurance Law: Is There A Case for Reverse Transportation"*, English and Scottish Law Commissions, at 59 – 60 (2005).
② 参见《英国 2015 年保险法》第 10 (4) 条。
③ 参见叶启洲《论健康保险之保前疾病、追溯保险与被保险人之善意——相关实务见解综合评析》，《科技法学评论》2009 年第 2 期。

隔不超过 63 天时，也应适用该规定。① 《德国保险合同法》第 197 条也作出了几乎相同的规定，并将间隔期设定为相似的 2 个月。再如《澳大利亚 2007 年私人健康保险法》第 75 条规定，投保方若连续持保超过 12 个月，在连续投保中或中断不超过 7 天的情形中等待期条款应被排除，但对保障范围或费用扩张的部分除外。此外《澳大利亚 2015 年私人健康保险规则（产品准则）》第 9 条对如军人等特殊人群投保间隔不超过 2 个月的情形也排除等待期的适用。

反观我国健康保险实践，投保方中断连续投保或转投其他险种均要适用等待期条款，② 这对长期投保的投保方并不公平。因而在监管规则上，在对同一险种连续投保时，自应取消等待期的适用。而在短暂中断投保的情况下，由于存在前期等待期的检验，此时也应当在中间间隔的时间中扣除后投保险种中的等待期。即使在投保不同险种的情况下，对于前后险种中相同的承保疾病，也应在前期已有的保险金额内进行理赔，以尽量减少等待期的不合理应用。③

（三）条款期间的合理控制

我国立法中，目前仅有 2019 年《健康保险管理办法》对等待期作出了 180 天以内的限制，但其对不同的险种并无任何区别。虽然等待期的设置往往与保险费设计相对应，但当等待期间过长进而导致过度限缩该保险合同的保护功能与契约目的时，则应作出限制。④ 且基于病理的不同，不

---

① See 29 U. S. Code § 1181（c）（2）.

② 如《英大附加百万无忧重大疾病医疗保险条款》拟定，"初次投保或续保间断后重新投保本附加合同时，被保险人自本附加合同生效之日起 90 日（含）内因意外伤害（见 7.2）之外的原因导致初次发生本附加合同约定的重大疾病（见 7.3），由该重大疾病产生的治疗无论是否发生在此期间内，我们均不承担给付保险金的责任，但将返还本附加合同的累计已交纳保险费（不计利息），本附加合同终止"。

③ 浙江省杭州市富阳区人民法院（2019）浙 0111 民初 3366 号民事判决书。"本案两份保险合同期限仅间隔十三天，原告何卫平前一份保险到期后不愿意继续投保，发现患病后再带病申请投保的可能性几乎不存在。案涉保险合同虽表面上未连续投保，但在现有证据证明何卫平或朱旭阳在合同到期前即向天安财险公司富阳支公司要求'续保'"。

④ 参见叶启洲《健康保险复效观察期间条款的效力》，《月旦裁判时报》第 36 期（2015 年 6 月）。

同疾病可能的潜伏期也并不相同，毫无区分地设置时间限制也难以同该条款的目的相匹配。

在比较法上，典型立法例也多对不同情形下等待期的期限进行了区分限制。如《德国保险合同法》第 197 条规定对一般病情的限制为 3 个月，但分娩、心理治疗、口腔治疗、牙齿修复则为 8 个月，长期护理保险则为 3 年。与之相类似的是，《澳大利亚 2007 年私人健康保险法》第 75 条对一般情形的限制为 1 年，但对精神病治疗、康复治疗等情形限制为 2 个月，对分娩、心理治疗、口腔治疗等情形则不能超过 8 个月。我国台湾地区"人身保险商品审查应注意事项"第 78 条则规定除癌症保险及重大疾病保险外，等待期间最长不得超过 30 日。

这些对于等待期的区分限制更多地关注到了不同险种和疾病的特征，这关系到保险人和投保方之间的公正平衡。[1] 基于此种经验，我国在监管上应着重从两个角度对等待期进行限制。第一，从生理特征角度，在限制风险概率的前提下，不同的疾病种类可以适用不同的等待期。[2] 如对于分娩、口腔疾病等容易确定显现期限的病症予以较为明确的限制，而对于癌症等具有潜伏性的重大疾病则可设置更长的等待期限。第二，从经营特征角度，对于长期护理保险，基于其合同期间具有长期性的特征，对于等待期的延长自属当然。但在一年期健康保险等短期险中，其目的仅在于追求一定期限内的健康保障，过长的等待期显然会违背投保方对于短期健康保险的期望，对此应进行不同比例的缩减。

此外，团体保险系由用人单位集体投保产生，是否投保或何时投保已非投保方所控制，逆向选择即失去了存在的基础。因此，当健康保险作为通过工作获得的福利时，该条款防止逆向选择的作用就微乎其微。[3] 在团体保险日益成为商业健康保险重要组成经营形式的背景下，这种不合理的

---

[1] See The Parliament of the Commonwealth of Australia, Private Health Insurance Bill 2006 (Explanatory Memorandum), p. 45.

[2] See Ermanno Pitacco, *Health Insurance: Basic Actuarial Models*, Cham, Springer International Publishing, 2014, pp. 33 – 34.

[3] See Tom Baker, *Insurance Law and Policy: Cases, Materials, and Problems*, 2nd edition, New York, Aspen Publishers, 2008, p. 168.

设置将会造成"工作锁死"的状态，因而在团体保险中等待期条款也应被排除。

结　语

作为变相的保证条款，等待期条款的作用在于确保逆向风险问题严重的健康保险市场的健康运行，应承认其合法性。但由于我国保险法上对客观性和绝对性的天然排斥，以及该条款基于性质所带有的固有缺陷，有必要从保证条款的改革视角降低该种条款的严苛性。在规则的调适上，应当着重明确该条款与告知义务的适用关系，并根据症状的重要性和因果关系，确定保险人的责任承担。

还应注意的是，在商业健康保险成为国民健康保障体系重要组成部分的背景下，等待期条款的设置直接关系到对社会福利和就业自由的促进。在内容控制和监管规则上，应注重对该条款存在基础的考察，在投保方连续投保或间隔期较短的情况下，应当缩减甚至取消等待期的限制，在时间上，应当根据不同疾病隐藏的期限设置等待期条款的最长期限，以促进等待期条款在市场中的合理化。

德国债券组织法的理念、构造及启示[*]

邹青松^{**}

内容提要： 德国新《债券法》强调债券持有人自治，将团体法特性及其治理准则扩展适用到债券法领域，从而形成了极具特色的债券组织法理念。以此为指引，该法通过确立集体约束原则、多数决原则，完善债券持有人会议规则，引入瑕疵决议撤销制度等立法措施，强化了债券持有人会议的基础地位；通过对共同代表的选任、任务及责任等方面的规则构建，提升了其功能意义和独立性。由此，德国法打造出一个具有强烈的团体法特性的公司债券治理机制。我国新修订的《证券法》也首次在法律层面上确认了以债券持有人会议为主、债券受托管理人为辅的组织构建方向。在具体构建过程中，可以德国法为借鉴，明确债券持有人会议的基础地位，强化债券受托管理人独立地位，同时参考其相关的诸多立法措施。

关键词： 公司债券　债券持有人会议　债券受托管理人　共同代表

一　我国公司债券治理机制的发展现状

公司债券市场是我国发展多层次资本市场的重要组成部分，其规范和发展有赖于健全的投资者保护制度。公司债券的投资者——公司债券持有

---

　*　本文为 2021 年度广东省教育厅特色创新类项目"金融消费者权益保护视角下的复杂金融产品规制研究"的研究成果（项目编号：2021WTSCX030）

　**　邹青松，广东财经大学法学院、广东财经大学法治与经济发展研究所讲师。

人——往往是人数众多而分散、专业知识不足的投资者，他们在维护其自身权益过程中常常深陷集体行动困境。随着近年来我国经济发展进入调整期，公司债券违约事件呈现爆发式的增长，债券投资者的权益维护问题成为各界的关注焦点。在此背景下，建立以保护债券持有人利益为目标的公司债券治理机制更有其必要性。对此，我国证监会于 2015 年颁发了《公司债券发行与交易管理办法》（下称《管理办法》），① 以此确定了以债券持有人会议和债券受托管理人为核心的组织构建方向。然而在此规定中，证监会以债券受托管理人的制度构建为重心，而几乎忽略了对债券持有人会议制度的构建，显示其以债券受托管理人为中心的立法倾向。②

2020 年 3 月起生效的新《证券法》在其第 92 条中，首次在法律层面上对公司债券治理机制作出了回应，明确建立了债券持有人会议制度和债券受托管理人制度。基于对诸如"应当设立债券持有人会议""为债券持有人聘请债券受托管理人""债券持有人会议可以决议变更债券受托管理人"等法律用语的文义分析，债券持有人会议是新《证券法》规定的法定机构，债券受托管理人则是基于服务前者的目的而受聘的机构，去留概由前者决定。同时，最高人民法院于 2020 年 7 月颁发的《全国法院审理债券纠纷案件座谈会纪要》（下称《纪要》），也在其第四部分明确指出，"债券持有人会议是强化债券持有人权利主体地位、统一债券持有人立场的债券市场基础性制度，也是债券持有人指挥和监督受托管理人勤勉履职的专门制度安排"。从新法和最高人民法院的这些表述来看，新法在法律层面上确认了"债券持有人为主、债券受托管理人为辅"的立法理念。另外，新法虽然在术语上采用了"债券受托管理人"的表达，但在法律实质上，债券受托管理人与债券持有人之间显然仍是委托关系，从而与英美法下"受托人"所处的信托关系不同，因此，债券受托管理人概念并未脱离

---

① 证监会以此《管理办法》取代了其于 2007 年颁发的《公司债券发行试点办法》。
② 类似观点，参见汪文渊《公司债券持有人组织性保护制度的理念更新与法律变革——基于制度融合的视角》，《证券法苑》2016 年第 1 期。

传统大陆法系下债券法的代表人或代理人的法律意涵。①

　　新《证券法》确立了公司债券治理机制的基本组织框架之后，相关制度面临进一步明确化、体系化和合理化的需求。新法第 92 条的规定只提供了一个原则性的框架，且仍有诸多不明确、不妥当之处。《管理办法》在不违反上位法的情况下，仍然有效，但原有的以债券受托管理人为中心的立法模式，则明显与新《证券法》第 92 条的立法理念发生了错位，需要进行调整。最高人民法院《纪要》在阐释新《证券法》的基础上，其部分审判观点延续了当下审判实践中值得反思的做法，亦需要加以检讨。

　　在公司债券法制发展落后的情形下，向大陆法系相关国家或地区借鉴经验，具有高度的现实意义和理论可行性。在近些年的相关学术探讨中，已有一些文献引介了如日本、法国、韩国等主要国家及我国台湾地区的立法经验，② 但相关介绍和分析总体上不免流于碎片化、粗浅化，且几乎遗漏了作为主要大陆法系国家——德国的债券法立法经验。事实上，德国债券法作为比较法资源，具有无可比拟的优势：早在 1899 年，德国就颁布了《债券法》（Schuldverschreibungsgesetz），成为世界上少有的专门就债券立法的国家；③ 百余年后的 2009 年，又对其进行了现代化改革，将其打造成为一部体系完善、理念先进的"债券组织法"，极大地强化了其保护债

---

① 关于《管理办法》中使用的"债券受托管理人"术语，早前已有学者指出其非信托关系受托人的法律性质，参见陈洁、张彬《我国债券受托管理人制度的构建与选择——以公开募集的公司债为视角》，《证券法苑》2016 年第 3 期。另外，即便是主张采纳信托关系的学者也承认，监管机构倾向于将其认定为委托关系下的受托人，如参见刘迎霜《公司债券受托管理的信托法构造》，《法学评论》2020 年第 3 期。新《证券法》颁布后，这一法律关系实质显然未被改变。

② 相关文献，包括冯果等《债券市场风险防范的法治逻辑》，法律出版社，2016，第 102～134 页；刘迎霜《公司债：法理与制度》，法律出版社，2008；陈洁、张彬《我国债券受托管理人制度的构建与选择——以公开募集的公司债为视角》，《证券法苑》2016 年第 3 期；汪文渊《公司债券持有人组织性保护制度的理念更新与法律变革——基于制度融合的视角》，《证券法苑》2016 年第 1 期；官欣荣、赵津《证券法修订视野下公司债券持有人权利救济的思考》，《证券法苑》2016 年第 1 期；刘卫锋《韩国新商法上债券受托管理人制度及启示》，《证券法律评论》2018 年卷；其他相关文献。

③ 与我国债券业分治的状况不同，德国《债券法》可以统一适用于除政府债券之外的债券，见该法第 1 条关于其适用范围的规定。

券持有人权益的功能；其债券持有人保护组织的完备性和现代性，也足以成为世界各大陆法系国家债券法的典范。在此背景下，本文尝试系统介绍和剖析德国《债券法》的最新立法经验和成果，总结其经验和优势，以期为中国公司债券相关的立法和司法发展做出贡献。

二　德国债券组织法理念

（一）债券组织法理念的形成

1.2009 年的现代化改革——以债券持有人自治为核心

德国《债券法》于 1899 年颁布后，在此后的一个世纪里几乎未曾修改。该法对债券持有人权限的过分限制，使得其逐渐丧失了现实意义。[①]因此，2009 年的现代化改革中，强化债券持有人的决策能力，实现债券持有人自治，成为修法的首要目标。[②]

德国立法者强调债券持有人自治具有坚实的理论基础：首先，债券持有人作为债券权利变更或处分的经济后果的承受者，其自身最能作出"正确的"、符合其利益最大化的决定；其次，由债券持有人参与债券事务的管理和决策，有利于减少代理成本和债券受托人的机会主义行为，有利于提升公司治理的效率；再次，根据科斯的单一所有人（single owners）理论，通过向债券持有人"赋能"（empowerment），使其如一个单一所有人那样行动，可以增强其对债券发行人及其他债权人的谈判能力。[③]

2.《债券法》的组织法改造——以《股份法》为导向

债券持有人自治的实现，以健全有效的债券持有人治理机制为组织前提，因此，在这次修法中，《债券法》的组织化的改造和提升成为重中之重。在立法技术上，德国立法者明确提出要以股份公司股东大会为模型，

---

① RegE – SchVG, BT – Drucks. 16/12814, S. 13.

② RegE – SchVG, BT – Drucks. 16/12814, S. 1.

③ Philip Liebenow, Das Schuldverschreibungsgesetz als Anleiheorganisationsrecht und Gesellschaftsrecht, Tübingen 2015, S. 27 ff.

构建债券持有人的权利体系。① 具体操作中，立法者将德国《股份法》中的组织性规定大量引入新《债券法》中，其中就包括股东大会的召集、召开及表决等规则，股东的投票权和知情权规则，瑕疵决议撤销诉讼和豁免程序的规则及商业判断规则、章程强制规则，等等。《债券法》对《股份法》规则的大规模借鉴，成为本次修法的亮点。

以其自身特色规则为基础，通过从《股份法》中大量地、体系性地引入组织性规则，《债券法》成功地为债券持有人构建了一个健全有力的组织体系。德国学者对此评价道，经过这一改革，德国债券持有人组织从旧法下的"最低限度组织"（Mindestorganisation）蜕变成现代的、健全的组织体系；其组织体系不再"发育不良"，而是具有了更加细致和发达的组织规范和设计；其发达程度在某些方面（如通过建立"虚拟会议"制度）甚至超越了《股份法》。②

3. 债券组织法理念的形成——打破股债藩篱

通过这一组织化的提升，德国债券治理机制甚至实现了团体化的跳跃，从而显示出明显的团体法特征。在新《债券法》下，债券持有人获得了"完全的债权人自治"，③ 能够对债券事务作出有效的集体决策；④ 债券持有人会议具有"与股份公司股东大会的结构上的相似性"，⑤ 拥有类似股东大会那样的独立的、广泛的决策权限，债券持有人能够如同团体成员一般对会议决议自主提起撤销诉讼，等等。这些特征都显示出，德国立法者已经将团体法上的治理准则扩展适用到了债券持有人组织上，作为债权人的债券持有人与作为公司成员的股东之间的传统界限也由此在某种程度

---

① RegE – SchVG，BT – Drucks. 16/12814，S. 14.

② Philip Liebenow，Das Schuldverschreibungsgesetz als Anleiheorganisationsrecht und Gesellschaftsrecht，Tübingen 2015，S. 54.

③ Ulrich Simon，Das neue Schuldverschreibungsgesetz und Treuepflichten im Anleiherecht als Bausteine eines außergerichtlichen Sanierungsverfahrens，Baden – Baden 2012，S. 136.

④ Philip Liebenow，Das Schuldverschreibungsgesetz als Anleiheorganisationsrecht und Gesellschaftsrecht，Tübingen 2015，S. 60.

⑤ Felix Steffek，Änderung von Anleihebedingungen nach dem Schuldverschreibungsgesetz，in：Festschrift für Klaus J. Hopt，Berlin 2010，S. 2597，2612.

上被打破,《债券法》亦成为《股份法》的"姐妹法"。① 德国立法者将团体法品格赋予债券持有人组织的做法,形成了德国法上的债券组织法(Anleiheorganisationsrecht)理念。

(二)债券组织法理念引发的理论分歧

德国法的债券组织法理念,以债券持有人组织的团体化为核心,打破了股东和债券持有人之间的鸿沟,在世界债券法立法上可谓极具特色。但是,在立法论证上,立法者却着墨甚少,因此在德国学术界,也引起了不少争论。

批评的意见认为,将团体法规则适用到债法关系,这就赋予了债券持有人类似于团体成员的地位。这将产生下列不足:第一,新《债券法》将债券持有人与股东进行同等对待,这一"制度突破"极大地增加了该法解释和续造的难度,债券持有人与股东的区别也被弭平,② 将《股份法》的法律保护机制移植到《债券法》,也因为规范事实的差异(即前者是团体法,后者是债法)而"理念错误";③ 第二,新《债券法》忽略了双方作为股东和债权人所处的不同"风险地位",前者面临的是企业总体的经营风险问题,后者面临的仅仅是企业的破产风险问题,④ 因此将两者地位进行等同显得过于牵强;第三,两者的请求权地位也不同,债券背景下的多数决是对已经获得的、具体的权利的分配,而公司法背景下的多数决则是对成员未来权利的决议,⑤ 因此,债券法的调整对象是既存的债权请求权,

① Philip Liebenow, Das Schuldverschreibungsgesetz als Anleiheorganisationsrecht und Gesellschaftsrecht, Tübingen 2015, S. 67.

② Roland Schmidtbleicher, Die Anleihegläubigermehrheit, Tübingen 2010, S. 417.

③ Hannes Schneider, Ist das Schuldverschreibungsgesetz noch zu retten? ILF Working Paper Series No. 135, 3/2013, S. 19.

④ DAI, Stellungnahme zum RegESchVG 2009, S. 1.

⑤ Roland Schmidtbleicher, Die Anleihegläubigermehrheit: eine institutionenökonomische rechtsvergleichende und dogmatische Untersuchung, Tübingen 2010, S. 318, S. 380 f.; Hans – Gert Vogel, Rezension: Roland Schmidtbleicher, Die Anleihegläubigermehrheit: eine institutionenökonomische rechtsvergleichende und dogmatische Untersuchung, Tübingen 2010, ZBB 2011, 235, 237.

而公司法调整的是团体内部的意思形成、团体与其成员之间的利益平衡问题。① 所以，调整债券条款的多数决与公司股东大会的决议不能相提并论。

赞同的意见则更多地从功能视角出发，论证对股东和债券持有人进行同等保护的必要性。学者塞斯特（Sester）支持为债券持有人建立类似股东大会的有约束力的多数决机制，因为这两者都涉及可转让的证券，且其重组都需要以打包的方式运行。② 更具代表性的支持者当属德国著名商法学者霍普特（Hopt），早在《债券法》2009 年修法过程中，他就主张《债券法》应当"以股份公司法的规则和理念为导向"，③ 并认为，股东和债券持有人作为投资者，具有共同的特征和类似的投资者保护需求，因此，应当摒弃传统上对两者的严格的概念区分。④ 在此，霍普特的主张呼应了西方近年来兴起的观点，即认为在现代金融市场上，上述两者的区别已经大大缩小，其理由在于，债券持有人通常会在债券到期之前就将其卖出，其获利也跟股东一样，越来越依赖于公司的表现，因此，应当将债券持有人纳入公司治理机制。⑤

（三）债券组织法理念下的机关构造模式

在债券组织法理念的引领下，德国立法者也以团体法上"意思机关 + 行动机关"的机关构造为原型，打造债券治理机制的内部结构。在股份公司的情形下，生产经营的规模化和复杂化，使得作为"所有者"的股东不

---

① Roland Schmidtbleicher, Die Anleihegläubigermehrheit: eine institutionenökonomische rechtsvergleichende und dogmatische Untersuchung, Tübingen 2010, S. 73, S. 207, S. 405; Hans – Gert Vogel, Rezension: Roland Schmidtbleicher, Die Anleihegläubigermehrheit: eine institutionenökonomische rechtsvergleichende und dogmatische Untersuchung, Tübingen 2010, ZBB 2011, 235, 237.

② Peter Sester, Der Reform des Rechts von Firmenanleihen droht das Scheitern, in: FAZ von 07. 03. 2012, S. 19.

③ Klaus J. Hopt, Neues Schuldverschreibungsrecht—Bemerkungen und Anregungen aus Theorie und Praxis, in: Festschrift für Eberhard Schwark, München 2009, S. 441, 444.

④ Klaus J. Hopt, Neues Schuldverschreibungsrecht—Bemerkungen und Anregungen aus Theorie und Praxis, in: Festschrift für Eberhard Schwark, München 2009, S. 441, 455.

⑤ 代表性论文譬如有: Steven L. Schwarcz, Rethinking Corporate Governance for a Bondholder Financed, Systematically Risky World, 58 *Wm. & Mary L. Rev.* 1335 (2017). 相关论述见该文 1344 ~ 1346 页。

得不将其经营权交予职业经理人；与此相同，在债券组织里，债券持有人即便名义上拥有"完全的自治"，但其专业化和行动力不足的现实，使得选择专业的代理人代为管理债券事务成为实现其权利和利益的必然选择。

在新修的《债券法》中，德国立法者则以《股份法》中的"股东大会 + 董事会"的机关结构为蓝本，提升了传统上的"债券持有人会议 + 共同代表"机关结构。在这一机关结构中，债券持有人会议如同股东大会，是债券持有人行使权利、作出决议的意思表示机关，它就事关债券持有人权益的重大事项作出决定，并行使对共同代表的监督权利；共同代表则如同董事会，是负责执行债券持有人会议相关决议并向前者报告履职情况的行动机关，同时它享有在一定的范围内法定的、独立的职责权限。在这一结构关系下，债券持有人会议和共同代表既分工又配合，形成了紧密的互动关系模式。

下文将以"债券持有人会议 + 共同代表"这一机关结构为中心，通过解读围绕两者所形成的规则体系，呈现德国债券持有人意思机关和行动机关的法律构造及运作机制，展示德国债券组织法立法的最新成果，并阐发它对于我国公司债券治理机制的构建所能带来的启示。

三　债券持有人意思机关的法律构造

债券持有人的意思机关的法律构造，以债券持有人会议制度为中心。在实现债权人自治、提高决策效率、保障债券持有人权益的目标指引下，德国立法者有目的地借鉴股份公司关于股东大会的规范模式，[①] 打造出了一个团体法意义上的债券持有人会议制度。这一制度体系的构建，尤其以下列具体制度为基石。

（一）《债券法》的基本原则——集体约束原则

德国《债券法》在其第 4 条规定了"集体约束"（Kollektive Bindung）

---

① RegE – SchVG, BT – Drucks. 16/12814, S. 14.

的原则。根据这一条款，债券合同条款的变更，只能通过与所有债权人订立同等合同（gleichlautender Vertrag）的方式或者按照债券持有人多数决的决议程序①进行（集体约束）；债券发行人必须平等对待债券持有人。这一原则排除了债券发行人与部分债券持有人之间进行个别约定的可能性，以达到所有同次发行债券的持有人受到同等内容的债券合同"约束"的效果。

　　集体约束原则在德国《债券法》上具有基础性的地位，被视为德国债券法的基本原则。② 作为基本原则，它在立法论上具有深层次的目的，即通过合目的性的构造，将债券打造成为便于流通的证券。③ 其隐含的逻辑是，只有保证同次发行的所有证券在内容上的互易性，才能在大批量交易背景下，实现资本市场快捷且匿名清算的功能；④ 同时，也才能避免债券二级市场的逐步分裂。⑤ 因此，"集体约束"对于实现德国债券及债券市场的运行具有决定性的作用。

　　作为《债券法》的基本原则，集体约束原则对整部法律都有着渗透力和影响力。它对德国债券法的意义，在事实上超越了构建统一债券市场的初始功能，而产生了组织法上的溢出效应。德国著名学者霍恩（Horn）认为，基于集体约束原则而对债权人个体权利的限制，是债权人集体权利的前提和基础。⑥ 弗里德与施密特布莱切（Friedl/Schmidtbleicher）则更加细致地阐释道，确立集体约束原则的内在动因，在于协调债券持有人权利和利益，以及出于将债券打造成为可转让证券的需要；只有能对债券权利实施统一处分的制度，才可以消除债券持有人的集体行动困境，才能使一群

---

① 即该法第 5 条到第 22 条的相关规定。

② Christoph Thole, in: Klaus J. Hopt/Christoph H. Seibt（Hrsg.），Schuldverschreibungsrecht, Verlag Dr. Otto Schmidt, Köln 2017, § 4 Rz. 1.

③ Christoph Thole, in: Klaus J. Hopt/Christoph H. Seibt（Hrsg.），Schuldverschreibungsrecht, Verlag Dr. Otto Schmidt, Köln 2017, § 4 Rz. 1.

④ RegE - SchVG, BT - Drucks. 16/12814, S. 17.

⑤ Florian Leber, Der Schutz und die Organisation der Obligationäre nach dem Schuldverschreibungsgesetz, Baden - Baden 2012, S. 231.

⑥ Norbert Horn, Die Stellung der Anleihegläubiger nach neuem Schuldverschreibungsgesetz und allgemeinem Privatrecht im Lichte aktueller Marktentwicklungen, ZHR 173 (2009), S. 12, 44.

债券持有人在面对发行人时如单一所有人那样行动。^①因此，通过明确排除债券持有人的单独行动（即与发行人的个别协议），集体约束原则为债券持有人集体行使权利确立了法律前提和基础，从而确立了债券组织法的发展基础。

（二）债券治理机制的核心——多数决原则

在集体约束原则下，发行人与债券持有人之间欲实现债券合同之变更，只能遵循两条路径进行：一是与所有同次发行债券的持有人签订"同等合同"，二是以多数决原则为基础的债券持有人决议。现实中，尤其在紧急状态下，发行人与所有债券持有人达成一致协议将面临巨大困难，因此多数决程序自然而然成为变更债券合同的基本选项。《债券法》整体的规范体系正是以多数决的决议程序为中心而展开构建的。该法第5条规定，当事人可以在债券合同（Anleihebedingungen）中约定，同次发行债券的债权人可以按照本章（即该法第5条到第22条）的规定，以多数决的形式同意债券合同的变更；并且可以为所有债权人选任一名共同代表，以实施其权利。同时，该条款不完全地列举了债券持有人可以通过多数决进行表决同意的事项；在原则性的简单多数决之外，还针对"重要事项"的决议规定了特别多数的要求。《债券法》第5条确立了多数决原则的适用，被德国学者视为整部法律的"中心条款"。^②换言之，《债券法》的组织法体系，乃是围绕着以多数决原则为基础的决议程序而构建起来的；没有多数决原则，《债券法》的组织法体系将失去存在之意义。

值得注意的是，依照《债券法》第5条的规定，多数决原则在法律性质上是一种"选入"规则。因此，是否采用多数决的表决方式，将由市场主体在债券合同中自由约定；多数决一旦被"选入"，与之配套的组织性规定（即第5条到第22条）也须相应加以适用，且原则上不得排除其中

① Markus J. Friedl/Roland Schmidtbleicher, in：Markus J. Friedl/Mauricio Hartwig - Jacob（Hrsg.），Frankfurter Kommentar zum Schuldverschreibungsgesetz, Frankfurt a. M. 2013，§ 4 Rn. 6.
② Dirk Bliesener/Hannes Schneider, in：Katja Langenbuch/Dirk Bliesener/Gerald Spindler（Hrsg.），Bankrechts - Kommentar, München 2013，Kapitel 17，§ 5 Rn. 1.

个别规定的适用。多数决的这一半强制性，与其之前在 1899 年《债券法》中具有的完全强制性有所不同。依照德国立法者的原意，采用"选入"的做法，是考虑到实践中发行的某些非常短期的、没有变更可能性的债券。①采用"选入"式的做法，显示了立法者对市场主体自主选择权的尊重，增加了《债券法》的市场适应性，这符合商事立法发展的趋势，从而受到了德国学者的肯定。②

（三）债券持有人会议的运行制度——借鉴与突破

在债券持有人会议的运行方面，《债券法》基本照搬了《股份法》中股东大会的相关程序性规范。这些规范涉及了债券持有人的投票权、会议的召集、召集期限与报名、会议地点、召集的内容及通知、会议日程、代为出席、会议主席的确定、会议的决议能力、债券持有人的知情权、表决与通知等方面。这部分程序性规定，构成了德国债券持有人会议制度规范体系的主体部分。

值得注意的是，为便利债券持有人参与决策，《债券法》除了引入《股份法》中关于邮寄投票或电子投票的规定之外，更是对后者作了大胆的突破：《债券法》第 18 条规定，在没有特别规定的情况下，一般的会议召集和召开程序也同样适用于"不召开实体会议的表决"。这就为债券持有人会议通过互联网在线召开扫清了法律障碍。值得注意的是，这一会议的实施方式并不需要通过债券合同特别"选入"，而是可以直接适用法律提供的"备用规则"，这就强化了其作为法定的债券持有人会议组织方式的地位。

参与债券持有人会议，需要耗费参与者的时间和经济成本，在"理性冷漠"的作用下，债券持有人会议参与人数往往比例过低，从而会带来决议合法性基础薄弱、易受操控和受偶然性影响的风险。这也是各国债券法实践普遍存在的问题。债券持有人会议的"虚拟化"，有利于降低参会成

---

① RegE - SchVG, BT - Drucks. 16/12814, S. 18.

② 参见 Hannes Schneider, Ist das Schuldverschreibungsgesetz noch zu retten? ILF Working Paper Series No. 135, 3/2013, 2。

本，提升会议的参与度。① 德国学者对于会议"虚拟化"带来的诸多好处
（如减轻处于危机中债券发行人的负担、减少媒体的负面关注等）也表示
充分肯定，甚至认为，德国债券法可以常态化地运用"虚拟的"债券持有
人会议，即便是债券重组这样的重要事项，也可以通过"虚拟"会议进行
决议。②

（四）债券法上的瑕疵决议撤销诉讼制度

关于债券持有人会议瑕疵决议的救济机制，《债券法》早在 1899 年就
规定了确认之诉和给付之诉两种途径。但是，该类型诉讼仅在诉讼双方之
间产生效力，且并无期限限制，这给发行人带来了很大的不确定性。经
过修订的《债券法》第 20 条规定，债券持有人会议决议可以基于违反
法律或债券合同的理由而通过诉讼予以撤销，③ 从而确立了债券法上的
瑕疵决议撤销诉讼制度，为因决议瑕疵而受损害的债券持有人提供了救
济途径。

在这一决议撤销诉讼制度下，有权提起决议诉讼的主体，包括参与表
决并反对相关决议的债券持有人，以及因遭受非法阻碍而未参加表决的债
券持有人。撤销诉讼提起后，系争决议仍然保持有效，但是在判决生效前
不得执行，从而产生了执行阻碍（Vollzugssperre）的效果；④ 若撤销诉讼
得到法院的支持，则判决的效力对所有债券持有人生效，而不再限于诉讼
参与者。这就确立了债券法集体救济的制度，同时强化了立法者确立"集
体约束"的立法宗旨。⑤

① 有关德国立法者的阐述，参见 RegE - SchVG, BT - Drucks. 16/12814, S. 24。

② Stefan Simon, Restrukturierung von Schuldverschreibungen nach neuem SchVG, Corporate Finance Law 2010, 159, 163.

③ 同时，对于因违反信息义务和因技术干扰而发生的侵权情形，《债券法》对准予撤销决议的范围进行了限制。

④ 针对因执行阻碍效果而给其他利益相关方带来的负面影响，《债券法》第 20 条同时还引进了类似《股份法》第 246a 条的豁免程序（Freigabeverfahren），以实现诉讼双方之间的利益平衡。允许适用豁免程序的原因有三个，包括撤销起诉不合法或明显不成立、起诉人未缴纳足额的保证金（Bagatellquorum），以及法院的自由裁量。

⑤ Hans - Gert Vogel, Der Rechtsschutz des Schuldverschreibungsgläubigers, ILF Working Paper Series No. 137, 3/2013, 16 f.

新《债券法》这一救济制度的确立，将股份法的决议撤销诉讼制度移植到债券法领域，在学界引起了争议。赞成这一移植的学者们从其立法效果出发，认为建立债券法的决议撤销诉讼制度，符合建立统一的资本市场投资者保护法的理念，[①] 它意味着《债券法》朝"一般证券诉讼"的方向迈进了一步。[②] 持批评态度的学者则主要有三个观点：其一，债券持有人之间并非基于成员关系的联合体，并不互负忠实义务，因此不能享有作为成员权利的控制权，即对决议的审查权，债券持有人所能请求的，只能是财产保护，只有这才是正当且值得保护的;[③] 其二，赋予异议的债券持有人撤销多数决的权利，将给发行人及利益相关者的企业的生存及占多数的债券持有人带来灾难性的后果，因此，异议债券持有人的利益不应当通过赋予其撤销决议而得以保护，而应当赋予其向发行人主张赔偿因执行瑕疵决议而遭受的债券价值减损的请求权;[④] 其三，决议撤销诉讼制度会给债券法带来股份法上的"职业讼客"的问题，甚至，它可能会吓阻债券发行人"选入"多数决机制，从而损害《债券法》的接受度。[⑤]

四　债券持有人行动机关的法律构造

共同代表作为德国债券组织法的行动机关，对于债券持有人权利和利益的实现具有无可取代的意义。共同代表的制度构建，以其选任、任务及责任等最为重要。

① Klaus J. Hopt, Neues Schuldverschreibungsrecht—Bemerkungen und Anregungen aus Theorie und Praxis, in: Festschrift für Eberhard Schwark, München 2009, S. 441, 455.

② Günter Bredow/Hans‐Gert Vogel, Unternehmenssanierung und Restrukturierung von Anleihe – welche Verbesserungen bringt das neue Schuldverschreibungsrecht? ZBB 2008, 221, 231.

③ Hannes Schneider, Ist das Schuldverschreibungsgesetz noch zu retten? ILF Working Paper Series No. 135, 3/2013, 19.

④ Hannes Schneider, Ist das Schuldverschreibungsgesetz noch zu retten? ILF Working Paper Series No. 135, 3/2013, 19 f.

⑤ Hans‐Gert Vogel, Der Rechtsschutz des Schuldverschreibungsgläubigers, ILF Working Paper Series No. 137, 3/2013, 2; Hannes Schneider, Ist das Schuldverschreibungsgesetz noch zu retten? ILF Working Paper Series No. 135, 3/2013, 20.

（一） 德国债券法的共同代表制度

早在 1899 年首次颁布《债券法》之时，德国法就建立了共同代表制度。[①] 2009 年新修订的《债券法》对此并未作出重大的改变，除了增加了关于债券合同指定的共同代表的规定之外，总体上继承了之前的规范体系。德国债券法设立共同代表的根本目的，在于通过发挥其代表功能，实现债券法赋予债券持有人的权利和利益；在此意义上，它并不代表发行人的利益（即便在客观上有此效果），也非发行人与债券持有人之间的所谓中立的裁判机构。[②] 在法律性质上，德国债券法并未将共同代表视为机关代表或法定代表，而是将之认定为意定代表，与此同时，其代表权很大程度上又受到法律的直接规范；[③] 这一立法模式，使得共同代表在可以由债券持有人自由选择的同时，其履职活动又获得了更多的法律授权并受到相应的规范，从而获得较为独立的法律地位。基于共同代表的法律性质，它适用于民法关于意定代表的一般规则。

如同董事会对于股份公司的意义，共同代表在德国债券治理机制中也扮演着关键的角色。共同代表赋予了债券持有人会议——债券组织法上的投资者组织——行动能力和决策能力，使得债券持有人在贯彻其意志和利益时有了可靠的机制。共同代表这一功能的实现，主要依赖于其以下几点作用的发挥：第一，帮助债券持有人弥补在专业知识、意志协调、谈判经验等方面的不足，减少相对于作为专业机构的发行人的谈判劣势，实现债券持有人的最佳谈判利益；第二，共同代表通过获取和加工信息，为债券持有人的集体决策做前期准备，从而克服后者搜集信息能力和意愿（"理性冷漠"）的不足，帮助其作出最有利的选择；第三，在法定和约定的权

[①] 关于 1899 年《债券法》中的共同代表制度，参见 Hans – Gert Vogel, Das Schuldverschreibungsgesetz – Entstehung, Inhalt und Bedeutung, S. 25 ff. 文献来源：https://www. jura. uni – frankfurt. de/43029349/paper31. pdf, 2020 年 2 月 1 日访问。

[②] Philip Liebenow, Das Schuldverschreibungsgesetz als Anleiheorganisationsrecht und Gesellschaftsrecht, Mohr Siebeck, Tübingen 2015, S. 166.

[③] Christoph Thole, in: Klaus J. Hopt/Christoph H. Seibt （Hrsg.）, Schuldverschreibungsrecht, Verlag Dr. Otto Schmidt, Köln 2017, § 7 SchVG Rz. 2.

限范围内，代表债券持有人作出商业判断，从而在瞬息万变的市场环境下，抓住有利时机，及时作出有效应对和有利选择。[①] 总之，共同代表是债券持有人不可或缺的行动机关，在债券治理机制中发挥着至关重要的作用。

（二）共同代表的选任及其利益冲突的防范

德国《债券法》对选任为共同代表的资格条件作出了低门槛的规定，据此，任何有行为能力的自然人和具备专业资质的法人都可以被委任为共同代表。这一宽泛的原则性规定，在扩大共同代表候选人范围的同时，也留下了明显的利益冲突的漏洞。为此，德国《债券法》针对两类共同代表，在其产生阶段，分别采取了不同的防范利益冲突的措施。

首先，针对由债券持有人选举的共同代表，德国债券法采取"公开特定候选人信息"的利益冲突防范路径。具体来说，《债券法》规定，[②] 特定候选人在被选任为共同代表之前，其基本情况必须向债券持有人公开；被选任为共同代表后，若出现了相关基本情况，则应立即以恰当形式告知债券持有人。适用这一规定的人员包括如下四类：债券发行人或其关联企业的机关成员、职员或其他工作人员（第一类）；在债券发行人或其关联企业的注册资本中占百分之二十及以上股份的自然人和法人（第二类）；在债券发行人或其关联企业未偿债券中拥有百分之二十及以上债权的金融债权人及其机关成员、职员或其他工作人员（第三类）；以及由于与上述所列举人群有特殊的个人关系而处于其特定影响力之下的人（第四类）。

其次，在债券合同中指定共同代表的情形，法律采取"禁止特定候选人＋强化公开特定候选人信息"的路径，防范其中的利益冲突。具体来说，《债券法》规定：上述所列举的第一类人群，不得直接在债券合同中

---

① Christoph Thole, in: Klaus J. Hopt/Christoph H. Seibt（Hrsg.）, Schuldverschreibungsrecht, Verlag Dr. Otto Schmidt, Köln 2017, § 7 SchVG Rz. 1; Philip Liebenow, Das Schuldverschreibungsgesetz als Anleiheorganisationsrecht und Gesellschaftsrecht, Mohr Siebeck, Tübingen 2015, S. 164 f.

② 参见德国《债券法》第 7 条第 1 款第 2 句的第 1 项到第 4 项。

被指定为共同代表；上述列举的第二类至第四类人群，则只有在其"基本情况"已经公开在债券发行文件中后，才可以被委任为共同代表。显然，德国债券法对于债券合同指定共同代表的方式采取了更谨慎的态度，也因此施加了更多的限制。

总体来说，德国《债券法》针对共同代表设立的利益冲突防范机制，主要依赖的是"信息公开"的策略，对候选人资格并未过多限制。这与美国法采取的防范利益冲突的路径有一定的共性，[1] 所不同的是，德国法下的共同代表在履职中还受到来自债券持有人会议的监督。即便如此，德国学术界对这一利益冲突防范机制依然不乏批评的声音：首先是，触发候选人公开利益冲突义务的门槛过高，这使得存有潜在严重利益冲突的候选人仍然得以选任为共同代表，例如持有债券发行人的股份（或债权）接近百分之二十的股东（或金融债权人）；[2] 其次是，同为"投资者共同体"的行动机关，与董事会相比，债券法采用的公开手段是不恰当的，具体来说，股份法要求即便是有最小利益冲突的存在，所涉董事也要回避参与行动，因为"没有人能够内心如此自由，使得他可以只考虑公司的利益"，[3] 对于处在债券发行人影响下的共同代表也是同样的道理。因此，学术界很多观点认为，共同代表应当完全免于利益冲突，以保证其完全服务于债券持有人利益。

（三）共同代表的任务、责任以及商业判断规则的引入

为了发挥共同代表维护债券持有人利益的目的，德国债券法赋予了共同代表相应的任务和一定范围内的决策权限。根据德国《债券法》的规定，共同代表具体的任务和权限由法律和债券合同规定，且须听从债券持

---

① 有关美国债券受托人利益冲突防范机制，参见冯果等《债券市场风险防范的法治逻辑》，法律出版社，2016，第 111~113 页。

② 有关批评观点，参见 Ulrich Simon, Das neue Schuldverschreibungsgesetz und Treuepflichten im Anleiherecht als Bausteine eines außergerichtlichen Sanierungsverfahrens, Nomos Verlag, Baden-Baden 2012, S. 308; Florian Leber, Der Schutz und die Organisation der Obligationäre nach dem Schuldverschreibungsgesetz, Baden-Baden 2012, S. 262 f.

③ Marcus Lutter, Verhaltenspflichten von Organmitgliedern bei Interessenkonflikten, in: Festschrift für Hans-Joachim Priester (2007), S. 417, 419.

有人的指令。① 另外，共同代表负有向债券持有人报告其活动的义务。

　　与所承担的任务相对应，根据德国《债券法》的规定，共同代表还对债券持有人负有恰当履行上述任务的责任；在其履职活动过程中，其应当履行作为一个"善良和谨慎的经营管理者（Geschäftsleiter）"所应有的注意义务。尽管共同代表并非"经营管理者"，但是德国立法者认为，赋予他如此的注意义务标准是合理的，因为共同代表的履职活动使得他经常须就债券发行人的情况作出商业预测。② 因此，若共同代表因故意或者过失给债券持有人造成了损害，则应当对此承担损害赔偿责任。

　　对共同代表履职活动中的履职不当施加法律责任，有助于督促其尽心尽职，从而维护债券持有人的利益。但是，不可否认的是，与股份公司董事类似，共同代表在履职活动中，通常也涉及对债券发行人情况发展变化的商业判断，而错误的判断可能给债券持有人利益带来损害。在瞬息变化的市场环境中，决策者未能作出正确判断，是商业的常态，也是利益主体需要承担的商业风险。以事后观点来审视共同代表所作判断的得失，难免失之不公。否则，在承担赔偿责任的风险下，共同代表难免畏首畏尾，多一事不如少一事，从而丧失履职的能动性和积极性，如此则更不利于债券持有人利益的保护。基于此种考虑，德国立法者又在修订《债券法》的立法理由书中补充规定，在发生难以避免的错误判断的情况下，共同代表可以依据《股份法》商业判断规则③规定的标准，免于承担责任。④ 据此，若有理由认为共同代表是在合理信息的基础上为了债券持有人的利益而作出商业决定时，则其决策行为应当认定为满足行为义务的要求。商业判断规则的引入，使得共同代表在发生了难以避免的错误判断的时候，免于承担责任，这有利于激励共同代表的履职积极性，帮助其及时、准确地做出商业决策。这一立法举措显示了德国《债券法》的时代性和创新性。

---

① 这一规定，既强调了债券持有人的自治，又不损及其灵活性，参见 RegE－SchVG, BT－Drucks. 16/12814, S. 20。

② RegE－SchVG, BT－Drucks. 16/12814, S. 20.

③ 即德国《股份法》第 93 条第 1 款第 2 句。

④ RegE－SchVG, BT－Drucks. 16/12814, S. 20.

五　我国公司债券治理机制的改革与完善

由上文阐述可知，德国法以"债券持有人自治"为思想基础，通过对《债券法》的债券治理机制进行组织化提升和团体化改造，形成了债券组织法理念。在此理念引领下，德国立法者以团体法的"意思机关＋行动机关"的机关结构为模型，打造出一个以债券持有人会议制度和共同代表制度为中心的、具有强烈的团体法特性的公司债券治理机制。这其中所体现的理念和运用的制度措施，对于构建我国的公司债券治理机制具有重要的借鉴意义。针对我国的法律状况和实践，本文提出如下法律改革建议。

一是细化我国公司债券治理的组织规范，修改或制定更加具体和具有操作性的实施细则或办法。虽然《证券法》第 92 条在法律层面上确立了债券持有人会议和债券受托管理人制度，但是一个条款的内容，远不足以为公司债券治理实践提供足够清晰和有操作性的规范指引。这与德国法就债券专门立法的做法相比，缺漏尤为明显。我国有必要在《证券法》第 92 条之外，另行制定更加完善和具有操作性的实施细则或办法。可以作为选项的是，以证监会 2015 年颁发的《管理办法》为蓝本，完善其组织规范。在此过程中，应当以《证券法》确立的"债券持有人为主、债券受托管理人为辅"的立法定位为基准，健全债券持有人会议的制度及组织规范，以突出其在债券治理机制中的基础性地位。

二是确立同次发行债券的持有人受同一债券合同"集体约束"、债券持有人平等的原则。对于同次发行债券的持有人，我国法律仍允许部分债券持有人与发行人之间，通过个别协议或者诉讼实现债券合同条款的个别变更。[①] 这不仅可能导致对不同债券持有人的差别对待，也将使得公司债券作为一种证券，面临逐渐丧失标准化和流通性的风险，并最终导致公司债券市场的分裂及狭窄化，从而损害债券市场的功能。[②] 我国应当借鉴德

[①]　参见最高人民法院《全国法院审理债券纠纷案件座谈会纪要》之第二部分。
[②]　参见第三部分关于德国法集体约束原则的论述。

国等国家的立法经验，确立类似的"集体约束"原则。① 根据德国法的观点，这一原则也应当同样适用于诉讼导致的债券合同变更的情形，即因诉讼引起的债券条款变更效果，也应对所有同次发行的债券生效。② 因此，《证券法》第 92 条第 3 款规定的，在债券违约的情形下，债券受托管理人发起的民事诉讼或者清算程序，无论其受全部还是部分债券持有人的委托，其相关程序都应当对同次发行债券的所有持有人发生法律效力。类似地，最高人民法院《纪要》对于债券违约合同纠纷案件，采取"集中起诉为原则，以债券持有人个别起诉为补充"的规定，使得同次发行债券面临分裂的可能，这同样违背了"集体约束"的原则，应当予以变更。

三是制定债券持有人会议组织性规则，赋予其半强行性或强行性的法律效力。根据目前的法律状况，我国将债券持有人会议组织性规则留待市场主体（主要是债券发行人）自由约定。③ 这一表面上尊重市场主体自主性的做法，可能会导致实际掌握规则制定权的债券发行人任意摆弄规则，形成对债券持有人的不利；同时，组织性规则的不统一，将提高市场主体学习适应新规则的成本，大大增加债券持有人通过组织规则维护自身权利的困难。因此，立法者或规定制定者可以德国债券组织规范的"选入"特性为借鉴，为市场主体提供统一的债券持有人会议的组织规则，并赋予其半强行性甚至强行性的法律效力，以降低公司债券市场的交易成本，便利债券持有人行使其组织性权利。④

四是尝试建立"虚拟债券持有人会议"制度，便利债券持有人参与决议。传统的会议组织方式，对会议出席者带来了极大的时间和经济成本，

---

① 事实上，同为大陆法系国家的日本，其债券法中也确立了类似的所谓的"集体行动条款"。关于其具体作用方式，参见官欣荣、赵津《证券法修订视野下公司债券持有人权利救济的思考》，《证券法苑》2016 年第 1 期。

② Hans - Gert Vogel, Der Rechtsschutz des Schuldverschreibungsgläubigers, ILF Working Paper Series No. 137, 3/2013, 16 f.

③ 《证券法》第 92 条第 1 款规定，"公开发行公司债券的……并应当在募集说明书中说明债券持有人会议的召集程序、会议规则和其他重要事项"。

④ 关于公司法提供"现成的合同条款"所能起到的降低交易成本、抑制机会主义的作用，参见〔美〕弗兰克·B. 克罗斯、罗伯特·A. 普伦蒂斯《法律与公司金融》，伍巧芳、高汉译，北京大学出版社，2011，第 53～60 页。

同时在"理性冷漠"的作用下，债券持有人出席债券持有人会议的比例长期偏低，这导致会议决议不能充分体现债券持有人的意志和利益。德国债券法的"虚拟会议"制度，对我国具有极大的启发意义。我们可以考虑在既有的网络投票方式的基础之上，尝试确立依托互联网技术的"虚拟会议"制度。作为互联网技术及运用世界领先的国家，我国社会大众较德国民众更加习惯互联网方式的消费和投资，因此推广和组织"虚拟会议"，比起德国应有更多的优势。基于我们投资者投资份额少、地域分布广的情况，这一会议组织方式也能产生更大的社会效益。可以作为佐证的是，在新冠肺炎疫情期间，网络会议已成为我国社会大众惯常使用的学习和工作手段，因此，实施"虚拟"的债券持有人会议，在我国不存在操作上的困难，可以予以采用。

五是建立债券持有人会议决议瑕疵救济制度，为异议的债券持有人提供救济途径。债券持有人会议的决议一旦作出，即对相关债券的全体债券持有人产生拘束力，包括持有异议的债券持有人。法谚有云，无救济则无权利。在所涉决议存在瑕疵（如召集、表决程序违反法律，债券持有人信息权受到损害等情形下作出的决议）的情况下，受影响的债券持有人获得救济具有正当性和必要性。目前我国无论是法律层面的《证券法》还是规章层面的《管理办法》，对此救济制度都未置一词；最高人民法院《纪要》第四部分提及了"债券持有人会议决议的效力"的问题，但对于"存在法定无效事由"情形下受损害方如何保护的问题，只字未提。这为我国债券持有人的利益保护留下隐患。对此，我国可以借鉴德国《债券法》的经验，以公司法的股东大会决议瑕疵救济制度为参照，建立债券持有人会议决议瑕疵诉讼制度。考虑到决议瑕疵诉讼具有执行阻碍的效果，我国可以借鉴德国《债券法》的经验，通过引入豁免程序，[①] 抑制决议瑕疵诉讼制度的滥用及其负面影响。

六是确立债券受托管理人相对独立的法律地位，保障其履职能动性。从新《证券法》第92条的规定中，虽然可以经由文义解释得出债券受托

---

① 参见第三部分第（四）节注脚中关于豁免程序的介绍。

管理人是委托关系受托人的解释，但"受托管理人"这样的术语，与民法上"代理人"概念的传统内涵相距甚远，容易引起误解。而最高人民法院《纪要》，仍然允许在聘有债券受托管理人的情况下推选所谓的"诉讼代表人"，并确认债券持有人可以"个别起诉"，[①] 从而可能产生前者职能被虚置、各方相互观望或推责的后果。另外，债券受托管理人的委托人到底是债券持有人、发行人，抑或两者都可，也仍不明确，使得其履职独立性备受质疑。[②] 这些法律状况反映出，目前我国债券受托管理人的法律地位仍不够明确。对此，我国债券法应该回归传统大陆法系债券组织体系理念，将债券受托管理人明确定位为公司债券持有人的唯一的受托人。为此，可以借鉴德国法共同代表制度的经验，通过法律直接规定其选任、任务及职责等，以强行性规定强化其独立的法律地位；明确其类似公司董事的勤勉义务和忠实义务，[③] 在克服债券受托管理协议的不完全性、最大限度保障债券持有人利益的同时，凸显其区别于普通代理人的行动机关角色；在债券受托管理人授权行使权利的范围内，个别或部分债券持有人不得各自行使其权利，以实现债券持有人整体的行动一致及维护债券法的"集体约束"原则。如此，债券持有人仍然可以自由选任及更换债券受托管理人，但后者一旦被选定，则可以主要根据法律赋予的权限和责任，作为债券持有人的唯一受托人，勤勉、忠实、独立地展开履职活动。

七是改进关于债券受托管理人选任及利益冲突防范的机制。对此，新《证券法》只是简单地规定，债券受托管理人"由本次发行的承销机构或者其他经国务院证券监督管理机构认可的机构担任"；相比之下，《管理办法》一方面多出了债券受托管理人"应当为中国证券业协会会员"且非"为本次发行提供担保的机构"的限定，另一方面则泛泛规定，发行人应当披露债券受托管理人可能存在的利益冲突情形及相关风险防范机制。总

---

① 参见最高人民法院《全国法院审理债券纠纷案件座谈会纪要》之第二部分。

② 参见陈洁、张彬《我国债券受托管理人制度的构建与选择——以公开募集的公司债为视角》，《证券法苑》2016 年第 3 期。

③ 《证券法》第 92 条第 2 款规定了"债券受托管理人应当勤勉尽责，公正履行受托管理职责，不得损害债券持有人利益"，这在某种程度上赋予了债券受托管理人勤勉义务和忠实义务。

体观之，债券受托管理人的选任标准过于宽泛、选任范围过于狭窄，对利益冲突情形的披露机制规定不明，从而不利于利益冲突的防范。借鉴德国《债券法》的经验，可以从以下方面加以改进。首先，一方面，基于持股或持债比例、关联关系、任职关系等，设定更加细致的、关于潜在利益冲突情形的披露义务的触发标准；另一方面，扩大选任范围至（受监管机构认可的）自然人，如律师、会计师等专业人士，如此，可在强化利益冲突情形透明度的同时，扩大可供选任的候选人范围，从而增强利益冲突防范机制的有效性。其次，区分债券持有人会议决议确定的债券受托管理人和债券合同指定的债券受托管理人，分别设定不同的选任标准、范围和防范标准，以增加防范机制的针对性和有效性。

八是尝试将商业判断规则引入公司债券治理机制。新《证券法》赋予了债券受托管理人"勤勉尽责、公正履职"的义务。在公司债券治理中，债券受托管理人需要对涉及发行人、债券市场的错综复杂的变化进行商业判断，即便尽心尽力，决策错误也在所难免。在"勤勉尽责、公正履职"的义务要求下，决策失误的债券受托管理人面临赔偿损失的风险，这一风险可能会降低合格机构（或个人）担任债券受托管理人的意愿，抑制债券受托管理人在履职过程中的主动性和积极性，从而不利于实现债券持有人的利益最大化。经营判断规则的运用可以限制对债券受托管理人的不当追责并抑制其消极后果。在学界积极讨论将经营判断规则引入股份公司的当下，我国宜以德国《债券法》的经验为借鉴，考虑将其引入债券治理机制，以保障债券受托管理人履职的主动性和积极性。

法条评释

《民法典》第 528 条（不安抗辩权的效力）评注[*]

李建星[**]

内容提要：《民法典》第 528 条规定了不安抗辩权的效力。《民法典》第 528 条的规范目的在于，达至平衡当事人的利益状态，避免债务关系陷入悬而未决状态。先给付义务人未及时通知，不影响不安抗辩权的形式，但是须承担因违反附随义务的损害赔偿责任。后给付义务人可以提供担保排除不安抗辩权，但是，先给付义务人不享有要求提供担保的请求权。应采取缓和客观标准，视个案增减担保与对待给付的比例，判定担保的合理性。《民法典》第 528 条第 3 句将后给付义务人在合理期限内未提供适当担保拟制为期前拒绝履行合同，缺乏拟制的必要性。先给付义务人应根据后给付义务人违约确定性与严重性，确定是否应先行给予其提供担保的机会，再行使解除权。

关键词：不安抗辩权　拒绝履行　附随义务　拟制　合理期限

《民法典》第 528 条规定了不安抗辩权的行使程序与相应的法律效果。较原《合同法》第 69 条第 3 句，该条第 3 句增加了"视为以自己的行为表明不履行主要债务""并可以请求对方承担违约责任"。由此，基于后给付义务人被拟制为拒绝履行，先给付义务人有权请求其承担违约责任。

---

[*] 本文得到 2020 年国家社科基金重大项目"互联网交易制度和民事权利保护研究"（批准号：20&ZD192）与华东师范大学人文社会科学青年跨学科创新团队项目"社会治理与企业合规研究"（批准号：2018ECNU-QKT013）的资助。

[**] 李建星，华东师范大学法学院副教授，法学博士。

学界在长期的研究中，过度集中于不安抗辩权与预期违约的区分关系，[①]
却通常忽略了其在法律适用中所涉之诸多具体问题。例如，后给付义务人
提供担保之适当性，即缺乏各方均可接受的判定方法。此类具体问题若无
给予详尽回应，势必影响《民法典》的运用。近年来，法律评注在我国民
法学界颇受瞩目，核心刊物《法学家》自 2016 年以来亦特辟"评注"专
栏，专门刊发学者撰写的针对某一法律条文的单条评注。其影响力集中体
现在，整理、归纳、提炼评注法条所涉的全部法律文献，并以向法律实践
中已经和可能发生的一切问题提供答案为首要任务。[②] 因此，以法律评注
的方式，展示原《合同法》第 69 条的理论争议、裁判分歧，揭示前述歧
见的本质差异，回应所涉的所有问题，对理论提升与法律适用均有裨益。

一　规范目的

该条的规范目的有二。其一，规范不安抗辩权的行使程序与法律效
果，以达至平衡当事人的利益状态，避免权利滥用。[③]《民法典》第 527
条授予先给付义务人不安抗辩权。不过，不安抗辩权既未改变合同义务的

---

① 本议题所涉文献较多，从原《合同法》尚未颁布，就已经有所论及。参见张谷《预期违
约与不安抗辩之比较》，《法学》1993 年第 4 期；刘凯湘、聂孝红《论〈合同法〉预期
违约制度适用范围上的缺陷》，《法学杂志》2000 年第 1 期；蓝承烈《预期违约与不安抗
辩权的再思考》，《中国法学》2002 年第 3 期；叶金强《不安抗辩与预期违约》，《南京
大学法律评论》2003 年春季号；葛云松《期前违约规则研究》，中国政法大学出版社，
2003；朱广新《预期不安履行规范模式之比较》，载吴汉东主编《私法研究》，中国政法
大学出版社，2005；李伟《不安抗辩权、给付拒绝和预期违约关系的思考——以德国法
为中心的考察》，《比较法研究》2005 年第 4 期；张金海《预期违约与不安抗辩制度的界
分与衔接——以不履行的可能性程度为中心》，《法学家》2010 年第 3 期；王利明《预期
违约与不安抗辩权》，《华东政法大学学报》2016 年第 6 期；陈韵希《合同预期不履行的
救济及其法理基础——再论〈合同法〉不安抗辩权和预期违约的界分》，《比较法研究》
2017 年第 6 期；李建星《不安抗辩权与预期违约的完全区分论》，《政治与法律》2017 年
第 12 期；叶金强《不安抗辩中止履行后的制度安排——〈民法典〉第 528 条修正之释
评》，《法律科学（西北政法大学学报）》2020 年第 5 期。
② 参见贺剑《法教义学的巅峰　德国法律评注文化及其中国前景考察》，《中外法学》2017
年第 2 期。
③ 参见朱广新、谢鸿飞主编《民法典评注·合同编通则（1）》，中国法制出版社，2020，
第 509 页。

先后履行顺序，也不影响先给付义务人履行期将率先届满。如果缺乏确定的法律结构，调整不安抗辩权的行使程序与法律效果，势必逆转合同当事人的利益状态。所以，《民法典》第528条配置了"先给付义务人及时通知""后给付义务人提供担保"等一系列制度，以促使合同履行回归正常轨迹。其二，避免债务关系陷入悬而未决状态。[1] 先给付义务人中止履行后，债务关系的悬而未决状态将持续，由此，原本存在先后履行顺序的两项给付义务最终发展为均已届期。此局面既无助于先给付义务人及时"解套"与寻求替代交易，也不利于后给付义务人获得稳定法律预期。所以，《民法典》第528条授予先给付义务人合同解除权，及时终结因不安抗辩权的持续不稳定状态。

　　本条分为三句。第一句规定先给付义务人有义务就行使不安抗辩权所导致的中止履行通知后给付义务人。第二句指出，后给付义务人有权通过提出适当担保，排除不安抗辩权。其旨在赋予后给付义务人可以对抗先给付义务人的不安抗辩权。[2] 第三句采取了拟制的法律方法，将后给付义务人"在合理期限内未恢复履行能力且未提供适当担保的"拟制为拒绝履行。另外，该句既不是解除权依据，也不是损害赔偿请求权基础。相应的解除权依据是《民法典》第563条的"法定解除权"，损害赔偿请求权基础是第578条的"预期违约"。

二　先给付义务人的及时通知

（一） 及时通知的性质

1. 及时通知的制度功能

及时通知可回溯至诚信原则，[3] 并具有两项制度功能。第一，避免后

---

① 参见张金海《预期违约与不安抗辩制度的界分与衔接——以不履行的可能性程度为中心》，《法学家》2010年第3期。
② 参见最高人民法院民法典贯彻实施工作领导小组主编《中华人民共和国民法典合同编理解与适用（一）》，人民法院出版社，2020，第445页。
③ 黄薇主编《中华人民共和国民法典合同编释义》，法律出版社，2020，第151页。

给付义务人因中止履行遭受损失。① 例如,后给付义务人针对中止履行,执行替代措施的额外支出。再如,基于先后给付义务间存在紧密关联性,因先给付义务的中止履行,造成后给付义务人须承担对第三人的违约责任。第二,便于后给付义务人及时提供适当担保,消灭不安抗辩权。例如,在"江西省某建设工程有限公司与江西某工程建设有限公司建设工程施工合同纠纷"中,裁判者认为,"因为如果先给付义务人及时履行通知义务,后给付义务履行人还可以通过及时寻求担保,保证合同的履行"。② 不过,及时通知与后给付义务人知悉不安抗辩权之事实,不具有必然联系。后给付义务人通过其他途径知悉该事实,即无须先给付义务人另行通知。裁判者可以通过案件具体情形,综合判定后给付义务人是否已经知悉行使不安抗辩权。后给付义务人已知悉的情形,包括了后给付义务人在先给付义务的履行期届满后,一直未主张履行请求权;③ 或者,当事人已经就对待给付的履行问题进行磋商,"表明原告中止履行合同已及时通知被告,已经尽到行使不安抗辩权的通知义务"。④ 于此,先给付义务人不及时通知,并不影响后给付义务人采取措施排除不安抗辩权。

2. 及时通知的合同义务定性

及时通知是否属于合同义务,与属于何种合同义务,均存在争议。就是否属于合同义务,少数说主张,及时通知是权利行使方式,而非义务,不存在义务违反的责任。⑤ 多数说认为,及时通知属于合同义务。本文采多数说观点,理由有二:其一,及时通知作为权利行使方式与合同义务的定性并不矛盾,何况其本来也不属于权利行使方式;其二,后给付义务人因迟延通知所致的损失,须由先给付义务人承担,反推出及时通知应属合同义务。

及时通知属于何种合同义务?有学者持法定给付义务说,⑥ 还有学者

---

① 参见韩世远《合同法总论》(第 4 版),法律出版社,2018,第 422 页;王利明主编《中国民法典释评·合同编通则》,中国人民大学出版社,2020,第 321 页。
② 宜春市袁州区人民法院 (2018) 赣 0902 民初 3179 号民事判决书。
③ 参见中澳投资 (国际) 有限公司、冯庆华股权转让纠纷,江门市中级人民法院 (2017) 粤 07 民终 2220 号民事判决书。
④ 庄载仁与林建平合同纠纷,霞浦县人民法院 (2017) 闽 0921 民初 2131 号民事判决书。
⑤ 参见王洪亮《债法总论》,北京大学出版社,2016,第 130 页。
⑥ 参见王利明《合同法研究》(第 2 卷)(第 3 版),中国人民大学出版社,2015,第 68 页。

持附随义务说，① 另有学者采兼具负担性义务和照顾义务的两重义务说。② 裁判实践以附随义务说为主流观点。例如，在"居苏与王学伟房屋买卖合同纠纷"中，裁判者认为，"主张不安抗辩权的当事人负有附随义务。一是通知义务，要求主张不安抗辩权一方当事人中止履行后立即通知另一方"。③ 比较前述诸种学说，附随义务说应被采纳，因为及时通知建基于诚信原则，且不具有独立可诉性。

3. 及时通知的到达

先给付义务人告知后给付义务人，已经中止履行，属于观念通知。通知的内容是表达"中止履行"，④ 是否出现"不安抗辩权""抗辩权"等表述，在所不问。该通知可以类推适用《民法典》中有关意思表示的各项规定。通知没有固定形式，⑤ 书面、口头均可。在法律实践中，先给付义务人可以采取正式发函⑥、律师正告函⑦甚至通知对方签订补充协议⑧等方式，告知后给付义务人。根据合同的相对性，受领通知的主体通常是后给付义务人，也不排除其他受领权限者，如受领使者。

后给付义务人造成到达障碍，不影响知悉可能性，应由其承担通知已经到达的风险。例如，在"昆山港佳置业有限公司与严竹群、揭海华商品房预售合同纠纷"中，后给付义务人已经处于停产停工状态，先给付义务人严竹群、揭海华的通知被拟制为已经到达。⑨

4. 及时通知的体系关联

首先要明确其与《民法典》第 527 条的互相关系。申言之，及时通知

---

① 参见韩世远《合同法总论》（第 4 版），法律出版社，2018，第 422 页。
② 参见朱广新《合同法总则研究》（下册），中国人民大学出版社，2018，第 600 页。
③ 昆明市中级人民法院（2018）云 01 民初 3372 号民事判决书。
④ 上海红绿登汽车服务有限公司与高乙企业承包经营合同纠纷，上海市第二中级人民法院（2009）沪二中民三（商）终字第 360 号民事判决书。
⑤ Vgl. Staudingers/Magnus, Berlin 2013, CISG §71. Rn. 45.
⑥ 参见杭某丰某某企业管理有限公司与杭某女神电器有限公司一案，杭州市中级人民法院（2010）浙杭民终字第 609 号民事判决书。
⑦ 参见霍珊珊与袁小军房屋买卖合同纠纷，昆明市盘龙区人民法院（2019）云 0103 民初 10128 号民事判决书。
⑧ 参见叶大敏与郑州中元置业有限公司追偿权纠纷，郑州市中级人民法院（2016）豫 01 民终字 3331 号民事判决书。
⑨ 苏州市中级人民法院（2019）苏 05 民终 1922 号民事判决书。

是否为不安抗辩权的构成要件？少数裁判观点主张，及时通知是不安抗辩权的构成要件。例如，在"深圳市永金盛电子有限公司与智美达（江苏）数字科技有限公司买卖合同纠纷"中，裁判者提出，"不安履行抗辩权的行使需要满足法定的条件，其中之一就是要及时通知对方，而本案中永金盛公司并未提交证据证明其曾向智美达公司作出过行使不安抗辩权要求中止履行合同的意思表示，故在本案中永金盛公司陈述其行使不安抗辩权的意见并不能成立"。① 简言之，不通知，即认定不安抗辩权尚未行使，更不能发生有权中止履行的法律效果。多数的裁判意见认为，未及时通知不影响不安抗辩权的行使，但是会阻碍合同解除权。② 换言之，及时通知是行使解除权的前提，而不是抗辩权的构成要件。

多数的裁判意见应被采纳。理由有二。其一，从条文结构上，《民法典》第 527 条与第 528 条分属两条。既然，第 528 条调整不安抗辩权的行使程序与相应的法律效果，那么，其隐含前提是不安抗辩权已经产生。所以，视及时通知为不安抗辩权的构成要件，存在逻辑矛盾。其二，根据履行抗辩权的存在效果说，③ 先给付义务人在诉讼内提出抗辩权，即可达成排斥违约责任。可见，不安抗辩权的行使与是否及时通知无关。

及时通知的体系关联，还要明确与本条第 3 句给予宽限期设定担保的关系。由于先给付义务人在向后给付义务人发出通知时，也可能设定后给付义务人提供担保的宽限期，有观点主张，通知的内容应当包括中止履行的意思表示和为后义务人提供担保制定合理的期限。④ 还有观点认为，不合理通知的情形包括了设定了较短的宽限期，或者是应当询问是否可以提供担保。⑤ 前述观点均不应被采纳。原因在于，通知与给予宽限期设定担

---

① 盐城经济技术开发区人民法院（2019）苏 0991 民初 1645 号民事判决书。

② 参见江西茂盛环境有限公司、湖北力帝机床股份有限公司买卖合同纠纷，宜昌市中级人民法院（2019）鄂 05 民终 2410 号民事判决书。

③ 参见王洪亮《〈合同法〉第 66 条（同时履行抗辩权）评注》，《法学家》2017 年第 2 期；李建星《先履行抗辩权之解构》，《法学家》2018 年第 5 期。

④ 参见朱广新、谢鸿飞主编《民法典评注·合同编通则（1）》，中国法制出版社，2020，第 510 页。

⑤ 参见汉庭（天津）投资咨询有限公司、中山市泓源物业管理有限公司房屋租赁合同纠纷，中山市中级人民法院（2019）粤 20 民终 598 号民事判决书。

保应属于两项不同的表示，应当分别予以审查，而不得视之构成互相影响。

（二）通知及时性的判断

裁判者一般认为，先给付义务人应当在履行期届满前，告知后给付义务人，才构成及时通知。[①] 不过，其分歧在于，先给付义务人可否在诉讼中通知。个别观点主张，可以诉讼的方式通知。例如，在"梁汝源、邵玉桂与丁瑶房屋买卖合同纠纷"中，裁判者认为，"丁瑶在与梁汝源协商未果的情况下，申请诉前财产保全及提起民事诉讼，均系中止履行的表现形式，并通过诉讼的方式告知了相对方"。[②] 大多裁判者否定先给付义务人在诉讼中通知具有及时性。例如，在"临海市国土资源局与恒邦置业集团有限公司建设用地使用权出让合同纠纷"中，裁判者指出，"诉讼中提出不是及时，被告在本案诉讼之前均未明确主张其不支付出让金系依法行使不安抗辩权，故不符合《中华人民共和国合同法》第六十九条所规定的'及时通知'的程序要求"。[③] 还有的裁判意见认为，"二被告直至本案诉讼时才提出行使不安抗辩权，并无证据证明其在合同履行当时已经及时向原告提出行使不安抗辩权"。[④]

然而，上述主张应在履行期届满前通知的裁判观点，受限于行使效果说，存在两点根本缺陷。第一，其仍将通知视为不安抗辩权行使的构成要件，既违背了第527条与第528条分置的法条结构，也存在逻辑矛盾。第二，限缩了不安抗辩权的适用空间，导致本应享有不安抗辩权的先给付义务人被判定构成迟延履行。相反，倘若按照存在效果说，对先给付义务人较有利。因为其在诉讼外，不提出不安抗辩权，不影响抗辩权的存在，同样可以排除迟延履行。此解释进路，合乎《民法典》第527条、第528条

[①] 参见宁波凯瑞海运有限公司与台州市东升海运有限公司、周祥宗等船舶买卖合同纠纷，浙江省高级人民法院（2010）浙海终字第119号民事判决书；河南万花谷文化旅游有限责任公司与海南佳凯投资有限公司、海南康煌房地产投资有限公司等股权转让纠纷，海南省高级人民法院（2018）琼民初15号民事判决书。

[②] 济南市中级人民法院（2018）01民终5543号民事判决书。

[③] 台州市中级人民法院（2015）浙台商终字第497号民事判决书。

[④] 绍兴市柯桥区亚太服装有限公司与陈胜良、杨雪峰企业承包经营合同纠纷，绍兴县人民法院（2015）绍柯商初字第776号民事判决书。

分置的法条结构，也与及时通知不作为不安抗辩权构成要件的结论保持协调。而且，后给付义务人在自身已经丧失履行债务能力时，足以知悉对方有权中止履行，故而无须另行通知，即可产生排除迟延履行的效果。

有观点从及时通知的起算时间切入，认为，"依诚信原则，应当将此通知义务扩张解释为在先为给付义务人了解到有关情事之后的合理时间内"。[1]此观点未考量到，及时通知旨在倾斜保护后给付义务人。因此，本文主张，应结合后给付义务人的角度与通知到达时间两者，观察通知的及时性。假如后给付义务人先于通知前就中止履行采取了相应措施，该通知即属不及时。例如，后给付义务人已经执行替代交易或者提出履行请求权，通知却未到达。此观点可以协调及时通知的最后期限与后给付义务人可能存在损失的时间。另外，先给付义务人未告知中止履行的原因与依据，不影响通知的及时性。

（三）及时通知的效力

先给付义务人及时通知，可以产生两项效力：其一，后给付义务人明确知悉不安抗辩权正在行使的事实；其二，起算提供担保的合理期限。

先给付义务人未能及时通知，属于违反附随义务。先给付义务人履行通知义务，不但要及时，还应适当告知权利行使情况。一种观点采取较高的要求，认为，通知的内容应当包含主张不安抗辩权的事实与理由以及中止履行的意思。[2] 另一种观点主张采取宽松的标准，提出，通知中不必包含行使不安抗辩权之缘由的准确说明，但至少必须向后给付义务人明确表示不安抗辩权正在发生，并基于何种事实。[3] 两论的共同之处是，先给付义务人必须通知抗辩权之行使与基本事实，否则，后给付义务人将无法有针对性地提供担保。不同之处是，对行使理由是否需要准确说明。以此观之，不能强求先给付义务人具有法律论证能力，并致使其遭受不利，故而

---

① 葛云松：《期前违约规则研究》，中国政法大学出版社，2003，第 259 页。
② 参见最高人民法院民法典贯彻实施工作领导小组主编《中华人民共和国民法典合同编理解与适用（一）》，人民法院出版社，2020，第 445 页。
③ Vgl. Staudingers/Magnus, Berlin 2013, CISG § 71. Rn. 45.

应采后种宽松标准。

后给付义务人如果因此存在损失，可以根据《民法典》第 577 条，向先给付义务人主张损害赔偿请求权。计算依据是《民法典》第 584 条。

三　后给付义务人提供适当担保

（一）提供担保的非限定性

《民法典》第 528 条第 2 句不具有限定性。换言之，除了提供担保之外，其他事宜也可以排除不安抗辩权。第一，基于私法自治的原理，先给付义务人可以单方面放弃不安抗辩权。此弃权行为需要采取后给付义务人可得知的方式，包括向后给付义务人发出放弃抗辩权的通知，[①] 或者按照原定债务规划履行。第二，根据《民法典》第 527 条，并结合本条第 3 句"对方在合理期限内未恢复履行能力"的体系解释，可知，后给付义务人已经自行恢复履行能力，即排除不安抗辩权。恢复的程度达到可以保障为对待给付即可，无须达至履行能力全面得到恢复。例如，生产企业因新冠肺炎疫情无法招工而生产线全部停滞，但疫情迅速得到控制，仅恢复部分生产线即可满足合同要求。[②] 第三，后给付义务人还可以通过直接履行对待给付，[③] 排除不安抗辩权。如果后给付义务人在履行期届至前履行，须考虑适用《民法典》第 530 条提前履行、第 985 条第 2 项的"债务到期之前的清偿"。

（二）提供担保的非强制性

后给付义务人可以提供担保，是否意味着先给付义务人享有要求提供担保的请求权？学说与裁判实践就此存在较大争议。第一种观点主张，存

---

① Vgl. Staudingers/Schwarze, Berlin 2015，§ 321. Rn. 54.
② 最高人民法院民法典贯彻实施工作领导小组主编《中华人民共和国民法典合同编理解与适用（一）》，人民法院出版社，2020，第 446 页。
③ 参见张乐明等与解升波房屋买卖合同纠纷，北京市第三中级人民法院（2019）京 03 民终 1754 号民事判决书。

在提供担保的请求权。① 与之相应的裁判观点主张，"当发生不安抗辩权时，法律赋予合同相对方请求对方提供担保的权利，且也未禁止法院或仲裁机构责令对方提供担保"。② 第二种观点认为，不安抗辩权并未授予先给付义务人担保请求权。③ 本文采第二种观点，即先给付义务人不享有要求提供担保的请求权。第一种观点的核心论据是，如果没有提供担保的请求权，先给付义务人即无权主张基于义务违反的损害赔偿请求权。实际上，提供担保请求权与损害赔偿请求权缺乏必要联系。而且，第 2 句没有明示授予请求权，倘若强行解释出提供担保的请求权，显然有违私法自治。所以，本句仅具有担保功能，缺乏强制执行性，没有授予先给付义务人对后给付义务人的额外请求权。

另外，就先给付义务人是否有权要求后给付义务人立即履行对待给付，同样存在歧见。学者观点主张，先给付义务人可以通过催告，要求后给付义务人履行对待给付。④ 相反的裁判观点主张，"不安抗辩权行使的通常结果系暂停履行自己的给付义务，并不产生要求对方立即履行在后的对待给付的权利"。⑤ 两种观点的差异在于，后给付义务人是否仍享有未届期的抗辩权。本文采后说，内在理由有三。其一，基于同时履行，要求对待给付或担保，将会枉顾后给付义务人的利益。后给付义务人可能已经计算过，其可以通过先给付，获得一定的经济利益。例如，买受人希望由买卖标的物获得买卖的价款。所以，应该由后给付义务人自行决定，是否提出给付以换取合同的履行。⑥ 其二，后给付义务由履行期未届满转化为

---

① 参见张金海《预期违约与不安抗辩制度的界分与衔接——以不履行的可能性程度为中心》，《法学家》2010 年第 3 期。

② 石仕海与朱俊、蔡先学合同纠纷，惠水县人民法院（2016）黔 2731 民初 521 号民事判决书。

③ Vgl. Frohberg, Die ernsthafte und endgültige Erfüllungsverweigerung – Tatbestand und Rechtfolgen, Diss. Münster 1979, S. 164.

④ 参见朱广新《预期不安履行规范模式之比较》，载吴汉东主编《私法研究》，中国政法大学出版社，2005，第 286 页。

⑤ 北首光源科技（大连）股份有限公司与北京汇通融信电子电器设备有限公司建设工程施工合同纠纷，大连市中级人民法院（2017）辽 02 民终 5124 号民事判决书。

⑥ Vgl. BT – Drucks 14/6040, 180. 此为德国债法改革立法者所持的观点。此观点旨在回应当时学界的一种观点，即当事人存在强烈的主张，不安抗辩权可以转化为同时履行，由此授予了先给付义务人有履行请求权。Dietrich, Die Klage des Vorleistungspflichtigen, DJZ 1904, 1078f.

届满，将"逆转"当事人的利益状态，违反债务规划。其三，不安抗辩权的成立要件尚不足以达至给付义务加速到期的要求。[①]

（三）提供担保的合理期限

合理期限的目的有二：其一，防止后给付义务人履行能力的恢复或提供适当担保过于迟延，以致损害先给付义务人的利益；其二，先给付义务人可以从合同关系中及时解套。

设定合理期限，属于需受领的意思表示，并具有形成效力。[②] 此形成效力对当事人双方均有拘束力。先给付义务人在此期限内，基于禁反言的要求，不得采取与等待后给付义务人提供担保相反的行为，如径行解除合同。后给付义务人超出此期限提供担保，须承担相应不利。设定期限，无须固定的形式，表达出后给付义务人须在一定时间内提供担保即可。

判定期限是否合理，存在较大争议。首先，合理期限的起算时间存在不同观点。一种观点以先给付义务人通知到达后给付义务人为起算点，[③]另一种观点以后给付义务人按通常情形知道中止履行的事实为起算点。[④]还有观点提出，应当综合考虑担保数额、阻碍履行能力恢复的具体因素以及合同对于双方债务履行时间紧迫性的要求来确定。[⑤] 鉴于合理期限旨在确保先给付义务人可以及时从合同关系中"解套"，应以后给付义务人知悉为起算点。申言之，后给付义务人在通知到达前，已经知悉中止履行，即开始起算合理期限；反之，后给付义务人无法知悉中止履行，即从先给付义务人通知到达时起算。然后，合理期限的截止时间，直接决定了合理时间的长度。何为"合理"，视乎案件具体情形，取决于当事人的利益状况，同时考量下述二者。一者，鉴于对待给付还未到期，所以，合理时间不是按照能够完成履行的时间来计算，而应考虑基于执行尚未启动的给付

---

① 参见李建星《法定加速到期的教义学构造》，《法商研究》2019 年第 1 期。
② Vgl. Ulrich Huber, Leistungsstörungen. Band Ⅱ, Tübingen 1999, S. 374f.
③ 参见葛云松《期前违约规则研究》，中国政法大学出版社，2003，第 259 页。
④ 参见朱广新《合同法总则研究》（下册），中国人民大学出版社，2018，第 601 页。
⑤ 最高人民法院民法典贯彻实施工作领导小组主编《中华人民共和国民法典合同编理解与适用（一）》，人民法院出版社，2020，第 446 页。

程序所需的时间。二者，关键是按照合同标的性质、有关交易习惯并结合当事人具体情况确定，避免先给付义务人受到不合理的合同拘束。① 有观点主张，参考《美国统一商法典》第 2 - 609 条第 4 款，以 30 天为上限。② 《美国统一商法典》第 2 - 609 条第 4 款，"当事方收到正当要求后，未能在不超过 30 天的合理期限内提供当时情形下为充分之及时履行保证的，视为毁弃合同"。本文建议，鉴于立法者衔接不安抗辩权与预期违约，以及避免先后给付义务处于同时履行状态的两层意图，合理期限不应长于后给付义务的履行期。

先给付义务人设定的较短期限，对后给付义务人不具有形成效力。原因在于，形成效力本身受到合理性的内在限制。假如先给付义务人设定了较短期限，不符合此限制，自然无法产生对后给付义务人的拘束力。此时，《民法典》第 528 条代替了当事人的意思，将较短期限转化为合理期限。先给付义务人在合理期限内，发出解除通知，属于无权解除。该行为不但无法产生解除的法律效果，反而会因此承担相应的违约责任。③

（四）　担保适当性的判断

后给付义务人选择提供适当担保，先给付义务人即应当继续履行义务。所以，通说认为，提供担保属于对抗辩权的再抗辩。④ 担保的方式，既可以是物保，也可以是人保。在物保方面，后给付义务人以"提供"的方式作出担保，体现了以意定担保物权为主的意旨。意定担保物权，既可以是典型担保，也不排除让与担保等非典型担保。在人保方面，根据是否具有从属性，后给付义务人既可以"提出"具有从属性的保证，也可以出具无从属性且由金融机构出具的独立保函（《最高人民法院关于审理独立保函纠纷案件若干问题的规定》第 1 条）。还有观点主张更宽松的担保方

---

① Vgl. Staudingers/Schwarze, Berlin 2015, § 321. Rn. 78.
② Vgl. Schlechtriem/Hornung/Fountoulakis, 5. Aufl., München 2008, CISG § 72. Rn. 26.
③ 参见李建星《预期违约的制度内涵与类型扩展》，《法治研究》2019 年第 5 期。
④ 参见朱广新《预期不安履行规范模式之比较》，载吴汉东主编《私法研究》，中国政法大学出版社，2005，第 273 页。

式，如权威机构对履行债务能力的证明。① 但是，后给付义务人的本人承诺、保证或只表达了相关意图，不具备适当性。在"王玉兰、孙继雨与房屋买卖合同纠纷"中，裁判者判定，"王玉兰已表示愿意一次性支付全部购房款，故孙继雨据以行使不安抗辩权的事由也已消除，其无权再以此为由拒绝履行合同义务"。② 此裁判观点不应被采纳。原因在于，先给付义务人本来就质疑后给付义务人自身的债务履行能力，缺乏担保物与第三人的加入，无法增加责任财产。

如何确定担保的"适当性"，各方分别提出各自的标准。主观标准认为，担保或保证能够使先给付义务人消除对后给付义务人有可能违约的疑虑，前者足以相信后者不会违约，确认其履行意图，即属认定为"适当担保"。③ 客观标准主张，担保的适当性须达到"支付的保证"，即担保须满足获得对待给付，足以清偿对待给付的要求。④ 综合标准提出，需要同时考虑后给付义务人丧失履行能力的程度、恢复履行能力的可能，而且，后给付义务人提供担保的数额应当大于先履行一方已履行的债务数额。⑤ 我国裁判实践优先考虑适用客观标准。在"山东广悦化工有限公司、江苏焱鑫科技股份有限公司承揽合同纠纷"中，合同总价款是 3000 万元，先给付义务人焱鑫公司及时通知中止履行后，后给付义务人广悦公司支付货款 500 万元，裁判者认为，该款项所占本案合同标的额比例不大，尚不足以达到"适当担保"。⑥ 主观标准的缺陷在于，不具有法律确定性，完全交由先给付义务人自行判断。其可取之处是，揭示提供担保与对待给付可以不完全相等。依此，可以适当缓和客观标准，视个案增减担保与对待给付

① 参见葛云松《不安抗辩权的效力与适用范围》，《法律科学（西北政法学院学报）》2003 年第 1 期。

② 深圳市中级人民法院（2016）粤 03 民终 17950 号民事判决书。

③ 张金海：《预期违约与不安抗辩制度的界分与衔接——以不履行的可能性程度为中心》，《法学家》2010 年第 3 期；王利明：《预期违约与不安抗辩权》，《华东政法大学学报》2016 年第 6 期。

④ Vgl. Münchener Kommentar/Emmerich, 6. Aufl., München 2012, § 321, Rn. 17.

⑤ 参见最高人民法院民法典贯彻实施工作领导小组主编《中华人民共和国民法典合同编理解与适用（一）》，人民法院出版社，2020，第 445 页。

⑥ 东营市中级人民法院（2020）鲁 05 民终 610 号民事判决书。

的比例，力求尽快恢复合同正常履行状态。例如，出卖人可以证明已经永久改善了先前交付商品的不良质量，亦可。

就担保范围的"适当性"，学者普遍同意，"提出"担保的额度仅涉及原义务（Primärpflichten）。不过，就担保范围是否应涵盖损害赔偿等次义务（Sekundärpflichten），存在相反观点。[①] 本文认为，宜采否定说。后给付义务人丧失履行能力，不会必然造成先纠纷义务人损失。由此，担保范围扩展至损害赔偿等次义务，不具有必要性，反而加重后给付义务人的负担，恶化其经济状态。另外，在持续性供应合同中，先给付义务人对部分给付的中止履行，相对应的，后给付义务人也只需要提供部分对待给付的担保，无须就全部对待给付提供担保。不过，倘若对待给付间存在互相关联性，就剩余的对待给付提供担保即存在必要性。[②] 提供的担保必须使债权人在紧急情况下可以将其处置。

（五）提供担保的效果

后给付义务人提供了适当担保，存在两层法律效果。其一，不安抗辩权被排除，先给付义务人应当立即恢复履行合同。其二，因为不安抗辩权的效力，先给付义务人在提供担保前，对所发生的迟延履行，不承担违约责任。此外，除非给付义务间存在固定先给付义务，否则，后给付义务的履行期应维持不变，不发生顺延。[③]

四　救济措施

（一）拒绝履行之拟制

后给付义务人未提供适当担保，既可以是没有提供充足的担保，也可

[①] 肯定说，vgl. Staudingers/Magnus, Berlin 2013, CISG §71. Rn. 49；否定说，vgl. Münchener Kommentar/ P. Huber, 6. Aufl., München 2012, CISG §72, Rn. 21。

[②] Vgl. Staudingers/Schwarze, Berlin 2015, §321. Rn. 63.

[③] 主张后给付义务顺延的学说，参见王利明《预期违约与不安抗辩权》，《华东政法大学学报》2016年第6期。

以是完全不提供担保。就不提供担保，是否可以视为拒绝履行给付义务，存在三种学说。第一种学说主张，为了衔接不安抗辩权与预期违约，后给付义务人未提供适当担保，成立默示预期违约。[①] 第二种学说在评述《联合国货物销售合同公约》第 71 条第 3 款与第 72 条第 3 款时，认为，按照前款不提供担保，不会构成后款的拒绝履行。[②] 其中，《联合国货物销售合同公约》第 71 条第 3 款，"中止履行义务的一方当事人不论是在货物发运前还是发运后，都必须立即通知另一方当事人，如经另一方当事人对履行义务提供充分保证，则他必须继续履行义务"；第 72 条第 3 款，"如果另一方当事人已声明他将不履行其义务，则上一款的规定不适用"。第三种学说视拒绝担保为交易基础丧失，因为其造成了同时履行的合同无可执行性 （undurchführbar）。[③]《民法典》第 528 条第 3 句明显采取了第一种学说。[④] 按照该句的文义表述，后给付义务人在合理期限内，未提供适当担保，拟制为期前拒绝履行合同。此项拟制旨在回应长期存在的争议，将不安抗辩权所致的解除权纳入预期违约解除权，避免将第 563 条第 1 款第 （5） 项"法律规定的其他情形"作为解除权依据。然而，其妥当性依然受到挑战。反对拟制者的批评意见有二：其一，拟制的正当性存疑，因为其将客观履行能力丧失"视为"缺乏主观履行意愿的"以行为表明不履行"；[⑤] 其二，缺乏必要性，即便将不安抗辩权所致的解除权纳入《民法典》第 563 条第 1 款第 （5） 项的"法律规定的其他情形"，只要在适用情形上予以区别对待，也不会带来解释论层面的混乱。即便是赞成拟制者，也认为标准过高。因为"未恢复履行能力"与"未提供适当担保"须同时满足，方可以拟制为拒绝履行，限定了先给付义务人的解除权，偏

① 参见张金海《预期违约与不安抗辩制度的界分与衔接——以不履行的可能性程度为中心》，《法学家》2010 年第 3 期；王利明《预期违约与不安抗辩权》，《华东政法大学学报》2016 年第 6 期。
② Vgl. Staudingers/Magnus, Berlin 2013, CISG §71. Rn. 51.
③ Vgl. Sorgel/Wiederman, Stuttgart 1986, §321, Rn. 42.
④ 参见黄薇主编《中华人民共和国民法典合同编释义》，法律出版社，2020，第 153 页；石宏《合同编的重大发展和创新》，《中国法学》2020 年第 4 期。
⑤ 参见叶金强《不安抗辩中止履行后的制度安排——〈民法典〉第 528 条修正之释评》，《法律科学（西北政法大学学报）》2020 年第 5 期。

离了法定解除权的一般规定。[1]

（二）合同解除

1. 解除的适用与限制

为了终止先给付义务人的不确定状态与免于对待给付遭受的不合理风险，[2]《民法典》第528条第3句授权先给付义务人可以解除合同。不过，即便无此授权，也不影响先给付义务人依据诚信原则解除合同。在德国债法改革前，由于没有专门规定先给付义务人的解除权，裁判实践一般通过诚信原则，并类推《德国民法典》第326条推演出解除权。[3] 在债法改革后，《德国民法典》第321条第2款第2句，明确授予了解除权。该句规定，"该期间届满而无效果后，先给付义务人可以解除合同"。因此，就无须回溯到诚信原则。

本条第3句的解除权，还存在类推适用的余地。第一种类推情形，先给付义务人履行后，后给付义务人才丧失履行债务能力。基于"相同事物相同对待"的原则，先给付义务人仍可类推适用本条第3句，在对方于合理期限内未恢复履行能力且未提供适当担保时，解除合同。当中缘由有二。其一，先给付义务人理应有权回收先给付来降低亏损风险。[4] 其二，在无法确证后给付义务人违约确定性高时，先给付义务人仍有权类推本条第3句，解除合同。第二种类推情形，在无履行先后顺序的双务合同中，一方在合理期限内未提供适当担保且未能恢复履行能力，对方也可类推适用本条第3句解除合同。[5]

为了避免权利滥用，倘若先给付义务人对后给付义务人丧失履行能力，或者无法提供担保，存在可归责性，其不得再行使解除权。比较法上就此通

---

① 朱广新：《合同法总则研究》（下册），中国人民大学出版社，2018，第602页。

② Vgl. Staudingers/Schwarze, Berlin 2015, §321. Rn. 81.

③ Vgl. BGHZ 11, 80, 85; BGHZ 112, 279, 287.

④ Vgl. Staudingers/Schwarze, Berlin 2015, §321. Rn. 81.

⑤ 参见叶金强《不安抗辩中止履行后的制度安排——〈民法典〉第528条修正之释评》，《法律科学（西北政法大学学报）》2020年第5期。

常有明文规定。① 为此，可以考虑类推《民法典》第 605 条予以限制。

2. 第 528 条第 3 句与预期违约解除权的连接

在《合同法》时期，学者对于不安抗辩权与预期违约存在漫长的争议。歧见分别在于，两者在构成要件上是否存在重叠之处，以及法律效果是否存在可衔接之处。前述歧见均可落脚于，原《合同法》第 69 条与第 94 条第（2）项是同一解除权，或两项独立解除权？② 全国人大工作人员对原《合同法》第 94 条第（2）项的解释认为，守约方可因对方"不履行"或"不能履行 + 不提供必要担保"解除合同。③ 故诸多学者理解为，"不能履行 + 不提供必要担保"指向了第 69 条。但是，全国人大工作人员又指明第 69 条属第 94 条第（5）项所指的"其他情形"，④ 与第 94 条第（2）项无实质关联。这种混乱解释直接影响法律适用，如后给付义务人发生《民法典》第 577 条第 1 款所涉的丧失履行债务能力情形，后给付义务人依第 69 条通知前者提供担保无果后方能解除，抑或依第 94 条第（2）项立即解除？

裁判实践通常将不安抗辩权所致的解除权纳入原《合同法》第 94 条第（2）项。在"新疆多维钢结构有限公司与乌苏市金伟业钢铁有限公司建设工程施工合同纠纷"中，裁判者判定，"被告在收到催告函直至原告于 2013 年 3 月起诉至法院，仍未履行提供适当担保的义务，原告据此可以解除合同。同时，被告作为独资企业，其法定代表人涉及其他案件后被告的资产被多家法院查封、扣押，及建设工程被迫停工的客观事实均说明被告将无法按照合同履行其义务，被告的涉案行为及客观事实均表明被告已经预期违约……故原告可以依照《合同法》第九十四条第一款第（二）

---

① 例如，《德国民法典》第 326 条第 6 款，"债权人对使其解除契约之情事，完全或大部分可归责者，或不可归责于债务人之情事，发生于债权人受领迟延者，不得解除契约"。此为避免权利滥用所设的特别规定。Vgl. BT – Drucks 14/6040, S. 180.

② 完整的争议梳理，参见陈韵希《合同预期不履行的救济及其法理基础——再论〈合同法〉不安抗辩权和预期违约的界分》，《比较法研究》2017 年第 6 期。

③ 胡康生主编《中华人民共和国合同法释义》（第 3 版），法律出版社，2013，第 176 页。

④ 胡康生主编《中华人民共和国合同法释义》（第 3 版），法律出版社，2013，第 178 页。

项，因被告的预期违约行使其法定的解除权"。① 再如，在"乐视网信息技术（北京）股份有限公司与浙江广播电视集团著作权合同纠纷"中，裁判者认为，"对方在收到通知后，合理期限内未恢复履行能力，亦未提供适当担保的，可认定构成先期违约"。②

立法者通过条文表述，将不安抗辩权所致的解除权，与《民法典》第563 条第 1 款第 2 项的预期违约解除权连接。第 528 条第 3 句的表述是"视为以自己的行为表明不履行主要债务"，第 563 条第 1 款第 2 项后种情形"以自己的行为表明不履行主要债务"。可见，立法者将不安抗辩权所致的解除权引至《民法典》第 563 条第 1 款第 2 项，切断了与第 563 条第 1 款第 5 项的可能关联。简言之，第 528 条第 3 句与第 563 条第 1 款第 2 项，属于同一解除权。

3. 区分适用

英国法的预期违约涉及两种类型：第一，明示拒绝履行，在履行期到来之前表示不履行合同的意愿；第二，默示拒绝履行，通过自己的行为让一个理性之人可得出其不打算履行合同的结论。《美国统一商法典》第 2 - 609 条在英国法的基础上，新增了一种预期违约的情形，即因未能够提供适当担保而构成的预期违约。《美国第二次合同法重述》第 251 条第 2 款同样有此规定，"如果债务人在合理的期间内，没有就到期的义务提供对于有争议案件的特殊情况充分的担保，则债权人应将其提供担保的行为视为对合同的毁弃"，学者将之称为"未能提供担保而视为预期违约"（when a failure to give assurance may be treated as a repudiation）。前述规定被统称为"预期不能履行"。③ 但是，由于第 528 条第 3 句与第 563 条第 1 款第 2 项属于同一解除权，解释论无须径直将不安抗辩权归入美国法的预期不能履行。更重要的是，要避免以下论断支配法律适用：当事人根据第 563 条第 1 款第 2 项解除合同，一概要经过第 528 条所涉的程序。按

---

① 新疆维吾尔自治区伊犁哈萨克自治州塔城地区中级人民法院（2013）塔中民二初字第 8 号民事判决书。

② 北京知识产权法院（2019）京 73 民终 611 号民事判决书。

③ See E. Allan Farnsworth, *Contracts*, Aspen Law & Business, 3rd. ed. 1999, p. 614.

此论断势必极大限制当事人行使权利的灵活性，不当限缩第 563 条第 1 款第 2 项的适用余地。

第 528 条第 3 句与第 563 条第 1 款第 2 项仅在极其有限的情形中才存在重合，即后给付义务人在其履行期届满前，丧失债务履行能力。相反，后给付义务人直接拒绝履行合同，[①] 或者给付义务间不存在先后顺序，并不会发生重合，一般应适用第 563 条第 1 款第 2 项。

第 528 条与第 563 条第 1 款第 2 项在违约的确定性与严重性上均存在区别。在违约确定性方面，通说认为，后给付义务人丧失债务履行能力的确定性较低时，应适用不安抗辩权，[②] 相反，确定性较高时，应适用预期违约。此种区分对于当事人均有实益。后给付义务人可以通过第 528 条第 1、2 句，澄清事实；先给付义务人可以通过前述规定减少"错误解除合同的可能性"。[③] 在违约严重性方面，在"合理期限内未恢复履行能力且未提供适当担保"前，后给付义务人丧失债务履行能力尚未达到根本违约的程度。反之，鉴于《民法典》第 563 条第 1 款已经以"不能实现合同目的"表达出了"根本违约"的要件，所以，第 563 条第 1 款第 2 项需要达到根本违约的程度。

根据上述区分，可以归纳出以下三项规则。第一，如后给付义务人丧失履行能力发生之确定性较低，严重程度较低，先给付义务人须待对方担保无果后，方可解除合同。第二，如确定性高，且已构成根本违约，[④] 则先给付义务人依据第 563 条第 1 款第 2 项直接解除。当然，不影响先给付义务人仍给予对方提供担保的机会。第三，后给付义务人的履行能力丧失"未达到根本违约，但确定性高"，或"达到根本违约，但确定性低"，先

---

① 参见赵文杰《〈合同法〉第 94 条（法定解除）评注》，《法学家》2019 年第 4 期。

② 参见陈韵希《合同预期不履行的救济及其法理基础——再论〈合同法〉不安抗辩权和预期违约的界分》，《比较法研究》2017 年第 6 期；李建星《不安抗辩权与预期违约的完全区分论》，《政治与法律》2017 年第 12 期；赵文杰《〈合同法〉第 94 条（法定解除）评注》，《法学家》2019 年第 4 期；王洪亮《〈民法典〉中给付障碍类型的创新与评释》，《西北师大学报》（社会科学版）2020 年第 6 期。

③ 叶金强：《不安抗辩与预期违约》，《南京大学法律评论》2003 年春季号，第 117 ~ 118 页。

④ 参见朱广新、谢鸿飞主编《民法典评注·合同编通则（1）》，中国法制出版社，2020，第 512 页。

给付义务人应依第528条中止履行，待对方担保无果后，方可依据第563条第1款第2项行使解除权。① 可见，在后给付义务人违约缺乏高确定性或不构成根本违约时，先给付义务人必须给予对方在合理期限内提供担保的机会。

（三）损害赔偿

原《合同法》第69条并未明确，先给付义务人是否享有损害赔偿请求权。《民法典》第528条第3句另行授予先给付义务人损害赔偿请求权。不过，就此仍有争议。否定说主张，后给付义务人因为履行期尚未届满，不负有迟延责任。② 肯定说将债务人无法在合理期限内提供充分担保判定为预期违约，认为先给付义务人享有损害赔偿请求权。③《民法典》第528条第3句即属此说。折中说提出，须区别对待债务人所负义务的范围和内容，同时考量存在债务人具有免责事由的情形，不宜将第528条第3句直接导入违约责任的效果。④

否定说无须考虑适用，因为其并未顾及《民法典》第578条已经明确，"对方可以在履行期限届满前请求其承担违约责任"。折中说旨在引入结果债务与手段债务二分，抬高手段之债的后给付义务人的过错要件，限缩《民法典》第528条第3句于肯定说的适用余地。此说可值赞同。缘由在于，在实际违约中，须区分债务内容，分别配置归责原则，举轻以明重，预期违约同样应遵循此项区分。

对后给付义务人违反的义务类型与依据也存在分歧。第一项分歧涉及义务违反的类型。有观点认为，后给付义务人违反了对先给付义务人的附

---

① 参见李建星《不安抗辩权与预期违约的完全区分论》，《政治与法律》2017年第12期。
② 参见王洪亮《债法总论》，北京大学出版社，2016，第132页。
③ 参见王利明《预期违约与不安抗辩权》，《华东政法大学学报》2016年第6期；柳经纬：《违约精神损害赔偿立法问题探讨——以〈民法典各分编（草案）〉第七百七十九条为对象》，《暨南学报》（哲学社会科学版）2019年第7期。
④ 参见叶金强《不安抗辩中止履行后的制度安排——〈民法典〉第528条修正之释评》，《法律科学（西北政法大学学报）》2020年第5期。

随义务（提供履约担保的义务），① 还有观点主张，后给付义务人违反了给付义务，② 还有观点主张，后给付义务人违反了合同中的忠实义务。③ 第二项分歧涉及主张损害赔偿的依据。前述附随义务说提出，先给付义务人主张损害赔偿的法律依据应是第577条，因为是后给付义务人构成了实际违约，且第578条仅属注意规范。④ 相反观点认为，后给付义务人应按照《民法典》第578条承担违约责任。⑤

就第一项分歧，本文持忠实义务说。后给付义务人在履行期届满前，拒绝履行并没有违反合同的给付义务。而且，后给付义务人提供担保旨在排除不安抗辩权，不合乎附随义务违反的法律效果。所谓忠实义务是与给付相关（Leistungsbezogene Pflicht），确保给付的附随义务。⑥ 后给付义务人期前拒绝履行构成违反忠实义务，彻底毁损当事人对合同的信赖。因此，先给付义务人可以无须债务履行期届满就主张损害赔偿。同理，后给付义务人本应在合同存续期限内保有履行债务能力，但是，其丧失履行债务能力，也违反了对先给付义务人的忠实义务。此结论的体系效益在于，排除了《民法典》第386条、第681条的法律漏洞。前述条文担保责任的承担限定在"债务人不履行到期债务"上，因此，有意见主张须通过目的性扩张，要求担保人为债务人的预期违约承担担保责任。⑦ 但是，倘若将债务人预期违约解释为违反忠实义务，即属不履行到期债务，无须另行漏洞填补。此有助于维护《民法典》体系的稳定性。

就第二项分歧，本文主张以《民法典》第578条为依据。第578条仅规定守约方可以在履行期限届满之前要求违约方承担违约责任。违约责任

① 参见陈韵希《合同预期不履行的救济及其法理基础——再论〈合同法〉不安抗辩权和预期违约的界分》，《比较法研究》2017年第6期。

② 参见叶金强《不安抗辩与预期违约》，《南京大学法律评论》2003年春季号，第117页。

③ 参见李建星《预期违约的制度内涵与类型扩展》，《法治研究》2019年第5期。

④ 参见陈韵希《合同预期不履行的救济及其法理基础——再论〈合同法〉不安抗辩权和预期违约的界分》，《比较法研究》2017年第6期。

⑤ 参见王利明《预期违约与不安抗辩权》，《华东政法大学学报》2016年第6期。

⑥ 参见李建星《论拒绝履行》，元照出版公司，2019，第18页。

⑦ 参见周江洪《关于〈民法典合同编〉（草案）（二次审议稿）的若干修改建议》，《法治研究》2019年第2期。

的具体内容仍须回到第 577 条所指的"继续履行、采取补救措施或者赔偿损失等"。但是，这并不影响第 578 条作为独立的请求权基础，第 577 条反而是债务人在预期违约时承担何种违约责任的说明性法条。

五　证明责任

先给付义务人的证明责任。先给付义务人须就解除权与损害赔偿的事实构成承担证明责任。单就解除权而言，其应该证明，已经通知后给付义务人，并留出了合理的期限，以及后给付义务人没有提供适当的担保。例如，在"湖南心镜科技有限公司、长沙蓝态尔电子科技有限公司合同"中，裁判者认为，先给付义务人"心镜公司并未就蓝态尔公司的履行能力明显降低、有不能为对待给付的现实危险提供充分、有效的证据证明，亦未提交证据证实其已向蓝态尔公司履行了相应的通知义务"。[①]

后给付义务人的证明责任在不同关系中有所不同。首先，为排除不安抗辩权，其应当证明，在合理期限内，已经恢复履行能力，以及提供了适当担保。然后，其要向先给付义务人主张未及时通知的损害赔偿请求权，须自行举证。

六　结论

关于不安抗辩权的效力，有如下结论应予重申。第一，《民法典》第528 条的规范目的在于，达至平衡当事人的利益状态，避免债务关系陷入悬而未决状态。第二，先给付义务人未及时通知，不影响不安抗辩权的形式，但是须承担因违反附随义务的损害赔偿责任。第三，后给付义务人可以提供担保排除不安抗辩权，但是，先给付义务人不享有要求提供担保的请求权。应采取缓和客观标准，视个案增减担保与对待给付的比例，判定担保的合理性。第四，《民法典》第 528 条第 3 句将后给付义务人在合理

---

① 长沙市中级人民法院（2019）湘 01 民终 2366 号民事判决书。

期限内未提供适当担保拟制为期前拒绝履行合同，缺乏拟制的必要性。第五，先给付义务人应根据后给付义务人违约确定性与严重性，确定是否应先行给予其提供担保的机会，再行使解除权。第六，后给付义务人基于合同中的忠实义务，应按照《民法典》第 578 条承担违约责任。

本文探讨了不安抗辩权的效力，但实际是反映了在《民法典》背景下，如何促成文本与实践交流的议题。由于法律规则和教义学结构建立在静止的文本之上，法律评注的功能在于，促成法律文本与读者（例如法律适用者）之间的交流，并通过评注与不断变迁的社会和商谈条件相适应。① 面对《民法典》，学者除了关注核心议题外，更应全面回应裁判实践的争议与问题，为其提供解决进路。此为理论与实践互动的必经通道。

---

① 参见王剑一《德国法律评注的历史演变与现实功能》，《中国应用法学》2017 年第 1 期。

添附求偿权释论[*]

唐波涛[**]

添附求偿权释论[*]

唐波涛[**]

内容提要： 添附求偿权的产生基础为添附制度，基于该制度而取得或丧失所有权，其本质为不当得利。对于添附求偿权成立要件的判定，关键在于处理好其与强迫得利的关系，以判断当事人是否存在真正得利。添附求偿权法律效果可分为两个方面：在消极方面，得利人可主张排除以恢复原状为中心的请求权，但失利人存有取回权除外；在积极方面，失利人可主张返还相应的替代价额。此外，对于添附求偿权与其他请求权之间的关系，不能简单套用"补充性原则"或《民法典》第987条所规定的"并存原则"，而要结合不同权利产生基础的差异来判断是择一关系、聚合关系还是竞合关系。

关键词： 添附　加工　附合　不当得利　请求权竞合

一　问题的提出

我国《民法典》第322条对添附问题进行了规定："因加工、附合、混合而产生的物的归属，有约定的，按照约定；没有约定或者约定不明确的，依照法律规定。法律没有规定的，按照充分发挥物的效用以及保护无过错当事人的原则予以确定。因一方当事人的过错或者确定物的归属造成另一方当事人损害的，应当给予赔偿或者补偿。"该条虽然没有采纳统一

---

* 本文得到了国家留学基金的资助。

** 唐波涛，罗马第一大学（La Sapienza Università di Roma）博士研究生。

的"添附"（accessio）概念，① 却采用列举的方式表明共有加工、附合以及混同三种在要件与法律效果上一致的所有权取得方式。这一条所要处理的问题，也可被简要地分为两个部分：其一，添附物的所有权归属；其二，因添附物所有权归属所产生的利益平衡。本文的研究议题为后者，就该利益平衡问题（为行文方便，下文将该请求平衡利益的权利统称为"添附求偿权"）来看，立法者为此确立了两项规则：其一，因一方当事人过错给另一方当事人造成损失的，应当予以赔偿；其二，因确定物的归属给另一方当事人造成损失的，应当予以补偿。

但不难发现，上述两条规则的表述均非常笼统，在实践中根本无法应用。就第一条规则来看，一方当事人过错所引发的损失赔偿权既可能是侵权损害赔偿请求权，也可能是不当得利请求权或违约请求权。这些权利的构成要件与赔偿范围并不相同，那么，在处理具体的案例时，应当援用哪一处的规范？第二条规则将过错排除在求偿的构成要件之外，并以"补偿"一词来作呼应，似乎有意借此来勾勒添附求偿权的构成要件，但可惜的是，对具体的赔偿范围未置一词。我国的添附规则并没有将过错要素排除在判断添附物所有权的参考依据之外，第一项规则将过错纳入其中，第二项规则又将过错要件予以排除，并将赔偿与补偿并立，这似乎是一种互相矛盾的做法。如何消弭这种理解上的冲突，也有待澄清。

为此，本文的议题可分为如下两个部分：其一，何为添附求偿权；其二，应如何行使添附求偿权。鉴于后者以前者为前提，本文拟首先确定该

---

① 在罗马法中，并不存在统一概括加工、附合及混同三者的概念情况。将这三者置于同一概念之下，并试图确定一条一般性规则来调整这三者的运动始于中世纪的注释法学时期。当时，受古希腊的哲学影响，法学家们想要对罗马法中的素材进行体系化。Vulteio、Connano、Voet 等注释法学家从罗马法的片段中总结出了"从物从属于主物"的原则（accessorium sequitur principale），而 Donello、Vinnio 等人则整理出了另外一条规则，即 accessio 应被视为所有权的一种效果。其后，《法国民法典》第一次以法典的方式规定了"添附权"（droit d'accession）以统辖加工、附合及混同。《德国民法典》《日本民法典》没有使用"添附"（Zwachsrecht）作为统一概念，但是在学术讨论中，鉴于这三者的取得原因与法律效果的一致性，学者们常常使用"添附"一词以指代这三者。为论述方便，本采用各国通行做法，利用"添附"一词以统一概括加工、附合与混合。Cfr. G. Gorla, L'accessione nel diritto civile italiano, in Rivista Italiana per le Scienze Giuridiche, 1931, Roma, pp. 97 – 98；G. Branca, *Accessione*, voce in Enciclopedia del diritto, I, 1958, Milano, p. 265.

求偿权的法律性质，再进一步厘清行使该求偿权的要件、法律效果以及与其他请求权的关系，以对上述争议做出系统性的阐释与回应。

二 误解与澄清：添附求偿权的性质

（一）添附求偿请求权的性质之争

添附系指两物结合而为一物或因加工而成为新物时，并非不可能恢复原状，但考虑到社会的整体经济效用，从而使其中一物归属于一人或者共有的所有权取得方式。[①] 请求补偿因添附所致物权变动而受有损害一方的权利则被学界称为偿金请求权。[②] 对于该权利的性质，主要有以下学说。

其一，按照德国通说，添附导致一方当事人丧失所有权，另一方当事人却因此获益的，这构成非给付型不当得利，失去所有权的一方当事人可以准用（Verweisung）《德国民法典》关于不当得利的规定，要求当事人返还偿金。[③] 其二，添附求偿权的本质并不是真正意义上的不当得利，其性质属于"私法征收"或"私法强制牺牲"。[④] 其三，因添附所产生的偿金义务是一种法定负担，这一偿金义务附从于法定扩张的物权，与物权有不可分离的关系。[⑤] 其四，该请求权在指向返还内容时，虽在形式上具备"法律上的原因"而取得所有权，但实质上却属于不当得利。[⑥] 其五，基于添附取得所有权具有法律上的原因，这一求偿关系并不是不当得利，而是一种非典型之债。[⑦] 其六，添附求偿请求权应是一种担保物权。第六种

---

① 参见史尚宽《物权法论》，中国政法大学出版社，2000，第 140 页。
② 参见谢在全《民法物权论》，中国政法大学出版社，1999，第 271 页。
③ Vgl. MüKoBGB/Füller, 8. Aufl. 2020 Rn. 3, BGB § 951 Rn. 3。
④ 参见苏永钦《私法自治中的经济理性》，中国人民大学出版社，2004，第 294 页。
⑤ 参见苏永钦《私法自治中的经济理性》，中国人民大学出版社，2004，第 304 页。
⑥ 参见〔日〕我妻荣《新订物权法》，罗丽译，中国法制出版社，2008，第 316 页；〔日〕三潴信三《物权法提要》（上），中国政法大学出版社，孙芳译，2005，第 72 页。在意大利，主流学说也持类似观点，即将该请求权理解为不当得利，而不再纠结是适用还是准用。Cfr. A. Torrente, P. Schlesinger, Manuale di diritto privato, Milano, p. 910.
⑦ 参见柳经纬《论添附中的求偿关系之法律性质——兼谈非典型之债与债法总则的设立问题》，《法学》2006 年第 12 期。

观点的持有者为《共同参考框架草案》（DCFR）的起草者，在他们看来，任何物上都包含了两项权益：一是价值权利，二是控制权利。虽然因为添附而导致原所有权人的控制权利灭失，但其价值权利却完好地保存在添附物中。因此，为达到对原物所有人在没有丧失所有权时的保护状态，应将该求偿权塑造成"担保物权"，也即，添附物应对原物所有人在原物的价值利益内提供担保。①

学说讨论只有与现行法结合起来，才能发挥其应有价值。我国现行法涉及添附求偿关系的规定主要有三处。除《民法典》第 322 条之外，第二处为《最高人民法院关于审理城镇房屋租赁合同纠纷案件具体应用法律若干问题的解释》（以下简称《城镇房屋租赁合同司法解释》）第 6 条至第 12 条关于装饰装修构成附合时的处理规定，最后一处为《最高人民法院关于适用〈中华人民共和国民法典〉有关担保制度的解释》（以下简称《担保制度解释》）第 41 条第 1 款："抵押权依法设立后，抵押财产被添附，添附物归第三人所有，抵押权人主张抵押权效力及于补偿金的，人民法院应予支持。"

先就《城镇房屋租赁合同司法解释》就装饰装修物构成附合的法定处理情况来看，其规定大致如表 1 所示。

表 1　《城镇房屋租赁合同司法解释》就装饰装修物构成附合的有关规定

类型	效果
承租人经出租人同意装饰装修，租赁合同无效时	出租人同意利用的，可折价归出租人所有；不同意利用的，由双方各自按照导致合同无效的过错分担现值损失
承租人经出租人同意装饰装修，合同解除时	由导致合同解除的一方承担残值损失
承租人经出租人同意装饰装修，租赁期间届满时	承租人请求出租人补偿附合装饰装修费用的，不予支持
承租人未经出租人同意装饰装修或者扩建	出租人可请求承租人恢复原状或者赔偿损失

---

① 参见〔德〕克里斯蒂安·冯·巴尔、〔英〕埃里克·克莱夫主编《欧洲私法的原则、定义与示范规则：欧洲示范民法草案》（第 8 卷），朱文龙等译，法律出版社，2014，第 658、666~668、732~737 页。

从表 1 可以发现，我国《城镇房屋租赁司法解释》对于装饰装修物的赔偿请求的行使应符合如下条件：其一，租赁合同被解除或租赁合同无效；其二，承租人曾就该装饰装修物取得出租人的同意；其三，装饰装修物与房屋构成了附合；其四，应当按照引发合同解除或者合同无效的过错大小分担装饰装修物的残值。从赔偿要件的构成形式来看，这十分类似于缔约过失制度（《民法典》第 500 条）。因为装饰装修物的剩余残值在性质上非常接近于当事人为更好履约而遭受的信赖损失，而非因附合被法律剥夺的价值。① 但租赁合同是一个继续性的合同，租赁合同被解除，并不能代表此前已经履行的给付已不再具有效力。而且，该损失通过导致合同无效或者引发合同解除的过错大小进行分配，其根本目的在于清算合同解消之后的剩余残值，因而很难将其归结在违约损害、缔约过失、风险负担或不当得利之下。② 更为关键的是，《城镇房屋租赁司法解释》没有回应上述学说中的各种问题，反而为求偿关系的性质争议增添另一种可能性，即添附求偿权是否也可以是某种法律关系结束后的"清算请求权"。③

---

① 如"中国石油天然气股份有限公司内蒙古乌兰察布销售分公司诉内蒙古自治区丰镇市益丰石化有限公司不当得利纠纷案"指出："上诉人基于信赖利益对加油站进行装修，后由于各种原因双方之间的买卖合同未成立，本案应属于双方在缔约过程中信赖利益的受损，责任类型应为缔约过失责任。"参见武大喜、王宋宝《依合同取得他人添附财产不构成不当得利》，《人民司法》2019 年第 11 期。持类似观点的典型案例还可参见"张有春与刘新布租赁合同纠纷案"西安市中级人民法院（2015）西中民一终字第 00774 号二审民事判决书。

② 参见崔建远《租赁房屋装饰装修物的归属及利益返还——对法释〔2009〕11 号关于租赁房屋之装饰装修及其法律后果的规定的评论》，《法学家》2009 年第 5 期。

③ 我国并没有统一的法律解消规则。对于合同无效或合同解除之后的法律效果，人们喜欢利用"恢复原状"来统一表达，但对此存有较大争议。例如，有学者主张合同因解除而溯及地归于消灭，尚未履行的债务免于履行，已经履行的部分发生返还请求权，合同解除中的"恢复原状"属于物的返还请求权；也有学者主张，尚未履行的债务自解除时归于消灭，已经履行的债务并不消灭，而是产生新的返还债务，恢复原状的债务并不是单纯以不当得利为基础的债务；也有学者主张，合同解除并不溯及地消灭合同关系，而是将合同给付义务的履行关系转换为解除后的返还和赔偿清算关系。参见崔建远《解除权问题的疑问与释答》（下篇），《政治与法律》2005 年第 4 期；朱广新《合同法总则》，中国人民大学出版社，2012，第 527～529 页；韩世远《合同法总论》，法律出版社，2018，第 671、684 页；陆青《合同解除效果与违约责任——以请求权基础为视角之检讨》，《北方法学》2012 年第 6 期；汤文平《法律行为解消清算规则之体系综合》，《中国法学》2016 年第 5 期。

不过，这一条所规定的情形，其实是添附诸多案型中较为特殊的一种。在大部分情况下，添附的发生与合同没有任何关联。因此，这些规定并不能作为讨论添附求偿关系的一般规范，我们应当重新回到《担保制度解释》第41条和《民法典》第322条。

《担保制度解释》第41条并没有直接涉及添附求偿关系的规制，而是指出了添附求偿权的对象为"补偿金"（Entschädigung）。补偿金是一个公平责任之下的概念，而公平责任的构成要件一般不会包括过错。[①] 显然，这会与《民法典》第322条第一条引入了过错概念的规则冲突，因为如果要求根据过错来承担赔偿责任，其性质应当是"赔偿金"，而非"补偿金"。而且，即便承认"补偿金"一词合理诠释了添附求偿权的本质，但能够与"补偿金"呼应的学术理论就有好几种，如上述的"不当得利说"、"准不当得利说"以及"私法强制牺牲说"。因此，不能简单地依据《担保制度解释》第41条作出对添附求偿权性质的判断，而要结合其他的有关规定。

依据《民法典》第322条第二条规则，因物的归属给另一方当事人造成损失的，应当给予补偿。该规则似乎直接回应了添附求偿关系的本质问题，因为，添附求偿权的核心议题便在于实现物权变动之后的利益平衡。而且，该规则也与《担保制度解释》第41条关于"补偿金"的文义表达更为接近。

但问题在于，如何处理《民法典》第322条两条规则之间的关系。从涵摄的范围来看，这两者存在一定的重叠，因为后者的成立条件在某种程度上完全可以覆盖前者。如果不需要考虑当事人的主观过错，可以主张添附求偿权，那么，在一方当事人具有主观过错时，另一方当事人当然更可主张该权利，这样又是否意味着添附求偿权的争议焦点在于确定《民法典》第322条中第二条关于补偿规则的性质？而这又回到了上述难题，即为与"补偿"一词相应，如何在"不当得利说"、"准不当得利说"以及

---

① 参见胡伟强《〈侵权责任法〉中公平责任的适用——一个法经济学的解释》，《清华法学》2010年第5期。

"私法强制牺牲说"之间做出选择。

但这并不能排除另外一种可能性，即《民法典》第 322 条中的第一条规则具有独立价值。虽然过错可以引发侵权损害赔偿请求权、不当得利请求权、违约损害赔偿请求权及无因管理等请求权，但将过错作为权利构成要件的只有侵权损害赔偿请求权。那么，这又是否意味着添附求偿权也可以是侵权损害赔偿请求权？

（二）添附求偿法律关系性质的澄清

添附包括加工、附合、混合三者。其中，加工指的是在他人的动产上劳作，使其成为新物的法律事实。① 在判断所有权的归属时，为保障加工人劳动的经济贡献，如果加工物的价值明显高于材料价值，一般由加工人取得该新物的所有权。② 附合或混合则是权利客体理论的映射，其目的主要在于，避免破坏性分割添附物或因分割行为本身就会引发巨大的经济浪费。③ 总之，添附制度的目的在于通过强制性规定的方式将添附物分配给更有利于发挥物的效用的所有人（主物的所有人或不动产的所有人）。上述物权变动的本质是一个利益流动过程，即一方当事人因法律规定而失去了所有权，而另一方当事人却因此得利（获得新物的所有权或者取得某材料的所有权）。添附求偿权则正是为了矫正该利益流动过程中的失衡。④

就此来看，添附求偿权应属于不当得利请求权（《民法典》第 122条、第 985 条）。因为，在民事制度中，唯有不当得利充当着一个"内部矫正法"的角色，专用于矫正利益变动的正当性欠缺所产生的利益失衡问题。⑤ 虽然《民法典》中第 122 条、第 985 条都对不当得利的构成要件设

---

① 参见刘家安《物权法论》，中国政法大学出版社，2015，第 102 页。

② 对于加工人取得加工物的所有权是否应当考虑其主观状态，学界争议较大。参见梁慧星、陈华彬《物权法》，法律出版社，2007，第 232 页；王利明《物权法研究》（上），中国人民大学出版社，2013，第 491、493 页；崔建远《物权规范与学说》，清华大学出版社，2011，第 242 页；Vgl. W. Wiegand, Staudinger BGB（2011），§ 946，Rn. 3。

③ Vgl. Brox/Walker, Allgemeiner Teil des BGB, 42, Aufl., 2018. Rn. 16, Rn. 17, SS. 349 – 350.

④ Vgl. Baur/Staürner, Sachenrecht, 18. Aulf., 2009, § 53 Rn. 24, SS. 708 – 709.

⑤ See D. Johston, R. Zimmermann, *The Comparative of Unjustified Enrichmente*, Cambridge University Press, 2004, pp. 610 – 612.

置了"无法律根据"要求，但此处所指的"无法律根据"不是指有无法律之规定，而应当理解为当事人受有某种利益是否符合公平正义的观念（Biligkeitgedanke）。① 因此，"无法律根据"不能作为否认添附求偿权为不当得利返还请求权的理由。但这样的论述，仍有以下争议待我们进一步澄清。

其一，虽然《民法典》第 322 条有关法律效果的表达为损失赔偿与损失补偿，而非不当得利中的"返还取得的利益"（《民法典》第 985 条），但我们应当在实质层面来理解这些表达。利益返还指向的是得利人所取得的利益，为不当得利制度的核心法律效果。"损失赔偿"则指向的是受害人所受损失，为侵权赔偿或违约赔偿的制度核心。② "损失补偿"一般指的是基于公平正义的要求而对因不具有违法性行为而利益受损的当事人进行利益填补的救济方式。③ 这些法律概念在我国有关不当得利法律效果的表达中也是泾渭分明的。比如，《民法典》第 985 条在描述不当得利的效果时，使用的是"返还取得的利益"，《民法典》第 987 条在指涉不当得利与其他请求权的关系之时更是明确地区分了赔偿损失与返还所得利益。先就"赔偿损失"的文义来看，虽然这并非不当得利的表达，不过，正如博克斯所指出的，得利返还与赔偿损失在很多时候是重合的。也就是说，当"返还"被表述为使一个人返回到先前未受侵害的状态时，它通常指的就是赔偿损失。④ 而对于"补偿"这个概念，可以在两个方面做出不同的解释。一方面，如果立于强调致害行为不具有违法性的角度，补偿则是一

---

① Vgl. D. Looschelders, Schuldrecht: Besonderer Teil, 6. Aufl., 2011, S. 337.

② Cfr. Pietro Sirena, La Restituzione dell' arrichimento e il risarcimento del danno, in Rivista di diritto civile, 1/2009, p. 65, p. 69.

③ 补偿义务既存在于私法领域，也存在于公法领域。但关于"违法侵权"的赔偿责任与"合法侵权"的补偿责任的二分法主要见于行政法的国家责任体系中，但该责任体系的立足基础为民事权利，因而区分公私法并不影响补偿概念的界定。对于补偿与赔偿的关系，既有学者认为，补偿义务构成了独立的债务类型，也有人认为补偿与赔偿的区分价值不大。参见伏创宇《强制预防接种补偿责任的性质与构成》，《中国法学》2017 年第 4 期；王轶《作为债之独立类型的法定补偿义务》，《法学研究》2014 年第 2 期；〔德〕哈特穆特·毛雷尔《行政法学总论》，高家伟译，法律出版社，2000，第 614 页。

④ 参见〔英〕皮特·博克斯《不当得利》，刘桥译，清华大学出版社，2012，第 322 页。

个不当得利法律效果的上位概念；① 另一方面，如果要结合《担保制度解释》第 41 条中的"补偿金"来理解，则此处的补偿也可以指原得利已经不能返还时的替代利益。由此可见，通过法律解释的转换，这些术语上的表达差异并不是影响添附求偿权性质的决定因素。

其二，"私法强制说"应在不当得利制度的大框架下予以理解。"强制牺牲说"诞生于对不当得利统一说（Einheistheorie）的解构过程中，主要用于解释在相邻关系、征收、征用等案件中因法律规定或公共利益而对私人财产进行占有或使用所产生的法定利益补偿关系。② 相较于不当得利一般构成要件中"没有法律根据"的空洞，"私法强制牺牲说"为损害、得利与补偿之间的关系提供了一个具体的理由。但应注意，如果没有具体的法律规范对"私法强制牺牲说"的构成要件与效果进行落实，那么该学说不过就是一种"比喻式的法律修辞"，③ 虽形象却不具有实用性，最后仍需适用或者类推适用不当得利规则。而且，不当得利制度中的"没有法律根据"之所以高度抽象，原因便在于，这一要件可以尽可能地将类似现象纳入该制度的规范之下。因此，基于其他理由而对"没有法律根据"的具体化并不会与不当得利制度形成冲突，我们不应脱离不当得利的制度框架理解"私法强制牺牲说"。

其三，添附求偿关系援用《民法典》第 122 条、第 958 条，并非"准用"，而是法律适用。在德国，添附求偿权援用不当得利的规定，学者多主张这是"要件准用"（Rechtsfolgenverweisung）与"效果准用"（Rechtsgrundverweisung）。④ "准用"一词主要用于拟处理的案型与拟引用的法条

① 《民法典》有关补偿的规定，较具典型意义的有：《民法典》第 793 条所规定的，建筑工程施工合同无效，但验收合格，可以参照合同约定的价款折价补偿承包人；《民法典》第 979 条规定，管理人因管理事务受到损失的，可以请求受益人给予适当补偿；《民法典》1192 条规定，个人之间形成劳务关系的，在提供劳务期间，因第三人的行为造成提供劳务一方损害的，提供劳务一方有权请求接受劳务一方给予补偿。从这些规定来看，补偿的基本理念仍在于公平正义的维护，但范围却涵盖了侵权制度、无因管理制度、不当得利制度。就此而言，补偿无疑是得利返还的上位概念。
② 参见苏永钦《私法自治中的经济理性》，中国人民大学出版社，2004，第 298、302 ~ 304 页。
③ 参见〔美〕霍菲尔德《基本法律概念》，张书友译，中国法制出版社，2009，第 18 页。
④ Vgl. Baur/Staürner, Sachenrecht, 18. Aufl., 2009, §53 Rn. 23, SS. 707 – 708.

规范的案例之间的法律事实并不完全同一却有类似的情形。一般而言，基于平等原则的考虑，需要对它们进行相同的处理，但为突出与原本规制对象所存在的差异，而另外采用"准用"一词，以和"适用"区分开来。①但应注意，《德国民法典》第951条并没有出现"准用"的表达。"准用说"是学者们为凸显这两者在法律原因上的差异而添加上去的，这是概念上的叠床架屋，实用意义有限。即便在采纳"准用说"的相关论述中，学者们对于"准用说"与"适用说"的区分，亦是相当模糊。因此，无须再区分准用与适用。

其四，"物的负担说"与 DCFR 的观点因欠缺现行法的内在支撑，不能用来解释添附求偿关系的性质。就"物的负担说"来看，虽然该说试图在不当得利之外找到成立新的法定之债的理由，却有循环解释之嫌。债要么产生于法律行为，要么产生于法律约定。②"物的负担说"用"法定义务"解释求偿义务的来源，其实是同义反复，模糊化了添附制度中利益变动的事实与规范基础。而且，该观点无法为添附求偿请求权的适用提供具体指引。即便法律承认这一观点，也需要类推不当得利的规则。DCFR 的观点不可采的原因亦在于此。担保物权的成立需符合公示公信的条件，但实现该条件却需要明确的法律规范或者类似的裁判传统作为支撑。显然，当下并不具备这些条件。

其五，"清算请求权"、违约请求权、无因管理请求权、侵权损害赔偿请求权混入添附求偿关系的讨论，与添附有关的案例可能触发多个请求权基础有关，但并非求偿关系的性质之争。我国对民事权益的保护采取的是"原因模式"，即从请求权的构成要件（责任原因）入手来确定不同的救济方式（责任后果）。③在该模式之下，各个请求权所保护的权益之间并不是非此即彼的并列排斥关系，而是一种局部交叉关系。如果某个请求权所剪裁的生活事实可以囊括另一个请求权所需要的规范事实，就会存在请

---

① 参见黄茂荣《法学方法与现代民法》，法律出版社，2007，第174页。
② 参见王泽鉴《债法原理》，北京大学出版社，2009，第5页。
③ 参见张家勇《论统一民事责任制度的建构——基于责任融合的"后果模式"》，《中国社会科学》2015年第8期。

求权的竞合或聚合。但不难发现，基于合同义务或其他权益保护义务的违反所产生的请求权并无法全面覆盖成立添附所要求的生活事实，因而作为这些义务产生基础的权利不能作为添附求偿请求权的本质阐述。换言之，要确认添附求偿权的性质，只能从添附求偿权的构成要件出发，而不能基于不同的案例事实来反求某种权利的性质。就此来看，我国《城镇房屋租赁司法解释》中有关装饰装修物附合的规定与《民法典》第 322 条中关于添附效果的规定看似对立，其实都是个别情况下的不同请求权聚合或竞合关系。

其六，添附求偿关系为非给付型不当得利。我国《民法典》第 122 条、第 985 条对不当得利采纳的是统一说，没有区分不当得利的具体类型。但是受德国学说的影响，为方便适用，学界倾向于将不当得利区分为给付型不当得利（Leistungskondiktion）与非给付型不当得利（Nichtleistungskondiktion）。① 给付型不当得利系指因给付目的落空（Zweckverfehlung）所形成的不当得利，非给付型不当得利则指的是除给付之外的其他方式所引发的不当得利（《德国民法典》第 812 条）。② 按照梅迪库斯的观点，因添附而丧失所有权或其他权利，属于广义上的"物的消费"，原则上属于权益侵害型不当得利（非给付型不当得利）。③ 事实上，在有关建筑工程的案例中，缺乏承包资质的承包人在他人土地上所实施的建造活动，往往既是给付行为，又是添附行为。④ 但这并不意味着添附行为可以构成给付型不当得利。因为，在这类案例中，虽然只有一个法律事实，却存在两种不同的法律评价，分别为基于给付行为所展开的评价与基于添附事实所展开的评价。但我们是从添附的角度来谈论其求偿权的性质，也就不可以再

① 参见傅广宇《"中国民法典"与不当得利：回顾与前瞻》，《华东政法大学学报》2019 年第 1 期；朱虎《债法总则体系的基础反思与技术重整》，《清华法学》2019 年第 3 期；陈维君《类型化基础法律关系视角下不当得利"没有法律根据"要件之证明责任分配》，《河北法学》2019 年第 7 期。

② Vgl. Hans Joset Wieling, Beicherungsrecht, 4. Aufl., 2007, S. 15, S. 45.

③ 参见〔德〕迪特尔·梅迪库斯《德国债法分论》，杜景林、卢谌译，法律出版社，2007，第 577 ~ 578 页。

④ 建筑工程的案例主要处理的是动产与土地之间关系，一般适用动产与不动产附合规则。加工规则的适用对象为动产，混合其实是动产与动产之间的一种特殊附合。

从给付的角度来认定其属性。

三　添附求偿请求权的行使

（一）强迫得利与添附求偿权的成立要件

根据《民法典》第 122 条、第 985 条，不当得利请求权的构成要件为：其一，一方当事人获有利益；其二，另一方当事人因此而受有损失；其三，得利人所获得的利益没有法律根据。[①] 在添附案例中，由于存在一个清晰的所有权变动过程，所以对于第二项和第三项条件的认定往往较为容易。问题主要在于，如何认定此处的"得利"。

一般而言，得利系指当事人所获得的财产性利益。[②] 但这是一个非常抽象的概念，在比较法中，一般采用类型化的方式来确定其范围。比如，按照 DCFR 的规定，得利的主要表现形式为：（1）金钱或财产权的增加或者责任的减少；（2）受领了他人的服务或者他人为其从事了某项工作；（3）利用了他人的金钱或财产性权利。[③] 欧陆民法的传统学说则习惯将这些内容表述为：受领给付、财产的增加、费用的节省、债务的消灭或损失的避免。[④]

但是这些论述仍忽略了一个关键问题，即利益的判断并非任何时候都是客观的，还需要考虑受益主体对于得利的主观判断。如将木材嵌合于某人原本就打算拆除的房屋，此时所获得的这种利益对于受领人而言就没有价值或不再具有价值。对于这种在客观层面可能增加了当事人的财产，但对受益人来说却无增益的事实，在法律上被称为"强迫得利"（aufgedrängte Bericherung）。[⑤]

---

① 参见陈甦主编《民法总则评注》（下），法律出版社，2017，第 849 页。
② 参见李适时主编《中华人民共和国民法总则释义》，法律出版社，2017，第 377 页。
③ 参见〔德〕克里斯蒂安·冯·巴尔、〔英〕埃里克·克莱夫《欧洲私法的原则、定义与示范规则：欧洲示范民法典草案》（第 7 卷），王文胜等译，法律出版社，2014，第 963 页。
④ Cfr. Pallo Gallo, Arricchimento senza causa e quasi contratti, Torino, 2008, pp. 30 – 31.
⑤ 参见王泽鉴《民法学说与判例研究》（四），中国政法大学出版社，2003，第 266 页。

　　问题在于，添附物所有权变动本身就是法律强制转移的结果，所以在添附案例中更易形成强迫得利。如果不当得利人没有获得利益，法律还强迫当事人返还得利，这无异于"强制缔约"。为缓解这种困境，在德国法上主要有三种做法：其一，被强迫得利者可以基于《德国民法典》第 249 条、第 823 条、第 1004 条，向相关当事人主张排除妨碍；其二，允许失利人使用添附物，以客观上满足失利人对被强迫得利人的取回权；其三，被强迫得利人可以不对获利的客观价值负责，而只对主观价值负责，因而无须返还得利。①

　　这三种方式均有一定的缺陷。第一种方式本质上违背了添附的基本原理。成立添附就意味着难以恢复原状，所以一味地主张恢复原状并不合理。第二种方式要求被强迫得利人承担本来就不应该承担的容忍义务，这对得利人不公平。第三种方式可取，即从主观价值论的角度排除失利人的利益返还请求权。不过，主观价值论在适用于非合同领域时，由于无法客观化财产权人赋予自己财产的主观价值，法律往往会排除主观价值赔偿论。②

　　但对主观价值论的排除并不是绝对的。比如，按照《最高人民法院关于审理建设工程施工合同纠纷案件适用法律问题的解释（一）》（以下简称《建设工程施工合同司法解释（一）》）第 24 条规定，建设工程施工合同无效，但建设工程经竣工验收合格，承包人可以请求参照合同约定支付工程价款（折价补偿），此处的不当得利返还，所采用的就是主观价值论。但添附求偿权是非给付性的不当得利，往往事前不存在当事人对于利益安排的合意，也就无从寻找主观价值赔偿的参考根据。但如果可以找到合理适用主观价值赔偿论的方法，就不妨参考德国法中的第三种方式，以妥善平衡在强迫得利时当事人之间的利益。

　　由于强迫得利制度主要是从得利者的主观角度来避免其被滥用，因此，对于得利是否为强制，主观价值论的介入是否合理，可以参考如下判

---

　　① 参见〔德〕M. 沃尔夫《德国物权法》，吴越、李大雪译，法律出版社，2004，第 276 页。
　　② 参见刘连泰《征收补偿中的主观价值》，《法学家》2020 年第 2 期。

断标准：其一，根据添附事实，判断当事人是否存在主观恶意；其二，结合添附物的使用目的以及当事人的经济计划来判断当事人是否存在对于本人有无价值的得利；其三，得利人对于所获得的利益是否存在事后的承认。具体而言，如果丧失添附物的所有权人为善意，则应适用客观价值论，从市场中一般人的观念来判断当事人是否具有得利。如果丧失添附物的所有权人为恶意，则应结合添附物的使用目的、当事人的经济计划，以及当事人对于他的获利是否存在事后承认，以考虑是否应适用主观价值论。

还应注意的是，即便采纳客观价值赔偿论，也并不意味着任何添附行为都会使取得添附物的所有人受益。添附制度所解决的是所有权变动的正当性问题，与不当得利制度所要解决的利益平衡问题并不一一对应。也就是说，基于添附制度取得所有权并不等于获利，也可能因取得所有权而存在客观损失。如甲将油漆涂在乙家的墙上，乙取得该油漆的所有权只是因为这两者无法分离，但这并不难代表乙因此而获利。如果当事人取得添附物的所有权，与其所受损失相减而不存在得利时，也就不能适用添附求偿权。

（二）添附求偿权的法律效果

1. 消极方面：排除以恢复原状为中心的救济方式

添附的成立建立在能否轻易恢复原状的基础上，如果可以轻易地恢复原状，就没有必要单一化所有权，自然无添附的适用空间。[①] 如果不能恢复原状，且一方当事人存在损失，另一方却因此获利，才需要利用不当得利请求权作为替代方式来平衡当事人之间的利益变动。这样一来，不当得利与恢复原状就处在了一个非此即彼的对立状态中。据此，我们可以将恢复原状作为不当得利请求权的消极方面。

但应注意，我国现行法中的"恢复原状"是一个被扩大化的概念。比如，《民法典》第 179 条第 5 项从救济方式的角度所统一规定的"恢复原

---

① 参见李淑明《民法物权》，元照出版有限公司，2017，第 164 页。

状”，完全可以笼统概括侵权法、合同法、物权法以及继承法之下的各种以恢复利益或权利原状态为中心的请求权。据此，还可以推断出，不当得利制度中的返还得利，其实包括了两种不同形式的救济方式：其一，以保护完整利益为中心的“恢复原状”；其二，以保护价值利益为核心的金钱赔偿。^① 但成立添附就意味着原物的所有权已经消灭而无法返还原物，因此，添附求偿权的消极效果便排除了以恢复原状为中心的请求权。我国法中的“恢复原状”是一个横跨物权和债权效力的表达，因而该消极效果既包括了对债权性质恢复原状请求权（侵权、合同制度下恢复原状的主张）的排除，也包括了对物权性质的请求权（原物返还请求权与占有回复请求权）的排除。

但如果当事人拥有取回权，则可以成为该消极效果的例外。因为添附物之间的结合除了考虑事实上的结合程度之外，法律价值也会介入是否应当构成添附的判断。比如，在结合模式之下，建筑物会被视为附合于土地而不能作为独立的所有权客体，但是在分离模式之下，建筑物则会被视为独立的所有权客体。事实上，这两种模式下的添附物在物理上与土地的结合程度是类似的。^② 因此，为消减一旦成立添附就立即导致所有权变动的强大效力，法律还可能会通过价值衡量的方式赋予当事人以取回权，允许其在一定期间内取回某物。比如，按照《德国民法典》第 951 条第 2 款第 2 句以及《德国民法典》第 977 条，在构成不动产附合以及动产附合的情

---

① 参见程啸、王丹《损害赔偿的方法》，《法学研究》2013 年第 3 期。

② 结合模式与分离模式的差异主要在于，结合模式承认地上物与土地产生附合关系，不承认地上物为独立的所有权客体，而分离模式则认为地上物可作为独立的所有权客体。我国由于土地所有权不参与市场交易，由土地用益权代为行使土地所有权的某些权能，因此，土地与动产的附合在某种意义上，就变成了动产所有权与不动产使用权的附合。但如果土地上没有土地使用权（如土地使用权合同被解除或无效），仍应当由土地所有权人取得动产的所有权。典型案例可参见“杨一平、余天顺与安吉县溪龙乡后河村股份经济合作社林业承包合同纠纷案”，安吉县人民法院（2016）浙 0523 民初 2111 号一审民事判决书。关于两种模式以及“房地关系”的论述可参见高圣平《土地与建筑物之间的物权利用关系辨析》，《法学》2012 年第 9 期；张双根《论房地关系与统一不动产登记簿册兼及不动产物权实体法与程序法间的交织关系》，《中外法学》2014 年第 4 期；朱晓喆《房、地分离抵押的法律效果——〈物权法〉第 182 条的法律教义学分析》，《华东政法大学学报》2010 年第 1 期。

况下，附合物仍然可以被失利者取走。[1]

我国没有关于添附物取回权的规定，但可以根据《民法典》第322条所规定的"保护无过错的当事人"，并结合具体的司法判例，允许无过错的当事人在特定时限内行使取回权，以缓和添附制度过于强大的法律效力。但如果当事人放弃取回权，失利人可直接向添附物的所有人主张添附求偿权。

2. 积极方面：金钱补偿

添附的成立就意味着原就不可能返还原物，而只能返还与得利相当的价额（Wertersatz）。对于返还价额的范围，法律并没有明文规定。学界对此存在客观说与主观说。客观说认为，价额应当依据客观交易价值来决定；主观说认为，价额应就受益人的财产加以计算，其在财产总额上有所增加的，都应该返还。[2] 我国司法实践多采主观说，即先由当事人协商确定，如当事人不能确定添附物价值，则通过第三方机构评估争议部分的现值予以确定。[3]

不过，在多数情况下，主观说与客观说是统一的，因为当事人所增加的财产价值或节省的费用都需要通过市场上的一般价格予以判定。但要注意，客观说聚焦于利益转移过程中失利人所受的损失，而非得利本身。当得利不等于或者小于损失，客观说的适用就会陷入僵局。在司法实践中，法院多主张通过折旧法来计算得利，而不是考虑重置价值，就为明证。[4]因此，主观说更为符合添附求偿权的本质。

对于得利范围在添附案例中的具体计算，还应当遵循如下规则。

第一，得利的计算方式应采纳差额说，即以现存价值总额减去未发生

---

[1] Vgl. Baur/Staürner Sachenrecht, 18. Aulf. , 2009，§53 Rn. 36 SS. 716 – 717.

[2] 参见王泽鉴《不当得利》，北京大学出版社，2009，第168~169页。

[3] 参见"四川南充嘉陵江港务有限公司、成都科华廊桥文化传播有限公司房屋租赁合同纠纷案"，四川省高级人民法院（2020）川民终45号二审民事判决书；"福建东百元洪购物广场有限公司房屋租赁合同纠纷再审审查与审判监督案"，福建省高级人民法院（2014）闽民申字第893号民事裁定书。

[4] 参见"林佳莹、危敬茂房屋租赁合同纠纷案"厦门市中级人民法院（2019）闽02民终5338号民事判决书；"廖志财与冯惠霞、黄军、陈秀引房屋租赁合同纠纷"，中山市中级人民法院（2019）粤20民终3926号民事判决书。

添附之前的价值总额。① 如果被添附之物的经济价值可以单独计算，则不妨对被添附物的价值单独核算，以减轻计算负担。如果实施添附行为的人与取得添附物的所有人为同一个人，且他为善意时，因实施添附行为而支出的必要费用与有益费用，也应当在得利的返还范围中予以扣除。例如，善意加工者为加工某物所支出的人工成本费用就应在得利范围内予以核减。

第二，如得利超过损害，应以损害为限；如损害超过得利，则应以得利为限。不当得利旨在矫正利益的不正当转移，不能将其作为得利剥夺或侵权损害赔偿的请求权基础。② 一方面，因为添附所获得利，不仅可能来自原物本身的价值，还可能来自得利者的劳动或其他的经营要素（资金、设备、技能），如加工人对于加工物的劳动投入；③ 另一方面，限制得利的返还范围可以使不当得利制度保持其独立品格。如果添附所造成的损害超过得利，不以损害为限，添附求偿权就很可能会僭越侵权损害赔偿请求权的领地。相反，当添附所带来的得利超过损害而以得利为返还范围，则会使添附求偿权具备一定的制裁功能。显然，这与不当得利旨在调整利益归属分配的宗旨相悖。④

第三，所受利益已经不存在时，应当区分是善意添附还是恶意添附。《民法典》第 986 条规定，得利人不知道且不应当知道获得利益没有法律根据的，获得的利益已经不存在的，不承担返还该利益的义务。该规则被称为"得利减损规则"，⑤ 它主要用于处理得利灭失的风险负担问题。善意得利人在处分与管理他的得利时，往往持有的是一种自主占有的心态。如果善意的添附得利人因不可预期的原因而承担得利灭失的损害赔偿责任，这并不利于维护物的交易以及占有的静态安全。因此，善意的添附得利人原则上只对现存利益负有返还责任。但应注意：其一，此处所说的善

---

① 参见曾世雄《损害赔偿法原理》，中国政法大学出版社，2001，第 119～120 页。

② Vgl. Esser/Weyers, Schuldrecht II, 8. Aufl., 2000, S. 27.

③ 参见张家勇《基于得利的侵权损害赔偿之规范再造》，《法学》2019 年第 2 期。

④ 参见缪宇《获利返还论——以〈侵权责任法〉第 20 条为中心》，《民商法学》2017 年第 4 期。

⑤ 参见〔德〕克里斯蒂安·冯·巴尔、〔英〕埃里克·克莱夫主编《欧洲私法的原则、定义与示范规则：欧洲示范民法典草案》（第 7 卷），王文胜等译，法律出版社，2014，第 1084 页。

意，是指在发生添附时（得利时）以及添附物减损或灭失时，当事人还不知道其所获得的利益无法律根据；其二，如果存在替代物，对于替代物上所保存的得利，不论得利者是否为善意均应当返还；其三，如果添附物的所有人（恶意得利人）为恶意，不论其是否有意处分添附物，还是添附物意外灭失，恶意的得利人均应全部返还其得利，但其所获得的利润除外。

（三）添附求偿请求权的适用次序

1. 内部竞合

添附求偿权的内部竞合系指给付性不当得利请求权与非给付性不当得利请求权的竞合。

区分这两者的意义主要存在于有关缺乏建筑资质而达到验收合格的工程承包案例中。[①] 如甲乙签订承包合同，甲利用自己的材料为乙建造房屋，甲因没有建筑资质而致工程承包合同无效，但乙基于添附而取得该房屋的所有权。如前述所指出的，由于甲的建筑行为既属于添附行为，又属于工程承包合同中的给付行为，甲此时在名义上就同时享有两个性质不同的不当得利返还请求权。但由于添附的法律结构非常类似于"强制缔约"制度，其获利过程与给付性不当得利的获利过程基本一致，所以如果从客观价值论的角度进行赔偿，这两个请求权的利益返还效果并不存在实质性的差异。

不过，根据《建设工程施工合同司法解释（一）》第 24 条，承包人可以根据建设工程的实际完成情况请求参照合同约定标准进行折价补偿。由于这一条参考了合同给付的主观价值标准，在性质上更贴合给付性不当得利请求权。对于这种已有法律明确权利选择的情况，应当尊重法律的规定，优先适用法律所选定的给付性不当得利请求权。基于这种对个人主观价值观进行补偿的给付性的不当得利请求权，可以使承包人的利益状态恢

---

① 还有一个被经常讨论的案例，即甲基于承揽合同利用第三人材料而为乙建造房子，是否会引发请求权的竞合。应当注意的是，这并不是竞合关系，而是不同主体之间法律关系的定性问题。对于类似案例的讨论可参见王泽鉴《民法学说与判例研究》（四），中国政法大学出版社，2003，第 258 页。

复到假定合同正常履行时，也能避免当事人获得双重救济。如果无明确的法律规定时，则应当依据客观价值论进行赔偿，此时区分属于哪一种性质的不当得利请求权则意义不大。

2. 外部聚合或竞合

对于添附求偿请求权与其他请求权之间的关系，依据《民法典》第 987 条，得利人知道或者应当知道他所获得的利益没有法律根据的，受损失的人可以请求得利人返还其所得的利益并依法要求赔偿损失。从文义来看，这条将得利返还与赔偿损失并列，也可能会被理解为：立法者允许得利返还请求权与任何一种基于合同、侵权或者无因管理的赔偿请求权并列行使。不过，这样的理解可能会颠倒不当得利与其他请求权之间的一贯关系。

在比较法中，不当得利素来被作为"兜底式"的权利而存在。例如，《意大利民法典》第 2042 条考虑到其他请求权较不当得利请求权更具特殊性，明确规定不当得利请求权的应用要符合"补充性的原则"。[①] 在德国，虽然通说并不排斥不当得利请求权与其他请求权并存适用，但亦有学者主张，在进行请求权的检视时，基于不当得利"无法律原因"的特性，应将不当得利请求权置于末尾。[②] 相反，我国《民法典》第 987 条允许不当得利请求权与其他损害赔偿请求权并立，也就可能会让其他请求权为不当得利请求权兜底。

但应注意，请求权规范在现行法中所形成的基础是非常多元的，大致有四种关系状态：规范排斥竞合、择一竞合、请求权聚合以及请求权竞合。显然，《民法典》第 987 条只笼统地表达了一种关系状态。[③] 如果在任何情况下，都允许这些请求权可以同时主张，势必会造成重复救济。因此，《民法典》第 987 条作为一般性的规定，应结合添附案例的具体情况予以细化。

---

① 意大利关于补充性原则的论述，可参见 Pietro Sirena, La sussidiarietà dell'azione generale di arricchimento senza causa, in Rivista di diritto civile 2/2018, pp. 379 – 404. Caterina Costabile, Carattere sussidiario dell'azione, in Comentato Codice civile di n. 2042, Giuffrè（De Jure），2020, p. 2。

② 参见朱庆育《民法总论》，北京大学出版社，2013，第 552 页。

③ 参见朱庆育《民法总论》，北京大学出版社，2013，第 552 页。

（1）清算请求权的优先适用

添附求偿权与合同解消之后清算规则的交集主要存在于有关城镇房屋租赁合同的装修装饰残值纠纷中。一般而言，在这类案型中，应优先适用《城镇房屋租赁合同司法解释》的有关规定。[①] 原因有以下两点。第一，《城镇房屋租赁合同司法解释》是立法者基于诚信原则、行业惯例而制定的特殊规则，而不当得利规则是一般性的债法规则。[②] 在进行解释时，应当先从特殊法本身的文义去理解法律规定，而不是先作体系解释。[③] 第二，按照《城镇房屋租赁合同司法解释》的规定来处理装修装饰残值纠纷，更有利于定纷止争。虽然《民法典》对我国的不当得利规则体系进行了极大的完善，但仍较为简陋，如就标的物灭失的风险负担、实物返还以及折价返还的选择、折价返还的具体标准、返还物的增值、返还时间、地点等问题都还没有具体的规定。[④] 而《城镇房屋租赁合同司法解释》将合同解消之后的装修装饰残值分担与当事人的缔约或履约过错联系在一起，为装修装饰残值的清算建构了一条合理因果链条。因此，对于城镇房屋租赁中因附合所带来的装修装饰残值问题，应优先适用《城镇房屋租赁合同司法解释》。

（2）与无因管理请求权的择一竞合

添附求偿权与无因管理请求权可以构成请求基础规范的竞合。如乙的房屋摇摇欲坠，甲利用自己的材料将乙的房屋翻新，但乙并没有受到甲的委任。在该案例中，甲在符合乙明示或可得推知的意思情况下，根据《民法典》第118条、第979条，可基于无因管理的费用偿还请求权向乙要求支付房屋翻新的必要费用。如果基于得利的视角来看待甲要求乙返还的必要费用（材料本身的价值与房屋翻新的服务费用），就会发现，由于甲的

[①] 有关清算规则与不当得利规则竞合而带来的法律效果冲突，参见陈晓敏《论房屋租赁中装饰装修附合的法律后果》，《法学》2019年第9期。

[②] 参见最高人民法院民事审判第一庭编著《最高人民法院关于审理城镇房屋租赁合同纠纷案件司法解释的理解与适用》，人民法院出版社，2009，第119页。

[③] Cfr. Natalino Irti, L'età della decodificazione, Milano, 1999, pp. 136 – 139.

[④] 参见陆青《合同解除效果与违约责任——以请求权基础为视角之检讨》，《北方法学》2012年第6期。

翻新而节省下来的费用则恰好为乙的得利，甲也可以主张不当得利返还请求权。在这种情况下，由于得利基本上等同于"费用支出"，也就意味着这两项请求权的法律效果基本相同，这构成了"择一的竞合"。为避免当事人获得双重救济，管理人要么选择适用无因管理请求权，要么选择适用添附求偿请求权。

但如果构成的是不适法的无因管理，则选择权应属于本人。易言之，在管理不适法的情况下，如添附物的所有权人选择享有管理利益，则应在所受利益的范围内返还管理费用；如取得添附物的所有权人表示不享受管理利益，那么，该管理利益的享有就不存在法律上的原因，此时，原物的所有权人可以向添附物的所有人主张添附求偿请求权（《民法典》第 322 条、第 980 条）。[①]

（3）与侵权请求权的一并适用

不当得利请求权与侵权请求权的哲理基础均为矫正正义，其结构具有一定的相似性。[②] 这两者在成立要件上的差异主要体现为，侵权请求权一般要求加害人具有过错，而不当得利则无此要求。因此，在添附案例中，一旦得利人具有过错，就往往可以构成侵权请求权与添附求偿请求权的竞合。《民法典》第 322 条关于过错赔偿以及损失补偿的规定，即是考虑到了这种情况。如甲故意利用乙的材料装修自己的房子，在构成附合的情况下，乙对材料的所有权消灭，甲因此而获得该材料的所有权。此时，乙便基于同一案例事实而同时享有侵权赔偿请求权与添附求偿请求权。但是，法律禁止受害人因为救济而获利，所以在一般情况下，法律仅会允许当事人选择主张其中一项请求权。那么，《民法典》第 987 条所规定的并列适用规则也就被排除在外。

但竞合是否具有意义主要体现在是否能在法律效果上明确地区分这两者。[③] 如果得利不足以完全填补当事人的损害，《民法典》第 987 条便有

[①] 参见黄茂荣《债法通则之四无因管理与不当得利》，厦门大学出版社，2014，第 34～35 页；C. Massimo Bianca, *Il contratto*, Milano, 2000, pp. 153–154。

[②] 参见张家勇《论统一民事责任制度的建构——基于责任融合的"后果模式"》，《中国社会科学》2015 年第 8 期。

[③] 参见叶名怡《违约与侵权竞合实益之反思》，《法学家》2015 年第 3 期。

了存在意义。因为根据这一条，当事人在主张得利返还的同时，还可以主张请求侵权损害赔偿。但事实上，添附求偿请求权的赔偿范围（得利的返还范围）受到了实际损失的限制，且侵权请求权的举证条件要严于不当得利请求权。所以，一旦诉讼中的举证条件可以同时满足这两个请求权，当事人往往会直接主张侵权请求权。① 从这来看，《民法典》第 987 条的意义就十分有限。

不过，如果立于尽可能为当事人提供足够多的救济手段，以及两者在诉讼时效上差异的角度，《民法典》第 987 条在添附案例中还是具有一定的宣示价值。

四　结语

添附所产生的问题大致可以分为两个方面：一是因添附所引发的物权变动；二是因物权变动所引发的法律救济。前者旨在使当事人取得物权变动的正当名义，以保证当事人可以合法地保留添附物，而后者旨在解决物权变动过程中的利益失衡问题。《民法典》基于体系效率的考虑，没有对添附求偿权的构成要件和法律效果作出具体规定。但根据添附求偿权的产生基础，可以将该请求权归纳在不当得利规范体系之下，再根据不当得利的规则勾勒其要件与法律效果。

但值得注意的是，虽然《民法典》相较于以前的民事法律，对不当得利制度进行了极大地丰富与完善，但仍有细节性的问题未得到妥善处理。这主要体现为：其一，各分编的不当得利规则与不当得利一般规定应当如何协调；其二，不当得利的一般规定在请求权的竞合、风险减损、具体返还范围等具体议题上应如何落实。本文对添附求偿权的阐释，其实就是在对这两大议题进行检讨与回应。

综上，为更好地回应前述所提出的问题，我们以后在针对不当得利制定立法解释或司法解释时，可以对如下问题和解决措施予以澄清或确认：

① 参见张家勇《中国法民事责任竞合的解释论》，《交大法学》2018 年第 1 期。

（1）添附求偿权的性质为不当得利，其构成要件与添附物所有权的判断准则无关；（2）添附求偿权的消极效果为排除原物返还，其积极效果为金钱赔偿；（3）对于不当得利的返还范围，要综合考虑添附物所有人的主观状态、损害与得利之间的关系以及得利的风险负担等因素；（4）对于不当得利请求权与其他请求权的竞合，要结合这些权利的产生基础，以及它们相互之间的关系来决定应选择性适用还是可以并列适用。

《民法典》患者知情同意规则释论

付一耀*

内容提要： 在医疗损害赔偿责任中，《民法典》第 1219 条并非独立于《民法典》第 1218 条的规则，侵害患者知情同意权的行为应视为医务人员的过错。《民法典》第 1219 条第 1 款虽然规定了医务人员的说明告知义务，但其第 2 款中的"损害"宜是对患者生命权、身体权和健康权的损害，不包括对患者知情同意权的损害。基于精神损害赔偿构成要件的特殊性，《民法典》第 1218 条、第 1219 条均非患者知情同意权损害的救济路径。患者知情同意权宜是《民法典》第 109 条与第 990 条第 2 款规定的一般人格权。对于侵害患者知情同意权导致的精神损害赔偿，其请求权基础宜是《民法典》第 1183 条，《民法典》第 1219 条的作用在于为"侵害他人人身权益"提供一种客观标准。

关键词： 患者知情同意权　损害　精神损害赔偿

一　问题的提出

《中华人民共和国民法典》（以下简称《民法典》）第 1219 条第 1 款规定了医务人员的说明告知义务，该条第 2 款同时规定，医务人员违反说明告知义务，造成患者损害的，医疗机构应当承担赔偿责任。医务人员违反说明告知义务的情形主要包括两种：一是违反说明义务但未造成患者人

---

* 付一耀，西南政法大学民商法学院博士研究生。

身实质性损害；二是违反说明义务造成患者人身实质性损害。① 从被侵害权益的类型来看，前者侵害的是患者的知情同意权，② 后者侵害的是患者的人身权 + 患者的知情同意权。对于医疗机构侵害患者知情同意权的责任问题，《最高人民法院关于审理医疗损害责任纠纷案件适用法律若干问题的解释》（法释〔2017〕20 号，以下简称《医疗损害解释》）第 17 条对此予以了否定，因为其对于侵犯患者知情同意权的救济还附加了 "造成患者人身损害" 这一要件。最高人民法院指出，本着平衡救济患者损害和有效推动医疗卫生事业发展的考虑，为避免精神损害赔偿适用范围太广，应将《民法典》第 1219 条的损害限定在人身伤害范围内。③《民法典》颁布之后，最高人民法院所著的《中华人民共和国民法典侵权责任编理解与适用》中，一方面认可了《医疗损害解释》第 17 条严格限制侵害患者知情同意权责任适用的精神，一方面又指出，"在实施手术、特殊检查、特殊治疗的情形下，如果医务人员未尽说明义务侵害了患者知情同意权，应当认定为给患者造成严重精神损害的情形"。④《民法典》的生命力在于实施。⑤ 最高人民法院对于侵害患者知情同意权 "赔不赔" 模棱两可的态度，在一定程度上会影响《民法典》患者知情同意规则立法目的的实现。基于此，本文拟以《民法典》第 1219 条的解释论为中心，探讨患者知情同意权损害的侵权救济路径，以期对司法适用有所助益。

---

① 参见最高人民法院民法典贯彻实施工作领导小组主编《中华人民共和国民法典侵权责任编理解与适用》，人民法院出版社，2020，第 433 页。
② 目前学界对于患者的知情同意权益到底是我国《民法典》侵权责任编所保护的 "权利" 还是 "利益" 存在着争议，本文也无意卷入该争论，只关注一旦患者的知情同意受到侵害，如何通过侵权的路径寻求救济。因为无论对知情同意（权）性质认定存在多大差异，其作为我国《民法典》所保护的 "法益" 应无争议。故为行文方便，本文一律采用 "患者知情同意权" 的表述代指本文所研究的患者知情同意这一法益。
③ 参见沈德咏、杜万华《最高人民法院医疗损害责任司法解释理解与适用》，人民法院出版社，2018，第 306 页。
④ 参见最高人民法院民法典贯彻实施工作领导小组主编《中华人民共和国民法典侵权责任编理解与适用》，人民法院出版社，2020，第 437 页。
⑤ 王利明：《开创立法先河，护航民族复兴》，《人民日报》2020 年 5 月 28 日，第 13 版。

二 医务人员违反说明告知义务行为的性质

与"医务人员的说明告知义务"相对应的是"患者的知情同意权"。[①]医务人员违反说明告知义务,必然侵犯患者的知情同意权,因而,《民法典》第 1219 条第 2 款中"医务人员未尽到前款义务"就可以被"翻译"为"医务人员未尽到说明告知义务,造成了患者知情同意权的损害"。吊诡的是,在"医务人员未尽到前款义务"后,立法者还规定了"造成患者损害的"。此种立法表达是为何意?是否存在重复规定的嫌疑?

(一)《民法典》第 1219 条的体系定位

在《民法典》侵权责任编医疗损害责任一章,除了医疗产品责任外,医疗损害适用过错责任原则,因而其仍应满足过错责任的构成要件。[②]司法实践中一般认为,医疗损害纠纷应满足以下四个要件才能认定为侵权:(1)医务人员违法诊疗行为;(2)损害事实;(3)诊疗行为与损害事实之间存在因果关系;(4)医务人员存在主观过错。[③]这也与作为医疗损害责任一般条款的《民法典》第 1218 条的规定相吻合。从文义上看,《民法典》第 1219 条规定的侵权责任的四要件为:(1)医务人员违反说明告知义务的行为;(2)患者遭受损害;[④](3)违反说明告知义务与损害存在因果关系;(4)医务人员因违反说明告知义务而存在过错。

对比前述两组"四要件"可以发现,《民法典》第 1219 条中的"医务人员违反说明告知义务的行为"应是医疗损害责任中的"医务人员的违法诊疗行为"的具体表现形式之一。然而,二者事实上并不具有同质性。所谓"医务人员的诊疗行为",应是《民法典》第 1218 条规定的"诊疗活动"。国家卫生和计划生育委员会于 2017 年修改的《医疗机构管理条例

---

① 刘鑫主编《最新医疗侵权诉讼规则理解与案例实操》,中国法制出版社,2018,第 201 页。
② 参见赵西巨、高延东《医疗损害责任的一体与多面》,《医学与哲学》(A)2018 年第 8 期。
③ 参见江苏省无锡市南长区人民法院(2012)南民初字第 1358 号民事判决书。
④ 该损害的类型为何,学界与实务界存在争论,详情参见下文。

实施细则》第 88 条规定："诊疗活动：是指通过各种检查，使用药物、器械及手术等方法，对疾病作出判断和消除疾病、缓解病情、减轻痛苦、改善功能、延长生命、帮助患者恢复健康的活动。"立法机关相关人员指出，对《民法典》第 1218 条中"诊疗活动"的定义，可参考《医疗机构管理条例实施细则》第 88 条，包括诊断、治疗、护理等环节。[①] 从诊疗活动的表现形态来看，其主要是医务人员积极的、作为的医疗行为，反观医务人员违反说明告知义务的行为，却是医务人员消极的、不作为的行为，前后两者在内涵上并不一致。那么，在医疗损害责任的构成要件中，医务人员违反说明告知义务的行为属于何种要件？

对于医务人员违反说明告知义务行为的定性，事实上涉及的是《民法典》第 1219 条独立性的争议。若《民法典》第 1219 条独立于《民法典》第 1218 条，则医务人员违反说明告知义务的行为当然可以视为侵权行为，从而"摆脱"诊疗行为范围的限制。有观点就认为，《民法典》第 1219 条具有完全的独立性，其乃独立的责任类型。其理由在于，《民法典》第 1218 条是医疗损害责任的一般条款，第 1219 条到第 1228 条分别规定了医疗伦理损害责任、医疗技术损害责任、医疗产品损害责任，只有在不满足这三个具体责任类型时，才能适用第 1218 条。[②] 换言之，侵害患者知情同意权的案件，大多数时候可以适用《民法典》第 1219 条，因而不能"逃逸"到第 1218 条。该观点还提出，《民法典》第 1219 条独立的另一大原因是，该条主要是对自我决定权这种人格利益损害的救济，而不主要是人身损害。学者将其称为"独立侵权责任说"。[③] "独立侵权责任说"实质上是将"医务人员违反说明告知义务"视为侵权行为，从而使《民法典》第 1219 条具有了独立性。在此观点下，医务人员违反《民法典》第 1219 条规定的说明告知义务，侵害了患者知情同意权，该行为与患者知情同意权的损害具有因果关系，因而应予以赔偿。司法实践中也有法院持此观点，认为医疗机构未取得患者书面同意即对患者实施手术，侵犯了患者的

---

① 参见黄薇主编《中华人民共和国民法典侵权责任编释义》，法律出版社，2020，第 148 页。
② 参见杨立新《侵权责任法》（第 2 版），北京大学出版社，2017，第 376 ~ 378 页。
③ 参见王竹《解释论视野下的侵害患者知情同意权侵权责任》，《法学》2011 年第 11 期。

知情同意权，应承担由此而产生的责任。① 值得注意的是，为了"规避"
《医疗损害解释》第 17 条，持"独立侵权责任说"的观点认为，《医疗损
害解释》第 17 条应解释为仅适用于《民法典》第 1219 条第 1 款，而不适
用于第 2 款。②

笔者认为，"独立侵权责任说"的观点值得商榷。一方面，《民法典》
第 1219 条第 2 款是以第 1 款为基础的，不能"人为"地割裂两款之间的
关系以证成"独立侵权责任说"。在建构法律解释的文字基础方面起首要
作用的是逻辑因素，而逻辑因素的着眼点就是一项法律规范之各个词语之
间的句法关联。③《民法典》第 1219 条第 1 款清楚地规定了医务人员的说
明告知义务是基于"实施手术、特殊检查、特殊治疗"等诊疗活动而产
生，与《民法典》第 1219 条第 2 款规定的"损害"有因果关系与逻辑关
联的，仍应是第 1 款规定的诊疗活动的相关行为，而非违反说明告知义务
的行为。

另一方面，"独立侵权责任说"存在着逻辑上的不周延，该观点无法
解释为何《民法典》第 1219 条第 2 款对"造成患者损害"的重复规定的
问题。王竹教授领衔起草的《〈民法典·侵权责任编〉（编纂建议稿）》也
认识到了这一问题。该建议稿在坚持"实际损害说"的基础上，建议将原
《中华人民共和国侵权责任法》（以下简称原《侵权责任法》）第 55 条第 2
款中"造成患者损害的"修改为"患者在诊疗活动中受到损害的"，④ 从
而将"患者知情同意权的损害"与"诊疗活动中受到的损害"明确区分，
也佐证了《民法典》第 1219 条中的"损害"应是诊疗行为造成的损害。
值得注意的是，对于医疗机构及其医务人员侵害患者隐私与个人信息的，
原《侵权责任法》第 62 条采与原《侵权责任法》第 55 条相同的规制模式，
即"医疗机构违反保密义务→造成患者损害→承担侵权责任"的路径。但
在《民法典》第 1226 条中，立法者为"加强对诊疗活动中自然人隐私和

---

① 参见广西壮族自治区来宾市中级人民法院（2017）桂 13 民终 720 号民事判决书。
② 参见杨立新《〈最高人民法院关于审理医疗损害责任纠纷案件适用法律若干问题的解释〉
条文释评》，《法律适用》2018 年第 1 期。
③ 参见〔德〕齐佩利乌斯《法学方法论》，金振豹译，法律出版社，2009，第 63 页。
④ 参见王竹主编《〈民法典·侵权责任编〉（编纂建议稿）》，清华大学出版社，2019，第 14 页。

个人信息的保护",① 删除了"造成患者损害"这一要件,采"医疗机构违反保密义务→承担侵权责任"的路径。同理,若立法者赞成"独立侵权责任说",其也应删除《民法典》第 1219 条中"造成患者损害"这一要件。因此,立法者并不赞成"独立侵权责任说"。

至于"独立侵权责任说"所主张的《民法典》第 1219 条可对患者自我决定权予以保护的观点,诚如有学者所言,"考虑到我国相对完善的人格权体系,没有必要额外承认患者的自我决定权"。②

(二) 作为过错表现形式的违反说明告知义务的行为

既然《民法典》第 1219 条不能作为独立的请求权基础或责任类型,其在医疗损害责任一章中的体系地位为何?除"独立侵权责任说"外,学界还存在着"过错表现形式说"与"医疗损害责任类型说"的观点。③ 两种观点都认为《民法典》第 1219 条并非完全独立的责任类型,但从医疗损害责任的构成要件角度而言,也存在着一定的差异。

"过错表现形式说",就是将医务人员违反说明告知义务的行为视为医务人员诊疗活动的"过错",因而《民法典》第 1219 条是用于判断医疗机构是否满足医疗损害责任中"过错"的一种标准,④ 其自然不具有独立性。司法实践中,有法院就认为,"被告在诊疗过程中存在沟通欠充分,可认定被告的医疗行为存在一定程度的过错"。⑤ 申言之,法院只是通过《民法典》第 1219 条将侵害患者知情同意权的行为作为医疗行为过错的考量,而其他三个要件的考量仍要回到《民法典》第 1218 条,从该案法院据以裁判的请求权基础中也能得到印证。⑥

---

① 黄薇主编《中华人民共和国民法典侵权责任编释义》,法律出版社,2020,第 170 页。
② 缪宇:《类型化视野下的医疗机构告知义务》,《北大法律评论》2017 年第 1 期。
③ "过错表现形式说"与"医疗损害责任类型说"的表达均为学者的总结,参见王竹《解释论视野下的侵害患者知情同意权侵权责任》,《法学》2011 年第 11 期。
④ 参见张新宝《侵权责任法》(第 4 版),中国人民大学出版社,2016,第 221～222 页;梁慧星《论〈侵权责任法〉中的医疗损害责任》,《法商研究》2010 年第 6 期。
⑤ 参见天津市南开区人民法院 (2016) 津 0104 民初 3109 号民事判决书。
⑥ 该案法院据以裁判的请求权基础是原《侵权责任法》第 54 条,《民法典》第 1218 条对此予以了承继。

"医疗损害责任类型说"则认为,《民法典》第1219条是立法者对医疗损害责任类型化的结果,但其造成的损害仍是诊疗活动所造成的损害,该观点同时认为应将损害限定为实际损害。[①] 在笔者看来,"医疗损害责任类型说"一方面将医务人员违反说明告知义务的行为视为医务人员诊疗活动的过错,[②] 另一方面又将医务人员违反说明告知义务的行为视为"因果关系的原因力",只有当医务人员违反说明告知义务的行为与患者的损害之间存在因果关系的,医疗机构才承担侵权责任。[③] 司法实践中,有法院就认为,"被告未能将不同的治疗方案的利弊告知患方,侵害了患方的知情选择权,存在过错,其过错与患者最终死亡存在一定的因果关系,应当予以赔偿"。[④]

笔者认为,"过错表现形式说"更具合理性。于内部体系层面而言,《民法典》"医疗损害责任"一章是以"过错客观化"的判断标准为重点而构建的,其目的在于"避免使用一般过错责任原则对患方的不公"。[⑤] 不仅如此,为了保护社会交往中可期待的信赖利益,在整个侵权责任编的体系内,也多采客观过失标准。[⑥] 客观过失,是指"行为人未遵守法律上的义务,或未符合一般的注意义务"。[⑦] 张新宝教授将医疗损害责任中的注意义务分为"违反告知同意义务""违反医疗机构的注意义务""法定过错推定标准"三个类型。[⑧] 申言之,在《民法典》医疗损害责任一章中,除作为规定医疗损害责任构成要件的第1218条,规定医疗产品损害

---

① 参见王利明《侵权责任法研究》,中国人民大学出版社,2011,第356~357、404~405页。

② 该观点指出,"如果医务人员未尽告知义务,则在造成损害的情况下,应认为治疗行为具有过错,医疗机构应对其造成患者损害的行为承担责任"。参见王利明《侵权责任法》,中国人民大学出版社,2016,第347~348页。

③ 该观点举例说明了医务人员违反说明告知义务与患者损害之间具有因果关系的情形:在要求病人配合治疗的情况下,因为医院未尽告知和取得同意的义务,使病人未能予以配合,进而导致患者遭受人身损害的,医院应当承担侵权责任。参见王利明《侵权责任法》,中国人民大学出版社,2016,第348页。

④ 参见浙江省青田县人民法院(2017)浙1121民初113号民事判决。

⑤ 谭启平主编《中国民法学》,法律出版社,2018,第721页。

⑥ 参见朱岩《侵权责任法通论》,法律出版社,2011,第294页。

⑦ 陈聪富:《侵权违法性与损害赔偿》,北京大学出版社,2012,第30页。

⑧ 参见张新宝《侵权责任法》(第4版),中国人民大学出版社,2016,第221~224页。

责任的第 1223 条，规定医疗机构减、免责事由的第 1224 条，以及保护医疗机构人员权益的第 1228 条，其余均为"过错客观化"的判断标准。甚而至于，有观点直接认为，"侵犯患者知情同意权的医疗损害，采用的是过错推定原则"，[①] 医务人员侵犯患者的知情同意权，未履行告知义务，即表明其主观上有过失。[②] 可见，无论是"过错客观化标准"还是"过错推定原则"，都认为《民法典》第 1219 条的作用是判断《民法典》第 1218 条中的"过错"。我国台湾学者陈聪富教授也指出，告知后同意法则的核心要义在于，患者基于自我判断决定承担该医疗行为的一定风险，在随后的医疗行为中即便发生损害结果，医疗机构的侵权行为因欠缺违法性而免责。[③]

对于将医务人员违反说明告知义务的行为视因果关系的原因力的观点，笔者认为其欠缺可行性。首先，该观点的成立取决于对损害的界定。如果将损害限定为人身损害，则侵害患者知情同意权行为本身，是不可能造成患者人身损害的，必须还存在其他直接造成患者人身损害的诊疗行为。换言之，如果将《民法典》第 1218 条与第 1219 条所称的"损害"的范围限定为人身损害，则侵害患者知情同意权的行为是不可能与损害存在因果关系的。如前所述，"医疗损害责任类型说"认为应将损害限定为实际的人身损害，将侵害患者知情同意权的行为视为"原因力"的"医疗损害责任类型说"，就可能存在着自相矛盾之处。其次，医疗损害责任中因果关系的复杂性，决定了不能轻易将医疗机构违反说明告知义务的行为与损害后果相关联。在医疗损害责任侵权案件中，造成患者损害的原因往往不止一个，即存在着多因一果的情况。换言之，在医疗损害责任侵权案件中，往往存在多个"原因力"，侵害患者知情同意权的行为可能只是其中之一。在此种情况下，"不分析过错程度和原因力大小，一概让医疗机构承担所有损害责任的做法是不足取的"。[④] 在司法实践中，"医务人员侵

---

① 方新军主编《侵权责任法学》，北京大学出版社，2013，第 258 页。
② 参见王利明、周友军、高圣平《侵权责任法教程》，人民法院出版社，2010，第 607 页。
③ 参见陈聪富《侵权行为法原理》，元照出版有限公司，2018，第 73 页。
④ 林文学：《〈侵权责任法〉医疗损害责任规定若干问题探析》，《法律适用》2010 年第 7 期。

害患者知情同意权的过错行为与患者的损害后果是否具有因果关系、多大的因果关系的判定专业性极强,法官无法自行判断,故因果关系司法鉴定系评判医患双方如何担责的重要依据"。① 因而,不能直接将侵害患者知情同意权的行为与患者损害关联起来。

三 医疗损害责任中的"损害"

《医疗损害解释》第 17 条之所以不认可侵害患者知情同意权的赔偿责任,是因为其将《民法典》第 1219 条第 2 款的"损害"限定为人身损害。一方面,人身损害所对应的权利,我国绝大多数观点认为应仅限于生命权、身体权和健康权,② 患者知情同意权的损害自然不能包括在内。另一方面,对于患者知情同意权损害的赔偿,司法实践中一般认为是精神损害赔偿,③《民法典》第 1219 条自然也不能作为患者知情同意权损害的救济路径。故而,对《民法典》第 1219 条第 2 款中"损害"含义的厘清,是探求患者知情同意权损害侵权救济路径的关键。

(一) 患者知情同意权损害的排除

《民法典》侵权责任编奉行"无损害无救济"的原则,"在遭受损害以后,无论适用何种归责原则,都必须以损害事实的发生为前提"。④ 损害事实即法律保护的民事权利或利益遭受损害。《民法典》第 1219 条第 2 款规定,医疗机构违反说明义务,造成患者损害的,应承担侵权责任。此处损害事实所对应的权利或利益为何? 若包括患者知情同意权,则《民法

---

① 参见重庆市第二中级人民法院 (2017) 渝 02 民终 946 号民事判决书。
② 参见程啸《侵权责任法》(第 2 版),法律出版社,2015,第 679 页;杨立新《侵权责任法》(第 3 版),法律出版社,2018,第 164 页;王利明《侵权责任法》,中国人民大学出版社,2016,第 174 页。
③ 参见广东省广州市海珠区人民法院 (2013) 穗海法民一初字第 2354 号民事判决书、重庆市铜梁区人民法院 (2014) 铜法民初字第 02037 号民事判决书、北京市丰台区人民法院 (2015) 丰民初字第 12469 号民事判决书、湖南省吉首市人民法院 (2014) 吉民初字第 990 号民事判决书、甘肃省定西市中级人民法院 (2018) 甘 11 民终 760 号民事判决书。
④ 参见王利明《侵权责任法》,中国人民大学出版社,2016,第 327 页。

典》第 1219 条可能成为患者知情同意权损害的救济路径，反之则否。

立法机关指出，医务人员说明告知义务的对象，"主要是医疗过程中具有严重损伤后果的医疗行为，该行为可能影响身体机能甚至危及生命，因此需要患者在知晓自己病情并了解该医疗行为风险的基础上，作出是否同意该医疗措施的决定。一般医疗过程中惯常实施的不具有严重损伤后果的医疗行为，如常规注射、用药等，则不需向患者详尽说明"。① 可见，立法者设立知情同意规则的最主要目的，是维护患者的生命权、身体权和健康权，而非对于患者知情同意权的保障。否则，为何立法机关将医疗机构的说明告知义务的对象予以了限制？为何立法机关认为不具有严重损伤后果的医疗行为不需向患者履行说明告知义务？申言之，于立法目的层面而言，《民法典》第 1219 条并非对患者知情同意权损害的救济路径。同时，于体系层面而言，《民法典》第 1219 条并非独立于《民法典》第 1218 条的规则，其规定的"损害"应是医疗机构诊疗活动所产生的损害。医疗机构诊疗活动的对象是患者的身体，医疗机构诊疗活动的目的在于维护患者的生命、身体和健康，因而《民法典》第 1219 条中"损害"的客体也应仅限于患者的生命权、身体权和健康权，② 不包括患者的知情同意权。这也能够契合《医疗损害解释》第 17 条的精神。

需要指出的是，有观点认为，《民法典》第 1219 条第 2 款规定的"损害"是指真正意思决定机会的丧失，即只有在医疗机构违反说明告知义务影响了患者对医疗措施的选择的情况下，患者才存在着请求医疗机构赔偿的可能。③ 然而，该观点不仅不能回答为何《医疗损害解释》第 17 条对侵犯患者知情同意权的救济还附加了"造成患者人身损害"这一要件的问题，也不符合充分尊重患者自身的价值观和风险观，通过患者的参与实现

---

① 黄薇主编《中华人民共和国民法典侵权责任编释义》，法律出版社，2020，第 150 页。
② 参见程啸《侵权责任法》（第 3 版），法律出版社，2015，第 558 页；邹海林、朱广新主编《民法典评注　侵权责任编》，中国法制出版社，2020，第 520 页。
③ 参见宋宗宇、丁磊《侵害患者知情同意权的司法认定与裁判路径——基于 222 份民事裁判文书的分析》，《中南大学学报》（社会科学版）2020 年第 2 期。

医患双方充分沟通的现代医患关系。① 至于该观点对于不真正意思决定机会损害赔偿的否定，笔者认为可用"精神损害严重程度的考量"取代。如后文所述，患者知情同意权的损害多为精神损害，在医疗机构违反说明告知义务但未影响患者对医疗措施的选择的情况下，可认为医疗机构违反说明告知义务的行为并未对患者造成严重的精神损害，从而排除患者的精神损害赔偿请求权。

（二） 精神损害赔偿的否定

《民法典》侵权责任编采总分结构，第一、二章为总则，第三章至第十章为分则，分则就相关"特殊侵权行为与典型侵权行为"② 作出了具体规定。侵权法意义上的"损害"，"是指受害人一方因他方的侵害行为或者准侵害行为而遭受的人身、精神或财产方面的不利后果"。③ 在侵权责任编95个条文中，"损害"一词共出现104次，不同条文中的"损害"具有不同的类型。

侵权责任编第一章作为侵权责任编的总则，规定了侵权领域共通的、基本的内容。故侵权责任编第一章中的"损害"，应是民事权益的损害，包括人身损害、财产损害与精神损害。笔者将其称为"广义的损害"。侵权责任编第二章以"损害赔偿"为章名，主要规定损害赔偿侵权责任方式的具体适用。④ 因为不同的损害对应不同的救济方式，故而立法者对第二章中的损害大都予以了明确区分，例如第1179条中的"人身损害"、第1183条中的"精神损害"。同时，侵权责任编第二章第1186条与第1187条中的"损害"，立法者虽未冠以任何"前缀"，但其都应是广义的损害，因为二者同样是侵权责任编中总则性的规定，不单独适用于任一具体的损害。在侵权责任编第三章中，立法者在《民法典》第1199条、第1200条、第1201条规定的教育机构侵权责任中将"损害"明确规定为"人身

---

① 参见满红杰《风险社会视角下医疗损害责任立法之反思——兼评〈民法典侵权责任编（草案）〉的相关规定》，《山东大学学报》（哲学社会科学版）2019年第4期。

② 为方便论述，以下统称具体侵权行为。

③ 张新宝：《侵权责任法》（第4版），中国人民大学出版社，2016，第27页。

④ 张新宝：《侵权责任编：在承继中完善和创新》，《中国法学》2020年第4期。

损害"。在该章规定的其他侵权责任类型中，立法者虽未对"损害"予以限定，但在监护人责任与用人者责任中，仍能确定其"损害"的范围。因为在监护人责任与用人者责任中，均是特定主体对他人的行为承担责任，并不涉及对损害的特别界定。只要是被监护人或用人单位的工作人员、提供劳务的个人对他人的民事权益造成损害且符合替代责任的构成要件，监护人与用人者均须承担责任，故而该"损害"应为广义的损害。除了侵权责任编第三章规定的监护人责任、用人者责任与教育机构侵权责任外，其他的特殊侵权行为条文中的"损害"，并不能通过简单的文义解释确定其范围，各界对此也存在一定争议。例如，对于侵权责任编第 1202 条规定的产品责任的"损害"，有观点认为应是人身损害和财产损害，[①] 有观点认为还应包括精神损害。[②] 同样，在医疗损害责任中，有观点认为《民法典》第 1218 条中的"损害"只限于对患者生命权、身体权和健康权的人身损害，[③] 有观点认为可及于精神损害。[④]

可见，侵权责任编总则中规定的"损害"，均能明确确定其类型，这对于侵权责任的准确适用意义重大。除了侵权责任编第三章规定的监护人责任、用人者责任与教育机构侵权责任外，其他的特殊侵权行为条文中"损害"的范围并不明确。但从精神损害赔偿构成要件的特殊性角度出发，可以得出这些条文中的"损害"不宜包括精神损害。《民法典》第 1183 条规定，"严重精神损害"是精神损害赔偿的构成要件之一，因而即便自然人因人身权益遭受侵害而导致精神损害，也不必然会引发精神损害赔偿。而对于财产损害与人身损害，《民法典》奉行的是"有损害即有救济"的原则，其与精神损害秉持不同的救济原则与构成要件，无法兼容。《民法典》侵权责任编分则所规定的侵权责任，大都采"……造成……损害的，……应当承担侵权责任"的立法模式，并未对"损害"的严重程度予以规定，明显是对"有损害即有救济"原则的贯彻，与精神损害赔偿

① 参见黄薇《中华人民共和国民法典侵权责任编释义》，法律出版社，2020，第 121 页。
② 参见最高人民法院民法典贯彻实施工作领导小组主编《中华人民共和国民法典侵权责任编理解与适用》，人民法院出版社，2020，第 313 页。
③ 参见程啸《侵权责任法》（第 2 版），法律出版社，2015，第 558 页。
④ 参见王利明《侵权责任法》，中国人民大学出版社，2016，第 327 页。

的构成要件不符。申言之,《民法典》侵权责任编分则中所规定的"损害",绝大多数应不包括精神损害。事实上,纵观整个《民法典》,也未有除第 1183 条之外的规定精神损害赔偿构成要件的条文。

医疗损害赔偿责任与精神损害赔偿责任对于"过错要件"的不同要求,使得《民法典》第 1219 条中的"损害"也不宜包括精神损害。一般认为,"考虑到《侵权责任法》是从受害人受到侵害的权利或利益的角度来界定精神损害赔偿民事责任方式适用范围的,因此加害行为的方式以及加害人的过错情况不是适用精神损害赔偿民事责任方式的要件"。[1] 换言之,《民法典》第 1183 条规定的精神损害赔偿的构成要件中,不包括加害人过错。然而,在医疗损害责任的归责原则体系中,过错责任原则是基本的归责原则。如果将《民法典》第 1219 条视为精神损害赔偿责任在医疗领域的具体化,将违背精神损害赔偿的一般条款——《民法典》第 1183 条的构成要件。即便在认为《民法典》第 1219 条能够作为患者精神损害赔偿的请求权基础的观点中,同样认为其应符合《民法典》第 1183 条的规定,[2] 在实质上也契合了《民法典》第 1219 条中的"损害"不包括精神损害的论断。

四 患者知情同意权损害的侵权救济路径

《民法典》第 1218 条、第 1219 条不能作为患者知情同意权损害的请求权基础,是否意味着患者知情同意权损害的不可救济性? 如能够获得救济,又应该通过何种路径?

(一) 患者知情同意权的性质

《民法典》第 1219 条规定了医务人员的说明告知义务,虽然理论上多认为与该义务相对的是患者知情同意权,但由于《民法典》并未对后者进

---

① 张新宝:《精神损害赔偿制度研究》,法律出版社,2012,第 81 页。
② 参见周江洪《违反医疗说明义务损害赔偿范围的界定》,《法学》2011 年第 5 期。

行明文规定，故而在探究其遭受损害后的救济路径之前，需先明确患者知情同意权的性质。

有观点认为，患者知情同意权应是作为抽象人格权的"自我决定权"。① 然而，在被立法者称为"权利宣言书"的《民法典》第五章所系统构建的民事权利谱系中，未有"自我决定权"这一表述。"自我决定权"目前并不是法定权利。至于抽象人格权，由于《民法典》仍采一般人格权与具体人格权的构建路径，其在很大程度上也无实证法的存在基础。

有观点认为，患者知情同意权应是隐私权。② 这一观点与美国法上对自我决定权的认定存在着相同之处。③ 然而，《民法典》第 1032 条第 2 款对于隐私权的界定，难以容纳患者知情同意权。④ 同时，我国台湾学者杨秀仪提出，在我国台湾地区"民法"上，应清楚区分隐私权与自主权，理由在于：其一，我国台湾地区并没有像美国一样拥有悠久而坚强的保护隐私权传统；其二，我国台湾学者多将隐私权界定在"资讯隐私权"上，少有提及"自主隐私权"的；其三，既然隐私权在我国台湾地区是一个发展中的权利，与其透过隐私权发展病人自主权，不如直接发展更为干脆。⑤ 笔者认为，这一观点也适用于中国大陆，因而不宜将患者知情同意权认定为隐私权。

有观点认为，患者知情同意权应是身体权。⑥ 然而，陈聪富教授提出，"以病人'身体自主权'作为侵害客体，似乎是以身体权为侵害对象，实则，加害人所侵害者，系病人未受告知，致其意思决定自由受侵害，应属病人自主决定权的侵害，属于意思自由的侵害，而非身体权的侵害"。⑦

---

① 参见杨立新、刘召成《抽象人格权与人格权体系之构建》，《法学研究》2011 年第 1 期。
② 参见周友军《侵权法学》，中国人民大学出版社，2011，第 269 页。
③ 参见〔日〕五十岚清《人格权法》，〔日〕铃木贤、葛敏译，北京大学出版社，2009，第 188 页。
④ 参见邹海林、朱广新主编《民法典评注　侵权责任编》，中国法制出版社，2020，第 531 页。
⑤ 参见杨秀仪《论病人自主权——台湾地区法上"告知后同意"之请求权基础》，《台大法学论丛》2007 年第 2 期。
⑥ 参见缪宇《类型化视野下的医疗机构告知义务》，《北大法律评论》2017 年第 1 期。
⑦ 陈聪富：《侵权行为法原理》，元照出版有限公司，2018，第 75 页。

而且，在我国司法实践中，医疗机构未履行说明告知义务而进行的侵入性诊疗活动，若未因此产生实质损害，法院也一般不会认为该诊疗行为造成了患者损害。① 《医疗损害解释》第 17 条正是出于此番考量。正如有德国学者所指出的，如果该治疗行为就病人病情而言是必要的，而且其也符合当时医疗水准，即便未履行说明告知义务，该行为也不构成侵袭性的身体伤害行为，因为该行为是以治疗为目的，而非出于伤害之意。② 因而，也不宜将患者知情同意权或自我决定权认定为身体权。

患者知情同意权有其独特法理基础和权利基础，其意在保护患者的自主权或自我决定权，而非简单的生命健康利益。③ 在我国民事权利谱系上，对于患者知情同意权比较合适的定位宜是一般人格权。《民法典》第 109 条与第 990 条第 2 款对一般人格权进行了规定，其核心在于保障自然人的人身自由与人格尊严。立法机关相关人员明确指出，"人身自由，包括身体行动的自由和自主决定的自由"。④ 患者知情同意权自我决定的法理基础，完全可以被一般人格权所涵盖。⑤ 一般人格权之主要功能，在于弥补法律所列举的特别人格权之不足，⑥ 从而"对具体人格权无法提供保护的其他人格利益提供保护"。⑦ 换言之，一般人格权可对人格利益形成兜底保护，从而保持人格权益保护范围的开放性。⑧ 因而，"自主决定权可以作为人身自由的内容，从而弥补具体人格权规定的不足"。⑨

---

① 参见上海市第一中级人民法院（2017）沪 01 民终 4677 号民事判决书。该案中，法院认为医方在医疗活动中存在静脉溶栓知情告知书签署时间不清、病史记录缺陷、沟通不够的医疗过错，但该行为并非导致患者人身损害的原因，因而不认可医疗机构的赔偿责任，只是基于公平原则判决了医院承担一定补偿责任。

② 参见侯英泠《从德国法论医师之契约上说明义务》，《月旦法学杂志》2004 年第 9 期。

③ 参见赵西巨《我国侵权责任法知情同意条款评析》，《中国卫生法制》2010 年第 3 期。

④ 黄薇主编《中华人民共和国民法典总则编释义》，法律出版社，2020，第 280 页。

⑤ 有观点提出，民法学界所纠结的对于具体人格权没有规定的人格利益的保护，只有当该权利能够被涵盖在人格尊严和人身自由的直接的明确的文义范围内时，其才能作为一般人格权。患者知情同意权完全符合该要求。参见张建文《作为新兴权利司法保护方法的一般人格权》，《法学杂志》2019 年第 6 期。

⑥ 梁慧星：《民法总则》（第 5 版），法律出版社，2017，第 100 页。

⑦ 张鸣起主编《民法总则专题讲义》，法律出版社，2019，第 320 页。

⑧ 参见王利明《民法典人格权编的亮点与创新》，《中国法学》2020 年第 4 期。

⑨ 王利明：《人格权法研究》（第 3 版），中国人民大学出版社，2018，第 148～149 页。

（二）患者知情同意权损害的可救济性

民事权利及其他合法权益受法律保护是民法的基本精神，是民事立法的出发点和落脚点。①《民法典》第 991 条明确规定了自然人的人格权受法律保护，任何组织和个人不得侵害，《民法典》第 995 条对侵害人格权的责任方式予以了明确。患者知情同意权作为一般人格权，受到侵害时当然可以获得救济。《医疗损害解释》第 17 条之所以对患者知情同意权损害的救济予以否定，实际上是对《民法典》第 1219 条作为救济路径的否定，并非不认可患者知情同意权损害的可救济性。②

如前所述，患者知情同意权在性质上应是《民法典》第 109 条与第 990 条第 2 款所规定的一般人格权。医务人员违反说明告知义务，事实上是侵害了患者的一般人格权，若患者因此产生严重精神损害，其当然可依《民法典》第 1183 条请求医疗机构承担精神损害赔偿责任。在比较法上，对于患者知情同意权的损害，通常给予的也是精神损害赔偿。例如，在日本法上，被我国学者多次引为例证的"耶和华派教徒输血案"，法院认为医疗机构"剥夺了患者的意思决定的权利，侵害了患者的人格权，应该承担该患者因此而受到的精神痛苦的精神损害赔偿"。③ 在我国台湾地区，虽然有学者提出，"告知后同意"之请求权基础为我国台湾地区"民法"第 184 条第 1 项前段，④ 但该学者同时认为，"自主权在性质上是人格权的一种，故病患就算没有财产上的损害，也可以请求非财产上的损害赔偿"。⑤ 此处的非财产上的损害赔偿，类似于大陆的精神损害赔偿。

需要指出的是，一般人格权为框架性权利，仅以人身自由与人格尊严

---

① 黄薇主编《中华人民共和国民法典人格权编释义》，法律出版社，2020，第 18 页。
② 相同的观点可参见邹海林、朱广新主编《民法典评注侵权责任编》，中国法制出版社，2020，第 530 ~ 531 页。
③ 〔日〕吉村良一：《日本侵权行为法》（第 4 版），张挺译，中国人民大学出版社，2013，第 35 页。
④ 我国台湾地区"民法"第 184 条第一段前项：因故意或过失，不法侵害他人之权利者，负损害赔偿责任。
⑤ 杨秀仪：《论病人自主权——台湾地区法上"告知后同意"之请求权基础》，《台大法学论丛》2007 年第 2 期。

作为内涵,缺少外延与具体表现形式。《民法典》第 1219 条第 1 款所规定的医务人员说明告知义务的表现形式,在一定程度上能够补充与发展一般人格权。换言之,在侵害患者知情同意权的精神损害赔偿中,《民法典》第 1219 条第 1 款的作用在于,为《民法典》第 1183 条所规定的"侵害他人人身权益"这一构成要件提供一种客观标准。

在医疗机构违反说明告知义务并造成患者人身损害的情况下,医疗机构事实上既侵害了患者的知情同意权,也侵害了患者的生命权或身体权或健康权。患者可请求医疗机构承担人身损害赔偿,若侵害患者知情同意权的行为造成了患者的严重精神损害,患者还可请求医疗机构承担精神损害赔偿,二者并不产生竞合。若医疗机构侵害患者的生命权或身体权或健康权的行为同时造成了患者的严重精神损害,基于相同的请求权基础以及相同的目的,笔者认为该精神损害赔偿可与侵害患者知情同意权的精神损害赔偿产生竞合,共同作为"患者精神损害严重程度"的考量情节。

在我国的司法实践中,精神损害赔偿在大多数时候是"象征性赔偿",[1] 在很大程度上不能有效救济患者知情同意权的损害,诸如赔礼道歉等责任方式也应作为患者知情同意权损害的救济方式,《民法典》第995 条也对此予以了肯定,比较法上也存在着类似趋势。[2]

五 结语

《民法典》第 1219 条第 1 款虽然规定了医务人员的说明告知义务,但其第 2 款中的"损害"不包括患者知情同意权的损害。同时,基于精神损害赔偿构成要件的特殊性,《民法典》第 1218 条、第 1219 条均非患者知情同意权损害的救济路径。对于作为一般人格权的患者知情同意权损害的救济,应是《民法典》第 1183 条或第 995 条。需要说明的是,本文仅在

---

[1] 参见中国应用法学研究所编《侵权责任法疑难问题案例解读》,法律出版社,2011,第 204 页。

[2] Benjamin Ho & Elaine Liu, "What's an Apology Worth? Decomposing the Effect of Apologies on Medical Malpractice Payments Using State Apology Laws", 8 *Journal of Empirical Legal Studies* 179 (2011).

《民法典》侵权责任编的体系内对患者知情同意权损害的救济路径进行研究，势必忽略了侵权责任编之外的救济路径。患者知情同意权的损害，是基于医疗机构违反了说明告知义务，而这种义务"是一种法定的合同义务"。① 医疗机构违反说明告知义务，患者是可以要求医疗机构承担合同责任的。囿于篇幅，笔者拟另撰文探讨。

---

① 杨立新：《中国侵权责任法研究》（第 3 卷），中国人民大学出版社，2018，第 267 页。

无权占有人费用求偿权规则解释论

李东宇[*]

内容提要：《民法典》第 460 条规定了无权占有人的费用求偿权，其文本与原《物权法》第 243 条几近相同。但这一条款置于民事单行法中与《民法典》语境中，应当作出不同解释。原因在于，第 460 条的规定会与《民法典》中的其他规则相互关联，以此形成不同的规范群。我国法院既往的裁判立场忽视了无权占有人的费用求偿权在某些特定情形中所具备的受保护的正当性，而此前立法中的无因管理规则与不当得利规则也不完备，致使法定之债制度规制此类问题的可能性落空。因此，《民法典》施行后应从解释论上矫正这种忽视的态度，并借助完善后的无因管理规则与不当得利规则，为无权占有人费用求偿权的实现构造可能的规范路径。

关键词：无权占有　费用求偿权　无因管理　不当得利

《中华人民共和国民法典》（以下简称《民法典》）的颁行意味着研究与应用的新开始。"'典'字体现了立法体系性和科学性的逻辑问题"，^①经过体系化后的《民法典》的一大功用就在于将以往"割据"的民事单行法，打造成福柯（Michel Foucault）所言的"全景敞视装置"，^②形成完整的逻辑闭环。但是，问题也随之出现。民事单行法与《民法典》中的同

---

* 李东宇，吉林大学法学院民商法学专业博士研究生。感谢税兵教授、唐晓晴教授、吴奇琦博士、李凯莉同学、刘琦同学等给予的建议和批评。一如成例，文责自负。

① 孙宪忠：《论民法典贯彻体系性科学逻辑的几个要点》，《东方法学》2020 年第 4 期。
② 参见〔法〕米歇尔·福柯《规训与惩罚》，刘北成、杨远婴译，生活·读书·新知三联书店，2003。笔者此处借用法国社会学家福柯研究的"全景敞视装置"这一概念，意在阐明法律人需置身于《民法典》的中央，时刻考虑对某一具体问题的处理如何衔接各编规定。

一法条，适用情况可能不尽相同，本文所欲讨论的《民法典》第 460 条中的无权占有人费用求偿权规则即在其列。[①] 因此，笔者认为，有必要重新解释第 460 条的适用规则，以实现法典体系化的应有之义。

一 《民法典》中的费用求偿权规则

（一）费用求偿权规则的定位

为贯彻"定分止争"的物权制度基本理念，《民法典》第 235 条设立了原物返还请求权，[②] 负责明晰本权人与无权占有人之间的物权归属，但这一条款并未涵盖用益返还、损害赔偿、费用补偿等方面。比较法上对这些问题的解决存在两种立法选择：其一，德系方案，以《德国民法典》为例，其为了贯彻完全所有权保护思想，构建了原物返还请求权的次位请求权，即"所有权人—占有人关系规则"；其二，法系方案，以《法国民法典》为例，其并无统一的物上请求权规则，对于动产的物上请求权借道法定之债规则实现。[③] 我国台湾地区"民法"改进了德系方案，将权利主体扩增至所有权人之外的其他特定物权人，并把该规则从所有权一章中抽离，形成独立的"占有人与恢复请求人的关系规则"。[④] 我国大陆的立法受此影响，也作出类似的制度安排。学理上将原《中华人民共和国物权法》（以下简称《物权法》）第 241 条至第 244 条、《民法典》第 458 条至第 461 条塑造的规范群简称为"占有恢复关系规则"。

---

① 近期的研究多立足于立法论，少有解释论的角度。立法论视角的文章，可参见单平基《无权占有费用求偿权之证成——〈中华人民共和国物权法〉第 243 条检讨》，《法商研究》2014 年第 1 期；冉克平《论〈物权法〉上的占有恢复关系》，《法学》2015 年第 1 期；单平基《民法典编纂中恶意占有有益费用求偿权的证立及界分》，《当代法学》2016 年第 3 期；辜江南《我国无权占有人费用偿还制度的立法完善》，《河北法学》2019 年第 9 期；等。
② 《民法典》第 235 条规定："无权占有不动产或者动产的，权利人可以请求返还原物。"
③ 参见王洪亮《物上请求权的功能与理论基础》，北京大学出版社，2011，主要是第 102 ~ 104 页。
④ 我国台湾地区"民法"将这一规则放置在第三编（物权）的第十章（占有）当中；《德国民法典》则是放置于第三编（物权）第三章（所有权）的第四节（所有权请求权）中。

《民法典》第460条规定："不动产或者动产被占有人占有的，权利人可以请求返还原物及其孳息；但是，应当支付善意占有人因维护该不动产或者动产支出的必要费用。"① 自法律文本看，这一条文存在两层结构：第一层是第一分句，明确了无权占有人对本权人负有返还原物及其孳息的义务；第二层是但书（第二分句），特别赋予了善意占有人请求本权人偿还其在占有物期间内支出的必要费用的权利。从逻辑角度考察，《民法典》第460条意即：当本权人依据第一分句要求无权占有人返还原物及其孳息时，善意的无权占有人才得借助但书规定主张必要费用的偿还。故而学理上将该费用求偿权视为原物返还请求权的次位请求权。但是，此处的"次位"是指费用求偿权的发生原因与原物返还请求权具有牵连关系，因而可以认定，费用求偿权只是属于"物权关系中的请求权"，而非"物上请求权"。进言之，由费用求偿权构建的法律关系属于两个平等主体之间的"对人关系"，本质上应当是一种债之关系。

（二）费用求偿权的关联制度

以债的发生原因为标准，学理上将债之关系区分为"意定之债"与"法定之债"。费用求偿权的权利主体是无权占有人，所谓的"无权"即意味着其与本权人之间没有合同等基础法律关系的存在，因此没有意定之债规则的适用空间。而费用求偿权处理的是无权占有人为本权人之物支出费用后，一方（本权人）获益而另一方（无权占有人）受损的问题，与法定之债中的无因管理、不当得利颇为相似，故而有必要考察《民法典》对此二者的规定。

1. 无因管理规则

我国的无因管理制度起先规定于原《中华人民共和国民法通则》（以

---

① 该条的前身是原《物权法》第243条："不动产或者动产被占有人占有的，权利人可以请求返还原物及其孳息，但应当支付善意占有人因维护该不动产或者动产支出的必要费用。"《民法典》的立法者只对其作了非实质性的标点与语词改动，比如将第二个逗号改为分号，将"但"扩写为"但是"。需要说明的是：此处的"权利人"即"本权人"，也称"占有恢复请求人"，不仅指所有权人，也包括其他具有恢复关系请求权的人，如建设用地使用权人等拥有占有权源的占有人。

下简称《民法通则》），仅有一个条文。① 《民法典》对此进行了细化，其中第 979 条第 1 款规定，"管理人没有法定的或者约定的义务，为避免他人利益受损失而管理他人事务的，可以请求受益人偿还因管理事务而支出的必要费用；管理人因管理事务受到损失的，可以请求受益人给予适当补偿"。按照该款的要求，无因管理的构成要件有三项：其一，管理意思，即管理人在主观心态上有为本人谋利益的意思；其二，管理行为，即管理人在客观层面上作出了为本人管理事务的行为；其三，无法律原因，即对管理人而言，不存在法定或者约定的义务要求其实施管理行为。② 学理上还进一步将无因管理分为"真正的无因管理"与"不真正的无因管理"。其中，真正的无因管理包括"适法的无因管理"与"不适法的无因管理"，前者指严格符合《民法典》第 979 条第 1 款构成要件的无因管理，而后者指向管理人的管理行为不利于本人，或违反本人真实意思的情形。不适法的无因管理在原则上不得适用无因管理的规定，但是存在两项例外情形：其一，如果受益人的真实意思违反法律规定或者违背公序良俗原则，则管理人可以主张第 979 条第 2 款所赋予的权利，要求受益人偿还必要费用并补偿损失；③ 其二，如果受益人主张其享有管理利益，则需要承担第 979 条第 1 款所规定的义务。④

　　我国立法并未明定不真正的无因管理，台湾地区的民法学理将其分作两类：其一是"误信管理"，即"误信他人之事务为自己之事务而管理之"的行为；其二是"不法管理"，即"明知系他人之事务，仍作为自己

---

① 原《民法通则》第 93 条规定："没有法定的或者约定的义务，为避免他人利益受损失进行管理或者服务的，有权要求受益人偿付由此而支付的必要费用。"此外，《最高人民法院关于贯彻执行〈中华人民共和国民法通则〉若干问题的意见（试行）》（简称《民通意见》）第 132 条规定："民法通则第九十三条规定的管理人或者服务人可以要求受益人偿付的必要费用，包括在管理或者服务活动中直接支出的费用，以及在该活动中受到的实际损失。"
② 参见王利明主编《民法》（第 7 版），中国人民大学出版社，2018，第 564 ~ 565 页。
③ 《民法典》第 979 条第 2 款规定："管理事务不符合受益人真实意思的，管理人不享有前款规定的权利；但是，受益人的真实意思违反法律或者违背公序良俗的除外。"
④ 《民法典》第 980 条规定："管理人管理事务不属于前条规定的情形，但是受益人享有管理利益的，受益人应当在其获得的利益范围内向管理人承担前条第一款规定的义务。"

事务而管理之"的行为。① 对此二种情形，前者不得类推适用无因管理规则；② 而后者则可以准用无因管理规则，③ 因此也被称为"准无因管理"。我国大陆《民法典》和台湾地区"民法"对误信管理的处理应无分歧，但对于不法管理情形而言，由于《民法典》未明确表示其可准用无因管理规则，故而应当解释为不得准用。换言之，《民法典》的无因管理规则仅适用于真正的无因管理情形。

2. 不当得利规则

"不当得利的规范目的在于对无法律上原因取得财产利益者，课以返还义务。"④《民法典》对原《民法通则》第 92 条的内容进行了扩展，⑤ 其第 985 条规定，"得利人没有法律根据取得不当利益的，受损失的人可以请求得利人返还取得的利益，但是有下列情形之一的除外：（一）为履行道德义务进行的给付；（二）债务到期之前的清偿；（三）明知无给付义务而进行的债务清偿"。该条确立了不当得利的四项构成要件：其一，一方获得利益；其二，他方受到损失；其三，获得的利益与受到的损失之

---

① 参见王泽鉴《债法原理》（第 2 版），北京大学出版社，2013，第 309~310 页。

② 参见姚志明《无因管理与不当得利》（修订 2 版），元照出版公司，2016，第 86 页。

③ 我国台湾地区"民法"第 177 条规定："管理事务不合于前条之规定时，本人仍得享有因管理所得之利益，而本人所负前条第一项对于管理人之义务，以其所得之利益为限。前项规定，于管理人明知为他人之事务，而为自己之利益管理之者，准用之。"王泽鉴教授指出，台湾地区"民法"作此规定的原因在于，"无因管理之成立，以管理人有'为他人管理事务'之管理意思为要件。如因误信他人事务为自己事务（误信的管理），或误信自己事务为他人事务（幻想的管理）而为管理，均因欠缺上揭主观要件而无适用无因管理规定之余地。同理，明知系他人事务，而为自己之利益管理时，管理人并无'为他人管理事务'之意思，原非无因管理。然而，本人依侵权行为或不当得利之规定请求损害赔偿或返还利益时，其请求之范围却不及于管理人因管理行为所获致之利益；如此不啻承认管理人得保有不法管理所得之利益，显与正义有违。因此宜使不法之管理准用适法无因管理之规定，使不法管理所生之利益仍归诸本人享有，俾能除去经济上之诱因而减少不法管理之发生，爰增订第 2 项"。王泽鉴：《债法原理》（第 2 版），北京大学出版社，2013，第 333 页。

④ 黄茂荣：《不当得利》，台湾植根法学丛书编辑室，2011，第 393 页。

⑤ 原《民法通则》第 92 条规定："没有合法根据，取得不当利益，造成他人损失的，应当将取得的不当利益返还受损失的人。"此外，《民通意见》第 131 条规定："返还的不当利益，应当包括原物和原物所生的孳息。利用不当得利所取得的其他利益，扣除劳务管理费用后，应当予以收缴。"

间存在因果关系；其四，利益的获得没有合法根据，即无法律原因。①

对于不当得利是否具有独立性的问题，各国素有争议。德国"结合罗马法及德国普通法之精神，将从罗马法以来个别诉权之不当得利制度作统一规范，并于德国民法制定了一般不当得利法"，② 认可不当得利是独立的债之发生原因，原则上允许不当得利请求权与其他类型的请求权发生竞合。法国法与此不同，《法国民法典》长期未规定一般性的不当得利，而仅仅考虑了一些具体的不当得利情形，包括作为"准合同"的非债清偿。③ 法国司法实践中发展起来的"转化物之诉"，虽然在 2016 年债法改革中被作为一般性的不当得利纳入"准合同"，但只具有"辅助性"。④《葡萄牙民法典》在德国法和法国法的双重影响下，虽然将不当得利作为"债因"纳入债编通则，但明确规定其只具备"补充性"（natureza subsidiária）。⑤《澳门民法典》的做法也如出一辙。⑥ 我国学界曾就不当得利独立性的问题有过论争，但从《民法典》文本、学界通说和实务中的裁判立场来看，由于未设置债编通则，我国立法在外观上采用了《法国民法

---

① 参见王利明主编《民法》（第 7 版），中国人民大学出版社，2018，第 558～559 页。

② 参见姚志明《无因管理与不当得利》（修订 2 版），元照出版公司，2016，第 96 页。

③ 对 2016 年法国债法改革前的不当得利在法国法中的定位研究，可参见刘言浩《法国不当得利法的历史与变革》，《东方法学》2011 年第 4 期。

④ 对法国债法改革中不当得利制度的转变研究，可参见李世刚《中国债编体系构建中若干基础关系的协调——从法国重构债法体系的经验观察》，《法学研究》2016 年第 5 期。

⑤ 苏建峰助理教授指出，葡萄牙学界"虽然采纳了德国对不当得利的制度化理论，但由于葡萄牙人的务实、重视个案解决的个性，《葡萄牙民法典》在许多骨节点上还是保留了自身的法律传统，哪怕已经成为一个构成债因的独立制度，它仍继续把不当得利视作一个原则性的规定。并且，作为漏洞填补的补充说得以保留，被明确规定下来"。苏建峰：《不当得利补充说在葡萄牙法的形成》，《澳门法学》2018 年第 3 期，第 127 页。

⑥ 《澳门民法典》第 468 条（不当得利之债之补充性）规定："如法律给予受损人其他获得损害赔偿或返还之途径、法律否定返还请求权，又或法律对得利定出其他效果者，不得以不当得利要求返还。"本文援引的《澳门民法典》法条均来源于《澳门民法典》（中文版），澳门印务局，2018；以下不再赘述。《澳门民法典》中的不当得利构成要件之一是"没有其他法律途径"，对此，尹思哲（Manuel Trigo）副教授解释道，"只可在没有其他法律途径要求返还时，才以不当得利为依据要求返还，因不当得利是补充性的返还途径，同时对以不当得利为依据要求返还之诉法律亦只拟赋予补充性质"。Manuel Trigo（尹思哲）：《债法教程》，陈晓畴（Chan Io Chao）译，澳门大学法学院自刊，2016，第 157 页以下。

典》"准合同"的编排形式，而学理上则认可了不当得利的独立地位。①

而关于不当得利类型的问题，也存在争议。《德国民法典》最初采纳统一说的见解，后经由维尔伯格（Walter Wilburg）和冯·克默雷尔（von Caemmerer）等学者的改造，转用非统一说观点，将不当得利细分为"给付型不当得利"与"非给付型不当得利"。② 这是由于"给付型不当得利的真正原因是欠缺财产转移的原因，非给付型不当得利的存在原因是使用他人财产"，③ 二者存在根本的区别，若不加以区分则易引起法律适用的混乱。我国原《民法总则》第 122 条延续了原《民法通则》第 92 条的规定，"从文义上看，……体现了统一说"，④《民法典》亦未明确区分具体类型。但目前通说认为，非统一说的"划分不是基于历史的沿革，而是由其内在的本质特征决定的"，⑤ 在解释学上宜认为，我国的不当得利规则采用了非统一说。具体言之，给付型不当得利分为给付原因自始不存在型和给付原因嗣后不存在型，非给付型不当得利的发生原因分为受益人行为、受害人行为、第三人行为和事件四种。⑥

---

① 参见傅广宇《"中国民法典"与不当得利：回顾与前瞻》，《华东政法大学学报》2019 年第 1 期。但笔者认为这仅仅是应然状态，事实上，我国司法实践中不当得利规则受到了合同法和侵权责任法的双重挤压，适用范围相当有限，其体系意义远不能与德国法等量齐观。其中一个重要原因是，我国原《侵权责任法》、《民法典》侵权责任编当中的"权"是一种广泛意义上的权利概念，既包括狭义上的民事权利，也包括民事权益；而德国侵权责任法中的"权"特指《德国民法典》明文规定的权利，适用范围远比我国小。

② 对于德国非统一说的具体研究，可参见〔德〕恩斯特·冯·克默雷尔《不当得利法的基本问题》，唐勇译，王洪亮、张双根、田士永、朱庆育主编《中德私法研究》（第 8 卷），北京大学出版社，2012。

③ 刘言浩：《不当得利法的形成与展开》，法律出版社，2013，第 97 页。

④ 陈甦主编《民法总则评注》（下册），法律出版社，2017，第 850 页。

⑤ 王利明主编《民法学》（第 5 版），法律出版社，2017，第 530 页。

⑥ 参见王利明主编《民法》（第 7 版），中国人民大学出版社，2018，第 559~560 页。我国台湾地区学理对给付型不当得利的分类与大陆一致，但将非给付型不当得利分为"权益侵害型不当得利"、"支出费用型不当得利"和"求偿型不当得利"。其中，支出费用型不当得利指因他人对其物支出费用而受利益致他人受损害的情形，应与基于受害人行为而发生的不当得利类似。参见王泽鉴《不当得利》（第 2 版），北京大学出版社，2015，第 38 页。

二　既往裁判立场与《民法典》在
解释学上应作出的矫正

　　《民法典》第 460 条赋予善意占有人以必要费用求偿权，这一规定看似清晰，却没有言明恶意占有人是否享有必要费用求偿权和无权占有人是否享有有益费用求偿权，构成法律漏洞。① 实践中，法院的裁判"五花八门"，"同案不同判"的情形时有出现。因此，在正式展开费用求偿权与无因管理、不当得利的关联性讨论前，有必要先回顾这一条文的前身即原《物权法》第 243 条在实务中的适用情况，以求《民法典》在施行后克服曾出现的问题。②

---

① 德国学者卡尔·拉伦茨（Karl Larenz）教授将法律漏洞分为两种：一为"规范漏洞"，指法律条文本身的不协调，源于法律违反计划的不圆满性，造成法律规范无法适用；另一为"规则体漏洞"，指对应予以规整的问题欠缺适当的规则。笔者认为无权占有人的费用求偿权规则属于后者。参见〔德〕卡尔·拉伦茨《法学方法论》（全本·第 6 版），黄家镇译，商务印书馆，2020，第 465～470 页。关于法律是否存在漏洞的问题，分析法学派和法教义学派有相反的解答。德国学者卡尔·恩吉施（Karl Engisch）教授认为，"漏洞是在一个整体内部的一个令人不满意的不完整性（Unvoll Ständigkeit）；法律漏洞是法律整体内部的一个令人不满意的不完整性"。这和拉伦茨教授的界定是相同的。但分析法学派认为，法律漏洞（法律间隙）是一种"虚构"，"其实质就是，对于某一特定事实情境，无法律规范予以'假定'并予以'处理'。……即使在'法无明文规定'的情况下，也存在法律关系；而存在法律关系的地方，就不存在法律漏洞"。二者的本质区别在于，法教义学多立足于法律逻辑，而分析法学多着眼于法律价值。笔者认为，具体到原《物权法》第 243 条的问题上，民法的公平、诚信等价值当然及于本条，但结构上确实忽视了无权占有人的其他费用求偿权，将其视作法律漏洞，应无疑问。虽然有分歧，但两种方法论对此类问题的解决却殊途同归，二者均认为应借助法律原则与法律规则的适用关系。具体参见〔德〕卡尔·恩吉施《法律思维导论》，郑永流译，法律出版社，2014，第 168 页；〔奥〕凯尔森《法与国家的一般理论》，沈宗灵译，中国大百科全书出版社，1996，第 165～168 页；王涌《私权的分析与建构：民法的分析法学基础》，北京大学出版社，2019，第 202～205 页。
② 需说明，就我国的判决而言，最典型的当属"两高"发布的指导案例，《中华人民共和国最高人民法院公报》刊载的案例与各高院的参考案例则次之。除此之外的判决，在重要性上应无分别。自原《物权法》实行至今，有关无权占有人费用求偿问题形成的裁判文书数量庞大，而对此问题亦未有法政策上的变化。若自实证研究角度出发，则需研究十多年间全部的裁判文书，才不会引发数据偏倚（Data Bias）的问题。但本文的基本方法是教义学，笔者只以点带面撷取了一些研究者已经讨论的案例，原因在于这些案例已经引起了学人的共同关注，更具有明确的指向性和讨论意义。本文中涉及的案件，来源均为北大法宝的司法案例数据库。

（一）既往的裁判立场

1. 恶意占有人对必要费用求偿的现状

我国司法实践对恶意占有人的必要费用求偿权存在四种态度。

（1）否定立场。比如，在"郝杰与李双林财产损害纠纷案"中，终审法院的判决认为，"公民合法权益受到他人侵害应当依法维护，而不应采取非法途径。被上诉人李双林以上诉人郝杰家马进地造成其财产损害为由扣留上诉人家的马，属非法扣留，其请求扣留期间支出的饲养费、管理费应不予支持"。① 但该判决的问题在于，对占有事实的法律性质判断并不应该阻碍费用求偿权的主张，法院未能澄清否定恶意占有人必要费用求偿权的真正原因。

（2）肯定立场。比如，在"舒某与某生物技术公司返还原物纠纷上诉案"中，原审法院认为，"舒某反诉请求中的车辆养路费、交强险费用和检测费一般由车主缴纳，且此项费用为汽车正常使用过程中所产生的必要费用，舒某该项反诉请求，予以支持"。终审法院维持了此项决定。② 但是该项求偿权利的请求权基础为何，两份判决均未说明。

（3）态度不明，责令当事人"另案起诉"或"另行主张权利"。比如，在"潘某与上海某贸易有限公司返还原物、财产损害赔偿纠纷案"中，法院判决认为，"被告如向原告主张相关费用，可另行通过合法途径解决"。③

---

① 参见"郝杰与李双林财产损害纠纷案"，内蒙古自治区通辽市中级人民法院（2015）通民终字第 1160 号民事判决书。

② 参见"舒某与某生物技术公司返还原物纠纷上诉案"，上海市长宁区人民法院（2010）长民一（民）初字第 3780 号民事判决书、上海市第一中级人民法院（2011）沪一中民一（民）终字第 238 号民事判决书。该案的基本案情：上诉人（原审被告、反诉原告）明知无权，但仍然占有被上诉人（原审原告、反诉被告）的车辆。被上诉人诉请法院判令被告返还车辆，上诉人要求被上诉人返还车辆养路费、交强险等必要费用。

③ 参见"潘某与上海某贸易有限公司返还原物、财产损害赔偿纠纷案"，上海市浦东新区人民法院（2012）浦民一（民）初字第 1636 号民事判决书。该案的基本案情：被告转让车辆给原告，但因交车时被告要求额外价款与原告不能达成合意，遂留置案涉车辆。原告诉请法院判令被告返还车辆，被告要求原告返还车辆维护费用等。从某种意义上来说，这是法院在刻意回避裁判，"如果法律存在漏洞，裁判者应当填补法律的漏洞，而不能以法无明文规定便拒绝裁判"。韩世远：《民法基本原则：体系结构、规范功能与应用发展》，《吉林大学社会科学学报》2017 年第 6 期。

这种责令另案起诉的判决无疑是回避了相关问题，导致当事人的主张无法及时得到法律救济。

（4）仅依据法律原则判案。比如，在"杨新奎与侯康柱返还原物纠纷案"中，一审法院以"于法无据"为由未支持杨新奎反诉侯康柱返还其在恶意占有期间为小牛支出的饲料费的请求。二审法院则认为针对该费用偿还的请求，"基于公平原则应予考虑"，在欠缺具体规范依据的情况下，只能适用原《民法通则》第 4 条"民事活动应当遵循自愿、公平、等价有偿、诚实信用的原则"进行判决。① 如此做法虽然最终实现了公平的效果，但仅仅依据法律原则进行裁判容易致使法官自由裁量的恣意无度。

2. 善意占有人对有益费用求偿的现状

从裁判文本来看，法院对于善意占有人有益费用求偿权存在两种态度。

（1）肯定立场。比如，在"毛东升、王桂香与宋学明、宋延礼返还原物纠纷案"中，法院判决认为，"宋学明、宋延礼作为……善意占有人……安装供热设施以及对房屋进行装修的行为应认定为是善意的、合理的，因此产生的费用是宋学明、宋延礼为了对房屋充分利用而支出的合理、有益费用，应予保护，其中装修费用应以评估认定的装修价值为依据"。② 可见，该裁判立场支持了善意占有人的有益费用求偿权。

（2）否定立场。比如，在"商洛市工商行政管理局诉某某某等返还原物纠纷案"中，法院指出，"金科万隆公司提出其支出的应由商洛市工商局承担的相关费用中的维修费……属于……必要费用，应由商洛市工商局承担，其余费用并不属于必要费用，不应由商洛市工商局承担"。③

---

① 参见"杨新奎与侯康柱返还原物纠纷案"，河南南阳市淅川县人民法院（2010）淅民初字第 219 号民事判决书、河南南阳市中级人民法院（2010）南民一终字第 840 号民事判决书。类似的案件还可参见"禄劝天裕房地产开发有限公司与刘志美返还原物纠纷上诉案"，云南省昆明市中级人民法院（2015）昆民一终字第 194 号民事判决书。

② 参见"毛东升、王桂香与宋学明、宋延礼返还原物纠纷案"，上海市宝山区人民法院（2014）宝民一（民）初字第 675 号民事判决书。

③ 参见"商洛市工商行政管理局诉李文科等返还原物纠纷案"，陕西省商洛市中级人民法院（2014）商中民三初字第 00057 号民事判决书。该案的基本案情：原告商洛市工商局欠付被告金科万隆公司债款，双方约定由原告转让名下房屋抵债，并签订《债务清偿协议》。被告基于该协议善意占有案涉房屋，但该协议被法院宣告无效，原告诉请法院判决被告返还房屋，被告要求原告支付相关费用。

总体来讲，无论法院抱持何种立场，均未在判决中指明适用的法律依据为何，说理论证部分存在疏漏。

3. 恶意占有人对有益费用求偿的现状

对此问题，法院亦有四种裁判立场。

（1）否认立场。比如，在"毛松巍诉徐德龙等排除妨害纠纷案"中，被告无权占有原告所有之房屋，原告诉求被告返还房屋，被告反诉偿还占有期间支出的房屋装修费。法院判决被告返还房屋，驳回被告的反诉请求。[①]

（2）肯定立场。比如，在"防城港市防城区市场开发服务中心诉防城区企业建筑工程总公司大菉分公司、谢洒添、大菉镇大菉社区管理委员会、唐光全、唐光文返还原物纠纷案"中，法院以"若返还给原告，原告可使用而取得利益"为由，责令原告对被告予以补偿。[②]该判决似乎适用了不当得利规则，但并未明确法律依据。

（3）法院以"未得到本权人同意"等为由，否定恶意占有人的有益费用求偿权。比如，在"蒋某诉许某返还原物纠纷案"中，法院判决被告返还房屋，并以"无证据证明蒋某〔原告〕同意许某〔被告〕进行装修，许某应自行承担装修损失"为由，对被告诉请的装修费不予支持。[③] 这类

---

① 参见"毛松巍诉徐德龙等排除妨害纠纷案"，上海市第一中级人民法院（2011）沪一中民二（民）终字第1434号民事判决书。类似的案件还有"史文栋与宁波市鄞州区交通投资有限公司房屋租赁合同纠纷案"，浙江省宁波市中级人民法院（2011）浙甬民二终字第592号民事判决书。在此案中，上诉人（原审被告）于租赁期限届满后无权占有被上诉人（原审原告）所有的房屋，被上诉人诉请法院判令上诉人腾出房屋、返还原物，而上诉人请求偿付对该房屋改善等支出的费用。一、二审法院判决上诉人返还房屋，对其偿付房屋改善费用的诉求未予以支持。

② 参见"防城港市防城区市场开发服务中心诉防城区企业建筑工程总公司大菉分公司、谢洒添、大菉镇大菉社区管理委员会、唐光全、唐光文返还原物纠纷案"，广西壮族自治区防城港市防城区人民法院（2009）防民初字第535号民事判决书。该案的基本案情：原告诉请被告返还系争房屋，被告反诉偿付其占有期间支出的房屋扩建费。类似的案件还有"宋美华诉罗玉梅、赵慨、赵雯、朱长连财产损害赔偿纠纷案"，辽宁省高级人民法院（2010）辽审二民提字第170号民事调解书。在此案中，原告（买受人）与被告（出卖人）解除房屋买卖合同，并诉请被告返还其占有期间"对房屋扩建、装修的财产损失"，法院以调解方式支持原告请求，但未指明裁判依据。

③ 参见"蒋某诉许某返还原物纠纷案"，上海市徐汇区人民法院（2010）徐民三（民）初字第2857号民事判决书、上海市第一中级人民法院（2010）沪一中民二（转下页注）

裁判立场混淆了不同法条间的适用，因为在没有约定或事后追认时，应当依据原《物权法》第 243 条裁判，而如果双方当事人间有约定或者本权人事后追认，就应当依据原《物权法》第 241 条裁判。

（4）态度不明，以"另案处理"为由裁判。比如，在"张明诉王朝永房屋所有权确认纠纷案"中，被告无权占有原告的房屋，原告诉请法院判令被告返还财产，被告请求返还房屋装修费用。法院支持原告诉求，对被告关于装修费用的偿付请求未予处理，判决被告"另案主张权利"。①

（二）《民法典》在解释学上应作出的矫正

承上文，既往的裁判立场存在两个共性问题：其一，忽视了某些情形中费用求偿权被保护的正当性；其二，论证说理不完善，持肯定立场的裁判没有指明该项权利的请求权基础为何，持否定立场的裁判没有澄清否认该项权利的真正原因，其他态度不明的裁判回避了真实存在的问题。既有问题，自须解决。笔者认为，《民法典》应在解释论层面作出如下矫正。

1. 承认费用求偿权的正当性

"费用"（*impensae*）一词源自罗马法，后由大陆法系发扬，但不同立法例的用词有所差别。② 按照德国民法通说，凡"有益于物的支

（接上页注③）（民）终字第 4219 号民事判决书。该案的基本案情：原告向法院提起诉讼要求被告返还被其无权占有的房屋，被告反诉请求原告偿付装修费。类似的案件还有"焦太强、王自玲与王自崇占有物返还纠纷案"，河南省商丘市宁陵县人民法院（2011）宁民初字第 505 号民事判决书。在此案中，原告诉请法院判令被告返还无权占有的房屋，被告反诉原告请求偿付装修费。法院判决被告返还房屋，但以"双方事先无约定"为由对装修费用的返还请求不予支持。

① 参见"张明诉王朝永房屋所有权确认纠纷案"，云南省保山市隆阳区人民法院（2008）隆民初字第 419 号民事判决书。

② 需要澄清的是，罗马法中费用概念与大陆法系民法中的费用概念有很大差别。罗马法中的费用指对原物价值的减少，是对原物的负担。此外，罗马法中的费用是为他人的物所支付的开支，而为自己的物付出的开支不属费用的范畴。但是罗马法开创的费用分类，也即"必要费"（*impensae neccessariae*）、"有益费"（*impensae utiles*）和"奢侈费"（*impensae voluptuosae*）三分法为大陆法系民法所吸收。就罗马法对费用的界定问题，可参见周枏《罗马法原论》，商务印书馆，1994，主要是第 316 ~ 317 页。此外，辜江南博士认为三分法的范围有交叉和重叠的现象，因此提出我国应作出"必要费用、有益费用、奢侈费用及其他费用"的四分法规定。参见辜江南《我国无权占有人费用偿 （转下页注）

出"①均属于《德国民法典》中的"费用"（verwendungen），但此定义并未厘清必要费用等概念的具体意涵为何。《澳门民法典》继受了《葡萄牙民法典》的规定，②采用"改善"（benfeitoria）一词，其中第 208 条第 1 款明确了改善的一般内涵，第 2 款至第 3 款将改善分为必要改善（ben-feitoria necessárias）、有益改善（benfeitoria úteis）和奢侈改善（benfeitoria voluptuárias）。③《欧洲示范民法典草案》（以下简称"DCFR"）使用"花费"（expenditure）一词，对其界定基本与德国、葡萄牙和我国澳门特别行政区相同。略有差别的是，DCFR 对花费作出的分类更为广泛，既包括

（接上页注②）还制度的立法完善》，《河北法学》2019 年第 9 期。笔者不赞同这样的做法，原因在于，具体到无权占有人费用求偿权的问题上，具备正当性基础、可得求偿的仅有必要费用和有益费用。考察各国对于这两项费用的界定，无论采列举式还是概括式的立法方式，均是以其特性为出发点；而辜江南博士述及的新型费用以及负担性费用等，若是能符合必要费用或有益费用的特性，自得求偿，反之，不得求偿。若是立法再增设"其他费用"，对无权占有人费用求偿的问题无所助益，反而会增加民法中"不确定概念"的数量。

① 德国学者鲍尔（Jurgen F. Baur）教授和施蒂尔纳（Rolf Stürner）教授指出，《德国民法典》未界定费用概念的做法，随着德国社会的变迁与发展，日益凸显弊端，最终迫使德国帝国法院和德国联邦最高法院为适应司法实务需要，对其予以厘定。在德国联邦最高法院看来，费用系"旨在维持或恢复物本身之存在，或对物之状态予以改善，所采取之措施"。而德国帝国法院认为，费用系指"所有的应有益于物的财产的支出"。鲍尔教授和施蒂尔纳教授通过分析"占有人在他人土地上建造新建筑物"这类案例，最终摒弃合著第 1 版和第 2 版的观点，改采德国帝国法院的观点，这一转变一直保持到第 17 版（中译本即法律出版社 2004 年版）。参见〔德〕鲍尔、〔德〕施蒂尔纳《德国物权法》（上册），张双根译，法律出版社，2004，主要是第 217~219 页。

② 《葡萄牙民法典》第 216 条将"改善费"（benfeitoria）界定为"因保存或改善物所支出之费用"，这也是葡萄牙民法学界的共识。参见 Carlos Alberto da Mota Pinto：《民法总论》（中译本第 5 版），林炳辉等译，澳门法务局、澳门大学法学院自刊，2014，第 188 页以下。

③ 《澳门民法典》第 208 条（改善费用）规定："一、一切用作物之保存或改善之费用，视为改善费用。二、改善费用分为必要改善费用、有益改善费用及奢侈改善费用。三、必要改善费用系指用作避免物之失去、毁灭或毁损之改善费用；有益改善费用系指虽对物之保存非不可或缺，但可增加其价值者；奢侈改善费用系指不但对物之保存非不可或缺，亦不会增加其价值，但只作为迎合改善人之喜好者。"需作说明的是，《澳门民法典》中文版将第 208 条的标题"benfeitoria"译为"改善费用"，将第 1 款中的"melhorar"译为"改善"，"despesas"译为"费用"。出于翻译准确性的考虑，唐晓晴教授将"benfeitoria"改译为"改善"，将"melhorar"改译为"使之变得更好"，将"despesas"改译为"消费"。除援引《澳门民法典》法条原文外，笔者在其余部分采用唐晓晴教授的译法。参见唐晓晴编著《民法一般论题与〈澳门民法典〉总则》（上册），社会科学文献出版社，2014，第 247 页。

保持、维护和改善物的花费，也包括奢侈花费和添附；既包括金钱支出，也包括劳动或其他履行行为。① 以我国学界的研究来看，学者也大抵接受了这些概念。②

（1）恶意占有人必要费用求偿权的正当性

必要费用是保持占有物正常状态所不可或缺的费用。③ 所谓"必要"，就意味着该费用的支出不会因无权占有人系善意或恶意而改变。④ 自定义看，既然必要费用的支出是为了维护占有物的正常状态，那么就应认为在其支出后，本权人之物在被占有期间内不会发生减损。于此情形，无权占有人替代本权人支出本权人原应支出的费用，故而即使承认该项求偿权，费用的偿付也不会增加本权人的负担。相反，如果无权占有人不得求偿，则可能导致本权人不当得利。在司法实践中，已有不少判决承认恶意占有人应有权请求本权人偿还为占有房屋支出的修缮、管理费⑤和为占有车辆

---

① 此处需要说明，DFCR 的中译本有二，一为高圣平教授直接翻译 DCFR 条文的版本（以下简称"高译本"），另一为德国学者巴尔（Christian von Bar）教授和英国学者克莱夫（Eric Clive）教授共同主编的 DCFR 注解本的翻译版（以下简称"注解译本"）。两种译本对"expenditure"的翻译略有不同：高译本采"费用"一词，而在注解译本中，译者既将其翻译作"花费"也将其翻译作"费用"，但无论如何翻译，"expenditure"的内涵和外延均与汉语法律概念中的"费用"一致。See Christian von Bar, Eric Clive and Hans Schulte - Nölke eds., *Principles, Definitions and Model Rules of European Private Law: Draft Common Frame of Reference (DCFR)*, Munich Sellier European Law Publisher 2009, p. 4416；欧洲民法典研究组、欧盟现行私法研究组编著《欧洲示范民法典草案：欧洲私法的原则、定义和示范规则》，高圣平译，法律出版社，2011，第 354 页；〔德〕克里斯蒂安·冯·巴尔、〔英〕埃里克·克莱夫主编《欧洲私法的原则、定义与示范规则：欧洲示范民法典草案》（全译本·第 8 卷），朱文龙等译，法律出版社，2014，第 888、897～900 页。

② 比如，王利明：《物权法研究》（下卷）（修订版），中国人民大学出版社，2007，第 755～756 页；梁慧星、陈华彬：《物权法》（第 5 版），法律出版社，2010，第 405 页。

③ 王泽鉴教授指出，"这种保持行为，包括但不限于对占有物的保存、管理以及必要的修缮。而对此又可以细分为通常必要费用与特别必要费用。通常必要费用是保存或管理占有物通常必须支出的费用，如对占有物简易修缮费、维护费、饲养费、税捐、公寓大厦管理费、汽车定期保养费等。特别必要费用，是除前述通常必要费用之外，在紧急状态下为维护占有物的状态必须支出的费用，如房屋遭遇地震、汽车被洪水淹没而支出的重大修缮费用"。王泽鉴：《民法物权》（第 2 版），北京大学出版社，2010，第 527 页。

④ 参见吴香香《论侵害占有的损害赔偿》，《中外法学》2013 年第 3 期。冉克平也给出了类似的理由，他认为对于必要费用的偿还，不应因善意占有与恶意占有而区别对待，以维护物的价值。参见冉克平《论〈物权法〉上的占有恢复关系》，《法学》2015 年第 1 期。

⑤ 参见"毛松巍诉徐德龙等排除妨害纠纷案"，上海市第一中级人民法院（2011）沪一中民二（民）终字第 1434 号民事判决书。

支出的验车费①等费用。从表面上看，承认该项求偿权是保护恶意占有人的利益，但在深层次上，这项求偿权并非鼓励无权占有，反而是激励无权占有人积极地维护占有物，使其保持正常状态，间接借无权占有人之手来保护本权人的利益。虽然《民法典》第460条并未确立该项权利，但其有利于平衡恶意占有人与本权人的权利义务，有利于"转变权利义务失衡的法规范现状",② 因此在解释学上应肯定其正当性。

（2）善意占有人有益费用求偿权的正当性

有益费用指因利用或改良占有物，增加其价值的费用。③ 虽然无权占有人并不是真正的权利人，但其至少有一种占有的"事实状态"，正是这种"事实状态"要求法律对其予以保护。④ 更何况，善意占有人之所以支出有益费用，乃是因其相信自己对物享有本权，而非刻意侵害本权人之物。⑤ 自定义看，有益费用会提升物的价值，因此本权人在获占有物返还后，就意味着其已有所"得利"。若不承认该项费用求偿权，则会使本权人获益而善意占有人受损，导致本权人与占有人的权利义务失衡。⑥ 但也应当注意，即使承认善意占有人的有益费用求偿权，也并非意味着其对所有的有益费用均得求偿。因为有益费用并非必须支出，反而有可能增加本

---

① 参见"潘某与上海某贸易有限公司返还原物、财产损害赔偿纠纷案"，上海市浦东新区人民法院（2012）浦民一（民）初字第1636号民事判决书。

② 日本学者近江幸治教授认为，"当占有不伴随本权（可支配的权利）时，将被本权剥夺，但在依一定手续被剥夺之前，作为支配权仍可以获得法律保护"。〔日〕近江幸治：《民法讲义Ⅱ物权法》，王茵译，北京大学出版社，2006，第133页。须说明，日本民法将占有视为一种权利，而我国民法将占有视为一种事实。虽然有此不同，但具体到费用求偿权的规则上，这样的不同并不会导致法效果有偏差。

③ "例如，以土填平城壕空地、将木窗改成铝合金门窗、装修房屋、将汽车门窗由手摇改为电动、更换破旧门窗等。这些费用体现为在本权人重新获得物时，使物的价值有所增加之费用。"〔德〕鲍尔、〔德〕施蒂尔纳：《德国物权法》（上册），张双根译，法律出版社，2004，第192页。

④ 〔法〕弗朗索瓦·泰雷、菲利普·森勒尔：《法国财产法》（上册），罗结珍译，中国法制出版社，2008，尤其是第273页。

⑤ 对此，德国法学家耶林（Rudolph von Jhering）有一段经典论述："认为他自己是所有人而占有我的财物的占有人，在我个人看来，并未否定所有权的理念，相反，他却祈求于所有权的理念本身；我们双方的争执仅仅围绕着，我们谁是所有人。"〔德〕鲁道夫·冯·耶林：《为权利而斗争》，郑永流译，法律出版社，2012，第13页。

⑥ 〔日〕近江幸治：《民法讲义Ⅱ物权法》，王茵译，北京大学出版社，2006，第137页。

权人的不合理负担。因此,《民法典》对这类情形的规范路径应是允许善意占有人求偿有益费用,但对其求偿范围予以限制。

另外,还需要区分奢侈费用与有益费用。奢侈费用"是指对物的保全而言非属必要,也不会提升其价值,而只是为了迎合改善人的喜好而做的消费"。① 对比二者的概念可知,如果物的客观价值由于费用的支出而有所提升,而这项费用又对物的保全非属必要,则应当将其认定为有益费用;反之,则应当将其认定为奢侈费用。②

(3) 恶意占有人有益费用求偿权的正当性

我国学者对该项求偿权多采否定态度。③ 有学者认为,"有益费用并非不得已的支出,而是取决于占有人的意思,如果将费用的偿还归于回复请求权人,则是将他人意思表示的后果加于回复请求权人,不符合公平原则"。④ 我国台湾地区"民法"也未规定该项求偿权,对此台湾地区学界有两种态度。采肯定说的学者认为,该项求偿权应以不当得利法的规则构建。⑤ 采否定说的学者如谢在全,他认为如果肯定这项求偿权,则可能导致恶意占有人在占有期间过多支出有益费用,以此损害本权人。这与我国大陆学界的反对理由基本一致。不过,谢在全还指出,法律将善意与恶意相区分,是因为其对恶意含有制裁之意。如果准许恶意占有人依不当得利

---

① 唐晓晴编著《民法一般论题与〈澳门民法典〉总则》(上册),社会科学文献出版社,2014,第 248 页。

② 参见唐晓晴编著《民法一般论题与〈澳门民法典〉总则》(上册),社会科学文献出版社,2014,第 248 页以下。需要指出,奢侈费用求偿权基本被所有学者否定,但其可能发生奢侈改善物的取回权或适用添附规则,具体要考虑该物的取回是否会影响原物。本文重点探讨的是费用求偿权的制度,而取回权、添附规则已超出研究范围,故此不作详述。相关研究可以参见谢鸿飞《所有人—占有人关系规则设计》,载王洪亮、张双根、田士勇主编《中德私法研究》(第 1 卷),北京大学出版社,2006,第 109 页;张礼洪《物权制度设计现代化的几点思考——以葡萄牙民法为视角》,《环球法律评论》2012 年第 2 期。

③ 否定观点,比如,宁红丽:《物权法占有编》,中国人民大学出版社,2007,第 94~95 页;陈华彬:《民法物权论》,中国法制出版社,2010,第 560 页;刘家安:《物权法论》(第 2 版),中国政法大学出版社,2015,第 235 页。

④ 刘智慧:《占有制度原理》,中国人民大学出版社,2007,第 306 页。

⑤ 采肯定说者,比如,史尚宽:《物权法论》,中国政法大学出版社,2000,第 587 页;郑冠宇:《不法管理、添附与不当得利》,《月旦法学杂志》第 97 期,2003 年 6 月,第 241~252 页。

请求有益费用，会使得这一目的落空。① 其他学者如陈荣传认为，"自本权人视角看，改良占有物未必在其经济计划范围内，善意占有人所支出的有益费用，也未必对占有物发挥最佳的改良作用。因此，为平衡双方当事人的利益，宜由善意占有人承担部分风险，只得在占有物现存之增加价值限度内求偿。而恶意占有人属'明知故犯'，获取不当利益，并可能侵害他人权利，否定求偿请求权，是在宣示禁止无权占有，并抑制其支出有益费用"。②

殊值一提的是，有学者的态度在论争中发生了转变。王泽鉴在早期论著中采否定说，③ 但现在转采肯定说，具体理由有三：其一，占有恢复关系与不当得利的规范目的不同，二者不互相排除；其二，如采否定说，因未占有物而支出有益费用者却得依据不当得利法请求偿还，差别待遇并不合理；其三，如采肯定说，依"强迫得利"的原则，只要请求恢复人主张非属受有利益，或所受利益不存在，即可不负返还责任，故无须为此目的而采否定说。④

总体来看，上述反对理由的核心目的是防止恶意占有人肆意支出有益费用，以此损害本权人利益，使立法保护所有权的目的落空。但问题在于，在解释学上是应该据此否定该项求偿权，抑或是肯定该项求偿权但予以规则上的限制？笔者认为王泽鉴提出的第三点理由尤可资借鉴。质言之，有益费用的支出对本权人可能有利，也可能有害，此时恶意占有人是否可以求偿，应取决于本权人的选择，允许其自主决定是否构成某种法律关系，而不应由法律替代本权人作出判断，这是"私法自治"的应有之义。具体来说，如果本权人主张受有利益，则需要偿还费用；如果不主张受有利益，则可行使排除妨害的权利，使恶意占有人承担恢复原状的义

---

① 谢在全：《民法物权论》（上册）（修订6版），台湾新学林出版股份有限公司，2014，第522页。

② 参见陈荣传《擅自扩建宿舍的费用求偿》，《台湾法学杂志》第222期，2013年4月。这也是我国台湾地区"民法"第955~957条的立场。

③ 王泽鉴：《恶意占有人对有益费用之不当得利请求权》，载王泽鉴《民法学说与判例研究》（重排合订本），北京大学出版社，2015，第999~1000页。未修正的原文首次刊载于北京大学2009年版的《民法学说与判例研究》（第1册），但王泽鉴教授在2010年修订的《民法物权》（第2版）中已改采肯定说。这一转变延续到了王泽鉴《民法物权》（增订2版），自刊，2018。

④ 王泽鉴：《民法物权》（第2版），北京大学出版社，2010，第529页。

务。① 法律真正进场的空间，或者说法律体现对恶意占有之制裁的部分，应是通过限制可得求偿的范围来平衡双方权利义务关系，方才符合"私法自治的限度"② 要求。

2. 肯定关联规则的进场可能

在《中华人民共和国物权法释义》中，编撰者认为原《物权法》否定了除善意占有人必要费用求偿权外的其他求偿权，③ 该观点被大量学者引用，④ 成为通说。但如前所述，费用求偿权本质上属于债权，而非物上请求权。原《物权法》只是特别承认了善意占有人的必要费用求偿权，并不能按照物权优先于债权的一般法理，排除债法规则适用于其他费用求偿权的可能性。

另有学者指出，"对《物权法》第 243 条进行反面解释可知，只有当善意占有人享有必要费用求偿权而不赋予恶意占有人相同权利时，该条的立法目的才不会落空"。⑤ 但笔者认为，这种论证方式存在问题。原因在

---

① 冉克平：《论〈物权法〉上的占有恢复关系》，《法学》2015 年第 1 期。私法自治的最基本内涵是允许当事人自由选择是否形成，以及形成何种法律关系。

② "私法自治的限度"是德国学者弗卢梅（Werner Flume）教授的提法。按照他的观点，所谓私法自治，本质上是一种法律秩序框架内的自治，而非意味着当事人能够依其所好、任意地决定私法关系上的一切因素。换言之，法律秩序不仅对当事人的私法自治行为规定了各种内容上的控制或限制，而且积极地为当事人的私法自治行为划定边界和框架，于是，私法主体形成法律关系的"自己意愿"只有在法律秩序的约束下才得以发挥作用。参见〔德〕维尔纳·弗卢梅：《法律行为论》，迟颖译，米健校，法律出版社，2013，第 2～6、19 页。

③ 胡康生主编《中华人民共和国物权法释义》，法律出版社，2007，第 516 页。该书实际由全国人大常委会法制工作委员会编写，考虑到我国一向没有"立法理由书"的背景，笔者认为，可以将该书认定为官方所提供的最权威的立法资料。吊诡的是，在由其下属的民法室编写的释义书中，编撰者删除了这个观点，对无权占有人是否享有其他费用求偿权只字未提。参见全国人大常委会法制工作委员会民法室编《〈中华人民共和国物权法〉条文说明、立法理由及相关规定》，北京大学出版社，2007，第 430～431 页。

④ 比如，王利明：《物权法研究》（下卷）（修订版），中国人民大学出版社，2007，第 756 页。

⑤ 比如，崔建远：《物权法》，中国人民大学出版社，2009，第 161～162 页；崔建远：《物权：规范与学说——以中国物权法的解释论为中心》（上册），清华大学出版社，2011，第 353～354 页。此外值得一提的是，两个版本的释义书都花费了大量篇幅解释孳息返还与必要费用求偿权之间的适用关系，将其视为原《物权法》第 243 条最重要的立法目的，但对于仅赋予善意占有人以必要费用求偿权的立法目的具体为何，从未阐明。参见胡康生主编《中华人民共和国物权法释义》，法律出版社，2007，第 516 页；全国人大常委会法制工作委员会民法室编《〈中华人民共和国物权法〉条文说明、立法理由及相关规定》，北京大学出版社，2007，第 430～431 页。

于，反面解释的适用前提是"构成要件"被充分列举，[1] 即构成要件（设为 M）须成为法律效果（设为 P）的必要条件或充要条件，方得适用。[2]举例言明，假设在构成要件为 M_1，M_2，M_3 或 M_n 的条件下，可以推论出法律效果 P，而当某情形（设为 X）不属于 M_1 到 M_n 中任何一种时，X 才无法推出 P。换言之，只有恶意占有人（X）不符合 M_1 到 M_n 的条件时，才不得求偿必要费用（P）。或许仅在原《物权法》范围内对第 243 条作如此解释并无问题，但在解释《民法典》第 460 条时须注意，从民法体系的整全视角来看，必要费用求偿权的主体至少包括善意占有人、遗失物的拾得人和无因管理人，第 460 条尚未穷尽列举，自然不得适用反面解释。[3] 而且，这种观点一概地否认了恶意占有人费用求偿权在某些情形中具有的受保护的正当性，可能引发本权人与无权占有人之间的权利义务失衡。因此，在解释学上不能否认无因管理、不当得利规则的适用可能性。

还有学者认为原《物权法》第 243 条系债法的特别规定，应排除法定之债规则的适用。[4] 但是，一方面，并没有直接的证据表明第 243 条应排除法定之债的适用；另一方面，司法实践中已经有判决隐约地体现出运用法定之债规则的"影子"。比如，在前述"防城港市防城区市场开发服务中心诉防城区企业建筑工程总公司大菉分公司、谢遒添、大菉镇大菉社区管理委员会、唐光全、唐光文返还原物纠纷案"中，原告诉请被告返还系争房屋，被告反诉要求原告偿付其在占有期间支出的房屋扩建费，法院均予以支持，其裁判理由是"若［将扩建后的房屋］返还给原告，原告可

---

[1] 参见黄茂荣《法学方法与现代民法》（增订 7 版），自刊，2020，主要是第 514～516 页。

[2] 参见王利明《法学方法论》，中国人民大学出版社，2012，第 408 页以下。

[3] 近期有学者再次重申，"依据《民法典》第 460 条后半段的规定，善意占有人得请求因维护标的物而支出的必要费用，那么对该条规定进行反面解释，则可以得出恶意占有人不得请求为此支出的必要费用"。席志国：《论德国民法上的所有人占有人关系——兼评我国〈民法典〉第 459—461 条之规定》，《比较法研究》2020 年第 3 期。笔者认为这种观点是错误的，原因已在正文详述。

[4] 比如，崔建远：《物权：规范与学说——以中国物权法的解释论为中心》（上册），清华大学出版社，2011，第 354 页。

使用而取得利益"。① 虽然未明确援引不当得利规则，但这一理由背后的法理依据显然就是不当得利。又如前文中法院责令"另行起诉"的案件，虽然这类案件的判决回避了真正的问题，但也并不意味着法院否定了无权占有人依无因管理或不当得利的规则另行主张费用求偿权的可能。

综合上述因素，笔者认为，《民法典》第460条在未来适用时，不应排除法定之债规则的进场可能性。相反，学人应当考察具体情形中的费用求偿权是否具备正当性；如有，则应以无因管理、不当得利构建请求权基础。

三　《民法典》中费用求偿权的具体适用

承前述，笔者已经证明费用求偿权的正当性与债法规则适用的可能性。接下来则需厘清两个问题：第一，不同的请求权基础应按照何种顺序进行检视；第二，在具体情形中，如何运用无因管理与不当得利规则建构费用求偿权的请求权基础。

（一）请求权基础的检视顺序

"请求权是民法（私法）的构造性概念，以请求权整合散布民法各编及整个私法的法律关系。处理一个法律问题，实乃适用民法全部条文，以请求权基础贯穿组构法律关系。"② "民事纠纷的'请求——抗辩'架构决定了，民法典作为体系化的纠纷解决方案，以判断'请求'是否成立为首要任务。"③ 如前所述，《民法典》已经出台，我国民法中的请求权基础体系也已基本建成，尤其是无因管理与不当得利规则得到了立法层面的完善。既如此，在处理具体问题时，就应该遵循请求权基础的分析方法，逐一检视当事人所主张权利的请求权基础为何。虽然学者对请求权基础的排

---

① 参见"防城港市防城区市场开发服务中心诉防城区企业建筑工程总公司大菉分公司、谢迺添、大菉镇大菉社区管理委员会、唐光全、唐光文返还原物纠纷案"，广西壮族自治区防城港市防城区人民法院（2009）防民初字第535号民事判决书。

② 王泽鉴：《民法总则》，自刊，2014，第42～43页。

③ 吴香香：《民法典编纂中请求权基础的体系化》，《云南社会科学》2019年第5期。

序略有差别,① 但其中有一项基本的共识,即基于无因管理所生之请求权
要先于物权关系中的请求权得到检视,而基于不当得利所生之请求权居于
二者之后。在下文中,笔者将按照这一顺序分析无权占有人费用求偿权背
后的请求权基础。

(二) 善意占有人费用求偿权的请求权基础建构

1. 善意占有人必要费用求偿权

首先检视无因管理规则是否适用。善意占有人之"善意",意即该无
权占有人不知道或者不应当知道自己对该占有物不享有正当权源。于此情
形,该无权占有人是误将他人之物认作自己之物,并为维护该物保持正常
状态而支出了必要费用。此种行为不具备管理意思,应属误信管理,如前
所述,不得适用无因管理规则,因此须转而考察其是否适用物权关系中的
请求权。《民法典》第 460 条明定善意占有人可向本权人求偿必要费用,
该条即构成善意占有人必要费用求偿权的请求权基础,所以不需要另行考
察不当得利请求权。也正是在此意义上,第 460 条才是作为不当得利规则

---

① 按照德国学者布洛克斯 (Hans Brox) 教授和瓦尔克 (Wolf – Dietrich Walker) 教授的观
点,请求权基础应按如下顺序检视:"合同请求权→类合同请求权 (包括无因管理的费
用请求权) →物上请求权→侵权请求权→不当得利返还请求权。"参见〔德〕汉斯·布
洛克斯、〔德〕沃尔夫·迪特里希·瓦尔克《德国民法总论》(第 33 版),张艳译、杨大
可校,中国人民大学出版社,2014,第 344~348 页。而德国学者梅迪库斯 (Dieter Medi-
cus) 教授的排序则稍有不同,具体为:"基于合同而发生的请求权→基于缔约上过错而
发生的请求权→基于无因管理而发生的请求权→物权法上的请求权连同其非物权法上的
效果请求权→基于侵权行为及严格责任而发生的请求权→基于不当得利而发生的请求
权。"参见〔德〕施特尔·梅迪库斯《请求权基础》,陈卫佐、田士永、王洪亮、张双根
译,法律出版社,2012,第 12~13 页。王泽鉴教授对此的排序是:"契约上请求权→无
权代理等类似契约关系上请求权→无因管理上请求权→物权关系上请求权→不当得利请
求权→侵权行为损害赔偿请求权→其他请求权。"参见王泽鉴《法律思维与案例研习:
请求权基础理论体系》,自刊,2019,第 76~79 页。对无因管理与不当得利的适用关系,
我国法上曾有争议,但现在的通说认为,无因管理应优先于不当得利适用。对此,章程
博士对比了大陆与台湾地区的典型判决,再次证明无因管理与不当得利的关注点不同。
他指出,"适法的无因管理一旦成立,则无不当得利规则的适用空间,在相当程度上无
因管理应该作为不当得利的特别法来重新定位自己的价值"。具体内容请参见章程《从
裁判实务看无因管理制度的体系定位——以无因管理与不当得利之关系为切入》,明辉、
李昊主编《北航法律评论》(总第 4 辑),法律出版社,2013,尤其是第 153~157 页。

的特别规定而存在的。①

　　须得注意，我国《民法典》中的必要费用求偿范围与其他立法例有所差别。以《德国民法典》为例，依其第 994 条第 1 款后段②的规定，善意占有人可以保留孳息，但不得求偿通常必要费用，"对该费用，因他［善意占有人］所保留之收益而已被冲抵"。③ 然而，这种"生产主义"孳息分配方式④存在弊端，原因在于必要费用和孳息的数额并非完全等同，"若孳息不足以偿付必要费用时也不再允许请求。因通常必要费用皆自孳息中支出，彼此相抵，二者价值是否相当，则所不问，纵必要费用多于孳息，善意占有人亦不得请求差额"。⑤ 或许是出于克服弊端的考量，⑥《民法典》延续了原《物权法》的"原物主义"孳息分配方式，要求善意占有人必须返还孳息，而不对可得求偿的必要费用作进一步分类。

---

① 刘家安教授认为，"在解释上，可以认为，《物权法》的该条规定［第 243 条］仅就善意占有人的必要费用返还作出专门规定……"。笔者认为，所谓的专门规定，实际上是因为在运用请求权基础分析方法时，物权关系中的请求权先于因不当得利所生的请求权得到检视。刘家安：《物权法论》（第 2 版），中国政法大学出版社，2015，第 207 页。

② 《德国民法典》第 994 条第 1 款后段规定："在收取利益之期间内所支出之通常保管费用，不得请求返还。"本文援引的《德国民法典》法条均来源于台湾大学法律学院、台大法学基金会编译《德国民法典》，北京大学出版社，2017；以下不再赘述。

③ 〔德〕鲍尔、〔德〕施蒂尔纳：《德国物权法》（上册），张双根译，法律出版社，2004，第 193 页。其他立法例也大多作类似规定，比如，《日本民法典》第 189 条第 1 款规定："善意占有人取得占有物所生之孳息。"《瑞士民法典》第 938 条第 1 款规定："物的善意占有人，依其被推定的权利，得对占有物为使用及收益者，对权利人不负返还义务。"我国台湾地区"民法"第 952 条规定："善意占有人于推定其为适法所有之权利范围内，得为占有物之使用、收益。"参见王融擎编译《日本民法：条文与判例》（上册），中国法制出版社，2018；《瑞士民法典》，戴永盛译，中国政法大学出版社，2016。

④ "根据罗马式的原物主义，一切孳息均归于原物权利人所有……；而依照日耳曼式的生产主义，它们则尽归对原物施以生产手段的人所有，即谁播种谁收成……。"参见唐晓晴编著《民法一般论题与〈澳门民法典〉总则》（上册），社会科学文献出版社，2014，第 247 页。

⑤ 王泽鉴：《民法物权》（第 2 版），北京大学出版社，2010，第 526 页。

⑥ 对于原《物权法》第 243 条为何采"原物主义"的问题，全国人大法工委给出的解释是，"原物和孳息返还给权利人，但为维护占有物而支出的必要费用可以请求权利人返还的法律结果，与孳息保留但必要费用不得求偿的法律后果，区别实际不大"。这种理由似乎太过牵强，原因在于，必要费用和孳息本质上属于不同概念，仅从数额角度将二者对比，并不恰当。在理想状态下，二者数额相当，可以冲抵，但是多数情况是二者并不相等。不过，虽然理由牵强，但这种返还孳息、求偿费用的规则，却似更能体现民法"公平"的意旨。参见胡康生主编《中华人民共和国物权法释义》，法律出版社，2007，第 516 页。

2. 善意占有人有益费用求偿权

首先检视无因管理。如前所述，此情形系属善意占有人误信管理，不能适用无因管理规则。其次检视物权关系中的请求权。《民法典》第460条并未确立善意占有人的有益费用求偿权，因此须继续考察下一项请求权基础，即不当得利。善意占有人与本权人之间不存在给付关系，因此该情形应构成非给付型不当得利。进言之，该项不当得利系因受害人（善意占有人）之行为所生，属于基于受害人行为而产生的不当得利（或称支出费用型不当得利），可以按照不当得利的规则处理。

《德国民法典》与我国台湾地区"民法"均将可得求偿的数额"限于物的现存的增值范围内"，① 其法效果与我国大陆法上借助不当得利规则求偿并无不同。但笔者认为此等限制过于笼统，原因在于：有益费用求偿权的目的是避免无权占有人因支出费用而导致的利益减损，而不当得利的意旨是去除无法律上原因而导致的利益增加，二者的数额在理想状态下可能是等同的，但现实中往往存在差别。因此，为了确保本权人和无权占有人之权利义务得到平衡，在解释学上还需分两种情况讨论：其一，当所支出的有益费用低于上述限度时，应按照费用求偿权的设立目的，只许善意占有人求偿所支出的费用；其二，当所支出的有益费用超过上述限度时，应当按照不当得利的限制，只允许善意占有人在本权人的得利范围内进行求偿。另外，善意占有人支出有益费用的行为有可能违背了本权人的真实意思，造成"强迫得利"的局面，此时也应允许本权人提出抗辩，拒绝接受有益费用造成的"利"，以此消除其返还义务。

（三）恶意占有人费用求偿权的请求权基础建构

1. 情形一：恶意占有人的费用支出行为构成适法的无因管理

（1）必要费用求偿问题

恶意占有人之"恶意"，意指其知道或者应当知道自己对占有物不享

---

① 《德国民法典》第996条规定："必要费用以外之费用，如系于诉讼系属前即在第九百九十条规定责任发生前所支出者，且在所有人恢复物时，物之价值因而增加者，占有人惟于此限度内，得请求偿还。"我国台湾地区"民法"第955条规定："善意占有人，因改良占有物所支出之有益费用，于其占有物现存之增加价值限度内，得向回复请求人，请求偿还。"

有正当权源。如果恶意占有人支出必要费用的行为在主观上符合无因管理中的管理意思，该行为即构成无因管理，可以依据《民法典》第 979 条第 1 款向本人（本权人）求偿必要费用。这种操作在比较法上有例可循，《德国民法典》第 994 条第 2 款中所谓"依无因管理之规定"，① 实际上"涉及到（部分）法律原因的援引，也即这时的费用必须符合所有权人的利益和意思"。②

但是，当本权人的真实意思是不希望自己之物保持正常状态时，其是否可以依据《民法典》第 979 条第 2 款前段，拒绝偿还恶意占有人支出的必要费用？在此假设一例：甲（本权人）的真实意思是将自己购得的海量紫檀木当柴烧，而乙（恶意占有人）在占有这些紫檀木后却为其保存支出了必要费用。笔者认为，在此情形中不可以适用《民法典》第 979 条第 2 款前段的规定。因为按照一般的社会观念，绝大多数本权人都希望自己的物能够保持正常状态，发挥其最大的效用。这种"物尽其用"的观念构成了物权制度的根基，属于法律的价值与精神。因此，在解释学上宜将这种积极维护物以保持其正常状态的行为认定为符合"公序良俗"的行为。进而，当本权人的真实意思与此违背时，应认定本权人违背了公序良俗，由此恶意占有人得据《民法典》第 979 条第 2 款后段的规定，要求本权人偿还必要费用。

（2）有益费用求偿问题

以上仅是对必要费用求偿权的分析，如果恶意占有人支出的是有益费用，又当如何？笔者认为，如果恶意占有人支出有益费用的行为构成了适法的无因管理，则其可以依据第 979 条第 1 款后段③请求本权人补偿自己

---

① 《德国民法典》第 994 条第 2 款规定："必要费用系由占有人于诉讼系属后或于第九百九十条规定之责任［即非善意占有人之责任］发生后所支出者，所有人之偿还义务依关于无因管理之规定。"但须注意，德国法上的非善意占有人，系指知悉或因重大过失而不知其无权占有之情事的占有人，范围要大于恶意占有人。

② 〔德〕M. 沃尔夫：《物权法》（第 20 版），吴越・李大雪译，法律出版社，2004，第 120 页。德国学者沃尔夫（Manfred Wolf）教授的论证根据来源于《德国民法典》第 994 条第 1 款，即"用益归于占有人期间的惯常保持费用无须偿还给占有人"。

③ 《民法典》第 979 条第 1 款后段规定："管理人因管理事务受到损失的，可以请求受益人给予适当补偿。"

所受的损失。这就意味着，《民法典》对此情形中的恶意占有人有益费用求偿权留有空间，只不过求偿范围以恶意占有人的损失为限。

2. 情形二：恶意占有人的费用支出行为构成不适法的无因管理

（1）必要费用求偿问题

承上述，必要费用的支出多不违背本人的真实意思，其结果也多利于本人，基本上只适用适法的无因管理规则。即便构成不适法的无因管理，如果本权人主张受有管理利益，恶意占有人也可据《民法典》第 980 条请求本权人偿还必要费用；如果本权人不主张受有利益，再结合《民法典》第 460 条未赋予恶意占有人必要费用求偿权的现实情况，应转而适用不当得利法。此时，恶意占有人可据《民法典》第 985 条要求本权人偿还必要费用。更进一步，如果本权人（得利人）是善意的，且取得的利益已经不存在，则其可据《民法典》第 986 条①免除返还义务；如果本权人是恶意的，则恶意占有人还可据《民法典》第 987 条②要求本权人赔偿损失。

（2）有益费用求偿问题

有益费用的支出则不同，其多不利于本人，或利于本人但违背了本人的真实意思，进而多会构成不适法的无因管理。依《民法典》第 980 条规定，如果本权人主张受有利益，则"应当在其获得的利益范围内向管理人承担前条第一款规定的义务"。但此处的义务究竟指向的是《民法典》第 979 条第 1 款前段的必要费用偿还义务，还是后段中的补偿义务？笔者认为均有可能，具体言之：其一，如果此处的义务指向必要费用的偿还，则恶意占有人此时的有益费用求偿权不能依据无因管理规则构建，再加上《民法典》第 460 条也未赋予其该项权利，则需转入不当得利规则，求偿范围限于占有物现存的增值范围内；其二，如果此处的义务指向补偿义务，则可以适用无因管理规则，求偿范围也限于本权人获得的利益范围内。这两种情形的请求权基础虽不相同，但法效果并无差别，因此借助任

---

① 《民法典》第 986 条规定："得利人不知道且不应当知道取得的利益没有法律根据，取得的利益已经不存在的，不承担返还该利益的义务。"

② 《民法典》第 987 条规定："得利人知道或者应当知道取得的利益没有法律根据的，受损失的人可以请求得利人返还其取得的利益并依法赔偿损失。"

何一种请求权基础都可以，只不过在适用时需要翔实的说理论证。而如果本权人不主张自己受有利益，则应转入不当得利法，处理规则即如前述。

3. 情形三：恶意占有人的费用支出行为构成不法管理

除上述情形外，恶意占有人支出费用的行为也可能以自己使用为目的。比如，无权占有人占有使用他人房屋所必须支付的水电费，在对车辆使用过程中支出的汽油费或者其他开支（如税款与保险费）。[1] 此类行为才属于前文中学者提出的"恶意占有人故意多支出费用导致本权人受损"的情形。但恶意占有人此时既非善意，又不具备管理意思，因此会构成不法管理。若依我国台湾地区"民法"第177条第2项之规定，可以准用无因管理的规定。但《民法典》没有此项规定，因此可以排除无因管理的适用。第460条亦未有规定，则应转入不当得利规则。

恶意占有人为自己使用而作的费用支出既非为本权人利益，亦悖于本权人意图，在解释论上宜将该行为认定为"强迫得利"情形，不应允许恶意占有人求偿必要费用和有益费用。我国的司法实务虽未言明其属"强迫得利"情形，但在处理方式上采相同立场。比如，在"张正丰诉高中好排除妨害纠纷案"中，法院认为，"被告居住原告的房屋期间，产生的水、电费用，应由被告自行向供水、供电部门支付"。[2] 又如在"上海 A 有限公司诉陈 B 等房屋租赁合同纠纷案"中，法院以"被告陈 B 主张原告应补偿其损失〔具体指房屋使用费〕，无事实和法律依据"为由，不予支持。[3]

四　结语

无权占有人费用求偿权的适用规则并非中国民法制度的核心焦点，与

---

[1] 按照德国学者沃尔夫教授的观点，这些支出都是"为使用目的服务的，而不是附着在物上"。〔德〕M. 沃尔夫：《物权法》（第20版），吴越、李大雪译，法律出版社，2004，第119页。

[2] 参见"张正丰诉高中好排除妨害纠纷案"，湖南省吉首市人民法院（2012）吉民初字第279号民事判决书。

[3] 参见"上海 A 有限公司诉陈 B 等房屋租赁合同纠纷案"，上海市杨浦区人民法院（2011）杨民四（民）初字第3686号民事判决书。

之相关的判决甚至未曾在《中华人民共和国最高人民法院公报》中刊载过，更遑论指导案例。在如此的现实下，学人是否就不必再打量这些问题？答案是否定的。我们需要警醒，那些处理失败的个案、那些没有影响力的判决不应被理所当然地忽视。探查它们的形成原因并构建合理的解决方案，才是推动法律一点点向前发展的不二法门，这是一种"闪耀的学术慈悲"。①

"被误解是表达者的宿命"，由此才需要解释者的介入。尼采（Friedrich W. Nietzsche）高呼的"上帝已死"（*Der Gott ist tot*），② 对法律人而言毋宁是"作者已死"。③ 在学人的注视中，《民法典》结束了过去民事单行法的"割据"境况。既已承认法典构架了整全的逻辑体系，就须将具体问题放置于整部法典的语境中去寻求最优解。正是在这个意义上，《民法典》的体系化功能才可以真正地发挥效用。

---

① 笔者此处借用了熊浩副教授的观点，他认为，"法律学术对现实的介入，作为一种实践性的学科，也许其目的包括了（虽然不仅限于）让制度下的个体更为富足康乐、更为和洽自如，这是法律学术的应有之义。我们的田野参与，我们的学术进步，不仅只是为人类的智识增长出力，也应该福泽更多的被学术的目光打量过的地方。追逐成功是本能，多数人只向胜利者致敬。所以关心失败的个案，是一种力图改变现状的善良与勇敢道义力量，是一种不被现实赎买的达观与抗议精神，是一种对失败者，落魄、孤独、无奈、彷徨的同伴的照看。这是一种闪耀的学术慈悲"。熊浩：《法院调解、难办案件与纠纷解决的基层运作——基于中国西南地区的案例研究》，《中国法律评论》2016 年第 1 期。

② 参见〔德〕尼采《查拉图斯特拉如是说》，钱春绮译，生活·读书·新知三联书店，2007。

③ 自 19 世纪末尼采提出"上帝已死"的惊世观点后，解构主义不断挑战结构主义。这一思潮对法国社会学家罗兰·巴特（Roland Barthes）的影响是巨大的，他在论争中指出：读者处于历史发展中，所以读者所阅读的客体——作品（work）的结构和意义也处于历时性的变化和开放之中。因此，作品（work）只能以文本（text）的形式存在，而只有读者才能赋予文本（text）不同意涵，是谓"作者已死"。参见〔法〕罗兰·巴特《罗兰·巴特随笔选》，怀宇译，百花文艺出版社，2005，第 294 页以下。

域外法

英格兰合同法中的对价理论[*]

〔英〕理查德·布朗[**] 著 陈永强[***] 译

内容提要：对价理论是英美法系合同法最为基础的理论之一，通过历史方法来阐明"对价"的真正含义具有十分重要的理论意义。对价可以是现在的或将来的，但不能是过去的，纯粹的道德义务不能构成有效的对价，其价值是否充分也不重要。英格兰法上的对价理论是独特的，不同于罗马法上的"原因"。对价在买卖中的特殊规则尽管也可以在罗马法和欧洲大陆民法典中找到，但大陆法系的对价规则并不是建立在一条单纯的"对价"原则之上，其强调的是价值的充分性，而英格兰法之对价却与实际价值是否充分无关。对价理论的目的在于提供一组复杂的规则，适用于所有的非正式合同，其用于讨论合同的形式问题和作为检验允诺的拘束力的一项标准测试。对价理论被描述为确保合同周全考虑的一种形式，通过它合同双方可以受到保护，免受不谨慎的交易的伤害，但也遭受到了名称误解、虚假对价、适用不统一等反对意见。

关键词：对价理论 合同 英格兰法

英格兰合同法上的对价理论不同于其他法律体系中出现的"对价"（consideration）。它是英格兰、爱尔兰和美国以及根据英格兰模式制定其

---

* 本文系作者在格拉斯哥圣芒戈学院法学院 1890～1891 学年的开学致辞，文稿选自《现代法立法》。《现代法立法》是一个法律档案集，集法律史、宪法史、行政史、政治史、文化史、学术史和社会史等学术资源。这些档案文集包括：1800～1926 年的法律条约，1600～1926 年的判例，1620～1926 年的美国成文法典等。本文系国家社科基金项目"阶段性物权变动与交叉型权利研究（15BFX161）"的阶段性成果。

** 〔英〕理查德·布朗，格拉斯哥圣芒戈学院普通商法教授。

*** 陈永强，中国计量大学法学院教授、海南大学法学院博士生导师，法学博士。

法律的殖民地和属国所特有的。大量的研究和聪明才智已经花费在对该理论的历史追溯上，以及根据哲学原理与该理论中很多明显矛盾之处达成和解的努力上。但是很少有英格兰法律的支持者曾评论其内在价值，我也没有发现有任何迹象可以表明，它可能曾凭其优势扩展适用到目前所不知的其他国家。英格兰意义上的"对价"在苏格兰法律中并没有一席之地，因此我可以自由地审视它，而不会出于习惯对它产生过分的偏好，同时也希望我对英格兰法律原理的普遍同情可以防止我的判断因不良的偏见而遭歪曲。

我建议针对三个问题展开探究：（1）对价理论是什么？（2）对价理论提出的目的是什么？（3）这个目的达到了吗？

一　对价理论及其适用

自 1875 年以来，普遍用 *Currie v. Misa*① 一案中的语句来定义对价，即"在法律意义上，一个有价值的对价，可以存在于为了一方而增加的某些权利、利益、利润或收益中，也可以存在于另一方所给予、遭受或承担的某些权利放弃、伤害、损害或者责任中"。这一定义因没有关于如何适用的信息，即使本身算是明白易懂，也没有多少价值。冒着因此而产生的重蹈覆辙的风险，我在此对英格兰合同法做一个基本的陈述。

英格兰法律的合同有如下分类：（1）登录合同（contracts of record）；（2）契据合同或称盖印合同（contracts by deed under seal）；以及（3）简单合同（simple contracts）。登录合同包括法庭判决、司法认可和某些古老而鲜为人知的针对土地的特定收费。可能在苏格兰法律中最相近的概念是判决（decrees）、登记后以便执行的抵押和拒绝证书（bonds and protests registered for execution），以及保释证书（bail bonds）。这些根本不是真正意义上的合同，因其不是形成在双方同意的基础之上，而是至少一人的同意是由外部力量所强加的。相对而言，它们跟我们现在要讨论的主题相关

---

① 10 L. R. Ex. at 162.

性意义不大，不需要再进一步提及。

根据英格兰法律教科书的表述，契据合同是英格兰法律中唯一真正的形式合同。① 有时在形式问题上，我可能质疑它所声称的至高无上性，或至少是其垄断性，或者怀疑形式的正当性和便利性本身，但不可否认，它是纯粹的形式。如果没有盖印，写下的内容和签名都不能构成同意的证据。在这些堕落的时代里，这样的印意味着花几个便士就可以从文具店老板那里买到 100 个涂胶的圆片，任何律师的办公室职员或小跟班都可以随身携带。盖印的契据合同有时以专业合同（specialty contract）的名字出现，契据可能被指定为一份约定（covenant）。

所有未包含在上述两类中的合同都是简单合同。简单合同可以是书面形式的，也可以不是。虽然在很多情形下，根据欺诈法（Statute of Frauds）和其他成文法的规定，书面形式对有效性至关重要，但不作为进一步分类的依据。② 换句话说，一个合同虽然可能是书写下来的，但如果没有盖印，就仅仅是个口头合同。

对价理论仅仅适用于简单合同。事实上，常有断言称对价在专业合同中和简单合同中是同等必要的，不同之处在于，专业合同中的对价是推定的，而简单合同不是。假如事实如此，那么它就仅仅是一个纯粹的举证责任的改变问题，但如果不存在欺诈，专业合同情形下对价的推定就是确凿的，那么该陈述本身就化成了一个法律的虚构。"每当人们说某个特定的事物对责任至关重要，但它又是根据别的事物确凿地推定的，那么我们往往有理由怀疑，这个至关重要的因素应该来自那个别的事物，而不是来自这个所说的被推定的事物。"③因为，不管到目前为止有多大数量的合同应该归入简单合同的类别，对价理论的重要性都没有减弱。它不仅适用于票据和日常商业生活中普通的口头或书面合同，而且适用于可能在很多证人见证下极其庄重地写就的约定，唯一欠缺的东西就是那个涂胶的圆片。

这个理论的适用就是如此，那它有哪些特点呢？我们首先发现，价

---

① E. g Anson on Contract, 4th ed. 46.

② *Rann* v. *Hughes*（1778），7 T. R. 350n.

③ Holmes' Common Law, 134.

值的充分性（adequacy of value）一点也不重要。在其起源和早期发展阶段，对价或当时所称的"一物对一物，一事对一事（quid pro quo 拉丁语，用于合同中，指对价）"暗示了一定程度的充分性，但这并非总是非常切实的。于是，在适用对价理论最古老的一个案例中，被告承诺用100马克作为嫁出女儿爱丽斯的反承诺。婚已经结了，但钱没有付。丹弗斯（Danvers J.）说："被告有对价，因为他需要为女儿的婚姻支付，然后婚已经结了，另一方的承诺已经履行，所以原告已经做了应该收到费用的事情。"①早有定论，不管价值多小，即使是一张纸、一支封蜡或者一粒谷子，都足以赋予任何价值或数量的义务以有效性。"当原告做了一件事，即使非常小，也足以构成一个有效的对价的基础。"②

　　另一个特点是，纯粹的道德义务不构成有效的对价。早在16世纪末，这就已经是一条固定的法律，虽然有迹象表明，在那个世纪前期，道德义务与法律义务之间的界限尚不明晰。"对价"的概念在法律年鉴中第一次与"一物对一物，一事对一事（quid pro quo）"区分开来明白地使用，很可能是在 20 Hen VII（1505）中，谈及一项赠与时："它是在好的对价（good consideration）的基础上作出的，因为受自然法的约束，哥哥有责任援助和安慰弟弟。"③接着，我们在《神学博士与学生的对话》（Doctor and Student）（1528）中读到："如果某人承诺给他父亲一件袍子御寒，但又不想给他了，他仍然受到约束，必须给，因为他受到之前承诺的约束。"④之后，在 *Sharington v. Strotton*（1566）案⑤中，这一问题又被提起，

---

① Yr Bk 37, Hen VI（1459）m fol 8. "DENVERS – Semble q cest action est bon, et maint sur le matt mre, car coment q il n'est un mere contract, uncore il est tan ten effect car L'accord fuit q il prendra sa file a feme, en ql cas le def ad Quid p quo. car le def fuit charge ove le mariage la file, et person espous il e discharge issint il ad fait la chose pur ql le sum sera pay." 这个案例可能同时满足 *Currie v. Misa*（1875）[10 L. R. 162] 案中对对价的定义的两个部分。被告在甩掉女儿方面有优势，案件本身可以看出，原告因这桩婚姻而受到损害。

② *Sturlyn v. Albany*（1586），I Croke 67.

③ Fol. 11. "Fuit fait pr bon consideration, car L'eigne frere est tenu par Ley de nature de aider et comforter son puisne frere."

④ Dial 2, ch. 24.

⑤ 1 Plow 298.

经过仔细的论证，建立在自然情感之上的对价被支持。① 但随后的判决进展却完全走向了相反的方向。一个人可以受最强烈的自然纽带的约束而对他人提供支持，但任何缺乏盖过印的契约的约定，都不能将道德义务转变为法律义务。②

对价的第三个特征是，它可以是现在的或将来的，但不能是过去的。一个人可以因别人在过去施与他的恩惠而用行动表现他想要承担的义务，但这样的感情或感激或友情不构成法律眼中的对价。③ 允诺人出于怜悯同情而作的承诺，也不能使因另一方的不当行为而已经解除的义务重新生效。因此，当一份服务合同规定佣人如醉酒将不能拿到工资，而主人依然

① Sharington v. Strotton 案对对价在 16 世纪中叶的地位提出了一个有趣的看法。它的相关事件是给予一个兄弟和他的继承人土地的使用权，用苏格兰的话来说，是出让人自己的终身租赁权。该项转让是以盖有印章的契据作出的，但尽管这一事实是以契据为根据的，却似乎极其不受重视。争论的焦点在于契约中规定的对价的有效性，包括"善意、友爱和恩惠"。正如 Plowden 所报告的那样，争论扩张到了很多页，而被告（他们请求对价的充分性）似乎主要是由一个无名的"中殿学徒"来代理的。在所有关于对价是好的还是坏的（good or bad）的解释中，原告的律师引证了以下的话："如果我答应并同意另一个人，如果他娶了我的女儿，他将从此拥有我的土地，并且他这样做了，他将在我的土地上拥有一个用益，我将有义务让他取得收益，因为他做了一件对我有益的事情，即娶了我的女儿，她的地位对我来说是一种满足和安慰，因此，这是一个好的对价，使他在我的土地上有用益。"（p. 301）另一方面，"如果一个人考虑到他们的长期相识或相熟或同窗之情，或出于类似的考虑，同意让 J. S. 占有他的土地供其收益，这不会改变用益，因为法律认为这些对价不值得提起一项用益，因为他们没有任何价值或回报。因为，如果考虑到你是我熟悉的朋友或熟人，或是我的兄弟，我答应在某天付给你 20 英镑，你不应对这件事提起诉讼，也不应对它提起债务诉讼，因为这只是一份无对价的、无用的合同，不能据此提起诉讼，不存在支付的充分理由，另一方也没有做过或者给过什么，因为你以前是我的兄弟或熟人，以后也还一样是我的兄弟或熟人，这样一方就没额外做过什么事情，而后者是合同的要件，也是对价契约的要件。就好像我把我的马卖给你是为了拿到钱或其他报酬一样，这是双方都给的事情，因为一方给了马，另一方给了钱或其他报酬，所以这是一份有效合同。在对价契约中情形也一样，就好像我与你立约，如果你娶了我的女儿，你将拥有我的土地，或者我将有义务让你取得收益"。（p. 302）被告方面，"学徒"提交了一份详尽的论据，该论据建立在自然和上帝的法则之上，并从圣经和亚里士多德著作中得到了大量的阐述，之后法院简略地作出了有利于被告的判决。然后"学徒"说："为了让我们学习，请法官大人允许我们听听您的判决理由。"凯特琳 C. J. 说："在我们看来，安德鲁对他的男性继承人的感情，以及他希望土地继续以贝恩顿的血统和姓氏存在的愿望，以及他对兄弟们的手足之情，是提出用益的充分对价。在你的论证中，你在自己的论证中说自然之力量最大，我说自然之力量最大，这是提出用益的最大对价。"（p. 309）

② Bret v. J. S. and Wife（1800），1 Croke，756.

③ Eastwood v. Kenyon（1840），11 Adol & Ellis，438.

承诺付给工资，这个承诺因缺乏对价而不具备约束力。① 在那些经辩护因对价是过去的或在技术上已执行而被认定为无效的承诺中，有一个是被告承诺在原告结婚时支付 5 英镑，对价是原告"已经交付"20 头绵羊给被告；② 另一个是承诺支付一定的金额，对价是原告已经在之前的某个情形下自发向被告付过相等或不等的金额；③ 还有一个是保证给一匹马，对价是原告已经以特定的价格向被告购买了这匹马。④ 基于同样的原因，作为过去无偿服务的酬劳而给予的本票，也不能被强制执行。⑤ 在这样的案例中，如果作出的承诺可以被回溯至已提出过的对价，它就是有效的，但反过来不行。⑥

　　根据同样的原理，如果一个人已经做出一个反承诺，且该反承诺的内容本来就是他有法律义务去完成的，那他接受的承诺就不是对价。因此，一个协议如果给债务人时间以作为其支付早已约定的利息的对价，那它是不可执行的，但是如果增加了额外的担保，那它可以使一个新的约定生效，即使这个新的约定中支付的利息还减少了。在一个请求支付债券金额的诉讼中，被告辩称原告在支付日期已经接受了金额相同的另一份债券，请求以此抵销原先的债务。这被认定为无效请求，因为一份债券不可以推翻另一份债券。⑦ 船运的案例也提供了更多的阐述，虽然最初是在公共政策的基础上建立的，但现在被认为是缺乏对价的诉讼。因此，在一个案例中，2 名海员弃船而去，船长无力安排人员接替其位置，于是他向其余的海员承诺，如果他们能将船开回家，2 名逃离者的工资就分给他们，这个约定被认定为没有对价而无效。⑧ 但是对这类案例的研究呈现的是漫不经心的读者无法注意到的特征。比如，当一艘停泊在外国港口的船只因极度缺乏人手，如果单靠剩下的海员继续航行会有人员的生命危险，而剩下的

---

① *Monkman v. Shepherdson* (1840), 11 A. & E., 411.
② *Jeremy v. Coochman* (1596), 1 Croke, 442.
③ *Doggett v. Vowell* (1602), Moore, 643.
④ *Roscorla v. Thomas* (1842), 3 Q. B. 234.
⑤ *Hulse v. Hulse* (1856), 17 C. B. 711.
⑥ *Thornton v. Jenyns* (1840), 1 M. & G. 166.
⑦ *Lovelace v. Cooked* (1612), 1 Br. & Gold, 47.
⑧ *Stilh v. Myrick* (1809), 2 Camp. 317.

海员根据之前的约定需要完成全程的航行，这时船长承诺，如果他们能坚持将船开到下一个港口，就给他们额外的酬劳，那这个约定被判定为有效，因为牵涉了生命的风险。[1]

不管对价理论有哪些优点，没人可以断言它从来都是符合逻辑的和普适的。从理论本身找不到任何瑕疵的英格兰法律倡导者们，对于其恰当适用也有广泛的分歧。有两种完全对立的观点对对价理论进行了批评。波洛克（Pollock）持有的观点是："对价理论的恰当范围是控制合同的形式，目的是规范和约束合同的执行，但它已被拓展到合理范围之外，结果不如人意。"[2]可以参见 Pinnel（1602）案[3]中制定的原则，其于 1884 年被上议院确定。[4] 另一种观点可以用菲茨杰拉德法官（Lord Fitzgerald）于 Foakes 案中的话来表达："可笑的不是（Pinnel 案中的）规则，而是源自法官的焦虑的一些区分，他们想要限制规则的适用，认为那是不公正的。"[5]这样，一方面是表达了想要进一步限制该理论的适用的意图，另一方面却认为它存在的瑕疵应该归因于已经存在的限制。

在此，我的目的是解释而不是批判。因此，让我从 Pinnel 案中提取该理论的特别适用的规则，它"自从 16 世纪以来一直都是受认可的法律"。[6]判决本身完全是建立在有瑕疵的请求之上，因此不能代表任何原则。但高等民事法院是在一些假想的案例中提出这条法律应该是怎样的，所以现在已经确立的这条规则起初不是建立在判决之上，而是建立在纯粹的司法意见上。爱德华·柯克爵士（Sir Edward Coke）的判决文书说："法庭全体决定，支付比原应支付的少的数额，不能作为总数额的任何偿付，因为在法官看来，一笔不足的数额没法偿付原告对于更多数额的权利，但是用一匹马、一只鹰或者一件袍子的礼物来偿付是有效的。"[7] 这种区分的原因

---

① *Hartley* v. *Ponsonby*（1857），7 E. & B. 872.

② Contract, 5th ed. 178.

③ 3 Coke, 238.

④ *Foakes* v. *Beer*, 9 App Ca. 605.

⑤ 9 App Ca. 628.

⑥ 9 App Ca. 612.

⑦ 3 Coke, 238.

据说是"在某些情况下，一匹马、一只鹰或者一件袍子可能比钱对原告更有利，否则的话，原告就不会已经接受它作为偿付"。当整笔金额到期时，"份额"（部分）的接受不能作为偿付，但是"在整体偿付日期之前的部分支付和接收是有效的偿付"。因此，同样，如果债务人有义务在威斯特敏斯特支付 10 英镑，而债权人在约克那天接受了 5 英镑作为全额的偿还，它将是"全额债务的有效偿付，因为在约克支付它的费用是足够的偿付"。① 结果可能是这样陈述的，如果偿付日已到，债权人同意在恰当的支付地点接受一笔较小的金额作为全额债务的偿付，这个约定是没有约束力的，但是如果他在支付地点同意接受的不是钱，而是一件微不足道的物品以作清偿，或者他同意在另一个地点接受一笔较小的金额，这个约定是有约束力的。如果支付日期未到，则不管是在哪里，怎样支付，债权人同意接受部分金额作为全部债务的清偿，都是有效的。

我前面说过，英格兰的对价理论在国家法律中是独特的。然而如果我们按照其他法学体系的眼光来看它，可以对其范围和目的有更清楚的理解。从历史一面来看，可以参照罗马法来阐释它，人们曾经尝试从罗马法中追踪其根源。通过布莱克顿（Bracton）和弗莱塔（Fleta）暗示的罗马起源几乎必然地伴随着一种承认：这一理论"被英格兰法院独创性地发展了"。② 裸体简约（nudum pactum）的概念适用于英格兰法律中没有对价的合同，它自然地暗示了罗马法中的单纯允诺（nuda pacta），但后者不是指没有对价的合同，而是指被剥夺了法定形式的合同。在罗马法中，单纯允诺（nuda pacta）不是没有对价的合同，而是一个非正式的约定，它不是来自可以提起诉讼的特权阶层的某个人，③ 或者没有原因（causa）或标准（mark）将它分配给特权阶层的一个人。布莱克顿（circa 1259）以一种既非罗马法又非后来英格兰法中所知的意义来适用裸体简约。他指的是既没有部分履行也没有书面体现的协议，这样的协议不能通过公认的证明方法之一，即证人、书面形式或决斗，在御前会议中证明。

---

① 3 Coke 239.

② E. g Jour of Juris. 1877, p. 530.

③ Scrutton, Roman Law in England, p. 100.

直到布莱克顿之后的两个多世纪，裸体简约的概念与对价的缺乏之间的联系才在英格兰法中出现，这可以在法律年鉴之中追溯到。在《神学博士与学生的对话》（*Doctor and Student*）（1528）中则有明显的体现。如果甲承诺给乙 55 里拉，因为他给他造了房子，或者借给他这样或那样的东西，我认为他有义务遵守承诺。但是，如果承诺是如此赤裸裸，以至于没有任何方式的对价来解释为什么要作出承诺，那么我认为他没有义务履行承诺，因为这是假设在作出承诺时有一些错误。① 因此很清楚，虽然"裸体简约"这一词组被英格兰法采用于对价理论，这不能证明对价理论本身有丝毫的罗马法渊源。②

此外，在英格兰法的外衣下，对价根本不同于罗马法上的原因（causa）。一位美国学者说："我们所有的对价从罗马法的意义上说是'原因'（cause），但这并不意味着所有的'原因'，比如援助一个值得称赞的对象，或者有益于我自己的一位家庭成员的愿望，是我们意义上的对价。虽然所有的对价都是原因，但其中有很多非常轻微，以至于作为纯粹的原因只能被赋予微乎其微的意义。比如一位额外的担保人，我知道他无力偿还债务，所以他对到期应付给我的债务的安全几乎起不到作用，然而这样一位额外担保人的加入却是债务延期的充分对价。"③

因此，英格兰法的对价与罗马法的原因之间的差别在某种程度上是后者的必然存在。同样的评论也适用于对价在其中占有一席之地的现代法律制度中。如果我们粗粗阅读法国法典，而不加解释，我们可能会将下面一段话当成英格兰法律中的一段陈述："无缘无故的义务或一个错误的原因或不法的原因不能产生任何影响。"④ 但我们发现，法国法的"原因"肯定是某种实质性的东西，并且可以评估，虽然从另一方面说，它可能包含

---

① Dial 2，ch. 24.
② 布莱克斯通（Blackstone）在一定程度上对裸体简约的罗马概念和英国概念之间的混淆负有责任。他说："我们的法律已经采用了民法的准则 ex nudo pacto non oritur actio"［Com u 445］，在布莱克斯通之前，这条准则经常被用于对价相关的地方，比如 *Sharington v. Strotton*（1566）案中，但不是说是适用于民法的准则。
③ Wharton，Contracts，§493.
④ Code Civ.，1131，法文。

一种自然的或道德的义务，或者一种真实的或假设的责任。[①]

　　据说，根据"最权威的德国评论家的观点，单方面的遗嘱声明，虽然是为了使立遗嘱人承担义务而作出的，但在没有'一物对一物、一事对一事'条件的情况下，并不产生任何可以成为诉讼标的的义务，可以在任何时候由立遗嘱人撤销"。[②] 但是又一次，这里的用词所包含的意义与它在英格兰法律中的运用毫无一致之处，后者仅指实物的对应物，经常仅仅是有名无实的，非常不适合用来定义"一物对一物、一事对一事"。在德国，非理性的承诺是无效的；而在英格兰，出于技术上所谓对价的原因，非理性的承诺可能有约束力，而建立在斯特尔（Stair）称为"顺从的义务"[③]基础上作出的合理承诺，却没有效力。

　　关于对价在买卖中的特殊规则，可以在罗马法和各种欧洲大陆法典中找到，但这些是建立在充分性的基础上，而不是建立在一条单纯的原则之上，这条原则虽被称作"对价"，却与实际价值无关。对这些规则的阐述可以在波洛克关于合同法[④]的著作中找到，我接下来做一个概括：根据罗马法，为了出卖人的利益，少于实际价值的一半的价格进行的买卖，会被撤销，除非买方选择弥补价格的不足。法国和意大利的法典规定，在某些特别的情形和条件下，如果价格比实际价值少 7/12，为了出卖人的利益，可继承的财产的买卖会被撤销。普鲁士法典的救济是给予买方而不是卖方，其规定对于任何类型的财产，如果价格高于实际价值的 2 倍，则推定为法律上的错误，买方可以撤销合同。奥地利法典在这方面与普鲁士法典相似，但它把救济给予了买卖双方，也适用于包含对价要素的任何类型的财产的买卖。

　　在苏格兰法律中，对价在合同中是不必要的。在由欺诈或错误导致的降价的问题中，价值的充分性可以是一个重要的因素，但对价本身，不管是有名无实还是有价值的，并不被考虑在内。这条规则也可以另一种形式

---

① Pollock, Cont. 5th ed. 692 Anson, Cont. 4th ed. 80, 以及其中引用的权威。

② Wharton, Contracts, §493.

③ Inst. I, 3, 3.

④ 5th ed. App. 716.

来陈述。"合同"一词暗含着双方的责任，在严格意义上，每一份合同都涉及相互的责任，任何一方的责任都可以说是对于另一方的对价。但在接收方没有相当或相应的义务的情形下，苏格兰法律承认单方的义务或承诺。我们的经典法律著作已经对这个原则的关键做了很好的阐述。斯特尔于1681年写道："有些人认为，我们'全部或部分放弃我们的本土自由，或者在上帝给了我们自由的地方给自己约束是不合法的，这样的约定如果不是对我们有利，或者为了一个对等的原因，是没有约束力的。'但是……没有什么是比坚守我们的短期协定（pactions）更自然的事情了。"①他在别的地方还引用了圣经、民法和教会法来表明"根据自然法，承诺或者裸体协定（naked pactions）是有道德约束力的"，以及"没有什么比履行人与人之间的约定更符合人类间的信任了"。② 近一个世纪之后，厄斯金（Erskine）写道："为什么在所有的国家，所有的口头约定和承诺必须是有约束力的，没有哪个积极的判决会给予其特殊的例外？原因很明显，根据一条普遍的法律规则，所有合法事务中的约定即使只是口头订立，都会产生一种完全的或者恰当的义务。"③毫无疑问，根据苏格兰法律，一些类别的义务的确要求书面形式，但单纯的同意的效力如此之强，以至于在很多案例中，声称的承诺人在事后的承认可以替代书面合同的地位，满足法律的要求。因此，厄斯金谈到赠送动产的口头义务，认为它"跟一项书面义务的效力是相当的"，因为它"可以由允诺人的誓言来证明"。④

英格兰法和苏格兰法在合同和义务构成中的证据规则，可以简便地进行如下比较。

（1）英格兰的登录合同（contracts of record）类似于苏格兰的契据（deed），其中包含一份登记和执行的同意。

（2）盖印的英格兰契据与苏格兰验定契据（tested deed）或亲笔契据相对应，各自代表其本制度的正式书面形式，在许多情况下对义务的有效

---

① Inst. I 1，21.
② Inst. I 10，10.
③ Inst. iii. 2，1.
④ Inst. iii. 3，88.

性至关重要。除了纯粹的对价理论外，两者在法律上立场一致，具有同等约束力。

（3）在英格兰和苏格兰，书面形式对于许多合同和义务的有效性都是必不可少的，而不一定必须是盖印、验定或亲笔书写意义上的有效。在现代英格兰法律中，这主要是由于欺诈法和类似法规的实施。在苏格兰，这样的结果部分来自成文法，部分来自普通法。

（4）在有限的一类案件中，书面形式不仅在两国都是必不可少的，而且其形式都已因为不列颠法律的实施而变得相同。

（5）英格兰的商业事务不排除在关于证据的一般规则之外，除非成文法另有规定。在苏格兰，普通法赋予了商业文件特殊效力。

（6）在英格兰，所有合同的订立，不论是口头的还是书面的，如果没有盖印的话，都需要对价。在苏格兰，任何情况下都不需要对价。

在前面的比较中，我仅限于讨论规定合同构成的原则，但我不能赞同波洛克爵士关于对合同的解除适用不同规则的建议。任何与解除合同有关的合同变更，实际上是一份新合同，必须适用合同一般规则。因此，我不禁怀疑，波洛克爵士所实施的区分是出于一种下意识的渴望，他希望消除一些明显的反常现象，同时保留他执着的一些原则。

从我前面提到的最后一个特征可以看出，在英格兰，无偿允诺只能通过盖有印章的契据才能生效，而为此目的，仅仅是口头协议，甚至是在证人面前签署的但没有盖印的书面协议，都是无效的。另一方面，在苏格兰，根据一般的证据规则，无偿允诺（有时被错误地称为单方合同）对赠与人具有约束力。

那么，根据英格兰法律，任何人都不可能将自己的财产无偿转让给另一个人，除非通过一份盖有印章的正式契据吗？相反，这种非正式的赠与是常见的，但要使之有效，必须同时交付赠与的动产。有时，有人认为，法律在这方面更为宽泛，而且"凡能交付的动产的赠与是由赠与人根据现在的诺言向被赠与人作出，并经被赠与人同意，而该同意是由被赠与人传达给赠与人的，则存在一种完美的赠与，即不需交付动产本身，财产就完成了转移"。这一主张由弗莱（Fry）和鲍恩（Bowen L. JJ）所提出，作为洛佩兹（Lopez LJ）在最近的 *Cochrane v. Moore* 案（1890）上诉中所作判决的实质内容。法官们在一个共同的意见中，以其清晰的阐述和历史研究而引人注目，继续表明这从来不是英格兰的法律。结果总结如下[1]："对权威的审查使我们得出结论，根据旧法律，无论是通过诺言还是通过契据，无论是否有对价，赠与或赠与动产都不能有效地转移动产，除非有交付；在该法律上移植了两个例外，一个是契据的案例，另一个是关于买卖合同，双方当事人的意思是财产在交付之前必须完成转移；但就承诺送礼而言，采用了旧法律，然后 *Irons v. Smallpiece*[2] 案判决了（1819），于是该案正确地宣布了现行法律，而且没有被波洛克 1883 年的判决[3]或者后来在 Cave J.（1885）之前的案件所推翻。"[4]

英格兰和苏格兰关于赠与或捐赠的法律之间的差异可以这样表述：在两个国家，没有对价的转让都可以由赠与人和受赠人双方通过协议作出，条件是该财产同时能够实际转移和交付。在英格兰，没有实际的交付，就不存在具备约束力的协议，除非依据盖印契据，尽管同意应该有充分的证据。捐赠人可以违反自己的赠送意愿，受赠人没法采取任何行动或补救措施。在苏格兰，即使是在出售的情况下，从技术上讲，交付也是必要的，因此，没有实际交付的受让人只有对物权（jus ad rem）。因此，有关出售的规则比英格兰的要窄，在英格兰，买方从合同签订之日起就有对物权。但是另一方面，在苏格兰，任何有充分证据的合法协议，无论是无偿的还是有偿的，即使转让被延迟或拒绝，仍然对缔约双方具有约束力。简约赠与与简约买卖一样，通过对出让人提起诉讼，授予受让人一项对物权，但出让人在交付前继续拥有所有权。[5]

因此，我们发现英格兰的对价理论对苏格兰法学家来说不仅仅纯粹是学术上的兴趣。作为一项规则，我们毫不犹豫地运用英格兰的先例来解释我们的商业法，但如果我们不了解或不完全了解这两种制度背后的原则差

---

① At p. 72.

② 2 B. & Ald. 551.

③ *Danby v. Tucker* 案，31 W. R. 578.

④ Re Ridgewway, 15 Q. B. Div. 447.

⑤ Seek Ersk. Iii 3，90.

异，这一过程是危险的。这种原则上的差异的存在与对价有关，对两国商法同化的方式制造了一个实际困难。可以发现 1856 年有过尝试解决的例子，那年英格兰和苏格兰分别通过了商法修正法案，试图通过法案产生部分同化。毫无疑问，对价理论的存在有助于在一定程度上打败这个考察中的对象，如像两个法案的序言中所说的那样，是为了弥补"英格兰和爱尔兰的法律在某些细节上与苏格兰的法律在贸易过程中常见问题上有所不同"所带来的不便。这个结果支持了查尔莫斯法官（Lord Chalmers）的评论："不管是意外还是故意，为英格兰制定的某些规则，与苏格兰法律相似，但没有复制苏格兰法律，而为苏格兰制定的另一些规则，虽相似但不复制英格兰法律。"① 然而尽管皇家专员为了这些法案据以建立的法律汇编作出了值得称赞的努力，但对价理论对同化的影响似乎没有得到充分的重视。库里希尔法官（Lord Curriehill）代表苏格兰法官出席了委员会，但法律汇编中的以下段落是基于对苏格兰法律的误解，显然是一位英格兰人起草的——"在联合王国汇票和票据的所有部分引入对价，而在苏格兰，对有对价的推定，除以书面形式或持有人的宣誓外，不得予以反驳。在英格兰和爱尔兰，任何法律证据都可以用跟其他有争议的事实相同的方式来证明对价的不存在，我们认为苏格兰应该采用这一规则"。② 缺乏对主题的定义，这种比较是错误的。在之前指出的几个特征的基础上，它假定各个案例中的"对价"都是一样的东西，以同样的方式适用。什么都离不开事实。在英格兰，汇票和票据都是简单合同，因此英格兰意义上的对价对其有效性是必要的，但有两个条件：（1）存在一个有利于对价的假设，因此对价并不被要求在文件里面陈述；（2）没有对价的债务人对持有人有义务，持有人通过正当的谈判程序给予了对价。在起初的合同双方之间，或者在一名担保人和其直接被担保人之间，对价跟在其他任何简单合同中是一样必要的。相反，在苏格兰，任何对价对汇票和票据都是不必要的，这些文书都是建立纯粹捐赠或赠与的完全充分的方式。③ 苏格兰意义上的对

---

① Sale of Goods, pref viii.

② Report, p. 16.

③ *Law* v. *Humphrey* (1874), 3 Ret. 1192.

价指的是任何证据能够证明的价值（value），比如出现在破产、欺诈、缺乏真实所有权、调解等案例中，但这样的价值不是英格兰法意义上的"对价"，后者我们已经看到纯粹是技术性的，而不一定意味着任何实质性的等同。不管是在苏格兰还是英格兰，空白背书的汇票或票据的拾得人无权对其提起诉讼或追讨收益，其权利不应超过他针对真正所有人保留其他遗失财产的权利，但如果他在汇票或票据的流通期间成功地将其以真实价值转给第三方，后者可凭借流通的票据而获得优先权利。因此在苏格兰，凡称汇票或票据已遗失，或持有人因其他原因而无权提出诉讼，则必须证明已给予对价（即实质价值），但在这种情况下，该词的用法显然与英格兰不同。①

专家委员会关于允许在苏格兰提供对价的口头证据的建议，未被建立在他们的法律汇编基础上的法案所执行，但这一进一步的步骤已根据1882年汇票法达成。② 然而立法并没有产生把苏格兰的"对价"概念拉近英格兰范例的效果。1856年苏格兰法所作的与对价有关的唯一修改是第15条，但其效果仅仅是执行专家委员会的另一项建议，将价值证明责任交给遗失汇票的持有人，而不是像以前那样交给被要求收费的人。这一条可能有助于产生一种错误的想法，即在票据问题上，对价在英格兰意义上构成了苏格兰法律的一部分。③

从英格兰方面看，在对价问题上的同化也没有取得更大的成功。1856年英格兰法所载的唯一修改是第三节的规定，即担保对价不必以书面形式出现，也不必从书面文件中进行必要的推断，但这是为了纠正和解释欺诈法，并不会使对价不必要，或影响证明其存在的必要性，如果这应该算作问题的话。

对价理论在修改合同规则和在英格兰和苏格兰法律之间造成分歧方面的效果，可用普通的商业要约和承诺为例来说明。在英格兰，如果甲向乙

---

① 专员们在其法律汇编的附录 p. 58 i 中列出了两国法律在这方面的差异，英格兰和爱尔兰：票据虽引入对价，但无对价时可以用法律证据证明。苏格兰：除非有书面形式或持有人宣誓，否则不得推翻有义务的对价的推定。

② Sec. 100.

③ *Vide Judgments in the Shoriff Court in Law v. Humphrey* (1874), 3 Ret. 1192.

提出要约，并规定了接受该要约的明确时限，他可以在该期限之前撤回其要约，除非存在建立在明确的对价基础上的明确的联系使要约保持开放。①在苏格兰，甲必须在上述期限届满前保持报价有效。"在该期限届满前，只要要约人在要约接受时仍然活着并有能力表示同意，则该项同意仍然有效。"②

　　另一个分歧可以追溯到对价理论，虽然在这种情形下，这个规则并不是英格兰法律所特有。在英格兰，如果两人订立了为第三人利益的合同，受益人没有直接的诉讼权利。这个效果等同于罗马格言"没有人可以对其他人进行规定"，法国对其的解释似乎是否定原缔约人的起诉权利。英格兰的规则建立在提起诉讼一方缺乏对价的基础上，但不影响订立合同当事人的诉权。帕特森（Patteson, J.）的以下表达常被引用："动机跟对价是不一样的。对价指的是在法律眼中具有某种价值的东西，自原告向他人转移。"③ 有段时间，一些权威冲突存在于合同一方或双方当事人的近亲是否可以执行合同的问题上。"但现在规则已经确定下来：第三方不可以依据其他人订立的合同，为了订立人的利益而提起诉讼，即使合同双方已经同意他这样做也不可以；并且，近亲在涉及任何普通法诉讼权利的问题上与其他人也没有区别。"④ 让我们将此与斯特尔对苏格兰法律的阐述做对比。"与我们的惯例一致的是，当双方签订合同时，如果有任何有利于第三方的条款，在任何时候，其所规定的事项都是该第三方的权利，都不能被任何一方或双方收回，但他可以要求其中任何一方展示合同，并据此要求有相关义务的一方履行义务。"⑤

二　对价理论的目的

　　对价理论的一些特定细节，特别是关于 Pinnel 案确立的履行与满足的

---

① *Cooke v. Oxley*（1790），3 Term. Rep. 653；*Dickinson v. Dodds*（1876），2 Ch. Div. 463.
② Bell's Com. i. 327.
③ *Thomas v. Thomas*（1842），2 W. B. 851.
④ Pollock, Cont. 201.
⑤ Inst. i. 10, 5.

规则,① 受到了法官和法律学者的批评。然而英格兰法学界对于理论本身的通常调子是偏向于满意或至少是得意的。波洛克称其为"一个通用的、有用的法律概念",其主要目标和功用是"为我们提供一组复杂的规则,可以适用到所有非正式合同中,不分其性质和主题为何"。② 霍姆斯(Holmes)称其为"我们最特别、最重要的理论",③ 并说它"具备一个理智的基础,或至少与我们通常的思考习惯相一致",④ 但他没有提出任何论证或提供任何理由。安森(Anson)说:"也许不幸的是,印度合同法的制定者本应放弃 80 项令人满意的简单合同有效性测试,因为英格兰的对价理论已经证明了这一点。"⑤ 但这位作者也仅限于写了一条陈述,而没有尝试说明对价理论作为有效性检验的价值体现在哪里。李克(Leake)告诉我们:"要求允诺对价的目的,作为通过协议订立合法合同的一个条件,似乎是为了确定一个检验标准,即双方当事人有订立具有约束力的约定的意图(intention),而且他们不是仅仅使用允诺表示,而缺乏订立合同的任何认真的意图。为允诺讨价还价并给予等价物的事实表明,当事双方的行为是经过深思熟虑的,并且完全期待交易具有约束力,为此目的,协议中规定的名义上的对价属于意图的表示,并且推定是充分的。"⑥ 斯托利(Story)这样说:"作为一门实用的科学,法律虽然尽力避免违背任何道德义务,但在很多情形下无法尝试强制执行这样的义务,只能将它完整地交给当事人的良心去决定。比如,普通法有一条规则是不要去强制执行当事双方订立的缺乏对价的合同,这条规则在其他很多法典里也有其基础。"⑦ 艾迪生(Addison)认为:"法律确立这条规则是明智的,其目的是保护弱者

---

① (1602), 3 Coke 238.

② Cont. 5th ed. 182 – 183.

③ Com. Law, 258.

④ Com. Law, 273.

⑤ Cont. 4th ed. 99. Dr. Whitley Stokes, in his edition of the Anglo – Indian codes, suggests that the definition of consideration in the Indian Contract Act, embracing as it does, moral obligations and already existing legal duties, was inserted by inadvertence. "This result," he says, "was certainly not intended by the framers of the Act, who were English lawyers, familiar with the doctrine that.

⑥ Cont. 17 – 18.

⑦ Bailment, §9.

和粗心的人不承担其鲁莽草率不切实际的约定所造成的后果。"① 史密斯（J. W. Smith）也认为该理论有这样的效果，他说："必须有对价来支持简单合同这一规则之所以要严格执行，其原因是为了保护人们不被匆忙轻率地拖进可能对他们产生毁灭性打击的约定中。"②最后，我用沃尔顿（Wharton）的这段话来总结上述法学家的阐释："一个对价必须是一事对一事，一物对一物，虽然它的价值应当由当事双方自己决定，并且，这个决定不能被改变，除非存在欺诈。它是一个价格：它可能非常不足，因为法庭不会坐下来修正价值，但它必须是真实给予、真实做出或者真实承诺的东西。这个对价的一个原因是公平。一个人不应被迫给予，除非就互惠和慈善而言，而当不再自愿时，这种慈善也就不复存在了。另一个原因自对价本身的含义而来。人们不应该被自己的信口胡说所约束，否则所有表达感激和义务的话都将不得不被压抑。"③

英格兰法官们对这个主题的观点多样而变化不定。在 1765 年的 *Pillans v. Van Mierop*④ 一案中，曼斯菲尔德法官（Lord Mansfield）领导下的国王法院认为，对价理论在商业事务中不存在。曼斯菲尔德法官在其判决中说："裸体简约不存在于商人的习惯和法律中。我认为，需要对价的古老观念仅仅是出于证据的缘故，因为当它被简化为书面形式时，比如在约定、专业合同、债券等等中，都不存在对缺乏对价的异议。"威尔莫特（Wilmot, J.）也持相同的观点，他说："对价被视作要件，是为了让人们关注和反思，避免模糊和不确定。考虑到这个目的，书面形式或其他某些形式是必要的。合同，在本案中简化为书面形式，是不用吃惊的，因此裸体简约的规则不适用。很多古老的案例奇怪又荒唐，一些现代的案例也是如此。它后来已经融入常识了。"耶茨（Yates, J.）认为这个案件是有对价的，但是"在商业案例中，如果还没有对价，被告也是受约束的"。

如果允许将这个案例作为英格兰法律的代表，它就应该已经消除了对

---

① Cont. 8th ed. 2.

② Lect. on Cont. 7th ed. 158.

③ Cont. §493.

④ 3 Burr. 1663 – Ross' L. C. i 464.

价在商业事务中的必要性，也可能消除了任何采用书面合同的案例中对价的必要性。用波洛克的话来说，"如果在一两个世纪以前，像曼斯菲尔德法官这样的权威想到了这个，那么英格兰合同法的整个现代发展可能已经完全不同，各个法律原则也可能与苏格兰的原则相似了（仅仅有一些微小的理论上的不同）"。① 这个原则提出后，很快就被上议院忽视了，后者在 *Rann v. Hughes* 一案中根据"法官们的"一致意见行事。此案中提交后被否决的一些论据包括，"按理，一个小心翼翼地简化为书面形式、双方签名但没有盖印的合同，跟一个同样签订但盖了印或按了手印的合同，是只有很小的差异或者没有差异的"。论据中提到了 *Pillans v. Van Mierop* 案，认为它是国王法院作出的庄严的判决，之后有好几个判例都是依据它作出的。"如果本案的原告不能胜诉，那么所有这些判决都要被推翻，所有这些判决中被认为已经是制定法的内容，将被完全推翻。"② 首席法官斯凯纳（Lord Chief – Baron Skynner）这样传达了法官们的观点："毫无疑问，每个人都必须遵守自然法则，履行自己的义务。同样正确的是，这个国家的法律不提供任何方法和救济以强制执行没有充分对价的约定。这样的协议是裸体简约，不应根据它提起诉讼（ex quo non oritur actio），不管这一准则在民法中的意义是什么，它只是在最后提到的一种意义上，就是只能在我们的法律中去理解。据说如果承诺是书面形式的，就消除了对价的必要性和裸体简约的异议，因为它们不会存在于书面的承诺中。根据英格兰法律，所有的合同分为盖印合同形式的约定和口头约定，不存在有些律师主张的比如书面合同这样的第三类合同。"③ 因为判决原告败诉，现在认为这个案例使 *Pillans v. Van Mierop* 案失去了权威性。

即使在现代司法意见中，也有相当多样的声音，偶尔还有对理论本身的嘲讽。我们发现，首席法官波洛克男爵 1855 年在一个陪审案例④中这样陈述："本票是动产，可以是礼物的内容，比如一个银烛台或者其他任何

---

① Cont. 168.
② 4 Bro. Par. Rep. 31.
③ Term Rep. 350n.
④ *Hulse v. Hulse*（1856），17 C. B. 711.

物品。"在苏格兰这会是好法律,但在英格兰,上诉结果显示它是坏的法律。对于一个法官来说,男爵对陪审团的指示是简单直白陈述的样本,他说:"辩护意见是:刚好有这样一条法律,如果一个人承诺做某事,而且是出于纯粹的大方而作出的承诺,不能强制执行他的承诺。毫无疑问,法律就是这样的。我觉得这很好。在此我没有权利做任何别的事情,只能执行这个法律。我没有权利改变它或滥用它,不建议这样做。所以我料想,这样非常正确正当,但它当然也不是一个特别让人有正义感的问题。这里是一个年轻人,很清楚从 10 岁开始就忠诚地伺候他的叔叔 14 年,其忠诚度相比雅各(Jacob)伺候岳父有过之而无不及。当他(立遗嘱人)很老的时候,他很想为这个年轻人做一点慷慨大方的事。他给了年轻人一份本票,被告学识渊博的代理人请求你们裁决其为一份礼物,纯粹的礼物,没有别的,只是慷慨。他请求你们裁决,这位了不起的叔叔是如此纯良、慷慨、思想自由,所以没有掺杂任何关于价值的条款,因为,如果你们能那样裁决,担保就毫无价值。先生们,法律本身就很好,但我觉得一点常识和简单的处理会好很多。"

在最近的支持对价的司法意见中,我可以塞尔伯恩法官(Lord Selborne)1884 年的说法为例:"盖印契据和口头约定或未盖印的书面约定之间的区别,可能看似随意,却是我们的法律规定的;法律应要求特别庄严地向无偿合同赋予具有约束力的义务,这也并非不合理或在实践上不方便。"[1]

由此可见,代表对价理论在现代建立的唯一有用性主张是其作为法律形式的推定效力,导致缔约双方需要更多的深思熟虑。一些作者认为它是被明确表达的"形式",[2] 但另一些作者认为它是与形式不同的、形式之外的东西。[3] 形式之外的唯一对象是价值的充分性,但我们已经看到,这不是理论的必要部分。从我们对权威意见的回顾中,得到的结论不可抗拒:这是形式问题,而不是其他问题,除了罗马法的规定或苏格兰法律关

---

[1]　*Fookes* v. *Beer*, 9 App Ca. at 613.

[2]　E. g Holmes, Com. Law, 273.

[3]　E. g Anson, Cont. 36.

于某些合同必须通过书面证明的规定之外，没有其他理由。

三 对价理论的目的达到了吗？

我们看到，对价理论现在的目的就是确保合同订立过程中有更周全的考虑，除此之外，作为一种规则，对它没有更高的要求。从达成同意前的深思熟虑这个意义上说，周全考虑当然与同意本身的单纯证据完全不同。致使合同签订的精神状态可能是在没有任何特别关注的情况下达到的，因此可以理解，除书面形式或证人等通常的同意证据外，还应进行一些检验。如果对于对价理论的这个要求有效，似乎没有理由不将其适用于盖印契据以及简单合同，因为众所周知，后者有很多是证人见证下的书面合同，订立的方式跟任何契据一样庄重又正式，却因缺乏对价而遭拒绝。

但是，技术意义上对价的存在真的有助于更周全的考虑吗？对价理论赖以发展的无数判决的情形似乎给出了一个相反的答案。在很多（如果不是大多数的话）被判缺少对价的案例中，合同在订立之前已经得到了仔细的考虑，其中有一些还因为担忧而用书面形式写成，双方在证人面前签了字。在适用这个理论的过程中，法官们频频表示遗憾，认为这个法律对双方的审慎意图没有任何影响。的确，我们很少发现这样一种情况，在这种情况下，对价作为一种形式，可以在价值的充分性之外促使合同的订立更加谨慎，或者减轻了不公正的讨价还价的不平等性。

我们看一下理论适用的方式就不会感到惊讶了。我们已经看到，波洛克将对价理论的功能作为一种独特的美德，提出将它普遍适用到所有的非正式合同中。但是如果这种功能存在的话，也只能适用于一个理论上的法律体系，而不是建立在判例之上。不能说对价在过去已经扩展适用到了"所有非正式的合同中，不分其性质或主题为何"，它的历史也不会指向未来如此适用的可能性。对道德义务和公平动机的排除、对过去的对价和价值充分性的拒绝，再加上其他的异常特征，已经给司法意义上的公正带来严重的压力，并导致了一系列细微的区分和菲茨杰拉德法官（Lord Fitzergerald）在 Foakes 案中抱怨的不同结果。① 例外和限制和对价理论本身一样都根植于英格兰法律，因此恐怕波洛克的"一套复杂的规则"正因其复杂而失去了影响力。

事实上，虽然英格兰的法官们和教科书的作者们在需要说明对价理论的严格定义时不得不用言语或按特征将其描述为确保周全考虑的一种形式，但仍存在一种基本概念，通过它的手段，合同双方可以受到保护，免受不谨慎的交易的伤害，换言之，当合同双方没能做出一个公正的交易时，法律会为他们做出一个。这个规制思想不是指"对价"起初的持续仔细考虑的意思，而是其偿付或一事对一事、一物对一物（quid pro quo）的衍生意义。如果停止对充分性的认识，坚持完全是名义上的、虚幻的对价，随着这样的实践发展，一事对一事、一物对一物的理论无法维持。但我们发现很多司法的或其他的推理仍在充分性之上进行，而不是在现已普遍提出的理论基础之上进行。我们知道，沃尔顿（Wharton）说"公平"和"互惠"是对价的原因，没有意识到事实上这些东西作为检验标准早就被抛弃了。法庭上也并非如此。在 Hulse② 一案中，当波洛克的判决正受到上诉，法庭承认侄儿对叔叔的侍奉无可怀疑是赠与的动机，但是认为它已经过去了，不能构成合法的对价。克莱斯韦尔（Cresswell J.）却插话说叔叔对侄儿的善意可能"使他为非常微不足道的服务付出非常大的金额"。这样的形式便于给法律的弓拉上两条弦，当各个条件证明对价作为促使审慎的形式毫无价值的时候，确保公平的一个替代方案就或明或暗地表达出来了。

显然，如果一定程度的价值充分性不是对价的必要部分，那它的存在与否不会影响我们对理论本身的价值的判断。有个有趣的点值得注意，英格兰法学家们认为不需要在对价问题上考虑充分性的理由，正是斯特尔和厄斯金给出的不需要对价本身的理由。奥尔德森（Alderson B.）这样说："在 Hitchcock v. Coker③ 一案前流行这一个观念，认为对价必须与约束力相

---

① 9 App. Ca. 605.

② （1856）17 C. B. 711.

③ （1837）6 Ad. & E. 438.

适应，也就是说，事实上，是法律在完成讨价还价，而不是留给当事人去完成。"① 此外，如果我们将英格兰法学家写成的下列文字适用到对价上而不是充分性上，它就可以是对苏格兰法律作出的正确评论："严重的不足（不充分性）会是欺诈的指标，可以提供欺诈存在的证据，而欺诈是所有抵抗合同执行的原因。但如果不存在作出承诺的一方被欺诈或欺骗的迹象，法庭不会在单纯的充分性不足的基础上判决承诺无效，因为这样做显然是一种独裁，干涉了有权在自己的劳力和努力的基础上确定他们自己的价值的当事双方所做的交易，如果在交易是否足够审慎做出这个问题上，每个交易都要受到法律审查，那当事人行使这个权利就受到了阻碍。"②

仅仅因为某种材料性的细微琐事没有以对价的名义给出，就否定或许是基于强大的道德基础、毫无疑问可以证明其公平性的协议的效力，与英格兰和苏格兰法律在其他方面的严格程度出奇地不一致。塞尔伯恩法官在苏格兰的一个上诉案例中说："我认为，英格兰和苏格兰都有明确的法律，当两个人在一起协商确定一份合同的条款，他们有自由订立他们自己认为合适的条款，其前提当然是他们的约定不违反公共法律。我也认为没有任何法庭可以判决这样的合同不合理，因为那样做意味着让法庭而不是当事人双方自己来判断什么是合理的做法。对于那些缺乏这样的材料（materials）的当事人，他们本来可以根据这些材料来决定做出什么样的同意，以符合双方的共同利益，对他们来说，这也许是一个不切实际的合同。"③ 在同一个案例里，切姆斯福德法官（Lord Chelmsford）也一样强调，他提到塞尔伯恩法官在最高法院的观点，他说，"对要求禁令的人说，你软弱愚蠢地签订了一项协议，根据该协议，你已给予另一个人在不负责任的情况下损害你的自由，这是什么？我们会干预这事，保护你不承受这项愚蠢行为的后果，方式是阻止你在协议中同意另一方有权做的事情发生。这就是至少要判定既有合同的规定无效，或者订立一份新的合同"。④

---

① *Pilkington* v. *Soott* (1846), 15 M. & W. 657.

② Smith's Lect on Cont., 7th ed. 166.

③ *Buchanan* v. *Andrew* (1873), 11 Macp. H. L. 13; 2 L. R. Scotch App. 286.

④ 11 Macp. H. L. at p. 23.

　　这些原则一贯依据我们苏格兰的一条规则适用，"人们应该坚守对自己的协议的信念"，但我们可不可以说在英格兰，只要对价理论寻求"保护粗心大意的人们不承受不切实际的承诺的后果"，① 这条规则也是一贯适用的呢？可以说，如果对价理论的执行仅限于承诺做出之前的谈判中，而同意一旦作出，当事人就不再受到保护，那么一贯性（consistency）是可以得到保证的。但是，如果我们放弃一贯性，则只会缓解更紧迫的问题，即在实际适用中，对价是不是确保最终结果的合适工具。就没有其他办法可以更好地服务于这个声称的目标吗？

　　在苏格兰，我们习惯于理解，重要交易中的书面要求可以同时满足两个目的：防止过分匆忙；证明目的是最终的、不可撤销的。在英格兰，书面形式在很多案例中也是至关重要的，推测其目的也是一样。然而我们已经发现，布莱克顿（Bracton）（circa 1259）并不知道"对价"，我们在他的著作中发现一些出色的书面参考，其虽然显示在对待义务这个问题上，布莱克顿大体复制了优士丁尼法学阶梯（Institutes of Justinian），但他在这个点上与罗马模式发生了分歧，跟苏格兰长期以来在做的一样清楚。以下片段我采用特拉维斯·特维斯爵士（Sir Traveis Twiss）的翻译："看起来规定和义务应该以书面形式制定，因为如果在文件上写明某人已做承诺，就认为其效果如同在写下来之前经过审问而得到了一个答案。但一个人因书面规定而负有的义务，就像他写下他欠另一个人钱，不管他之前有没有收到过钱，他都因书面的规定而受到约束，他也不能抗议说钱并没有在合同写下的时候给过他，因为他已经写了他欠这笔钱，一个人不仅要对说过的话负责，也要对写下的文字负责，并不是文字本身或文字里的数字约束了他，而是文字所表达的有意义的语言、有意义的语言和文字一起共同作用，阐明了义务。"② 这里，布莱克顿给予了书面形式在罗马作为同意的证明的全部效果，此外也将一个特别的优点归因于书面形式本身，即陈述特意讨价还价之后的条款。可以观察到，以书面形式作为其形式的一部分

---

①　Addison, Cont., 8ᵗʰ ed. p. 2.

②　2 Rolls ed. 117 – 119.

的盖章契据，没有任何问题引发争论。这是保留给"Fleta"（circa 1292）的作者的，他提出盖印是必不可少的。①

目前来说，书面形式的保障是两国的共同点，只有当我们的英格兰朋友能够指出英格兰有比我们苏格兰更大比例的仔细谨慎的合同时，对价理论才是合理的。我认为几乎不能断言有这样的不同比例的存在。

英格兰的对价目前在某种程度上篡夺了书面形式的功能，但另一方面，成文法在一些法律分支中特别重视书面形式。可能正是这一事实，诺丁汉法官（Lord Nottingham）在谈到欺诈法时说："每一行文字都值得奖助（subsidy）。"

在陈述书面形式作为一种法律形式的一些优点时，我也必须谨防这样的推论，即英格兰在欺诈法下的规则应该扩展到苏格兰。关于这件事，1855年商法委员会的报告值得关注。委员们建议，关于销售，英格兰关于书面形式要求的法律应该与苏格兰的法律相似。他们认为"货物买卖合同的任何一方都不该仅仅因为买卖之时或之后没有伴随着书面合同或其他仪式而有权撤销。出于明显的原因，买卖这样的重要事情不应该被不必要的庄重感所阻碍，只要能被任何类型的合法证据充分证实，这样的交易就是有约束力的"。②

我们调查的结果显示，英格兰的对价理论未能实现它的主要目的。然而反对意见并未就此结束。仅仅未能完成预期的目标，可以说是对这个问题的消极看法，同时也可以敦促以下积极的反对意见。

（1）名称误解，让人觉得有价值的概念存在，而实际上未必存在。布莱克斯通使用的"好的对价"概念，被英格兰法律普遍采用，更加导致了误解的加深。它指的是建立在感情或感激基础上的对价，在法律眼中根本就不是对价。一个"好的"和一个"有价值的"对价之间的区别，需要由特别的定义来补充，应从语句的普通含义去理解。

（2）它会带来虚假的对价，经常构成规避对价理论的借口，比如一只

---

① Fleta, u. 60 25.
② Report, p. 6.

鹰、一顶海狸帽、一页纸、一根密封蜡、一颗胡椒籽的虚假对价。"一匹马、一只银杯子、一个金戒指或者任何其他类似的东西，都是够好的，虽然一匹马或其他这些东西的价值还不到金额的二十分之一。"① 一个官员单单出席就足够了，"辛苦一趟跑到市长面前就是非常好的对价"；② 对一笔债务的证明就是承诺支付的对价，"因为原告提供证据是一件麻烦事"；③ 承诺交出一份含有无效的担保义务的文件，也是货到付款的反承诺的对价。④ 一些对价因此近乎荒唐，因此"考虑到你将证明我打了你儿子，我会付给你这么多"，⑤ 或者"考虑到你证明我在某个教堂的高台上打你，我会付你 20 英镑"。⑥ 在 1705 年发生的一个案例中，原告声称，按已付的 2 英镑 6 先令和协议执行之日将付的 4 英镑 17 先令 6 便士作为对价，被告承诺在 3 月 29 日星期天给原告 2 穗黑麦，下个星期天再给 4 穗，之后一个星期天给 8 穗，再之后一个星期天给 16 穗，再后一个星期天给 32 穗，就这样给一年，每个星期天交货的数量都是上个星期天的 2 倍。根据计算发现，假如合同已经执行完毕，交货的黑麦总量将是 524288000 夸脱，因此按萨尔凯尔德（Salkeld）的话来说，"全世界的黑麦都没这么多"。但是法庭说，虽然这个合同很愚蠢，在法律上却是成立的，被告应该为他的愚蠢付出点代价。原告还是败诉了。⑦ 光谈论这样的所谓对价不足以促进达成协议的"公平性"，只能是误导和伤害。即使是在公平的交易中，不得不诉诸虚构的理由也是有损法律尊严的，而在法律上被否定的真正的对价，在道德上也会有无限的优越性。转让或承诺转让财产的真正动机，即有时所称的"有效原因"，可能是感激或履行道德义务，但为了使转让或承诺有效，有必要在其他严重不足的物质对价上加上五先令作为理由。在存款和运输合同方面，似乎达到了人为的极端。因此，放弃对货物的占

---

① Coke upon Littleton, sec. 344.
② *Knight v. Rushworth*（1596）1 Cro. 479.
③ Traver（1661），1 Sid 57.
④ Sir George Tukes' case（1702），7 Mod. 12 – *Haigh v. Brooks*（1839），10 Ad. & E. 309.
⑤ Grinden（1618），quoted in Traver ubs sup.
⑥ Anon（circa 1621），Palm. 160.
⑦ *Thornborow v. Whitceacre*, 2 Ld. Raym, 1164. 原告的主张主要以不可能为由遭到拒绝。假如欺诈行为成立，结果会是一样的。

有，将货物交给另一方，被认为是后者谨慎管理的充分对价。①

（3）它的适用不一致。这点前面已经说明了，但我可以再增加以下案例。寡妇承诺清偿在婚姻存续期间所负的债务，因无对价而无效，② 但已解除债务的破产人承诺清偿被扣押的债务，是有效的。③ 叔叔把放在桌上的袋子里的一笔钱作为送给侄子的礼物，就凭"把它带回你家"这句话，虽然没有对价，还是判定有效；④ 而叔叔费心写一张期票，正式交给侄子，以长期忠实的志愿服务作为对价，那张期票却一文不值。⑤

（4）与日常生活中的常规做法不符。从严格的理论上讲，每一个在收钱时给客户打折扣的商人都是没有对价的，之后可以起诉对方要求支付扣减的金额。无论减价的动机是善意还是谨慎，结果都是一样的。"所有的生意人，无论是富商还是小商贩，每天都意识到并采取行动，理由是迅速收取他们的一部分钱款可能比坚持他们的权利、要求对方全额支付更有利于他们。"⑥ 法律应该与人们的习惯和良知有一定的关系，因此，在市场上被一致忽视的一种理论，不应当在法庭上得到执行。

（5）围绕着这一理论发展起来的规则和区别，需要训练有素的法学家付出极致的能量来进行公正的辨别。一个非专业人士可能更容易理解和欣赏萨维尼（Savigny）对协议和义务的分析，而很难去遵循英格兰发展起来的曲折迂回的对价。普通公民的常识推理，一种是建立在人性基础上的共鸣；另一种是一套任性和不合理的武断规则。"讨价还价就是讨价还价"表达了我们苏格兰法律权威执行的自然公正的原则，这样的表达并不会令人不快。但在英格兰，许多讨价还价在道德上公正合理，也是小心翼翼达成的，而且有充分的证据，却都因为纯粹技术性的理由而遭否定。

作为我们探究的结果，我觉得我可以相当公正地说，英格兰的对价理论没有达到其期望的目的，反而带来了误解和迷惑，并且频繁导致不公

---

① *Coggs* v. *Bernar*（1703），2 Ld. Raym 920, *Hart* v. *Miles*（1858），4 C. B., N. S. 731.

② *Mayer* v. *Haworth*（1838），8 A. & E. 467.

③ *Brix* v. *Braham*（1823），1 Bing 281.

④ Flower's case（circa 1598），Noys. Repts. 67.

⑤ *Hulse* v. *Hulse*（1856）17 Q. B. 711.

⑥ Lord Blackburn, 9 App. Ca. at p. 622.

正。我并没有忘记苏格兰在商法上得到来自英格兰的巨大帮助，以及在英格兰著名法官的精心照料下培养起来的制度的巨大价值。我还对两国更接近同化各自法律特别是商业问题上的法律的重要性印象深刻。最近的立法使我们在一些小问题上获得了英格兰法律的优势，而且英格兰法律还有其他许多我们乐于采用的特点。但是，苏格兰法律有一些原则，例如单独的合伙人格，我们不愿意放弃；另一方面，英格兰法律的一些发展产物，例如"对价"、"选举"理论和"单方面警告"规则，我为这些规则被引入苏格兰而感到遗憾。

作为非法协议的算法[*]

〔以色列〕米加·S. 多尔[**] 著　王延川[***] 译

内容提要：作为一种结构性决策程序，算法具有的独特优势可以帮助企业之间进行更为高效的价格协调，以获得超竞争收益。数字经济中企业开始普遍使用算法达成共谋，这些合谋并不存在明确的协议，这给反垄断执法带来挑战。目前通过算法消费者来解决算法共谋问题这种市场方案存在一定的局限。为了有效地处理以算法促进协调这个问题，必须扩大法律的解释范围。通过将算法视为反垄断协议的附加因素或者促进做法，让法律在一定范围内涵摄这些算法实践，是未来需要研究的课题。

关键词：算法　价格协调　共谋协议　意识并行　附加因素　促进做法

---

[*] 原文发表于 34《伯克利技术法律杂志》(2018)。本文系国家重大社科基金项目"数字社会的法律治理体系与立法变革研究"（项目号：20&ZD177）的阶段性成果。

[**] 〔以色列〕米加·S. 多尔，以色列海法大学法律系教授，兼任"法律与市场论坛"主管，国际竞争法学者协会（"ASCOLA"）主席。非常感谢 Ariel Ezrachi、Joe Harrington、Steve Tadelis 和 Bill Page，以及法律评论的编辑，他们对以前的草稿提出了很好的评论，感谢 Bill Kovacic、Nicolas Petit 和 Moshe Tenenholtz 发人深省的讨论。笔者还受益于经济合作与发展组织算法与合谋讨论小组、牛津数字市场会议、英国竞争与市场管理局杰出演讲者系列、新西兰商务委员会双年度会议，以及哈佛大学、纽约大学和哥伦比亚大学讨论会的参会者，他们对先前的草稿做了许多有益的讨论和评论。Ido Shapira 和 Ilana Atron 提供了出色的研究帮助。该研究得到了网络法律和政策中心的支持。任何错误或遗漏仍然归于笔者。这篇论文部分是笔者在担任哥伦比亚大学访问教授时撰写而成。笔者感谢大学热情好客和充满活力的氛围。

[***] 王延川，西北工业大学马克思主义学院教授。

目 录

"我们不会容忍反竞争行为，无论它发生在密室里还是在使用复杂价格算法的网络上……消费者有权在网上以及在实体企业中获得自由和公平的市场。"[1]

引 言

尽管数字市场的透明度、连接性和搜索能力均有所提高，但数字革命并没有产生让许多消费者预期的交易价格。原因何在？一些研究人员认

---

[1] Assistant Attorney General Bill Baer, DOJ Antitrust Division（April 6，2015），https：//www. justice. gov/opa/pr/former－e－commerce－executive－charged－price－fixing－antitrust－divisions－first－online－marketplace.

为，其中一个因素可能是供应商用来确定贸易条款的算法之间的协调。[1]
协调促进算法已经现成可用，而且这种协调可能在不久的将来会变得更加
普遍。这并不奇怪。如果算法提供了一种合法的方法来克服利润促进协调
的障碍，并在市场上创建一个共同盈利的现状，那么供应商使用它们就不
足为奇了。由于这些发展，寻求算法驱动协调更高价格的解决方案——监
管和市场驱动——是及时和必要的。虽然目前的研究主要集中在因算法促
进协调所引起的问题上，但本文将采取进一步行动，探索在多大程度上，
当前法律可以有效地对这种现象进行处理。

在数字市场中使用算法会带来许多好处。算法使消费者能够在线有效
地比较产品和供应，使他们能够享受价格更低的商品或找到更符合他们偏
好的产品。[2] 供应商能够快速和高效地分析大量数据，更好地回应消费者
需求，更好地分配生产和销售资源，节省人力资源。[3] 为了达到这些效果，
算法承担了大量的任务，包括收集、排序、组织和分析数据，基于这些数
据做出决策，甚至执行这些决策。

目前，这些优势中的部分受到了潜在竞争者之间算法促进协调的威胁。[4]

---

① See infra discussion in Chapter I. （IIB 作为协调促进者的算法）
② See, e. g., Michal S. Gal & Niva Elkin – Koren, "Algorithmic Consumers", 30 (2) *Harv. J. L. & Tech.* 309, 318 (2017).
③ See, e. g., "Anthony Sills, ROSS and Watson Tackle the Law", IBM Watson Blog (Jan. 14, 2016), https://www. ibm. com/blogs/watson/2016/01/ross – and – watson – tackle – the – law （虚拟律师从事法律研究）; Amir Khandani et al., Consumer Credit – Risk Models Via Machine – Learning Algorithms, 34 J. of Banking & Finance 2767 (2010) （算法被用于决定信用风险）.
④ Ariel Ezrachi & Maurice Stucke, Virtual Competition (2016); Salil K. Mehra, "Antitrust and the Robo – Seller: Competition in the Time of Algorithms", 100 *Minn. L. Rev.* 1323 (2016); Bruno Salcedo, "Pricing Algorithms and Tacit Collusion 3" (Nov. 1, 2015), brunosalcedo. com/docs/collusion. pdf. "当企业通过短期固定但随着时间推移可以修改的算法进行竞争时，共谋不只是可能，而是不可避免。"（他的研究结论是在考虑到特定市场条件如算法修改更频繁的需求冲击下得出的）; OECD, "Algorithms and Collusion: Competition Policy in the Digital Age (2017)". 有关更为谨慎的观点，see, e. g., Ulrich Schwalbe, "Algorithms, Machine Learning, and Tacit Collusion 16" (Apr. 5, 2018) (on file with author) （"算法的协调行为是可能的结果，但是，它不会像被设想的那样来得那么快速、容易甚至不可避免"）; Ashwin Ittoo and Nicolas Petit, "Algorithmic Pricing Agents and Tacit Collusion: A Technological Perspective" (Oct. 12, 2017), https://papers. ssrn. – com/sol3/papers. cfm? abstract_ id = 3046405. 协调不总是会降低福利。

一些研究人员认为，算法使供应商之间的协调比以往任何时候都更容易和快速。数字市场中更高水平的互联和透明度，再加上更多获得的数据和更高水平的分析，使得实现共同利润最大化均衡变得更加容易。检测和响应偏离协调均衡的高速和便易降低了打破常规的动机。沃顿商学院（Wharton Business School）商业经济学和公共政策教授约瑟夫·哈林顿（Joseph Harrington）认为，基于算法代理的发展，"［协调］的出现……如果目前还没有出现，在实际的市场环境中这种情况在不久的将来似乎极有可能"。① 牛津大学和田纳西大学的法学教授阿里尔·埃兹拉奇（Ariel Ezrachi）和莫里斯·斯图克（Maurice Stucke）在他们关于虚拟竞争的开创性工作中分别表示，这种影响是如此强烈，标志着我们所知的竞争的终结。②

　　如果算法事实上促进了市场协调，而不只是倾向于协调，市场参与者和监管者需要探索工具（如果有的话），用来减少算法促进协调对消费者和社会福利的负面福利效应。③ 虽然以前的研究（部分地）提出了市场解决方案，④ 本文则着重于法律救济措施。特别是，本文探讨了当我们感兴趣的活动发生在暗中时，通过适用旨在规范人为促进市场协调的法律，我们是否将自己仅仅限定在众所周知的灯柱下去寻找。如果是这样，我们为何不使用更强大的灯泡（即通过解释扩大现有法律的范围）来解决这个问题？或者我们需要共同创造一个新的光源（即新的法律）？事实上，算法在挑战目前反托拉斯法所依据的假设。举例来说，与人类不同，甚至在其他算法实施任何行动之前，算法也能"读懂（它们的）想法"，从而改变

---

① Joseph E. Harrington Jr., "Developing Competition Law for Collusion by Autonomous Price – Setting Agents 6" (Aug. 22, 2017), https://papers. ssrn. com/sol3/papers. cfm? abstract_ id = 3037818.

② Ezrachi & Stucke, supra note 5. See also "European Union Committee on Online Platforms and the Digital Single Market", 10th Report of Session 2015 – 16, paras. 178 – 179, https://www. publication – s. parliament. uk/pa/ld201516/ldselect/ldeucom/129/12908. htm), 潜在的新形式共谋的出现已经得到欧盟在线平台和数字单一市场委员会（European Union Committee on Online Platforms and the Digital Single Market）的承认。

③ For a short exposition, see Michal S. Gal, "Algorithmic – Facilitated Co – ordination: Market and Legal Solutions", *Competition Policy International* (2017).

④ See Gal & Elkin – Koren, supra note 3.

对协调或惩罚偏差的明确承诺的需求。[①] 这个新的现实要求我们重新思考位于我们法律基础上的概念，比如合意、意图、同意和传达，并且可能要求我们创建一个适应算法世界的新分类法。本文分析恰逢其时：世界各地的竞争主管部门开始深入探讨这些问题，基于机器学习的快速进步，算法促进协调的合法性可能成为一个主要问题。

为了应对这一挑战，本文分三个相互关联的阶段进行（第Ⅰ－Ⅲ部分）。第二部分分析了有关竞争者协调他们行为能力的算法的效果。尽管这一问题已经被其他研究人员讨论过，[②] 本文的这一部分试图通过系统绘制可能影响其运行的数字生态系统协调算法的技术能力来促进分析。第三部分探讨了市场解决方案的承诺和局限。特别是，本部分通过消费者考虑算法使用，以及通过供应商考虑抵消算法促进协调的某些影响的隔离（off－the－grid）交易。这种市场解决方案的缺陷导致了第四部分，该部分着重于能够有效地处理算法促进协调的现有法律工具，同时不会损害它们带来的效率。此外，本文还探讨了处于设计社会福利促进政策基础上的三个相互关联的问题：我们到底希望禁止什么，我们能为市场参与者清楚地阐明这一点吗？根据现有的反托拉斯法，哪些类型的行为会被涵摄（captured），从而将协调促进算法视为非法协议？由于市场的变化性质，是否有理由扩大超越当前禁令的监管网络？该分析驳斥了联邦贸易委员会当值主席的说法，即现行法律足以处理算法促进的协调。[③]

Ⅰ 作为协调促进工具的算法

竞争者之间的协调通常会降低福利：它以牺牲价格和选择为代价降低

---

① See discussion below（关于冯·诺依曼）.

② 最值得注意的埃兹拉奇和斯图克，supra note 5.

③ Maureen K. Ohlhausen, "Should We Fear the Things That Go Beep in the Night? Some Initial Thoughts on the Intersection of Antitrust Law and Algorithmic Pricing", FTC（May 23, 2017）, https://www.ftc.gov/public－statements/2017/05/should－we－fear－things－go－beep－night－some－initial－thoughts－intersection（"从反托拉斯法的角度而言，算法使用的扩张引发了完全处于现行法规范围内相似的问题"）.

竞争压力。① 因此，市场上越来越多的算法使用要求我们确定算法是否以及在何种程度上会促进协调。为了回答这个问题，我首先探讨了协调发生的条件，然后分析了算法影响这些条件的方式。正如将要讨论的那样，虽然算法不能促进所有市场环境中的协调，但它们可以在市场的一个子集中进行协调，因为它们的特性使子集中的竞争者能够克服现有的协调障碍。

A. 协调的经济分析

竞争者可能有动机去协调自己的行为，而非相互竞争。诺贝尔经济学奖获得者乔治·斯蒂格勒（George Stigler）指出，这种协调发生必须存在三个累积条件。②

1. 在什么样的贸易条件（如价格、数量或质量）下达成谅解（或协议）会对协议各方有利。这意味着，双方都要重新解决有关"正确"贸易条款的所有分歧，即和他们不协调的情况相比较，所有各方均认为上述贸易条款有利，并向所有各方传达最终决定。

2. 超竞争均衡偏差检测。当企业有更强烈的作弊动机时，检测到的偏差越慢、越不完全，协调就越弱。此外，如果市场条件不利于披露偏差，寻求发现偏差的企业将承担大量成本。这会降低协调的整体吸引力。

3. 创建一个可信的报复威胁，以阻止偏差。

经济理论进一步认识到协调发生必须存在的第四个条件③：协调方运行所在市场的高准入壁垒。由于低准入壁垒，新的竞争者很容易进入和席卷市场，从而降低了最初设定超竞争贸易条款的动机。④

经济学和法学对斯蒂格勒的第一个条件即何谓协议达成条件的解释不同。按照经济学的说法，达成协议同时涵摄明确协议和意识并行（con-

---

① See, e. g. , Phillip E. Areeda & Herbert Hovenkamp, "Antitrust Law: An Analysis of Antitrust Principles and Their Application (1980)", vol. XI（暗示在需要协调以提高竞争或效率时存在例外情况）.

② George J. Stigler, "Theory of Oligopoly", 72 *J. Political Econ.* 44 – 46 (1964).

③ See generally Robert C. Marshall & Leslie M. Marx, The Economics of Collusion (2012); Edward J. Green et al. , Tacit Collusion in Oligopoly, in 2 Oxford Handbook of International An – Titrust Economics 464 (Roger D. Blair & D. Daniel Sokol eds. , 2015).

④ Id.

scious parallelism)。① 前者指的是双方在以协调方式采取行动之前交换相互保证的情况。② 后者有时被称为寡占协调或默示共谋，发生在企业独自制定它们的贸易条款，同时考虑到竞争者对其行为可能的反应情况下。③ 在经济学模型中，特别是博弈论模型中，达成协议的方法并不重要。④

然而，正如下文所述，反托拉斯法在很大程度上是基于这两种情况之间的区别。只有前者构成法律意义上的"协议"，因此可能是非法的；意识并行情况则不是。⑤

涉及市场参与者之间协调的经济学文献主要集中在必须为了满足施蒂格勒条件而存在的市场环境。如前所述，即使是高度集中的市场——只有少数市场参与者经营——也可能产生不确定的市场均衡，其范围从超竞争条件（其中向消费者提供的贸易条款远不如竞争条件下的贸易条款有利）到竞争条件。⑥ 然而，现在普遍认为，一些市场条件和行为类型可以使超竞争贸易条款更有可能出现，尤其是在重复的市场博弈中。⑦

经济学文献确定了影响施蒂格勒条件的五大类变量：（1）市场结构变量（如市场集中、准入壁垒）；（2）产品变量（如产品和成本同质性、产品多样性）；（3）销售变量（如秘密）；（4）需求变量（如需求波动，在估计新产品需求方面的困难）；以及（5）在市场上经营的企业的"个性"（如倾向于独断专行）。⑧ 随着时间的推移，市场中的相关因素可能会有所变化，一些因素，如企业家对参与非法活动的态度，本质上是可变的。此外，在促进协调的能力方面，没有一个因素是决定性的。相反，它们都反

---

① See, e. g. , William Page, "Tacit Agreement Under Section 1 of the Sherman Act", 81 *Antitrust L. J.* 593, 619, n. 124（2017）（也指出这些条款没有在案例法或学者著述中被一贯应用）. 意识并行是指企业并未聚集在一起制定固定价格协议，但存在一致做出相同价格的行为，此与隐性共谋具有相似性。——译者注

② Id.

③ Id.

④ Louis Kaplow, Competition Policy and Price Fixing 8（2013）.

⑤ Page, supra note 17.

⑥ Jean Tirole, The Theory of Industrial Organization（1988）.

⑦ See, e. g. , Gregory J. Werden, "Economic Evidence on the Existence of Collusion: Reconciling Antitrust Law with Oligopoly Theory", 71 *Antitrust L. J.* 719（2004）.

⑧ See, e. g. , Tirole, supra note 22.

映了随机偏差的一般趋势。实际上，市场条件的结合将决定协调的可能性。接下来，我将讨论一些促进协调的主要因素。①

一个集中的市场结构是一个非常有利于协调的条件，在这种市场结构中，少数竞争者受到高准入壁垒的保护。这是因为，如果涉及的企业数量较少，那么达成限制竞争协议就更容易，成本也更低。② 由于被检查偏差行为的企业数量较少，因此对欺骗的检测也更容易。此外，"大量的企业不仅使确定协调的'焦点'变得更加困难，而且还降低了共谋的动机，因为每个参与者将获得一个更小的超竞争收益份额，这是明示或默示共谋性安排所能够获得的"。③

事实上，企业的数量是如此重要，以至于人们在很大程度上假设只有在寡占市场中才能实现意识并行［因此，它的另一个名称是"寡占协调"（oligopolistic coordination）］。当少数企业主导市场时，就存在寡占。④ 寡占市场的主要经济特征是，每个企业的决策对市场和其他竞争者都有显著的影响。⑤ 尽管每个企业都可以独自制定策略，但任何合理的决策都必须考虑到竞争企业对此的预期反应。⑥ 因此，寡占中的企业决策可能是相互依存的，即使这些决策是独自达成的。这种相互依赖可能会预先阻止竞争行为。

交易的透明度使协调市场报价、检测偏差和决定应适用于偏差者的制裁水平变得更加容易。⑦ 此外，任何企业决策参数和决策过程中使用的输入的透明度使其他人更容易理解什么在驱动其竞争者的行为。⑧ 因此，这使得达成协议更加容易，并限制了竞争者行为的错误分类可能导致价格战

---

① See, e. g. , Marc Ivaldi, Bruno Jullien, Patrick Rey, Paul Seabright & Jean Tirole, "The Economics of Tacit Collusion, Final Report for Dg Competition", *European Commission* 11 (2003), http://ec. eu – ropa. eu/competition/mergers/studies_reports/the_economics_of_tacit_collusion_en. pdf; see generally Sigrid Stroux, US and Ec Oligopoly Control (2004).

② Id.

③ OECD, supra note 5, at 20 – 21.

④ Carl Shapiro, Theories of Oligopoly Behavior, in Handbook of Industrial Organization 329 (R. Schmalensee and R. D. Willig eds. , 1st ed. 1989).

⑤ Id.

⑥ Id.

⑦ Ivaldi et al. , supra note 25.

⑧ Id.

的情况。①

信息的获得也会影响协调：信息的噪声越大或越不完整，协调就越困难。② 沿着这些路线，需求波动使得制定稳定、互利的价格更加困难。它们还使偏差检测更加困难，而且增加了价格战的机会。③ 考虑以下事例：供应商观察到其产品的需求减少。它不能有效地区分消费者需求的自然变化与对拥有更大市场份额的竞争供应商对现状的偏离，该自然变化可能会影响市场上的所有供应商（或如果产品是异质性的话，甚至主要影响它的产品）。这两种可能性都会导致供应商降低价格，并引发价格战。如果要再次实现协调——就算真的可以——可能需要一些时间。因此，供应商之间的价格信号越不完善，协调就越不稳定。

经济研究也已经表明，供应商之间的博弈前沟通对协调非常重要。④ 事实上，寡占的实验表明，缺乏沟通、默示共谋（tacit collusion）不容易实现。⑤ 库珀（Cooper）和库恩（Kuhn）表明，一旦建立了合作策略，惩罚欺骗的明确威胁是成功建立协调的最重要因素。⑥

当市场条件对协调造成障碍时，企业可能会采取更直接的行动来促进协调（或有目的地制止特定限制协调的行动）。这些行动包括帮助企业克服一些使协调变得不可行或不足以生成垄断利润的复杂因素。⑦ 这些业务

① Id.

② Schwalbe, supra note 5, at 12.

③ Edward J. Green and Robert H. Porter, "Noncooperative Collusion under Imperfect Price Informa-tion", 52 (1) *Econometrica* 87, 94 – 95 (1984).

④ See, e. g., Josef E. Harrington, Jr., "How do Cartels Operate? 2 (1) Foundations and Trends in Microeconomics 1" (2006); Yu Awaya & Vijay Krishna, "On Communication and Collu-sion", 106 (2) *Am. Econ. Rev.* 285 (2015).

⑤ See, e. g., Jan Potters & Sigrid Suetens, "Oligopoly Experiments in the Current Millennium", 27 *J. Econ. Surveys* 439 (2013); Horstmann, Krämer, & Schnurr, Number Effects and Tacit Col-lusion in Experimental Oligopolies (2016), https://ssrn. com/abstract = 2535862. 隐性共谋是指，企业之间缺乏明确的约定，却通过一些策略而达到价格一致的效果，典型如某一个价格领导者提出一个价格，其他企业纷纷效仿。——译者注

⑥ David J. Cooper & Kai – Uwe Kühn, "Communication, Renegotiation, and the Scope for Collu-sion", 6 (2) *Am. Econ. J. : Microeconomics* 78 (2014).

⑦ See George A. Hay (1984), "Facilitating Practices: The Ethyl Case", in *The Antitrust Revolu-tion* 189 (Kwoka & White eds., 3rd ed. 1999).

的范围很广，从标准化产品或通知竞争者即将发生的价格变化，到用信号告知人们将如何应对市场变化。① 它们可以通过协议或单方面被采用。② 因此，市场的自然条件以及市场参与者采取的行动都会影响到满足斯蒂格勒协调三个条件的能力。

B. 算法如何促进协调

算法能影响市场均衡并促进协调吗？为了回答这个问题，我们需要探索算法如何影响上面探讨的协调条件。

解决这个问题需要我们结合计算机科学和经济学的见解。计算机科学从技术的角度揭示了算法的工作原理，以及它们的比较优势和局限。基于算法创造的市场条件，经济学揭示了最有可能发生的市场均衡。下面，我简要地探讨两个学科的见解。我首先简要地回顾了算法的特点，然后将它们与促进协调的能力联系起来。

1. 什么是算法

算法是一种结构化的决策过程，可以自动执行计算程序，根据数据输入生成决策结果。③ 从广义上讲，我们在日常生活中都在使用（非自动）算法。例如，当我们决定穿什么时，我们使用数据输入（如天气、场合和舒适度）并对其进行权衡，以达到最符合我们偏好的结果（例如，因为我要参加正式的聚会，所以我不能穿舒适的连体衣）。编码算法也有同样的作用。它们使用预先确定的决策程序，以便根据特定的数据给出决策建议。④

算法在其使用的计算程序（如排序或结合数据、查找相关性等）和实现给定任务的效率（包括完成任务所需的时间、数据量和计算机能力）方

① See, e. g. , Steven C. Salop, "Practices that (Credibly) Facilitate Oligopoly Coordination", in *New De - Velopments in the Analysis of Market Structure* 271 (Joseph E. Stiglitz and G. Frank Mathewson eds. , 1986); William H. Page, "Facilitating Practices and Concerted Action under Section 1 of the Sherman Act", in *Antitrust Law And Economics* (2010).

② See Salop, supra note 40.

③ See, e. g. , Thomas H. Cormen, Charles E. Leiserson, Ronald L. Rivest & Clifford Stein, Introduction to Algorithms 5 (3rd ed. 2009).

④ Id. at 192 - 93, 843 - 49.

面存在显著差异。① 对我们的分析重要的是算法可以在不同的抽象层次上运行。在最低层次，所有参数都由开发人员预先决定［"专家算法"（expert algorithms）］。② 这种相关特性的预先选择使算法能够运行更快，同时也可减少所需的数据量。③ 然而，这种预先选择在某种意义上来说是严格的。如果数据中的相关性随着时间而变化，算法决策反映不出这一点。因此，算法可以依照输入其中的数据和它们编码执行的决策技术［"学习算法"（learning algorithms）］来设置或优化自己的决策参数。④ 学习算法使用机器学习，这是一种人工智能，不需要预先定义相关性，就可以让计算机有能力从它们获得的数据中学习。⑤ 因此，学习算法不须严格遵循静态程序指令，而是通过学习数据输入来构建决策过程。机器学习应用于一系列计算任务中，在这些任务中设计和编程具有良好性能的显式算法很困难或不可行（常见的例子包括垃圾邮件过滤和光学字符识别）。⑥ 虽然机器学习可以识别数据输入之间的相关性，但其因果关系通常不能被解释。⑦ 其中一些算法结合了专家算法和学习算法的功能。⑧

在当今世界，算法以大数据、快速数字连接和不断增加的计算和存储能力为特点，这可以在决策中产生显著的优势。它们具有的最基本优势是

---

① Id. at 5 - 6.

② OECD, Algorithms and Collusion: Competition Policy in the Digital Age 11 - 12 (2017) www. oecd. org/competition/algorithms - collusion - competition - policy - in - the - digital - age. htm.

③ See Yann LeCun, Yoshua Bengio & Geoffrey Hinton (2015), "Deep Learning," 521 Nature 436, https://www. cs. toronto. edu/ ~ hinton/absps/NatureDeepReview. pdf.

④ See, e. g. , OECD, Algorithms and Collusion: Competition Policy in the Digital Age 9 - 11 (2017) www. oecd. org/competition/algorithms - collusion - competition - policy - in - the - digital - age. htm. 关于机器学习已经适用于算法的实例，see Ariel Ezrachi & Maurice E. Stucke, Artificial Intelligence & Collusion: When Computers Inhibit Competition, 2017 U. Ill. L. Rev. 1775 (2017).

⑤ See generally Tom Mitchell, Machine Learning (1997). 例如，其他种类的人工智能包括专家系统，其使用专家知识数据库，为证券交易所交易的"医疗诊断"领域的决策提供建议。

⑥ OECD, supra note 5, at 11 - 13.

⑦ 一些先进的算法也能够发现因果关系。See, e. g. , Rainer Opgen - Rhein and Korbinian Strimmer, From correlation to causation networks: a simple approximate learning algorithm and its application to high - dimensional plant gene expression data, Bmc Systems Biology 1: 37 (2007).

⑧ Schwalbe, supra note 5.

数据收集、组织和分析的速度，使决策和反应以指数方式加快。[①] 可获得的大量数据挑战了人类处理相关信息的认知能力，使这种能力变得更加重要。[②] 给定任意数量的决策参数和数据源，计算机通常可以人脑无法达到的速度运用相关算法，特别是当决策涉及大量需要平衡的参数或必须分析或比较的许多数据输入时。[③] 自动接受算法建议能进一步使反应以指数级方式加快。正如革新者埃隆·马斯克（Elon Musk）所说，"一个计算机可以每秒万亿比特的速度进行通信，但你的拇指或许可以做到……如果你运用的足够充分，每秒 10 比特或 100 比特"。[④]

算法的第二个主要优势与它们分析的复杂度有关。数据科学的进步，包括数据收集和存储，已经迎来了大数据时代，这使得算法能够将许多变量结合到它们的决策中。[⑤] 这提供了一个复杂的层次，如果没有足够的时间和努力，人类的大脑是无法达到的。在一个值得注意的例子中，算法在战略游戏 Go 中击败了世界冠军。[⑥]

因此，使用算法进行快速的商业决策已经不足为奇。算法用于各种任务，包括快速回应所需条件的变化、确定生产和存储的有效级别和位置以及评估风险级别。[⑦] 对我们的分析重要的是它们也用于定价决策。[⑧] 一些

---

① See, e. g. , OECD, supra note 5, at 15; Harrington, supra note 6, at 54. 有关例子，请看通过算法的人脸识别速度：Patrick Grother, Mei Ngan, and Kayee Hanaoka, Ongoing Face Recognition Vendor Test（FRVT）（2018），https：//www. nist. gov/sites/default/files/docu - ments/2018/02/15/frvt_report_2018_02_15. pdf。

② 关于数据的重要性，see, e. g. , Avigdor Gal, "It's a Feature, not a Bug: On Learning Algo - rithms and what they teach us"（2017 年 7 月 21～23 日关于算法和共谋的经合组织圆桌会议。OECD Roundtable on Algorithms and Collusion 21 – 23 June 2017）。

③ Harrington, supra note 6.

④ Elon Musk, Comments on World Government Summit in Dubai（2017），http：//lybio. net/elon - musk - at - the - world - government - summit - 2017 - in - dubai - conversation - with - mo - hammad - algergawi/people/.

⑤ See, e. g. , Matthew Adam Bruckner, The Promise and Perils of Algorithmic Lenders' Use of Big Data, 93 CHI. - KENT L. REV. 3（2018）.

⑥ Paul Mozur, Google's AlphaGo Defeats Chinese Go Master in Win for A. I. , N. Y. TIMES（May 23, 2017），https：//www. nytimes. com/2017/05/23/business/google - deepmind - alphago - go - champion - de - feat. html.

⑦ See generally OECD, supra note 5; Rob Kitchin, Thinking critically about and researching algo - rithms, 20（1）Information, Communication & Society 14（2017）.

⑧ See, e. g. , id. , p. 16. ; Ezrachi and Stucke, supra note 5.

常见的例子包括优步（Uber）的激增定价算法（surge pricing algorithm），即被用于根据需求和供应条件设定价格，以及爱彼迎（Airbnb）用于定价差异化报价（price differentiated offers）的算法。[①] 除了创建定制算法（tailor – made algorithms），软件企业也出售现成的定价算法，这些算法能够相对容易地满足每个供应商的需求。[②] 一些例子包括 Feedvisor 的自学习算法再定价器（self – learning algorithmic repricer），其使用人工智能和大数据技术来设定价格，[③] 以及 inoptimizer，一个基于人工智能和竞争者和消费者行为数据的价格引擎。[④] 复杂的算法通常将定价视为一个强化学习问题，当它们从市场互动中学习时可以持续的方式改变决策矩阵。[⑤]

算法还可以用来学习其他商业实体如何设置其交易条件。它们可以通过直接观察和分析其他算法的代码，或者通过分析竞争者在给定市场条件下的行为而间接了解它们的决策参数来做到这一点。[⑥] 算法还可以通过确定其他企业何时偏离现状以及通过设置交易条件以阻止企业这样做来监视其他企业。[⑦]

算法实现其性能的能力取决于几个因素。第一个是作为输入而被算法使用的数据的质量和体量。最好的理论模型只有在其具有作为决策依据的必要信息的情况下才能很好地工作。[⑧] 因此，企业获取对于确定协调结果

---

① See, e. g. , Ryan Calo and Alex Rosenblat, "The Taking Economy: Uber, Information, and Power", 117 *Columbia Law Review* 1623 (2017); Kenneth A. Bamberger and Orly Lobel, Platform Market Power, 32 Berkeley Tech. Lj 1051 (2017); Shagun Jhaver, Yoni Karpfen, and Judd Antin, Algorithmic Anxiety and Coping Strategies of Airbnb Hosts, Proceedings of the 2018 Chi Conference on Human Factors in Computing Systems. Acm. , 2018.

② See, e. g. , Oxera, When Algorithms Set Prices: Winners and Losers (2017), https://www. regu – lation. org. uk/library/2017 – Oxera – When_ algorithms_ set_ prices – winners_ and_ losers. pdf.

③ Amazon Algorithmic Repricer, Feedvisor (last visited Feb. 22, 2018), https://feedvisor. com/ ama – zon – repricer/.

④ Inoptimizer: Be on the Leading Edge of Retail Analytics, Intelligence Node (last visited Feb. 22, 2018), http://www. intelligencenode. com/products – inoptimizer. php.

⑤ See generally R. S. Sutton & A. G. Barto, Reinforcement Learning – An Introduction (2017).

⑥ Salcedo, supra note 5, at 2, 8 – 10.

⑦ Ariel Ezrachi & Maurice E. Stucke, Algorithmic Collusion: Problems and Counter – Measures, OECD Roundtable on Algorithms and Collusion 4, 10 (2017).

⑧ See Chris Brummer & Yesha Yadav, Fintech and the Innovation Trilemma, G. L. J. , p. 35 (2018) Forthcoming.

所必需的数据的能力会影响它们的协调能力。数据的来源有很多，包括互联网、植入物质性商品中的传感器［"物联网"（Internet of Things）］或人类走访。① 数据也可以作为商品在市场上进行购买。② 数据越准确，分析速度越快，协调能力越强。

算法的性能也受算法执行的数据分析的质量和速度的影响。一个复杂或高效的算法可能会从低质量的数据中挖掘所需的信息。③ 计算机的计算能力及其存储和快速检索数据的能力也会影响性能。最后，算法使用的计算程序影响性能。比较两个例子来说明。第一个例子，算法只对输入价格的变化作出反应。第二个例子，算法对输入价格的变化和由竞争者设定的价格作出反应。很明显，第二种算法更有利于协调。

2. 算法能影响协调吗？

现在让我们将算法的特性与它们促进协调的能力联系起来。尽管经济学家尚未深入研究算法对协调的影响，但研究人员对于算法是否会对此产生影响已经出现分歧。尽管大多数研究人员认为，至少在某些市场条件下，算法可以让协调更为可能，但其他研究人员则更加谨慎，尤其涉及运行在复杂环境中的自主算法的设计时。④ 值得注意的是，大多数研究都没有分析对有关算法特征和它们以系统方式运行的数字世界的协调的影响。⑤ 这篇文章试图通过关注该问题来促进这场重要的辩论。

下面的分析假设了满足协调的第四个条件，即高准入壁垒的存在。在这种情况不成立的市场中，超竞争价格是不可持续的。算法本身的使用是否会提高准入壁垒？答案并不确定。尽管在某些情况下，算法的特殊性质

---

① See, e. g., Maurice Stucke and Alan Grunes, Big Data and Competition (2017); Mckinsey Global In‐Stitute, Big Data: The Next Frontier for Innovation, Competition, and Productivi‐Ty 21‐22 (2011).

② See generally e. g., Herbert Zech, Data as a Tradeable Commodity‐Implications for Contract Law, Josef Drexl (ed.), *Proceedings of the 18th Eipin Congress: The New Data Economy between Data Ownership, Privacy and Safeguarding Competition*, Edward Elgar Publishing (Forthcoming).

③ See, e. g., Brummer & Yadav, supra note 67.

④ See supra note 3. 更多有关算法协调能力的谨慎观点，see Ittoo and Petit, near footnote 104 infra。

⑤ 有关例外, For an exception see e. g., Schwalbe, supra note 5。

或其操作的独特数据集不能被复制或很容易被重建（例如谷歌的数据库），① 但算法（或被其中使用的数据）可能会产生显著的比较优势。② 无论如何，本文关注的事例是，任何来源的准入壁垒均被假设为高准入壁垒。③

笔者认为，准入壁垒较高的情况下，与没有算法的类似市场运行相比，通过使用运行在我们数字世界中的算法可能更为容易实现超竞争均衡。为了证明这一点，我探讨了算法如何影响斯蒂格勒的三个条件。

斯蒂格勒的第一个条件，通过使用算法使达成协议（用经济术语来说）变得更加容易。以下几个因素结合起来，可以降低计算共同利润最大化均衡的难度：（1）可获得的数据更多，特别是有关市场条件的实时和更准确的数据，包括竞争者和中间产品和服务供应商的数字价格报价，以及有关消费者偏好的数据；（2）数据收集和存储工具更便宜、更便捷（如云）；④（3）互联网连接技术的进步让数据移转的成本更低，速度更快；⑤以及（4）数据科学的进步导致算法具有日益强大和复杂的分析能力。⑥

事实上，算法的复杂性使其更容易解决协调带来的多维问题，譬如，在一个有差异化产品的市场里建立一个共盈价格。算法不仅可以用于执行单个行为，还可以用于确定和执行复杂的或有策略（contingent strategies）。算法的复杂性也意味着要达到协调均衡，可能需要较少的重复博弈。事实

---

① See, e. g. , Daniel L. Rubinfeld & Michal S. Gal, "Access Barriers to Big Data", 59（2）*Ariz. L. Rev.* 339, 373（2016）.

② Id, at 354.

③ 具有数字世界特征的一些条件会影响准入壁垒的高度。例如，通过互联网增加消费者和供应商之间的连接减少了对开设实体店的需求。See, e. g. , Gal & Elkin - Koren, supra note 3, p. 329. 然而，连接消费者和供应商的大型数字平台可能为平台所有者提供数据收集方面的优势，因此可能增加准入壁垒。Maurice Stucke & Alan Grunes, Big Data and Compe - Tition Law（2016）.

④ 数据的获得依赖进入大数据市场准入壁垒的高度。See generally Rubinfeld & Gal, supra note 73.

⑤ 在欧盟的一项研究中，大约一半回答调查问卷的零售商说他们跟踪在线价格，大多数也在使用有时也被称为爬虫（crawlers）的自动软件程序。Commission Staff Working Document accompanying the Final Report on the E - commerce Sector Inquiry（2017）, para. 149, http：//ec. europa. eu/competition/antitrust/sector_ inquiry_ swd_ en. pdf.

⑥ See discussion infra, immediately following.

上，由谷歌人工智能企业"深度思想"（DeepMind）对算法交互的研究发现，具有更多认知能力的算法能够维持更复杂的合作均衡。① 然而，在合作的复杂性太高或合作不合理的情况下，算法会激烈竞争。② 这意味着算法受到限制，即使这些算法的要求低于执行类似任务的人所面临的要求。基于机器学习中涉及的高风险和技术发展的速度，预计至少其中的一些技术限制会得到缓解。③

机器学习有可能在实现协调结果方面发挥重要作用。即使算法在市场开始运作之前，也可能会学习到何时以及何种协调最优。这种学习可以被监督，也可以不被监督。监督学习是一个过程，其中算法通过被外部监督的训练程序来确定决策参数，当其预测不正确时，会被训练程序纠正。④ 训练过程将会继续，直到算法达到所追求的精确水平。未被监督的学习也是一个过程，其中算法通过从输入数据（譬如过去的定价模式如何影响盈利能力）中发现的相关性推导决策规则来自主确定决策参数。⑤ 因此，给定指定的数据，机器学习可以使算法确定对市场条件的最佳反应。人工智能文献在关注社会困境而不是定价问题的同时，已经表明学习可以带来合作的结果。⑥

可以观察到的是，为了共同盈利，协调价格不必呈现为完全的利润最大化价格（即帕累托最优价格，也就是使企业利润最大化的最高价格）。为了实现这一目标，企业可能需要例如有关实际生产成本和竞争者生产能力等因素的数据。⑦ 在某些情况下，即使不完全，这些信息也可以被间接

---

① Leibo et al. , Multi – agent Reinforcement Learning in Sequential Social Dilemmas, Proceedings of the 16th International Conference on Autonomous Agents and Multiagent Systems（2017）; see generally Ittoo & Petit, supra note 5, at 10 – 13.

② Leibo et al . , Id.

③ Ittoo and Petit, id. , at 13.

④ See, e. g. , Schwalbe, supra note 5, at 8.

⑤ See, e. g. , Schwalbe, supra note 5, at 9.

⑥ See, e. g. , Banerjee & Sen, Reaching Pareto – Optimality in Prisoner's Dilemma Using Conditional Joint Action Learning, 15 Autonomous Agent Multi – Agent Systems 91（2007）; see generally Leibo et al. , supra note 79.

⑦ See, e. g. , Susan Athey and Kyle Bagwell, Collusion with Persistent Cost Shocks, Columbia University（2004）.

地观察或计算。在一个重复博弈中，企业可以相互用信号传递这些因素，或者算法可能基于一个以前在市场中被使用过的利润最大化基准。然而，即使这些信息并不完全被观察到，只要价格是可以用现有数据设定的最大化价格的最佳近似值，并且该价格大于缺乏协调下设定的价格，企业仍然会发现协调是有利可图的。因此，算法可能无法达到完全均衡这一事实并不能得出算法无法促进协调的结论。

事实上，除非开发人员以其他方式对算法进行编码，算法会做出理性的没有自我和偏见的决策，也可能通过使决策更具可预测性而降低协调性。① 然而，这一因素也可能导致另一个方向。"理性"算法可能比人类受到诸如内疚厌恶、说谎厌恶和群体认同等力量的影响要小，这些因素增强了对协议的遵守，并促进更稳定的合作。② 当然，这在很大程度上取决于市场参与者通过算法处理缺陷不同于人类处理缺陷的程度。

推动斯蒂格勒的第一条件的算法的第三个影响是，当市场条件改变时，它们缩短了达到新均衡的时间落差。算法的速度和复杂性，加上实时数据不断增加的获得和更快的连接性，使它们能够快速识别市场条件的变化，并相应地自动更改其决策参数。③ 因此，达成新协议变得更容易也更快速。

对于随后的法律分析重要的是，算法改变了达成协议所需的通信模式和动态。正如计算机科学的奠基人之一约翰·冯·诺依曼（John von Neumann）在半个多世纪前所观察到的，算法具有双重目的：作为一组指令和一份文件，可以被其他程序读取。④ 第一次使用涉及一个事实，即算法

---

① See generally Ezrachi and Stucke, supra note 47, at 1792; Jan Blockx, Antitrust in Digital Markets in the EU: Policing Price Bots, Paper for the Radboud Economic Law Conference, June 2017, S. 3, available at https://papers. ssrn. com/sol3/papers. cfm? abstract_ id = 2987705. Observe that biases can nonetheless arise from biased data which is inputted into the algorithm.

② See, e. g. , Robyn M. Dawes, Jeanne McTavish & Harriet Shaklee, Behavior, Communication, and Assumptions about other People's Behavior in a Commons Dilemma Situation, 35 (1) J. Pers. Soc. Psychol. 1 (1977); Gary Charness & Martin Dufwenberg, Promises and Partnership, 74 (6) Econometrica 1579 (2006).

③ 有关算法自动改变决策参数，see, e. g. , Schwalbe, supra note 5, at 9。

④ 冯·诺依曼有关 EDVAC 报告的草稿，转载于 *Origins of Digital Computers: Selected Papers* 383, 1 - 2 (Brian Randell ed. , 1982)。

是一种预先设定的决策机制，是一种决策的"诀窍"。① 第二次使用涉及这样一个事实，即算法可以被指示去读取其他算法，并在其他程序的内容属于特定类型时执行某些行为。② 这个简单但基本的想法突出了人类和算法协调之间的一个核心区别：当一个算法对别人来说是透明的时候，另一个算法可以"读出它的想法"，并在给定任何一组特定的输入时准确地预测它未来的所有行为，包括市场条件的变化和对其他参与者行为的反应。事实上，正如以色列理工学院（Technion）的计算机科学教授莫西特南·霍尔茨（Moshe Tenenholtz）所证明的那样，这种独有的特征意味着协调通常会在单次博弈（one‐shot game）中得以实现。③ 就人类互动来说，这一点并不正确，一个人不能准确地"读出"另一个人的想法并预测其未来的所有行动。这种算法特性也可以被用来限制误导性的价格战。

为了使通信方法的这一基本变化更加清晰，让我们使用一个简单的例子。参与者 A 采用以下算法。

算法 A：

假设我的价格 = 由算法 B 设定价格，计算最佳的共同价格；

随后设定我的价格；

等待 10 秒钟；

搜索由算法 B 设定的价格；

如果由算法 B 设定的价格（大于或等于）我的价格，然后重复这组行为 5 秒钟［循环（loop）］；

否则我的价格降低 50%。

参与者 B 读出并理解算法 A 中采用的决策过程，从而能够准确预测参与者 A 对市场条件变化和对其价格的反应。算法 A 可以同时作为一种自我承诺装置，一种未来行为的方向指示，以及一种明确的报复威胁。如果 A 设定的价格足够接近共同盈利的价格，B 将有强烈的动机采用以下算法：

---

① Id.

② 即使使用不同的计算机语言，算法依然可以"翻译"出代码。

③ Moshe Tenenholtz, Program Equilibrium, 49 *Games and Economic Behavior* 363, 364 (2004).

算法 B：

搜索由算法 A 设定的价格；

设定我的价格 = 由算法 A 设定价格；

每 5 秒重复一次这组操作（循环）。

算法 B 指示计算机比较参与者 B 与参与者 A 的价格。这个决策参数是对算法 A 的"价格诀窍"的合理反应。它也有助于激励参与者 A 不要偏离，因为他设定的任何较低价格都会被 B 匹配。通过监控和反应（价格变化）发生的速度加强这种激励。事实上，参与者之间的交互是基于对另一方算法的每一个计算推理。

其结果是，作为简单的引领者—跟随者行为的直接结果的协调定价（其中 B 基于关于 A 的价格的信息单独行动）可在线利用。此外，尽管交互是异步的（因为每一方对另一方设定的价格做出反应），但是互联网的速度使得最终的价格变化几乎是同步的。①

如上面例子所示，使用算法可以向其他市场参与者发送一个有关对协调非常重要的几个因素的强烈而清晰的信号：

（1）算法将在其上设定价格的决策参数，即使实际采取任何行动之前，可以被其他市场参与者观察到（A："假设我的价格 = 价格 B，计算最佳共同价格"；B："设定我的价格 = 价格 A"）；

（2）搜索偏差的频率（A："等待 10 秒；搜索 B 的价格"；B："每 5 秒重复一次"）；

（3）通过从高回报转向低回报持续均衡来惩罚偏离（A："否则将我的价格降低 50%"；B：［始终］"设定我的价格 = 价格 A"）。

因此，这个行动诀窍，其中用几行代码包含了一个完整的或相关协调计划，创建了对方可以"读取"和理解的预先协议通信，以及一个自我承诺装置。这也提高了双方的确定性水平。例如，两个参与者都确定会受到什么样的惩罚。重要的是，算法的使用限制了对某种形式的通信（例如，

---

① 这个例子适用于双方供应商都出售同质商品的情形。然而，正如 Topkins 案所表明的那样，可以使用更复杂的算法在更复杂的环境中设定共同盈利的价格。在那里，卖家以很少进行交易的方式出售不同的海报。Top‐kins case, infra, near note 187.

口头承诺或提前发布价格变化公告）的需求，这个通信被视为在一个基于人类协调的世界中建立合作的必要条件。①

这意味着，与竞争者就未来计划行动的通信，通过让算法透明以及（选择）其他人的通信协议可读即可实施。② 信息可以在线被观察到这一事实，消除了"由竞争者'加油站'驱动"以了解他将要收费的必要性，并为多个交易者创建贸易条款的即时可视性。此外，为了实现透明，该算法不需要被直接观察到。正如经济学家布鲁诺·萨尔塞多（Bruno Salce-do）所言，算法的分析质量可以被用来确定其他算法的决策过程，只要前者在不断变化的市场条件下有关于后者做决策的足够信息即可。③ 尽管神经网络中的决策过程不易被观察或解释，使得在采用基于神经网络的算法做出决策的情况下更难创造透明度，但是，如果特定的神经网络透明且可以被复制，或者如果算法的数据输入和输出的相关性可观察，那么算法结果可以被预测。

这种观察不能被夸大：仅仅由竞争者对算法的（直接或间接）观察本身可以用来促进协调。正如经济研究表明的那样，只要合谋实质上以及显著地得到增加，在寡占市场中沟通价格选择的能力可能会大幅改变市场均衡。④ 算法可以沟通的远不止价格选择：它沟通商业策略。这种沟通不需要绑定，但是算法也可以加强这一方面。

这就引发了一个问题，即用户让其算法和被使用的数据透明化的激励

---

① William E. Kovacic, Robert C. Marshall, Leslie M. Marx, & Halbert L. White, Jr., "Plus Factors and Agreement in Antitrust Law", 110 (3) *Mich. L. Rev.* 393, 417 (2011).

② 最近的研究集中在机器学习如何被用来让算法自动发现和创建协调它们行为所需的通信协议。Some examples include Sainbayar Sukhbaatar, Arthur Szlam, & Rob Fergus, Learning Multiagent Communication with Backpropagation (2016) http://arxiv.org/abs/1605.07736（通过创建一个通信协议来展示算法在彼此之间学习通信的能力）；Jakob N. Foerster et al., Learning to Communicate to Solve Riddles with Deep Distributed Recurrent Q–networks (2016) https://arxiv.org/pdf/1602.02672.pdf（为完全合作、部分可观察、顺序多代理决策问题的任务创建算法之间的通信。通信被学习并通过行动而代理通信）迄今为止，虽然这些能力目前还不能应用到定价算法中，但基于人工智能的快速发展，它们很可能会被应用。

③ Salcedo, supra note 5.

④ Christof Engel, Tacit Collusion – the Neglected Experimental Evidence, Max Planck Institute for Research on Collective Goods Paper 2014/15.

何在。对算法和数据的独占访问可以创造比较优势,因此会被视为不可与他人共享的重要商业秘密。然而,至少有一些因素倾向于透明化。第一,建立定价算法企业的比较优势与其他企业的比较优势之间存在重要差异。后者对保护其定价算法和所依赖数据秘密的动机较弱。第二,编码可以被用来创建精心选择的透明度。第三,透明度只需与算法的定价部分功能有关,而不需与算法的所有功能有关。第四,透明度的激励将取决于协调带来的盈利增加与没有协调的运营盈利之间的平衡。①

前面的分析也表明,斯蒂格勒的第二个条件,即对现状偏离的检测,通过算法可以更容易、更快速地实现。由于算法复杂性的提高和根深蒂固偏见的减少,可以更好地区分故意偏离协调和对市场条件变化甚至疏漏的自然反应,这些都会改变有效率的现状,从而防止不必要的价格战。②

有趣的是,最初偏离的动机也会减少。由于技术能够使算法对竞争者的价格变化几乎立即做出反应,消费者可能不知道竞争者之间瞬间的价格差异,因此不会在它们(竞争者)之间进行切换。竞争者认同这一事实后,偏离的动机会减弱。③ 此外,数字市场使消费者更容易自己进行交易这一事实增加了小额和频繁购买的数量。这反过来又进一步降低了偏离的动机,因为偏离带来的好处可能很小而且是暂时的。通过类比,在算法驱动的市场中纠正一个错误的假设就像在多个交叉口的道路上纠正一个错误的转弯,而并非偶然地驶入互通式立交之间的长距离高速公路上。因此,这就减少了对在偏离期内额外利润贬值的可接受惩罚的需要,同时增加了从共谋均衡立即转向竞争均衡的可信度,这将降低未来所有参与者的利润。在这种情况下,价格变动几乎可以立即取消。

斯蒂格勒的第三个条件,创造一个可信且足够强大的威胁,报复偏离者,也可以更容易被算法满足。考虑到其潜在的高复杂性,算法可以更好地计算阻止偏差所需的制裁级别。此外,如果改变算法的决策树并不容易,或者相对于市场交易频率的变化可能需要很长时间,那么算法可能会

---

① Ezrachi and Stucke, supra note 5.

② OECD, supra note 5, at 22.

③ Id.

产生可信的报复威胁。

基于上述分析，在数字市场中运行的算法可以通过三种方式促进协调。首先，它们简化了斯蒂格勒条件的实现。其次，更有趣的是，算法减少了预先满足斯蒂格勒条件的需要。如前所述，它们可以更快地重新计算一个人的最佳反应，从而减少第一轮对最佳均衡的需求，并降低偏离的动机，进而减少对明确的事前承诺或强惩罚威胁的需求。因此，在数字世界中运行的算法增加了协调的可能性，而无需有力的预先承诺和威胁。最后，算法不仅可以增强参与者达成协议的能力，还可以增强他们达成协议的动机。影响这类动机措施的一个因素是执行机构和私人原告的侦查风险。谷歌大脑（Google Brain）进行的一项研究表明，在特定的保密政策下，算法可以自主学习如何和何时加密消息，以便将其他算法排除在通信之外。[①] 除非第三方有办法确定基于这种加密算法的执行时间，否则检测将变得更加困难。此外，如果算法信号和交互足以维持超竞争均衡，算法会减少在现实世界中满足的需求，从而进一步减少被涵摄的机会。因此，在准入壁垒高且算法能够促进协调条件满足的市场中，超竞争价格的出现和稳定性可能会增加。[②]

这并不是说算法在任何情况下都能促进协调。如果准入壁垒较低，或者一个或多个斯蒂格勒条件无法有效满足，协调则不会发生。例如，在需求波动显著且难以将均衡与偏差区分的市场中，或者相关数据无法轻易被所有竞争者都访问的市场中，可能会出现这种情况。[③] 列日大学（University of Liege）信息系统和法律教授艾什温·伊图（Ashwin Ittoo）和尼古拉斯·派蒂特（Nicolas Petit）分别表示："尽管我们不否认智能定价代理可以建立默示共谋，监管者也有权保持警惕的事实，但我们发现，在〔强化

---

① See generally Martin Abadi & David G. Anderson, Learning to Protect Communications with Adversarial Neural Cryptography (2016), https://arxiv.org/abs/1610.06918v1.

② See also OECD, supra note 5, at 35（"算法将对数字世界的某些特点产生影响，以至于默示共谋会在一个更广泛的环境中维持下去，可能将寡占问题扩散至非寡占市场结构中"）。

③ See Edward J. Green and Robert H. Porter, Noncooperative Collusion Under Imperfect Price Information, 52（1）Econometrica 87（1984）.

学习〕的一般领域中，有几个技术挑战可以减少这种风险。"[1] 特别是，当前的算法复杂性可能不足以克服复杂环境中的协调障碍，尤其是在竞争者缺乏有关竞争者的企业战略、输入价格和需求预测信息的情况下。[2] 实际上，算法无法提供解决这些协调问题的良药，这同样也困扰着由人力所促进的协调。尽管如此，笔者认为如上所示，至少在某些情况下，算法可能会降低其重要性。例如，可以通过算法的编码和透明性来沟通企业策略。此外，基于协调带来的高利润，预计随着公司开发出更复杂的算法，计算复杂性问题[3]将会减少。[4]

3. 价格歧视与协调

到目前为止，我们设想处于协调中的竞争者为消费者制定类似的但具有超竞争力的贸易条款。但在数字世界中，另一个因素发挥了作用：随着对每一个消费者更多偏好数据的收集，通过实时方式计算和更新消费者需求弹性的算法可以创建个性化的"数字轮廓"（digital profile）。[5] 通过设定每个消费者愿意支付的最大化价格〔"个性化定价"（personalized pricing）〕，供应商可以使用此数字轮廓来增加其利润。[6] 这反过来意味着，为所有消费者设定统一价格可能会降低供应商的福利，[7] 并且更多的因素必须参与协调均衡，使协调变得更加复杂。

为了进行下面的分析，让我们假设个性化定价可以实行，即使给定的

---

[1] Ittoo and Petit, supra note 5, p. 1. For a skeptical view see also Ulrich Schwalbe, Algorithms, Machine Learning, and Collusion (2018) Available at SSRN：https：//ssrn. com/abstract = 3232631 or http：// dx. doi. org/10. 2139/ssrn. 3232631（"算法协调行为是可能的结果，但是，它不像算法共谋在法律讨论中设想的那么快速、容易甚至不可避免" p. 16）。

[2] Ittoo and Petit, supra note 5, at p. 11 - 2.

[3] See generally id. at 13.

[4] Id. at 13，"市场中引入深度 RL 代理（像 Deep Q - Networks 那样）可以缓解某些我们已经确定的默示共谋的障碍。尤其是，深度 RL 代理可以相当有效地学习对手寡占的 Q 值。"；Schwalbe, supra note 5, at 3（"考虑到人工智能搜索的快速发展，不能够得出结论说，在将来，算法可以学习沟通和以共谋的方式行事"）。

[5] 有关预测贷款违约的数字轮廓例子，see Gillis, Talia B. and Spiess, Jann, Big Data and Discrimination University of Chicago Law Review (2018)。

[6] See，e. g.，Oren Bar - Gill，"Algorithmic Price Discrimination：When Demand Is a Function of Both Preferences and (Mis) Perceptions," Forthcoming, 86 *University of Chicago L. Rev.*，at 1 (2018)；Harrington, supra note 6, at 54.

[7] 这是从哈林顿那里得出的自然结论。ibid.

因素如消费者方面的价格信号不清晰、对新产品需求不明确以及市场条件变化需求的影响均未达到完美的程度。这样的价格歧视机会如何影响协调？如果没有企业比其他竞争者有显著的比较优势，那么参与协调的动机可能会增强。这是因为，如果没有协调，就更难达到共同盈利均衡。

同时，增加的消费者实时偏好信息也使得贸易条款的协调变得更加困难。计算个性化价格以及共同盈利价格时必须考虑的参数数量呈现指数级增长，将"噪音"引入系统。[①] 此外，协调能力尤其取决于由每个供应商掌握的每个消费者偏好的信息。

那么，应该期待的是什么呢？如果所有企业都同意不进入对方的市场部分，并且每个企业都可以利用其指定市场中消费者偏好的信息，企业就可以达成市场分割协议（例如，我向企业出售，你向个人出售）。另一种可能是，所有的企业都会拥有类似的信息，要么是因为很容易计算消费者的个人偏好，要么是因为所有的企业都参照一个共同数据库和类似的数据分析工具。如果是这样，理论上，企业可以协调有关计入每个消费者的价格。尽管这样的协调对人类来说几乎是不可能的，但在某些市场条件下，可以通过算法来促进。或者，协调中的困难可能会导致市场均衡，虽然不会完全接受个性化定价，但在这种情况下仍然会增加所有参与者的利润。

然而，需要注意的是，由于两个与企业相关的原因，个性化定价的威胁可能并不像某些人所说的那么明显。首先，正如亚马逊了解的那样，个性化定价可能会引起公众的强烈抵制。[②] 其次，与此相关的是，为了避免个性化定价，消费者可能更喜欢匿名浏览。反过来，这将限制卖家从事有针对性广告的能力。更好地识别那些可能购买产品的潜在消费者的能力下降导致的财务损失可能比无法执行个性化定价带来的损失要大得多。如果这是真的，则个性化定价将不会实行。

[①] See, e. g. , Petit, ibid. , at 361.

[②] "Test of 'dynamic pricing' angers Amazon customers," Washington Post（October 7, 2000）, http://www. citi. columbia. edu/B8210/read10/Amazon% 20Dynamic% 20Pricing% 20Angers% 20Customers. pdf. 虽然如此，当价格歧视变得更加普遍或只要价格歧视与个性化（而不是同质性）产品关联起来，消费者对其宽容度会发生变化。

一个相关的问题涉及使用消费者的数字轮廓来让产品个性化，以更好地满足不同消费者的偏好。这个反过来可能导致产品异质性，会使得协调更难维持。上面的观察同样适用于这里。毫无疑问，基于一个协调均衡的焦点可能更难找到差异化产品供应的所在地。然而，算法可以通过更快速、更准确的多因素分析来缓解这一困难，即使不能消除它。

4. 算法及其对福利的损害

毫无疑问，经济学家和计算机科学家应该进一步研究算法对协调的影响。然而，在进行这些详细的研究之前，算法促进协调的潜在影响太过于重要，不能被忽视。相反，在特定的情况下，上述在数字经济中运行的算法特点细节的分析可以促进协调，并指导旨在解决这一问题的法律框架的构建。

概括地说，我简要地叙述了一些研究者所提出的算法不会引起重大关注的主张。霍恩海姆大学（University of Hohenheim）经济学教授乌尔里希·施瓦伯（Ulrich Schwalbe）认为，"算法是否会引发准入壁垒是值得怀疑的"，[①] 这是协调所必需的第四个条件。如上所述，笔者原则上同意这一主张。然而，它并没有得出算法无关紧要的结论。相反，在准入壁垒较高的市场中，算法可以使协调变得更容易。

可以主张的事实是，到目前为止，仅仅由竞争当局提出的少数涉及算法促进卡特尔的案例表明，算法没有显著的效果。然而，目前较低的执法水平可能无法反映市场行为，因为执法机构只是刚开始关注这一新的技术挑战，这可能需要在他们的团队中增加计算机科学家。或者，当前的执法水平可能显示，市场参与者最近才开始尝试使用算法来设定价格。此外，如下一部分所述，它可能表明，法律工具不足以涵摄某些算法促进协调的实例。不管是什么原因，由于理论和实验证据均已指出算法潜在的协调促进能力，我们迫切需要做好准备以应对这种算法交互。[②]

一个相关的说法是，没有一个案例表现具有无人力支持的隐性协调，

---

① Schwalbe, supra note 5, at 4.

② See also Harrington, supra note 6, at 69.

而在那些被提出的案例中，算法技术只是消除了协调的最后一个障碍。[①]
虽然自动协调可能是理论上最有趣的方案，但是，由于所有其他有利于协调的市场条件已经存在，算法将平衡倾斜于协调的情况不应被轻视。相比于没有算法的市场，它们的影响可能非常显著。基于我们对机器学习的理解以及应用的指数级增长，我们不能坐等算法变得完全自主，来检查我们的法律是否提高了福利。

有些人认为算法难以满足通信的需要，该需要是协调的基本要求。[②]
然而，正如上文所述，通信的确是协调的一个条件，算法的特点以及它们运行其中的数字世界创造了通信。算法是"未来行动的诀窍"，可以提高贸易条款的清晰度，以及它们对竞争对手条款的反应。[③] 甚至在算法采取任何行动之前，通过使其他算法能够直接或间接地"读取它们的想法"，它们限制了直接沟通或实际会面的需要。此外，由于数字世界中的条件，事先沟通的需求更少。相反，算法可以在低值博弈的短序列中协调行动。

另一种说法是，随着算法变得日益复杂，协调更难实现。[④] 算法的复杂程度由使用它的人决定。此外，如上面的例子所示，算法可以很简单。另外，与不断变化的市场条件相关的复杂分析可以强化均衡，而不是削弱它。

因此，在数据驱动的算法经济中，我们如何确保福利的增加呢？接下来是对限制算法促进协调的负面影响的两个潜在工具的探索：基于市场的解决方案和反托拉斯法。

Ⅱ　基于市场的解决方案

市场能否设计出自己的算法协调解决方案？答案是部分肯定。如多尔（Gal）和埃尔金·科伦（Elkin Koren）所示，消费者算法使用至少可以抵

[①]　Ittoo & Petit, supra note 5, at 2 – 3.

[②]　Id. at 3.

[③]　See Von Neumann, supra note 89; see also Harrington, supra note 6, at 46 – 47.

[④]　Ittoo & Petit, supra note 5, at 2.

消算法由供应商促进协调所带来的某些影响。① 换句话说，有时（消费者）算法可以击败（供应商）算法。

算法消费者［"数字管家"（digital butlers）］是由消费者使用的算法，其通过互联网直接与其他系统通信，从而为消费者做出和执行决策。② 算法自动识别需求，搜索最优采购，并代表消费者执行交易。这些算法可以显著降低搜索和交易成本，克服偏见，并能够做出更合理和更复杂的选择。③ 下面的分析假设算法消费者被编码为消费者提供最佳服务。这一假设稍后会放宽。

算法消费者已经成为我们数字市场的一部分。在某些行业，如股票交易，算法会自动将其结果转化为购买决策；④ 消费者已经可以购买一台自动补充洗涤剂的洗衣机；⑤ 一个英国应用程序在监控能源市场的价格，并在有利可图时自动切换供应商。⑥ 科学家设想，在不久的将来，算法消费者将成为规则，而并非指数级增长交易量的例外，这些交易量实现了一个"人们很少去考虑涉及构成日常生活的小决定"的世界愿景。⑦

算法消费者有可能抵消算法促进供应商协调的某些负福利效应。下面我将探讨几种这样的方法，所有这些方法都基于这样一种理念：消费者主动掌控并积极改变市场条件，而非被动地接受供应商的决定。

如果有数量足够多的消费者使用特定的算法，或者如果有几种算法消费者协调它们之间的行为，算法消费者就可以创建买家权力。⑧ 反过来，这可以让消费者抵消供应商的权力。消费者的聚合也可以使交易数量变得

---

① Gal & Elkin Koren, supra note 3.
② Id.
③ Id.
④ Algorithmic Trading, Wikipedia, https://en. wikipedia. org/wiki/Algorithmic_ trading.
⑤ IBM Inst. for Bus. Value, IBM, Adept: an IOT Practitioner Perspective 13 (Draft Copy for Advance Review, Jan. 7, 2015), http://www. scribd. com/doc/252917347/IBM – ADEPT – Practictioner – Perspective – Pre – Publication – Draft – 7 – Jan – 2015.
⑥ Flipper, https://flipper. community/ (last visited Feb. 22, 2018).
⑦ Danny Yadron, Google Assistant Takes on Amazon and Apple to Be the Ultimate Digital Butler, the Guardian (May 18, 2016), https://www. theguardian. com/technology/2016/may/18/google – home – assistant – amazon – echo – apple – siri.
⑧ Gal & Elkin – Koren, supra note 3.

更大、更不频繁，从而增加供应商偏离协调平衡[1]或"脱离数字电网"进行交易的动机。这种谈判不一定需要进行人工干预。

算法消费者也可以被编码为包括旨在消除或至少减少某些市场失灵的决策参数。[2] 算法可以足够灵活地考虑如可能损害消费者市场结构长期影响等因素。例如，一个算法可能会识别供应商之间的协调，并在价格降低之前避免与这些供应商进行交易。或者，为了加强对新供应商进入市场的激励，该算法可能被编码为始终从至少一个新来源购买某些商品的一部分。当然，列入这些决策参数需要对市场条件进行复杂的建模和分析，但基于数据科学的不断进步，这将变得更为容易。[3] 它还需要激励以采取集体行动，虽然避免与某些供应商进行交易可能会给个体客户带来个人成本，但破坏协调是一种对所有客户都有利的公益行为，因为它最终可能导致更低的价格。当许多消费者通过算法消费者进行聚合时，就可以产生这种动机。

最后，算法消费者可以降低供应商进行个性化定价的能力。[4] 通过将不同消费者的选择聚合为一个虚拟买家，算法消费者可以模糊消费者的个人需求曲线（可以称之为"通过聚合而匿名化"）。[5] 更准确地说，如果消费者聚集为足够大的消费者群体，供应商就失去了收集消费者的个人偏好数据并对其进行歧视的能力。

简言之，算法消费者可以潜在地改善市场动态，在无需法律干预的情况下限制算法促进的供应商协调的有害影响。相反，它们的调节能力在于消费者的主动行动。

然而，这种基于市场的解决方案并非灵丹妙药。它存在三个主要的潜在限制。首先，如果发现算法消费者从事反竞争协议行为或滥用其市场权力，那么算法消费者的使用本身可能违反了反托拉斯法。[6] 因此，澄清将

---

① Gal & Elkin – Koren, supra note 3.

② Id.

③ See, e. g. , Ittoo & Petit, supra note 5；Schwalbe supra note 5.

④ Gal & Elkin – Koren, supra note 3, at 311. 我没有关联到价格歧视的福利效应。

⑤ Id. at 331.

⑥ Id. at 345.

适用于使用买方权力来抵消供应商权力的规则是很重要的。① 第二个问题是算法消费者的市场可能会被数字化管家（如亚马逊的 Alexa）所控制，这些管家并不"良善"，而是服务于其供应商。② 事实上，主要的数字平台所有者已经在数字助理的供应方面展开了激烈的竞争。③ 据埃兹拉奇和斯图克所说，它们这样做的动机是直接的：数字助理很可能成为消费者进入数字化世界的门户。④ 这反过来又加强了当前平台所有者在市场中对消费者算法追求控制的动机。⑤ 最后，供应商可能会采取行动限制算法消费者的操作。

其他市场解决方案也可能限制供应商从事算法促进协调的能力。例如，确保消费者知道其选择并了解供应商算法的工作方式和交互操作的数字素养（digital literacy）可能会影响消费者的选择。⑥ 然而，市场解决方案最多只能是部分的。此外，消费者可能不知道价格具有超竞争力，或者供应商在协调它们的价格。因此，笔者现在转向可以补充或支持此类市场解决方案的法律解决方案。

Ⅲ　法律解决方案：作为贸易限制协议的算法交互？

供应商的"智能协调"需要"智能监管"，即制定规则以限制协调增加的危害，同时确保数字经济的福利提升效果不会丧失。⑦ 问题在于处理

---

① 关于买家权力管理，see generally Peter Carstensen, Competition Policy and the Control of Buyer Power (2017)。

② Ezrachi & Stucke, supra note 5, at 191 - 92.

③ See Mark Prigg, "Apple Unleashes Its AI: 'Super Siri' Will Battle Amazon, Facebook and Google in Smart Assistant Wars", Daily Mail (June 13, 2016), http://www. dailymail. co. uk/ sciencetech/ article - 3639325/Apple - unveil - SuperSiri - Amazon - Google - smart - assistant - wars. html.

④ Ezrachi & Stucke, supra note 5, at 191 - 92.

⑤ Id.

⑥ Michal S. Gal, Algorithmic Challenges to Autonomous Choice, Michigan Telecom. and Tech. L. Rer. (2019) forthcoming.

⑦ For a similar suggestion see Ezrachi & Stucke, supra note 5; OECD, supra note 5, at 46 - 47.

反竞争行为的反托拉斯法是否适合这一任务。[1] 这个问题的出现是由于目前的法律工具旨在处理人力促进的协调。在制定垄断禁令时，新型和改进的协调方式，以及结果行为的可能规模和范围并未被预见。有必要确定导致价格协调的算法交互是否可以且应该被现有的法律所涵摄，如果可以，在多大程度上应该被涵摄。

反托拉斯法目前依靠对人的局限性利用来增加市场竞争。例如，它阻止市场参与者讨论反竞争协议，并阻止（他们）利用法律制度来执行这些协议，使得更难达成和实施此类协议。[2] 但在算法世界中，协调、检测和处罚自动生成，达成或执行明确协议的问题变得很重要。同样，法律基于这样一个假设：当必须做出多种或多因素的决策时，人类对市场变化作出快速反应的能力受限；而算法仅受其计算能力的限制。此外，目前对非法协议的法律处理通常集中于为了协调而由市场参与者使用的通信方式。[3] 当通信方式发生变化时，法律可能不再涵摄对社会具有危害的行为。因此，我们面临的挑战是，要确定可以在多大程度上依赖现有法律以防止从事危害社会的反竞争活动的新方式。更为根本的是，基于可以促进更多意识并行情况通信模式的变化，我们需要探讨将这样的行为视为合法是否仍然有益于社会。这些问题的答案也可以作为探索是否需要新的监管工具的基础。

下面的分析集中于如何将限制贸易的禁止协议应用于促进协调的算法。要承担责任，市场参与者必须被发现已经参与了一项限制贸易的协议，却没有抵消促进竞争的效应。[4] 其他现有监管工具的适用，如旨在共享垄断和合并审查的工具，留待将来研究。因此，下面的分析努力探索并

---

[1] 对该问题的一些讨论，see, e. g., Ezrachi & Stucke, supra note 5；OECD, supra note 5；Country contributions to the OECD Roundtable on Algorithms and Collusion, http://www.oecd.org/competition/algorithms – and – collusion. htm；Peter Picht & Benedikt Freund, Competition (Law) in the Era of Algorithms, Max Planck Institute for Innovation & Competition Research Paper No. 18 – 10（May 15, 2018），https://ssrn. com/abstract = 3180550。

[2] See, e. g., Harrington, supra note 6, at 46 – 47.

[3] See, e. g., Page, supra note 17, at 599 – 601；Kaplow, supra note 20；Harrington, supra note 6, at 46 – 47.

[4] 谢尔曼反托拉斯法案，15 U. S. C. A. § 1（1890）。

初步回答两个相互关联的问题，这两个问题是使用协调促进算法以提升福利政策的基础：

（1）促进协调的算法是否满足反托拉斯法中所定义的"协议"的要求，如果满足，在什么条件下满足？

（2）如果第一个问题的答案是肯定的，我们究竟希望禁止什么，我们能为市场参与者清楚地阐明这一点吗？

笔者认为第一个问题的答案往往是肯定的。真正的挑战在于第二个问题，该问题关注算法是否以及在何种条件下应被视为"限制贸易"。这些问题的答案还取决于我们制定规则的能力，这些规则也可以根据决策理论考虑来证明，[1] 基于制度的局限性，该考虑可以确保执行的实际成本不会超过其收益。

最后通常要注意的是次序问题。对出现的两个问题分开说明很重要：非法协议是否达成，以及谁对其负有法律责任。本文主要研究前者。

A. 作为"协议"的协调促进算法

1. 概述：协议、附加因素和促进做法

对于由协调行为引发的责任，必须找到"协议"的存在。[2] 但究竟什么是协议？尽管这个概念很重要，也有众多的案例和评论努力对这一概念进行界定，但这一术语的含义仍然模糊，其边界也存在争议。[3] 然而，某些原则大体上是一致的。正如最高法院在 *Bell Atlantic Corp. v. Twombly* 一案中指出的那样，一项协议必须包括明示或默示（即暗示）的表述。[4] 独立的行为，即竞争者不考虑彼此的并行行动，并不构成协议，相互依赖的行为（意识并行）也不构成协议，在这种行为中，企业考虑到其他企业将

---

[1] 关于反托拉斯法中的决策理论，see, e. g., C. Frederick Beckner III & Steven C. Salop, Decision Theory and Antitrust Rules, 67 ANTITRUST L. J. 41 (1999)。

[2] 词语"协议"运用广泛，包括替代性用语（如"安排"）。

[3] Contrast, for example, Kaplow, supra note 20; Page, supra note 17; Kovacic, supra note 94.

[4] Bell Atlantic Corp. v. Twombly, 550 U. S. 544 (2007); see also Page, supra note 17, at 209 – 10. 术语"默示协议"的使用令人困惑，因为它有时被用来表示意识并行。我假设法院有意区分这些术语。

如何反应。①

　　尽管在这些原则基础上的协议广泛，但一些杰出的学者认为，"协议"这个术语足够宽泛，可以涵摄意识并行。理查德·波斯纳（Richard Posner）提出了这一著名的论断（尽管最近被否定），② 他认为，意识并行包括通过行为来提出和接受一项要约，因此，从字面上和实质上满足了达成协议的条件。这种观点潜伏了许多年，最近得到了哈佛大学法学教授路易斯·卡普洛（Louis Kaplow）的支持。③ 在分析了经济模型和美国判例法后，卡普洛提出了一个强有力且令人信服的情况，即明示共谋和意识并行之间的区别是模糊的，"协议"的定义可以同时包括二者。④ 此外，他还指出，一些最高法院的判例在解释何谓意识并行时其范围足够宽泛。⑤ 他还认为，这两者之间的区别并不能提高社会福利。这种观点的主要问题在于禁止意识并行的实际局限性。事实上，制定一个明确禁令和可适用救济的问题是将意识并行视为合法的主要原因之一。⑥ 卡普洛通过建议禁令构成激励来解决这一问题，市场参与者好似在一种无惩罚的单次博弈中采取行动，这将导致竞争价格的产生。他还认为，如果救济足够有力，市场参与者将有足够强烈的动机不从事被禁止的交易。⑦ 在我们看来，实际问题仍然存在：如何阐明哪些行为被禁止，以及法院是否会在实践中轻易地应用这类禁令。波斯纳最近承认了这些问题，并引用它们作为否定他早先观点的理由。⑧ 在本文中，我假设意识并行目前还没有被法律所涵摄。

---

① Id.

② Richard A. Posner, Antitrust Law: An Economic Perspective 146 (1976). More recently, Posner repudiated his view. Richard A. Posner, Review of Kaplow, "Competition Policy and Price Fixing", 79 *Antitrust L. J.* 761, 766 (2014).

③ Kaplow, supra note 20, at 77 – 82.

④ Id.

⑤ Id. 关于 Twombly 案的相关性问题，有人认为，由于法院没有仔细阐明任何协议概念，没有将该说法与先前的冲突说法进行协调，也没有讨论其解释的原因，因此其相关性应受到限制。Id. at 88 – 92.

⑥ See, e. g, Donald F. Turner, "The Definition of Agreement Under the Sherman Act: Conscious Parallelism and Refusals to Deal", 75 *Harv. L. Rev.* 655, 657 – 84 (1962).

⑦ Kaplow, supra note 20.

⑧ Posner, supra note 149, at 766.

因此，关注点转移到法律规定的默示协议的定义上。这个概念没有明确定义。[①] 它的名称表明一项协议是隐含或暗示的，但没有被明确表达。[②] 很明显，虽然某种形式的合意是必要的，但法律和最高法院的先例都没有清楚地阐明什么构成非法合意，该合意可以与处于意识并行基础的合意进行区分。在这两种情况下，双方都考虑到其竞争者的预期反应；在这两种情况下，都需要一些信息流；在这两种情况下，必须有参与协调行为的意图。

大多数评论者和法院都给出了一个定义，该定义侧重于竞争者之间的沟通，这些沟通表明竞争者打算以协调的方式行动，并且他们依赖彼此以采取行动。[③] 在这种定义下，沟通模式以及沟通信息类型起着决定性的作用。基于下级法院的先例，佛罗里达大学法律教授威廉·佩奇（William Page）建议，将默示协议定义为包括两个阶段的情形，即"竞争者通过沟通来阐明彼此对对方意图的期望，然后按照沟通采取行动"。[④] 要求是不得对统一行动的明确保证进行交换。[⑤] 另一项要求是，通过缺乏有效理由的方式进行沟通。这一条件保证了无论其协调效果如何，沟通都不会发生，降低了阻碍沟通损害社会福利的风险。

为了有助于将意识并行与默示协议进行区分，下级法院认可了"附加因素"（plus factors）的概念，即间接（依条件而定的）事实或超出单纯意识并行的因素，从中可以间接推断出协议。[⑥] 附加因素可以是负的或正

---

① 此外，它还指出，"对并行行为的指控……必须置于提出先前协议建议的背景下"，这进一步混淆了问题。*Bell Atlantic Corp. v. Twombly*, 550 U. S. 544, 557 (2007). 这意味着双方已经形成明确的协议，然后他们去实施它。

② Kaplow, supra note 20, at 36.

③ See Kaplow, supra note 20; Harrington, supra note 6, at 25 – 46. 有趣的是，哈林顿教授建议，公开沟通并非共谋计划的必要组成部分，他将这种共谋计划定义为当企业使用包含奖励—惩罚计划的策略时，奖励遵守超竞争结果的企业，并对其背离竞争结果进行惩罚。然而，通信的需求减少了假阳性（false positives），并作为共谋存在的信息信号。

④ Page, supra note 17, at 216.

⑤ Id.

⑥ See, e. g., OECD, supra note 5, at 41. Kovacic et al., supra note 94. （附加因素是指经济行为和结果，其超越了由寡占企业从事的并行行为，它在很大程度上与单边行为不一致，但在很大程度上与明示协调行为一致。——译者注）

的。负的附加因素是经济逆向工程的成果：如果没有协议，在给定的市场条件下不可能出现并行行为。① 由于并行行为发生，因此可以推断市场参与者之间达成了协议。类似的按订单生产的产品投标就是这一类别的例子：没有投标人的事先同意，它们是不可能发生的。有趣的是，算法使得证明负附加因素的存在更加困难。这是因为它们的特点使得在没有协议的情况下更容易达成并行行为。这反过来又增加了卡普洛所说的"证据悖论"（paradox of proof）：现有的自然市场条件对协调更有利，该协调使得价格上涨和由此对社会福利造成的损害更为可能，对特定沟通手段（如当前证明协议所需的沟通手段）的需求越少，达成将被证明的协议以及被谴责行为的机会将更少。②

正附加因素构成了可避免的行为，该行为间接地证明了对共同原因的共同承诺。③ 然而，这一要求的适用范围不明确，有时会产生误解。④ 法院使用的一些附加因素的例子可以很容易地表明意识并行，因此乱上加乱。例如，"违背自身利益行事"，只有当我们读到其中包括违背自己短期利益的行为时才有意义，这也具有意识并行的特征：竞争者不会将其定价降低到共同利润水平以下，即使它在短期内可以盈利，因为它承认这样的行为可能引发竞争者的报复，这会在长期内降低其利润。⑤

其他例子的问题较少。例如，包括竞争者无其他正当理由的会面，以及对未来价格变化的私下披露。⑥ 对于我们下面讨论很重要的是，尽管法律规定"沟通的形式不应决定其合法性"，⑦ 但当沟通公开且与当前或未来贸易条款有关时，缺乏有效理由的沟通要求已使许多法院不愿发现其中

---

① Areeda & Hovenkamp, supra note 13, at 181 – 82; Harrington, supra note 6, at 27（非自然并行）。

② Kaplow, supra note 20, at 124 – 73.

③ 虽然法院在概念范围上有所变化，但一些附加因素的核心例子已经被广泛接受。Compare, for example, Kovacic et al. , supra note 94; Richard A. Posner, Antitrust Law 55 – 93（2ND ED. 2001）; Kaplow, supra note 20.

④ See, e. g. , Kovacic et al. , supra note 94, at 205.

⑤ See Kaplow, supra note 20.

⑥ See Page, supra note 17.

⑦ In re Coordinated Pretrial Proceedings in Petroleum Prods. Antitrust Litig. , 906 F. 2d. 432, 447（9th Cir. 1990）.

的协议。① 公开价格公告通常被视为给消费者和股东创造了透明度。② 一些法院非常重视行动前明确承诺沟通而从事某种特定方式行为，以及偏差惩罚的威胁。③

促进做法的相关概念也与我们的讨论有关。促进做法是积极的、可避免的行动，使竞争者能够通过克服协调阻碍而更容易、更有效地实现协调，其方式不仅仅是相互依赖。④ 如此做的结果是，尽管竞争者的利益存在分歧，但增加了合作的动机。⑤

例如，当企业明确同意采用一种促进做法时，同意提前公布价格，该协议本身可能构成限制贸易的协议。⑥ 与我们讨论更为相关的是，促进做法的情况本身被禁止。为了这个目的，有两条主要（部分重叠）的法律途径是可能的。⑦ 第一条将促进做法采用本身作为责任的基础。这个途径最早是由已故哈佛大学教授唐纳德·特纳（Donald Turner）提出，但从未被采用。⑧ 如下文所述，由于现有法律在解决算法促进协调方面的不足，重新考虑这一立场的时机可能已经成熟。目前采用的第二条途径是将促进做法的采用视为附加因素的一个子类别：在某些情况下，它们是"协议"的间接提示。⑨ 这两种法律途径都认识到，促进做法也会产生促进竞争的效

---

① Dennis W. Carlton, R. H. Gertner & A. M. Rosenfeld, "Communication Among Competitors: Game Theory and Antitrust," 5 *Geo. Mason L. Rev.* 423, 428 – 9 (1997)（如果沟通是私下的而非公开的，如果它们与当前和未来的价格而非历史价格有关，并且是重复的而非孤立的，那么通信最有可能构成反竞争因素）。

② Id.

③ See discussion in Page, supra note 17; Kovacic et al. , supra note 94.

④ See, e. g. , Steven C. Salop, Practices that (Credibly) Facilitate Oligopoly Coordination, in New Developments in the Analysis of Market Structure 271 (Joseph Stiglitz and Frank Mathewson eds. , 1986); Charles A. Holt and David T. Scheffman, "Facilitating Practices: the Effects of Advance Notice and Best – Price Policies", 18 *Rand J. Econ.* 187, 187 – 97 (1987); Iain Ayres, "How Cartels Punish: A Structural Theory of Self – Enforcing Collusion", 87 *Columbia L. Rev.* 295 (1987); George Hay, Facilitating Practices, in 2 Issues in Competition Law and Policy, ch. 50 (2008); Page, supra note 40; Kaplow, supra note 20, at 276 – 85.

⑤ Salop, id.

⑥ Id.

⑦ Kaplow, supra note 20, at 276.

⑧ Turner, supra note 153.

⑨ Page, supra note 20.

应，例如为消费者和潜在进入者提供他们决策所需的更准确信息。① 因此，两者还包括旨在确保在分析中包括有利于竞争的理由的工具。然而，它们在概念上是不同的。前者考虑到其潜在的反竞争倾向，禁止这种行为本身。后者具有证据意义：促进做法的使用作为市场交易双方协议的间接旁证提示。

现有规则背后的逻辑可以作如下解释。促进做法是可以避免的行为，它以一种更容易协调的方式改变市场条件。采用它们缺乏促进竞争的正当理由，企业就不会从事这种行为，除非它们被作为一种间接的沟通手段，向彼此发出信号，表明它们有意从事协调行为，以及它们信赖其竞争者接受这种做法。因此，促进做法提供了"协议"的间接证据。

在促进协调行为方面，许多促进做法取得了不同程度的成功。史蒂芬·萨洛普（Steven Salop）确定了两种不同的类型：信息交换和激励管理。② 信息交换工具通过减少竞争者行为和意图的不确定性来促进协调。③ 例如，共享有关实际销售和成本的信息可能使竞争者确定降价是否代表一种违约情况。激励管理工具改变了公司的支付矩阵结构，从而影响了它们提供价格折扣的动机。④ 一致竞争条款（meeting competition clauses）说明了这一影响。根据一致竞争条款，一家企业宣布其价格不会高于另一家企业公布的最低价格。⑤ 这样的条款自动包含了对支持协调所需降价（即即时价格匹配）的强烈反应。消费者习惯于监督协议，因为错过最低价格的风险会激励他们承担监控供应商行为的成本。如果这些条款的集体接受稳定了供应商的共同利润结果，使折扣变得不可取，则这些条款可能不符合消费者的利益。⑥

在当今的数字世界中，对一些信息交换促进做法的需求越来越少。如

① Id.
② Salop, supra note 172.
③ Id, p. 272.
④ Id.
⑤ Id, p. 180.
⑥ Id, p. 273.

果相关数据可以通过自主方式被轻松收集，实时数据采集和快速分析就会使信息交换协议变得多余。然而，其他形式的信息交换可能会促进协调，例如与算法使用的数据集种类、竞争者的输出和成本数据或包含在算法中的决策参数有关的数据交换。① 关于激励管理工具，有些在数字世界中可能更有活力。以一致竞争条款为例，其中在线零售商向消费者承诺将满足在互联网上找到的任何更低的价格。如果较低的价格立即被匹配，竞争者则没有提供折扣的动机。

2. 概念在算法中的应用

现在让我们将上述概念与算法交互联系起来。正如将要展示的那样，一些概念与以往一样具有相关性，而其他概念则受到数字世界的挑战。这种困难源于现有概念和假设之间的不一致，这些概念是为应用于人类交互而设计，却在数字世界中运作。

算法之间某些类型的协调很容易被列入协议概念的范围中。一个简单的场景包含使用算法来实施、监控、监管或加强供应商之间事先明确的协议。在这种情况下，算法用户之间存在明确的协议，这些算法只是作为执行它们的工具。② 2015 年，美国司法部起诉大卫·托普金斯（David Topkins）一案说明了这样的协议，该案涉及卖家协调网上销售的公布价格。托普金斯和他的同谋们设计并共享了动态定价算法，这些算法被编程为按照他们的协议行事。③ 根据卖家之间现有的协议，算法发挥了次要作用。④ 这种算法使用与先前议定的价格公式没有太大的不同，即使算法基于这种公式确定最终价格，并考虑到在任何给定时间被输入有关市场条件的数据。联邦贸易委员会委员长莫林·奥尔豪森（Maureen Ohlhausen）建议了一个简单的涵摄许多简单例子的测试：如果"算法"这个词可以被"一

---

① 逆向工程或回溯逻辑有时被用于确定不需要信息交换的那种数据。

② 关于四个主要场景，see Ezrachi and Stucke, supra note 5。

③ Press Release, U. S. Dep't of Justice, Office of Pub. Affairs, Former E – Commerce Executive Charged with Price Fixing in the Antitrust Division's First Online Marketplace Prosecution (hereinafter："Topkins")（Apr. 6, 2015), https://www. justice. gov/opa/pr/former – e – commerce – executive – charged – price – fixing – antitrust – divisions – first – online – marketplace.

④ Id.

个叫 Bob 的人"这个短语所取代，那么算法的处理方式就和传统协议的处理方式相同。①

当算法由市场参与者独立设计以列入决策参数，这些参数以增强或维持共同协调结果的方式对其他参与者的决策进行回应，则会出现更困难的情况。② 例如，程序员可以根据对其他参与者行为［一种"预期协调算法"（expected coordination algorithm）］最佳回应的预测来确定算法的决策参数。前一节详细探讨的算法说明了这一情况：它们是被独立设计和采用的，没有事先的讨论或承诺，但每个参与者都独立编码自己的算法，以便考虑其他参与者可能的回应以及他们合作的共同动机。③ 当算法不是以一种促进协调的方式被有意设计，然而它们会自动达到相同结果时，甚至会出现更困难的问题。在这些情况下，算法被赋予了一个总体目标，例如"最大化利润"，并根据机器学习（"学习协调"）确定它（算法）将使用的决策参数。④ 尽管在这两种情况下，谁对协调负有法律责任的问题可能有所不同，但这两个问题提出了相同的基本问题，即它们是否在反托拉斯意义下反映了协议的存在。因此，我探讨这种行为是否构成（合法的）意识并行或（非法）默示协议。

让我们从以下建议开始：在没有进一步促进协调的情况下，源于仅仅简单模仿人类行为算法的意识并行，做出相同的决策并采取与从事合法意识并行之人相同的行为，不应构成协议。⑤ 任何其他规则都将无理由区分算法和人。下面的例子说明了这一点：假设一个市场中存在着长期的意识并行。在市场上运营的每一家企业都采用一种基于企业多年来使用的定价基准算法。市场参与者现在正在使用算法来达到相同结果这一事实改变了它们行为的法律地位吗？如果每个供应商单方面独立地决定采用这种算法，且该算法不会显著改变其达到和维持现有共同利润均衡的能力，则不

---

① See Ohlhausen, supra note 12.
② Ezrachi and Stucke, supra note 5.
③ Ezrachi and Stucke, supra note 5.
④ Id.
⑤ See also id. ; Harrington, supra note 6, at 32.

应将其视为与合法的原初决策方法不同。①

当算法使用类似的决策参数，并在给定的条件下以更有效的方式做出与人类决策相似的决策，从而在本质上促进协调时，会出现一个更困难的问题。例如，执行检测价格偏差并相应地改变价格的任务。算法比人类更容易执行这项任务。它们在进行这一协调加强行动时的更高效率水平是否会改变其合法性？换言之，在现有法律下，使用该算法是否可以被视为一种促进做法？这一问题产生的原因是，虽然行为的模式（pattern）与其他被认为合法的行为模式相似，但行为的方法（method）和效果（effect）可能存在显著差异。如上所述，使用算法不仅可以增强协调的能力，还可以增强协调的动机。此外，如果算法是透明的，那么就其性质而言，它可以清楚地说明企业将如何回应市场条件，从而改变交互的动态。

下面我分析了反托拉斯法所基于的一些要求、假设和概念在算法交互中的应用。如下所示，虽然算法使用未被禁止，但某些使用算法的方法或与促进协调算法结合的其他做法可能被视为非法。

i. 基本概念的适用

让我们首先来研究协议相关基本概念在算法交互中的应用。我认为，现有的分类法通常足够广泛，可以涵摄这样的交互。请注意，在这个阶段，我只探讨协议是否成立，而并非是否合法。

参与该项协议需要有这样做的意图。② 就这一点而言，算法没有"意图"这样的心理状态，或任何心理状态。③

然而，有人可能认为，算法打算通过使用某种策略来达到某种目标，包括与其他算法一起达到协调均衡。如果我们不想这么做，程序员通过使用算法来创建协调的意图，以及用户使用这种算法的意图，都可以满足这

---

① Harrington, supra note 6, at 45－46. 哈林顿建议，根据《联邦贸易委员会法》第5节的规定，某些"条件对竞争者过去价格起作用"的定价算法本身应被禁止。价格匹配算法很可能会受到这一禁令的限制。

② 法院往往将分析重点放在一个竞争者对另一个竞争者的表达上，而不是放在意图上。即使竞争者无意达成协议，只要有达成协议的意愿表达就足够了。算法可以满足这个要求。关于该问题的欧洲背景，see Blockx, supra note 86。

③ Ezrachi & Stucke, supra note 47.

个要求。这是因为该算法作为工具以实现其程序员或用户的意图。有些情况很简单，例如预期的协调场景，其中在算法中包含协调促进因素的决定是有意识的决定。① 但事实并非总是如此。用户不会只是对驱动算法决策的参数感兴趣。更有趣的是，在所学习的协调场景中，如果算法是基于机器学习，那么程序员可能不知道这样的参数。② 也就是说，一个算法并非经过特定编码以做出特定的反应，而是可以进行设计，从而独立地确定通过增强的自我学习达到给定目标的方法。如果算法采用一种导致意识并行的策略，协调将不是明确的人类设计的成果，而是进化、自我学习和独立机器执行的结果。

我们还能发现由此产生的协调是一种有意识的、可避免的行为的结果吗？在我们看来，学习算法一般不应该与专家算法区别对待，后者通过专门进行编码以特定方式回应。虽然这个问题应该进一步分析，但有五点值得一提。第一，算法的目标是由其程序员设定的。③ 事实上，为特定用户目标而设计的算法充当软件代理。这些代理可以在计算机网络中导航，同时在它们之间传输消息，并与可能由其他用户控制的其他代理进行交互。第二，算法从程序员提供的案例研究中学习，并且可以通过程序员的输入得以增强。④ 第三，程序员可以对算法用于决策的方法施加一些限制。至少，只要算法的程序员能够编码使其不以某种方式进行操作，具体化为限制其对市场条件（通过设计合规）反应范围的安全防护措施，那么任何程序员未能做到这一点都应予以考虑。这可以与对自主算法的限制相提并论：自动驾驶汽车不应该仅仅因为其算法是自主的，便遵循逻辑结论的任

---

① See text around footnote 186 supra.

② See also Ezrachi and Stucke, supra note 5.

③ Simonetta Vezzoso, Competition by Design, Prepared for Presentation at 12th ASCOLA Conference, Stockholm University, 15 – 17 June 2017; Emilio Calvano, Calzolari Giacomo, Vincenzo Deni – colò and Sergio Pastorello, Algorithmic Pricing: What Implications for Competition Policy? (July 7, 2018). Available at SSRN: https://ssrn. com/abstract = 3209781.

④ See supervised and unsupervised earning, Anitha, P., G. Krithka and M. D. Choudhry (2014), International Journal of Advanced Research in Computer Engineering & Technology, Vol. 3, No. 12, pp. 4324 – 4331, http://ijarcet. org/wp – content/uploads/IJARCET – VOL – 3 – ISSUE – 12 – 4324 – 4331. pdf.

何和所有可能的决策路径。此外，将算法视为一个其秘密被隐藏的"黑箱"，即使对程序员来说也是谬误的。正如以色列理工学院的数据科学教授阿维格多·加尔（Avigdor Gal）所认为的那样，程序员可以相对容易地观察到算法用于实现其决策的特征（数据点）之间的因果关系。[1] 因此，至少在某些情况下，程序员可以意识到这种相关性。因此，学习算法也可以被视为有意识的、可避免的行为。请注意，这并不意味着此类算法必然会产生责任。这个问题将在下一节中讨论。

协议需要"意思合致"。[2] 第四，在预期的协调场景中，算法程序员或用户之间存在意思合致与否，会决定这一要求是否满足。被学习的协调场景提出了更困难的问题。由计算机操作的算法在字面意义上没有"意志"。然而，它根据给定的输入做出决策，包括其他人的预期和实际反应。此外，正如上面被调查研究所证明的那样，算法可以自动地达到满足其目标的协调。[3]

此外，卡普洛认为，"意思合致"一词"很容易涵盖……标准场景，其中寡占中的企业能够通过理解彼此的思维过程来协调价格，该思维过程构成预测它们对每个企业可能收取的不同价格的反应的基础"。[4] 如果接受这一定义，考虑到竞争者的预期和实际反应曲线，那么它可能包括算法交互导致协调是最佳策略结论的情况。第五，判例法表明，仅仅与对方交换商业敏感信息，会影响接受方的行为，这就足够了。[5] 算法执行这一性能。

一个算法能给一个共同计划（common theme）传达有意识的承诺吗？

① See, e. g., Avigdor Gal, It's a Feature, not a Bug: On Learning Algorithms and what They Teach Us (2017), https://one.oecd.org/document/DAF/COMP/WD (2017) 50/en/pdf.

② See. e. g., discussion in Kaplow, supra note 20. For a relatively similar issue in the European context see, e. g., Andreas Heinemann and Aleksandra Gebicka, Can Computers Form Cartels? About the Need for European Institutions to Revise the Concertation Doctrine in the Information Age (2018).

③ See discussion on Page, supra note 17.

④ Kaplow, supra note 20, at 34. See also Jonathan B. Baker, "Two Sherman Act Section 1 Dilemmas: Parallel Pricing, the Oligopoly Problem, and Contemporary Economic Theory", 38 *Antitrust Bull.* 143, 178 (1993).

⑤ Areeda and Hovenkamp, supra note 13.

当然可以。如上所述，透明算法可以作为未来行动的一个诀窍，包括成为偏差支付的代价，以作为惩罚的明确威胁。① 在实践中使用算法可以将这种承诺转化为行动。虽然算法通常不会签署协议，不会相互眨眼，也不会点头表示同意，但它们通过编码入算法的决策参数进行沟通。其他企业则可以依靠这种沟通来塑造自己的行为。

在非算法的世界里，法院经常寻找证据来表明被告"聚在一起并交换了共同行动的保证"。② 这种实际会晤显然与算法的交互无关。然而，算法在网络空间"聚在一起"。它们利用数字世界中的条件，使彼此之间能够互相观察和反应，并使信号、信息传输和保证交换更为容易。

双方之间的通信应该是口头的吗？一些法院和学者在他们关于协议的定义中重视口头通信。③ 然而，人们普遍认为，有意使用可以被良好理解的非口头信号可以表达同意。④ 概念上，通信的要求足够广泛，可以包括所有形式的信息传递。此外，授权某种特定通信方式排除了竞争者通过其他方式达到相同反竞争结果的情况，这些方式甚至可能更有效。因此，如果公开算法决策参数向竞争者发送信号，那么这应该被视为出于法律目的的通信。

ii. 作为附加因素的算法

一旦并行行为被证明存在，算法的使用是否可以被视为间接证明协议存在的附加因素？如果答案是肯定的，它们的使用必须构成一种有意的和可避免的行为，通过对一个共同计划作出有意识的承诺来促进协调，从有利于竞争的角度来看，这是不合理的。让我们把这些条件应用于算法。

如第二部分所述，算法的设计和使用本身就是一种可避免和有意为之的行为。这种算法可以通过限制超越自然存在的动机来促进、维持或加强协调。

关于使用算法和协调之间的因果关系，有几点值得强调。第一，并非

---

① See discussion on Page, supra note 17.

② Page, supra note 17.

③ Id. at 215.

④ Id. at 214 and resources cited there.

所有的算法都有助于协调。有些可能会执行不会影响企业协调动机或能力的性能。显然，这样的算法不应该被视为附加因素。第二，在确定算法的效果时，重要的是要区分任何使用给定算法产生的促进效果与产生于数字世界条件的促进效果（例如，持续的连接性）。后者应视为一个给定值。第三，算法的使用通常与其他促进协调的做法相结合。譬如，一家企业可能会设计为持续显示由算法计算出的价格。或者企业可以采取设计措施使算法更难改变，从而增强竞争者对算法决策过程的依赖程度。所有的促进做法都应该放在一起分析。第四，区分竞争者之间促进协调和其他市场参与者之间促进协调的算法是很有用的。上面提到的在线发布案例中使用的算法说明了第一个案例，而价格比较算法属于第二类。[①] 这两个类别在经济功能和法律含义上都不同。虽然前者的使用可以被视为构成协议，但后者通常不会。

另一个问题是，是否必须采用统一的促进做法。我认为这个问题的答案是否定的。例如，假设这些算法不使用类似的决策树，但它们的决策组合仍然可以促进协调。当一个竞争者的算法在共同盈利水平上设定价格，而另一个则根据该算法的价格设定价格时（一个追随者—引领者场景，如上述提到的算法），可能会出现这种情况。在这种情况下，要求所有竞争者采用类似的算法将很容易规避"协议"的要求。因此，只要每个（竞争者）都从事有意识地、可避免地促进协调的行为，就不需要算法统一，也不需要所有竞争者使用算法。

因此，采用特定算法和随之而来的由竞争者预期的适应行为，可以促进协调，并暗示存在一个隐性协议。然而，将采用的算法视为附加因素的问题具有双重性。首先，算法在数字环境中执行许多功能，并带来许多好处。因此，如果我们把网撒得够大，就会产生福利行为提升的寒蝉效应（chilling effect）风险。虽然规则不应该让程序员和用户隐藏在算法后面，但它们也会确保我们在限制促进做法中所获的收益大于我们在限制可允许

---

① See Topkins, supra note 186; U. K. Competition and Markets Authority, Digital Comparison Tools Market Study: Final Report (2017), https://assets. publishing. service. gov. uk/media/ 59c935 46e5274a77468120d6/digital – comparison – tools – market – study – final – report. pdf.

设计选择范围中所失掉的收益。这并不意味着我们应该对所有的算法采取
"不去碰"的做法，而是我们必须谨慎行事。因此，我们应该确保我们的
法律基于对市场中算法作用的理解之上，包括它们相对于人类决策的比较
优势。在这方面，从对竞争和福利损害更为明显的简单案例入手是有意
义的。

第二个问题是有关禁止的内容：我们到底想要禁止什么，我们能为市
场参与者清楚地阐明这一点吗？我们能够有意地指导企业如何合法经营
吗？使用菲利普·阿瑞达（Phillip Areeda）建议的经验法则（rule of
thumb）：我们能用不到 20 个词来说明哪些是企业被禁止从事的行为吗？①

综上所述，算法促进协调的能力应与其竞争优势效应相平衡。算法应
遵循以下的原因分析规则（见图 1）。

该算法是否以一种不可忽视的方式促进或增强达到或维持共同盈利市
场均衡的能力？

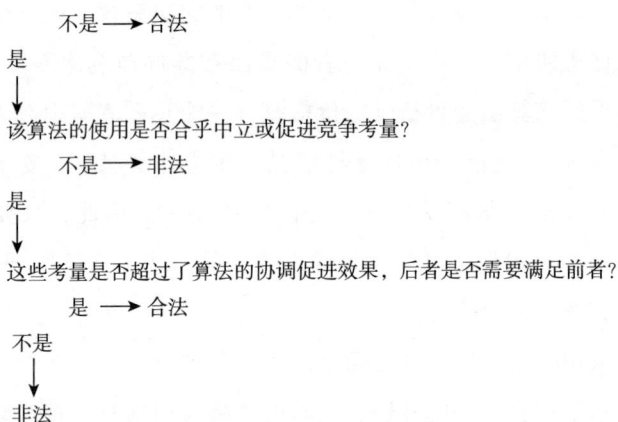

图 1　将算法作为促进做法的工具

请注意，对于一个算法而言，潜在的促进竞争效应是必要的，只是天
平不应该向他们反竞争的结果倾斜。否则，我们可能无法根据法律涵摄任
何算法，因为它们通常会产生效率。② 此外，正如卡普洛所说，在确定一

————————

① 感谢比尔·科瓦契奇（Bill Kovacic）建议利用这个测试。

② Mehra, supra note 5.

个可能模棱两可的做法是应该被正面还是负面看待时，有必要考虑对市场的实际影响。[①] 例如，如果透明度使卖家识别出作弊者并阻止其叛变更为容易，那么买家只会获得有关超竞争性报价的更好信息。[②] 同时，重要的是还要重视广泛的制度考虑，以确保我们不会降低效率和创新。这意味着，对诸如创造事前确定性等考虑因素也应加以权衡。

重要的是，算法不一定被视为不可分割的单元。实际上，促进工具可能只构成算法的一部分。通常情况下，算法执行许多功能，例如收集数据、分析数据以及根据数据确定要设定的贸易条款。其中许多功能可以提高福利、降低成本或提高生产或营销功能的质量，因此应予以允许。同时，某些功能也可以被用来促进协调。因此，必要的是将不同的功能分开，并确定前者的收益是否取决于后者的危害，否则我们会冒着倒洗澡水却将孩子一起倒掉的风险。这一建议也部分地回答了那些担心管制算法会限制其产生利益发挥的人。

这就产生了第三个建议：由于我们对算法在数字世界中如何交互的理解还处于初级阶段，调整算法的规则应该在更广泛的领域中发展，以符合我们对它们的市场潜在影响以及过于宽泛禁止的潜在寒蝉效应的理解。因此，作为第一步，竞争主管部门应尽力确定相对直接的案件，其中法律要求可以很容易被适用，且可以制定相对明确的规则。

下面我建议五种情况，这些情况会引起危险，因此可以作为一个案例库中好的候选案例，这些案例具有进一步审查其合法性的表面理由。所有案例都有三个特点：（1）它们可以促进协调行为；（2）它们可能被算法的程序员或用户规避；（3）它们不太可能是实现促进竞争结果所必需的。因此，这种做法可能等同于"设计协调"。具体情况如下。

（1）即使可以获得更好的算法，但供应商有意识地使用类似的算法。这些算法不需要相同，但其计算贸易条件的操作部分应该产生相对类似的结果。

---

① Kaplow, supra, note 20, at 279.
② Id. at 279.

需要注意的是，类似算法本身的使用不足以导致协调的结果。这可以用一个简单的例子来说明：假设所有的算法都以它们企业的生产成本为价格基础。如果生产成本在竞争者之间存在差异，算法将不会产生共同盈利的价格。

（2）即使存在更好的数据源，企业也会在相关的市场条件下有意识地使用类似的数据。数据是决策过程中的基本输入，对决策产生影响。当价格基于消费者的数字轮廓时，使用类似的数据尤为重要。请注意，只要从数据源收集的信息相对类似，数据源本身就不需要相同。

（3）程序员或学习算法的用户给它们提供了类似从中可以学习的案例研究，尽管那些并不是现实可利用的最好案例研究。学习算法根据过去的经验学习来改变它们的决策树。如果向其提供类似的案例，算法可能会学习类似的东西并做出相应的决策。

（4）用户采取行动使其竞争者更容易观察它们的算法和/或数据库，而竞争者则采取行动观察它们。该算法可以向其他市场参与者发出信号，表明其用户可能对市场条件做出何种反应，从而传达意图和可能的可信承诺。[1] 当然，当仅向竞争者透露该算法时（要么允许它们以数字方式访问该算法，要么私下将算法发送给竞争者），最简单的情况就会出现。例如，该算法可能会对其信息进行加密，以便只有竞争者才能读取该信息。在这种情况下，很明显，该算法的透明度没有服务于消费者，这是人为的，而不是数字市场中固有部分。但是，即使当算法或数据库向所有人公开，根据具体情况，这样的行为仍然可能是一个附加因素或促进做法。那些措施尤其包括：①此类透明度是否以任何显著方式使消费者受益；②消费者是否有了解算法操作的方式和动机；③竞争者是否有其他动机将算法或数据库的内容作为商业秘密保护。这一类别与当前禁止的类别非常吻合，防止在竞争者之间交换竞争敏感信息以稳定或控制行业定价。[2]

（5）用户在技术上"锁定"了算法，因此很难更改它。这就产生了

---

① See also Harrington, supra note 6, at 45.

② Ohlhausen, supra note 12.

一个长期的保证，或一个可信的威胁，可以在通常没有促进竞争理由的情况下，用来加强协调。

在所有这些情况下，企业都传达了它们以某种方式行动的意图，同时也表达了他们对彼此效仿的依赖。他们通过可避免的、缺乏竞争理由但促进协调的行为来做到这一点。在我们看来，在可以观察到超竞争平行定价的市场中，属于上述任何一类的行为都会引发危险，并触发对促进竞争理由的更深入调查。救济方法清晰易行。当然，当只有一方采取行动时，这种行为可能不等于限制贸易的协议，而是达成这种协议的企图。

执法可能会变成一场艰苦的战斗。事实上，正如上面提到的谷歌大脑实验所表明的那样，一旦算法自动加密它们的信息，检测和执行将变得更加困难。① 因此，反托拉斯当局可能需要通过利用管理算法或计算机科学家来加强它们的技术专长。尽管如此，算法的几个特性可能使此类管理任务变得更容易。算法的决策树揭示了达成决策时要考虑的因素。② 此外，可以通过在特定数据上运行算法来测试算法，从而间接暴露其决策参数。③

最后，监管机构可以使用算法来监管和理解其他算法的操作。④ 例如，它们可以被用来确定，竞争者算法透明度如果缺乏的话，市场均衡是否会被设定在非常高的水平。通过利用他们的资源，当局可以进一步识别引发危险的情况，这是基于对算法在数字环境中如何工作的理解。

B. 发展的路径：扩张（法律）网络

上述讨论仍然处于"协议"现有概念的混淆之中。虽然它探索了现有法律的宽度，以涵摄某些类型的算法促进协调，但使用现有法律来处理算法促进协调并非灵丹妙药。最重要的是，正如经济合作与发展组织（Organization of Economic Cooperation and Development）观察员安东尼奥·卡波

---

① 美国联邦交易委员会（FTC）委员长麦克斯韦尼耶承认算法引发的检测挑战在增长。Terrell McSweeny, Algorithms and Coordinated Effects, FTC（May 22, 2017）, https://www.ftc.gov/public-statements/2017/05/algorithms-coordinated-effects.

② See "Decision Tree", https://en.wikipedia.org/wiki/Decision_tree.

③ See also Ezrachi & Stucke, supra note 5.

④ Avigdor Gal, supra note 53.

比安科（Antonio Capobianco）和安妮塔·恩维斯托（Anita Nvesto）所言，"算法的主要风险之一是它们扩大了不合法的显性共谋和合法的默示共谋之间的灰色地带，使企业能够更容易地维持高于竞争水平的利润，而无须达成协议"。[①] 的确，正如上述分析所示，通过算法的促进，意识并行增加的风险可能会继续增加。虽然协调并非不可避免，但通过数字市场的固有特征和算法能力的提高，维持这种协调得到了加强，却通常不需要借助正式的通信或协议。使用一种算法来解决一个复杂的共同利润最大化目标，将产生即刻效应，并且可能会被市场上的其他人效仿，从而可能不会被现有法律所涵摄。更为根本的是，算法作为"行动诀窍"的事实创造了一种类似于显性通信的情况。[②] 然而，算法有时可以被（通过其行动的逆向工程）间接观察到的事实，限制了其在当前禁令下被涵摄的可能。

因此，除非我们将有助于协调的每一种算法都视为一个附加因素（具有很大问题的建议），对"协议"一词的当前解释可能会遗漏许多福利减少事例。虽然使用自主算法交互设定贸易条款还没有成为主流，但企业有强烈的动机这样做。如果算法能够比人类更好地确定贸易条款，并且由此产生的协调可能被认为是合法的，那么就有很强的动机使用它们。

因此，迫切需要重新讨论是否以及如何修改现行法律，以适应一个不再具有会晤、对话和价格公告的世界。这种分析的重要性是基于本文的发现。第一，如第二部分所示，通过算法进行协调的事例在我们的数字世界中可能变得更加常见。这也意味着，支持意识并行合法的一个考虑因素——它只能在有限数量的高度集中市场中发生，因此很可能造成轻微的经济影响——不再成立。第二，如第三部分所示，现行规则旨在适应一个人的协调能力有内在限制特性的世界。

随着数字世界日益克服这些限制，达成协议、监控合规和实施即时制裁更为容易，法律将毫无疑问地涵摄比以前更少的协调事例。此外，数字世界增加了"证据悖论"，在这种市场条件下，协调变得更容易，同时，

---

① Antonio Capobianco and Anita Nyeso, "Challenges for Competition Law Enforcement and Policy in the Digital Economy", *J. of Eur. Comp. L & Practice* (2017).

② Salcedo, supra note 5；Schwalbe, supra note 5, at 16.

由于明确的企业间通信可能不那么必需，因此存在明确的协议更难被证明的情况。这表明，虽然伤害的危险可能增加，但也很少可能找到有力的协议证据性推论。[1] 因此，是时候重新考虑我们的法律，并集中精力减小对社会福利进行损害，而不再是关注构成协议的因素。很可能存在这样一种情况，即不要将我们自己束缚在已不符合经济现实的过去表述中。[2] 特别是，重新考虑禁止任何具有用潜在反竞争倾向但不抵消促进竞争倾向的行为的时机可能已经成熟，即使这种行为在传统意义上并不构成协议。

结　语

在新世界里，算法可以做出许多商业决策挑战了我们关于市场如何运作的一些最基本的假设。如前文揭示的那样，算法可以让协调比以往更容易和更快速，从而减少竞争的动机。这反过来又增加了减少潜在福利降低效应工具的重要性，同时确保消费者能够享受数字世界提供的好处。本文探讨了对竞争者使用算法造成竞争所带来的一些挑战，以及一些潜在的基于市场和法律的对策。特别是，它探讨了促进做法的法律结构的应用和算法作为附加因素，并提出了一个属于现有规则的情况子集。如展示的那样，现有法律可以涵摄一些算法促进协调的情况，但仍存在重大挑战。

在算法的使用方面，我们已经在追赶技术的发展，而且很可能会继续这样做。但考虑到涉及的福利利益，我们唯一的选择是向前进发，确保尽可能做好准备。正如某个法院指出的那样，"大规模的价格操纵阴谋编排技术手段的进步不需要将反托拉斯法甩在后面"。[3] 本文朝着这个方向迈出了一步。

---

① Kaplow, supra note 20, at 305.

② 一个有趣的建议来自哈林顿，supra note 6, at 48-49（建议某些支持超竞争价格的定价算法本身应该被禁止，例如强化学习定价算法）。

③ *Spencer Meyer et al.*, v. *Travis Kalanik*, 2016 WL 1266801 15 Civ. 9796（District Court, S. D. New York, March 31, 2016），Section 7.

法律资料

欧洲议会和理事会关于人工智能系统运行责任条例

（立法动议、提案及解释性陈述）

席　斌 译　汪渊智 校

目　次

一　就建立人工智能民事责任制度提请欧洲议会进行决议之立法动议

（一）参考依据及鉴于条款

1. 参考依据

欧洲议会，考虑到：

---

* 原文标题是：Draft Report with Recommendations to the Commission on a Civil Liability Regime for Artificial Intelligence〔2020/2014（INL）〕，即《就人工智能民事责任制度向欧盟委员会提出立法建议的报告草案〔2020/2014（INL）〕》，该报告草案于 2020 年 4 月 27 日由欧洲议会法律事务委员会提出（报告员为：Axel Voss）。按照欧洲议会程序，目前该报告草案仍处于法律事务委员会内部决定阶段，之后还要经过欧洲议会决议。如果要最终完成立法，欧洲议会对欧盟委员会作出立法建议之决议后，还需启动正式的立法程序，这将需要一定时间。该报告草案第二部分附带的立法提案，是目前欧盟内部第一个也是唯一的较为完备的民事法律制度（草案）。——译者注

** 席斌，山西大学法学院 2019 级民商法学博士研究生。

*** 汪渊智，山西大学法学院教授、博士生导师。

——《欧洲联盟运行条约》第 225 条，

——理事会 1985 年 7 月 25 日《关于统一各成员国有关缺陷产品责任的法律、条例与行政规定的 85/374/EEC 号指令》，

——理事会 2018 年 9 月 28 日《关于设立欧洲高性能计算联合项目的第 2018/1488 号条例》，①

——欧洲议会和理事会 2018 年 6 月 6 日《关于建立 2021—2027 数字欧洲计划的提案〔COM（2018）0434]》，

——欧洲议会 2017 年 2 月 16 日《关于就机器人技术民事法律规则向欧盟委员会提出立法建议的决议〔2015 /2103（INL)]》，②

——欧洲议会 2017 年 6 月 1 日《关于欧洲工业数字化的决议》，③

——欧洲议会 2018 年 9 月 12 日《关于自动武器系统的决议》，④

——欧洲议会 2019 年 2 月 12 日《关于欧洲人工智能和机器人技术全面工业政策的决议》，⑤

——欧洲议会 2020 年 2 月 12 日《关于自动化决策流程：确保消费者保护以及商品和服务的自由流通的决议》，⑥

——欧盟委员会 2018 年 4 月 25 日《关于欧洲人工智能的通讯〔COM（2018）0237]》，

——欧盟委员会 2018 年 12 月 7 日《关于人工智能协调计划的通讯〔COM（2018）0795]》，

——欧盟委员会 2019 年 4 月 8 日《关于在以人为本的人工智能中建立信任的通讯〔COM（2019）0168]》，

——欧盟委员会 2020 年 2 月 19 日《关于人工智能——欧洲追求卓越和信任的方法的白皮书》，

——欧盟委员会 2020 年 2 月 19 日《关于人工智能、物联网和机器人

---

① 官方公报 L 类第 252 期，2018 年 10 月 8 日，第 1 页。
② 官方公报 C 类第 252 期，2018 年 7 月 18 日，第 239 页。
③ 官方公报 C 类第 307 期，2018 年 8 月 30 日，第 163 页。
④ 官方公报 C 类第 433 期，2019 年 12 月 13 日，第 86 页。
⑤ 通过文本，编号：P8_TA（2019）0081。
⑥ 通过文本，编号：P9_TA（2020）0032。

技术对安全和责任的影响的报告》，

——欧洲议会研究处科学与技术选择评估小组（STOA）《2016 年 6 月关于机器人技术的法律和道德思考的政策简报》，

——关于 2016 年 10 月法律事务委员会内部政策总局题为《欧洲机器人民法规则》的研究报告，

——人工智能高级别专家组 2019 年 4 月 8 日题为《可信人工智能道德准则》的报告，

——人工智能高级别专家组 2019 年 4 月 8 日题为《人工智能的定义：主要能力和学科》的报告，

——人工智能高级别专家组 2019 年 6 月 26 日题为《可信人工智能的政策和投资建议》的报告，

——责任与新技术专家组 2019 年 11 月 21 日题为《人工智能和其他新兴数字技术的责任》的报告，

——欧洲议会《议事规则》第 47 条和第 54 条，

——内部市场和消费者保护委员会以及运输和旅游委员会的意见，

——法律事务委员会的报告（A9 - 0000/2020）。

2. 鉴于条款

A. "责任"的概念在我们的日常生活中起着双重重要作用：一方面，它确保遭受伤害或损害的人有权向被证明对该伤害或损害负有责任的一方主张赔偿；另一方面，它首先为自然人和法人避免造成伤害或损害提供了经济激励。

B. 任何面向未来的责任框架都必须能够在有效保护潜在遭受伤害或损害之受害者的同时，提供足够的余地使新技术、产品或服务的开发成为可能，并在二者之间达成平衡。而最终，任何责任框架的目标都应该是为各方提供法律之确定性，无论是生产者、部署者、受影响者还是任何其他第三方。

C. 侵权损害或损害赔偿责任的确定和归属通常基于过错责任制度的原则；鉴于在许多情况下，成员国的立法者或判例对责任制度进行了调整，以适应不同的需要，例如新出现的技术。

D. 一个成员国的法律制度可以排除对某些行为人的责任，或使其对某些活动更加严格；而严格的责任意味着一方当事人可以在没有过错的情况下承担责任；而在许多国家的侵权法中，如果一个风险发生，而被告人有为公众创造的，如汽车或危险活动的形式，或他不能控制的，如动物的形式。

E. 然而，人工智能系统对现有的责任框架提出了重大的法律挑战，并可能导致以下情况：它们的不透明性可能使识别谁控制了与人工智能系统相关的风险，或者哪些代码或输入最终导致了有害操作变得极其昂贵，甚至不可能。

F. 人工智能系统与其他人工智能系统和非人工智能系统之间的连通性、对外部数据的依赖性、易受网络安全漏洞的影响，以及由机器学习和深度学习能力引发的人工智能系统的自主权日益增强，使上述困难更加复杂化。

G. 人工智能系统的良好伦理标准与可靠和公平的赔偿程序相结合有助于解决这些法律挑战；而公平责任程序是指每一个遭受人工智能系统伤害或财产损失是由人工智能系统造成的人，都应享有与不涉及人工智能系统的案件相同的保护水平。

（二）引言

1. 认为将人工智能系统引入社会和经济的挑战是当前政治议程上最重要的问题之一；而基于人工智能的技术可以改善我们在几乎所有领域的生活，从个人领域（如个性化教育、健身计划）到应对全球挑战（如气候变化、饥荒）。

2. 坚信为了有效地利用这些优势并防止潜在的误用，整个欧盟针对所有人工智能系统基于原则和面向未来的立法至关重要；认为虽然针对广泛可能应用的特定部门法规更可取，但也有必要建立一个基于共同原则的横向法律框架，以在整个欧盟范围内建立同等标准，并有效地保护我们欧洲的价值观。

3. 指出数字单一市场需要充分协调，因为数字领域的特点是迅速的跨境动态和国际数据流动；认为欧盟只有以一致和共同的规则，才能实现维护欧盟数字主权和促进欧洲数字创新的目标。

4. 坚信人工智能系统的新共同规则只应采取以下形式——"条例"；认为在人工智能系统造成伤害或损害的情况下的责任问题是在这一框架内解决的关键方面之一。

（三）责任与人工智能

5. 认为没有必要全面修订运作良好的赔偿责任制度，但人工智能系统的复杂性、连通性、不透明度、脆弱性和自主性仍然是一项重大挑战；认为有必要进行具体调整，以避免遭受伤害或其财产受损的人最终得不到赔偿的情况。

6. 注意到由人工智能系统驱动的所有物理或虚拟活动、设备或过程在技术上可能是造成伤害或损害的直接或间接原因，但始终是某人创造、部署或干扰人工智能系统的结果；认为人工智能系统的不透明性和自主性使得在实践中很难甚至不可能将人工智能系统的具体有害行为追溯到特定的人类输入或设计中的决策；认为，根据被广泛接受的责任概念，人们仍然能够通过追究创造、维持或控制与人工智能系统相关风险的人的责任来绕过这一障碍。

7. 认为《产品责任指令》（PLD）已被证明是就缺陷产品所引发的损害获得赔偿的有效手段；因此，注意到当人工智能系统符合该指令下的产品资格时，还应将其用于向缺陷人工智能系统的生产者提出的民事责任索赔；如果有必要对 PLD 进行立法调整，则应在对该指令进行审查时进行讨论；认为，为了在整个欧盟范围内具有法律确定性，"后端运营者"应与生产者、制造者和开发者遵守相同的责任规则。

8. 认为会员国现行的基于过失的侵权法在多数情况下为遭受黑客等干扰第三人造成的损害或其财产被第三人损害的人提供了充分的保护，因为干扰通常构成过错行为；注意到只有在第三人无法追查或难以追查的情况下，才有必要制定其他责任规则。

9. 因此，认为本报告侧重于针对人工智能系统部署者的民事责任之请求是适当的；确认部署者的责任是合理的，因为他或她正在控制与人工智能系统相关的风险，这与汽车或宠物的主人相当；考虑到人工智能系统的复杂性和连接性，在许多情况下，部署者将是受影响者的第一个可见接触点。

（四）部署者的责任

10. 认为原则上涉及部署者的责任规则应涵盖人工智能系统的所有操作，无论该操作发生在哪里，无论是实际发生还是虚拟发生；指出，在公共场所进行的操作使许多第三者暴露于危险之中，但这种情况需要进一步考虑；认为潜在的伤害或损害的受害者往往不知道这一操作，而且通常不向部署者提出合同责任之请求；注意到当伤害或损害发生时，这类第三人只会提出过错责任之请求，而且他们可能发现很难证明人工智能系统部署者的过错。

11. 认为将部署者定义为决定使用人工智能系统、控制风险并从其操作中获益的人员是适当的；认为实施控制意味着部署者自始至终影响操作方式或改变人工智能系统内的运行功能。

12. 注意到可能存在不止一名部署者的情况；认为在这种情况下，所有部署者都应承担连带责任，同时有权按比例相互追偿。

（五）不同风险的不同责任规则

13. 认识到部署者正在控制的人工智能系统之类型是一个决定性因素；注意到具有高风险的人工智能系统在更大程度上潜在地危及普通公众；认为，基于人工智能系统对现有责任制度构成的法律挑战，似乎有理由为这些高风险的人工智能系统设立严格的责任制度。

14. 认为当人工智能系统的自主操作涉及以随机且不可能预先预测的方式对一个或多个人造成伤害的重大可能时，该系统具有很高的风险；认为该可能的重要性取决于可能伤害的严重程度、风险实现的可能性和人工智能系统的使用方式之间的相互作用。

15. 建议将所有高风险人工智能系统列入拟议条例的附件；认识到鉴于技术变化迅速和所需的技术专门知识，应由委员会每6个月审查一次该附件，并在必要时通过授权法案对其进行修改；认为委员会应与一个新成立的常设委员会密切合作，该委员会类似于现有的前体常设委员会或机动车辆技术委员会，其中包括成员国的本国专家和利益攸关方；认为"高级人工智能专家小组"成员均衡，可作为利益相关者小组形成的一个例子。

16. 认为根据会员国严格责任的制度，拟议的条例只应覆盖对生命、健康、身体完整和财产等受法律保护的重要权利的损害的救济，并应规定赔偿的数额和范围以及时效期间。

17. 确定由人工智能系统驱动的所有活动、设备或过程，如造成损害或破坏，但未列入拟议条例的附件，仍须承担基于故障的责任；认为尽管如此，受影响的人应从部署者的过错推定中获益。

（六）保险和人工智能系统

18. 认为责任风险是界定新技术、产品和服务成功与否的关键因素之一；注意到适当的风险覆盖率对于确保公众相信新技术，即使可能遭受损害或面临受影响人的法律索赔也是必不可少的。

19. 认为，根据造成损害的重大可能性，并考虑到第 2009/103/EC7 号指令，① 拟议条例附件所列高风险人工智能系统的所有部署者都应持有责任保险；认为这种针对高风险人工智能系统的强制性保险制度应涵盖拟议条例规定的赔偿金额和范围。

20. 认为由公共出资的欧洲赔偿机制不是填补潜在保险缺口的正确方式；认为考虑到金融科技行业监管沙盒的良好经验，应该由保险市场为涉及人工智能系统的众多行业和各种不同技术、产品和服务调整现有产品或创造新的保险覆盖范围。

（七）最后方面

21. 请委员会根据《欧洲联盟运行条约》第 225 条的规定，按照本公约附件所载建议，提交一份关于人工智能系统运行责任条例的提案。

---

① 官方公报 L 类第 263 期，2009 年 10 月 7 日，第 11 页。

22. 认为所要求的建议不会涉及财政问题。

23. 指示其主席向委员会和理事会提交本决议和所附建议。

二 《欧洲议会和理事会关于人工智能系统运行责任条例》之立法提案

（一）提案的原则和目标①

本报告讨论了数字化的一个重要方面，即数字化本身是由跨境活动和全球竞争所形塑的。下述原则应当予以遵循：

——真正的数字单一市场需要一部条例进行全面协调；

——要解决部署人工智能系统带来的新的法律挑战，必须为生产者、部署者、受影响者和任何其他第三方建立最大的法律确定性；

——不应过度监管，因为这会阻碍欧洲在人工智能领域的创新，特别是当技术、产品或服务是由中小企业或初创企业开发的；

——我们不应取代运作良好的既有责任制度，而应通过采取一种新的和面向未来的思路来进行一些具体调整；

——本报告和产品责任指令是人工智能系统共同责任框架的两大支柱，需要所有政治行动者之间的紧密协作；

——公民需要享有同等水平的权利和保护，不论伤害是否由人工智能系统造成，也不论这种伤害发生在身体上还是精神上。

（二）提案文本

《欧洲议会和理事会关于人工智能系统运行责任条例》

（提案文本）

——考虑到《欧洲联盟运行条约》，特别是其中第 114 条，

——考虑到欧洲联盟委员会的提议，

---

① 提案的原则和目标、立法提案文本分别对应原文的 A 项和 B 项。——译者注

——立法草案转交各国议会后，

——考虑到欧洲经济和社会委员会的意见，①

——按照普通立法程序行事，②

鉴于条款：

（1）"责任"的概念在我们的日常生活中起着双重重要作用：一方面，它确保遭受伤害或损害的人有权向被证明对该伤害或损害负有责任的一方主张赔偿；另一方面，它首先为自然人和法人避免造成伤害或损害提供了经济激励；任何责任框架都必须能够在有效保护潜在遭受伤害或损害之受害者的同时，提供足够的余地使新技术、产品或服务的开发成为可能，并在二者之间达成平衡。

（2）特别是在新产品和服务的生命周期开始时，用户和第三方都存在一定程度的风险，即某些东西不能正常运作。这一试错的过程同时也是技术进步的关键促成因素，没有这一点，我们的大多数技术将不复存在。到目前为止，新产品和服务所伴生的风险已通过强有力的产品安全立法和责任规则得到适当缓解。

（3）然而，人工智能的兴起对现有的责任框架提出了重大挑战。在我们的日常生活中使用人工智能系统会导致这样的情况：它们的不透明性（"黑箱"元素）使得识别谁控制了人工智能系统的使用风险，或者是哪个代码或输入导致了有害的操作变得极其昂贵，甚至不可能。人工智能系统、其他人工智能系统及非人工智能系统相互之间的连通性，对外部数据的依赖性，网络安全漏洞的脆弱性以及由机器学习、深度学习能力引发的人工智能系统的日益自主性进一步加剧了上述困难。除了这些复杂的特征和潜在的漏洞之外，人工智能系统还可能被用来造成严重的伤害，例如，通过违背个人意愿追踪个人、引入社会信用体系或构建致命的自主武器系统来损害我们的价值观和自由。

（4）在这一点上，仍必须指出，部署人工智能系统的优势要远远大于

---

① 官方公报……（原文未注明。——译者注）
② 官方公报……（原文未注明。——译者注）

劣势。它们将有助于更有效地应对气候变化、提升医疗检查能力，更好地让残疾人融入社会，并为各类学生提供量身定制的教育课程。充分把握各种技术机遇，提高人们对人工智能系统使用的信任度，同时防止可能出现的有害情形，健全与坚实公正之赔偿机制相结合的道德标准，是最好的出路。

（5）任何关于既有法律框架所需改变的讨论，都应首先厘清，人工智能系统既没有法律人格，也没有人类良知，它们的唯一任务就是为人类服务。许多人工智能系统与其他技术也没有太大区别，这些技术有时会构建于更为复杂的软件。最终，绝大多数的人工智能系统被用于处理琐碎的任务，而不会给社会带来任何风险。然而，也有一些人工智能系统是以一种关键的方式部署的，它们建立在神经元网络和深度学习过程之基础上。它们的不透明性和自主性可能使人们很难将具体的行为追溯到设计或操作中的具体人类决策。例如，这样一个人工智能系统的部署者可能会辩称，造成伤害或损害的物理或虚拟行为、设备或过程是他或她无法控制的，因为这些伤害或损害是由人工智能系统自主操作所造成的。同时，一个自主人工智能系统的单纯运作不应成为认可责任请求的充分理由。因此，可能会出现因人工智能系统而遭受伤害或损害的人无法证明生产者、干扰的第三方或部署者的过错，最终无法获得赔偿。

（6）然而，应当始终清楚的是，无论是谁创造、维护、控制或干扰人工智能系统，都应当对活动、设备或过程造成的伤害或损害负责。这一点源于普遍接受的正义的责任概念，根据这一概念，为公众制造风险的人在风险发生时应承担责任。因此，人工智能系统的兴起并不意味着需要对整个欧盟的责任规则进行全面修订。对既有立法的具体调整以及制定少量的新规定将足以应对人工智能带来的相关挑战。

（7）理事会 85/374/EEC3 号指令[①]已被证明是对缺陷产品造成的损害获得赔偿的有效手段，因此，它也应当适用于有缺陷人工智能系统造成伤

---

① 《欧洲经济共同体理事会 1985 年 7 月 25 日关于统一各成员国有关缺陷产品责任的法律、条例与行政规定的 85/374/EEC 号指令》（官方公报 L 类第 210 期，1985 年 8 月 7 日，第 29 页）。

害或损害的一方当事人向生产者主张民事责任。为符合欧盟更好的监管原则，任何必要的立法调整都应在审查产品责任指令时进行讨论。会员国既有的基于过错责任的立法在大多数情况下也为因第三人侵害而遭受伤害或损害的人提供了充分的保护，因为这种侵害通常构成基于过错的行为。因此，本条例应侧重于针对人工智能系统部署者的责任请求。

（8）根据本条例，部署者的责任是基于他或她通过操作人工智能系统来控制风险的事实。与汽车或宠物的主人相比，部署者能够对物品带来的风险进行一定程度的控制。因此，实施控制应被理解为部署者的任何行为，该行为自始至终影响操作方式，或改变人工智能系统内的特定功能或过程。

（9）如果用户，即使用人工智能系统的人，涉及伤害事件，则只有在该用户也有资格作为部署者的情况下，他或她才应根据本条例承担责任。本条例不应将后端运营者视为部署者，因为后端运营者是持续定义相关技术特性并提供必要且持续的后端支持的人员，因此，条例之规定不应适用于后端运营者。为了确保整个欧盟的法律确定性，后端运营者应遵守与生产者、制造者和开发者相同的责任规则。

（10）本条例原则上应涵盖所有人工智能系统，不论它们在哪里运作，以及是以实际还是虚拟的模式运作。然而，根据本条例，大多数的责任请求应针对第三方责任案件，在这种情况下，人工智能系统在公共场所运行，并使许多第三方面临风险。在这种情况下，受影响者通常不会知道正在运行的人工智能系统，也不会与部署者有任何合同或法律关系。因此，人工智能系统的运作将受影响者置于一种情况，在这种情况下，如果造成伤害或损害，他们仅对人工智能系统的部署者提出基于过错的责任请求，要面临证明部署者过错的严重困难。

（11）部署者控制的人工智能系统之类型是一个决定因素。一个包含高风险的人工智能系统可能会在更高的程度上以一种随机的、不可能提前预测的方式危害公众。这即是说，在人工智能系统自主运作之初，大部分可能受影响者都是未知或无法识别的（例如在公众广场或隔壁屋内的人士），而人工智能系统的运作则涉及特定人士，而这些人士以前经常同意部署人工智能系统（例如在医院接受手术或在小型商店进行销售示范）。确定高风险人工智能系统造成伤害或损害的可能性有多大，应取决于人工智能系统的使用方式、潜在伤害或损害的严重程度以及风险现实化可能性之间的相互作用。严重程度应根据运作造成的潜在危害程度、受影响的人数、潜在损害的总价值以及对整个社会的危害来确定。应根据算法计算在决策过程中的作用、决策的复杂性和效果的可逆性来确定可能性。归根结底，使用方式除其他外，应取决于该制度所处的部门，是否能够对受影响者受法律保护的重要权利产生法律或事实上的影响，以及这种影响是否能够合理避免。

（12）所有具有高风险的人工智能系统应列在本条例的附件中。鉴于技术和市场的迅速发展以及对人工智能系统进行充分审查所需的技术专长，应根据《欧洲联盟运行条约》第 290 条之规定，将制定授权法案的权力授权给委员会，以便对构成高风险的人工智能系统类型及其使用的关键部门修订本条例。根据本条例规定的定义和条款，委员会应每 6 个月对附件进行一次审查，并在必要时通过授权法案对其进行修订。为了给企业提供足够的规划和投资保障，关键部门的改革应该每 12 个月进行一次。如果开发者目前正在开发属于附件中规定之现有关键部门之一的新技术、产品或服务，并随后有可能成为高风险人工智能系统，则应通知委员会。

（13）特别重要的是，委员会应在筹备工作期间进行适当磋商，包括专家层级的磋商，这些磋商应按《2016 年 4 月 13 日关于更好地制定法律的机构间协定》① 中规定的原则进行。一个名为"高风险人工智能系统技术委员会"（TCRAI）的常设委员会应协助委员会根据本条例进行审查。该常设委员会应由成员国代表以及平衡挑选的利益攸关方组成，包括消费者组织、来自不同部门和规模的企业代表以及研究人员和科学家。特别地，为确保平等参与制定授权法案，欧洲议会和欧洲理事

---

① 官方公报 L 类第 123 期，2016 年 5 月 12 日，第 1 页。

会作为成员国专家同时收到所有文件，其专家在处理授权法案的准备工作时，有系统地可以参加欧盟委员会专家组会议和 TCRAI 常设委员会会议授权行为。

（14）根据成员国的严格责任制度，本条例只应涵盖对生命、健康、人身完整和财产的伤害或损害。基于同样的原因，应当确定赔偿的数额和程度，以及提出责任请求的时效期限。与《产品责任指令》相比，本条例应规定明显较低的赔偿上限，因为它仅涉及人工智能系统的单一运作，而前者则涉及一批产品甚至一条产品线有相同缺陷产品。

（15）由本条例附件中未列为高风险之人工智能系统的人工智能系统驱动的所有物理或虚拟活动、设备或运作过程，仍应承担基于过错的责任。应继续适用包括有关赔偿数额、赔偿范围和时效期限的各成员国国内法，也包括任何与之相关的法律学说。然而，遭受人工智能系统造成的伤害或损害的人应受益于部署者的过错推定。

（16）部署者应尽的勤勉义务应与以下情形相称：（i）人工智能系统的性质，（ii）受法律保护之潜在受影响权利，（iii）人工智能系统可能造成的潜在伤害或损害以及（iv）这种损害的可能性。因此，应该考虑到部署者可能对人工智能系统中使用的算法和数据了解有限。如果部署者选择了已根据［第 COM（2020）65 号文件最终版第 24 页设想的自愿认证计划］认证的人工智能系统，则应假定部署者在选择合适的人工智能系统时已遵守了适当的注意义务。如果部署者能够证明在人工智能系统运作期间对其进行了实际和定期的监测，并在运行期间向制造者通报了潜在的异常情况，则应假定部署者在人工智能系统运行期间遵守了适当的注意义务。如果部署者安装了人工智能系统生产者提供的所有可用更新，则应假定部署者在维护操作可靠性方面遵守了应有的注意义务。

（17）为了使部署者能够证明他或她没有过错，生产者应该有责任与部署者协作。此外，欧洲和非欧洲生产者还应有义务指定一名欧盟内的人工智能责任代表作为联络点，以答复部署者的所有请求，这一做法系参酌《统一数据保护条例》（GDPR）第 37 条（数据保护官员）、欧洲议会和理事会第 2018/858 号条例①第 3 条（41）款和第 13 条（4）款以及欧洲议会和理事会第 2019/1020 号条例②第 6 条（制造者代表）、第 4 条（2）款和第 5 条等类似规定。

（18）立法者必须考虑人工智能系统从开发到使用再到寿命终结的整个生命周期中与其相关的责任风险。将人工智能系统纳入产品或服务对企业来说是一种财务风险，并将对中小型企业以及初创企业在基于新技术的项目提供保险和融资方面的能力和选择产生重大影响。因此，法律责任的目的不单只是保障个人在法律上的重要权利。这种责任也是决定企业，特别是中小型企业和初创企业是否有能力筹集资金、创新和最终提供新产品和服务，以及客户是否愿意使用这些产品和服务的决定因素，尽管企业也要面临潜在的风险和法律索赔。

（19）保险有助于确保受害者能够获得有效的赔偿，并分担所有被保险人的风险。保险公司提供保险产品和服务所依据的因素之一是基于对充分的历史索赔数据的风险评估。无法获得或缺乏高质量的数据可能是一开始很难为新兴技术创建保险产品的原因。然而，更多地获取和充分地使用新技术产生之数据，将增强保险公司对新出现的风险进行建模的能力，并促进开发更具创新性的保险。

（20）尽管缺少历史索赔数据，但随着技术的发展，已经出现了按地区和按覆盖范围开发的保险产品。许多保险公司专门研究某些市场领域（例如中小型企业）或提供某些产品类型（例如电气产品）的承保范围，这意味着通常会有被保险人购买保险产品。如果需要新型保险，保险市场将得到发展并提供合适的解决方案，从而缩小保险缺口。在特殊情况下，如果赔偿金大大超过了本条例所规定的最高限额，则应鼓励会员国在有限

---

① 《2018 年 5 月 30 日欧洲议会和理事会关于批准和市场监督机动车及其挂车以及拟用于此类车辆的系统、部件和单独技术单元的（EU）2018/858 号条例，并修订（EC）第 715/2007 号和（EC）第 595/2009 号条例，废除第 2007/46/EC 号指令》（官方公报 L 类第 151 期，2018 年 6 月 14 日，第 1 页）。

② 《2019 年 6 月 20 日欧洲议会和理事会关于市场监督和产品合规的（EU）第 2019/1020 号条例，并修订第 2004/42/EC 号指令、（EC）第 765/2008 号和（EU）305/2011 号条例》（官方公报 L 类第 169 期，2019 年 6 月 25 日，第 1 页）。

的时间内设立特别赔偿基金，以满足这些案件的特殊需要。

（21）至关重要的是，将来对该条例的提案文本的任何更改都必须与对产品责任指令的必要审查一起进行。为人工智能系统的部署者引入新的赔偿责任制度要求本条例的条款和产品责任指令的审查应在实质和方法上紧密协调，以使它们共同构成一致的人工智能系统的赔偿责任框架，以在责任风险方面平衡生产者、部署者和受影响者的利益。因此，有必要在所有立法中调整和简化人工智能系统、部署者、生产者、开发者、缺陷、产品和服务的定义。

（22）鉴于本条例的目标，即在欧盟层面建立面向未来的统一方法，为我们的公民和企业制定共同的欧洲标准，并确保整个欧盟的权利和法律确定之一致性，以避免数字单一市场的碎片化，并使人工智能系统的责任制度得到充分协调，因为碎片化将妨碍在欧洲维护数字主权和促进数字创新的目标。由于快速的技术变革、跨境发展以及人工智能系统的使用以及最终整个联盟相互冲突的立法路径，成员国无法充分实现上述目标，但由于行动的规模或效果，这一目标可在联盟一级实现。欧盟可以根据《欧洲联盟条约》第 5 条规定的辅助性原则采取措施。根据该条规定的相称性原则，本条例不会超出实现这些目标所必需的范围。

第一章　总则

第 1 条　主旨

本条例规定了自然人和法人就人工智能系统向其部署者主张民事责任的规则。

第 2 条　适用范围

1. 本条例适用于在联盟领域内人工智能系统驱动的所有物理或虚拟活动、设备或运作过程对自然人或法人的生命、健康、身体完整性或财产造成的伤害或损害。

2. 人工智能系统的部署者与因人工智能系统而遭受伤害或损害的自然人或法人之间的任何协议，凡规避或限制本条例规定之权利和义务的，无论是在造成伤害或损害之前还是之后订立的，均应被视为无效。

3. 本条例不影响因部署者与人工智能系统造成伤害或损害的自然人或法人之间的合同关系而产生的任何其他责任之主张。

第 3 条　定义

就本条例而言，适用下列定义：

（A）"人工智能系统"是指具有一定程度的自主性的，通过分析某些输入并采取行动来展示智能行为以实现特定目标的系统。人工智能系统可以是纯粹基于软件并运行于虚拟世界中，也可以嵌入硬件设备中；

（B）"自主"是指人工智能系统通过感知某些输入进行操作，而不需要遵循一组预先确定的指令，尽管其行为受到给定目标和开发者做出的其他相关设计选择的限制；

（C）"高风险"是指在自主运行的人工智能系统中，以随机且不可能在先预测的方式对一个或多个人造成伤害或损害的重大潜在可能；该潜在可能的重要性取决于可能的伤害或损害的严重程度、风险实现的可能性和人工智能系统的使用方式之间的相互作用；

（D）"部署者"是指决定使用人工智能系统，并对相关风险和操作收益进行控制的人；

（E）"伤害或损害"是指自然人或法人的生命、健康、身体完整或财产受有之不利影响，非物质损害除外；

（F）"生产者"是指人工智能系统的开发者或后端运营者，或理事会 85/374/EEC 号指令①第 3 条所界定的生产者。

第二章　高风险人工智能系统

第 4 条　高风险人工智能系统的严格责任

1. 高风险人工智能系统的部署者须对人工智能系统驱动的所有物理或虚拟活动、设备或运作过程造成的任何伤害或损坏承担严格责任。

2. 高风险人工智能系统类型及其关键部门应列入本条例附件。委员

---

① 《欧洲经济共同体理事会 1985 年 7 月 25 日关于统一各成员国有关缺陷产品责任的法律、条例与行政规定的 85/374/EEC 号指令》（官方公报 L 类第 210 期，1985 年 8 月 7 日，第 29 页）。

会有权根据第13条之规定通过授权法案，以下述方式修订附件中的详尽清单：

（A）包括新类型的高风险人工智能系统及其部署的关键部门；

（B）删除不再被认为构成高风险的人工智能系统类型；及/或

（C）改变既有高风险人工智能系统的关键部门。

任何修改附件的授权法案应在其通过6个月后生效。在决定以授权法案的方式将新的关键部门和/或高风险人工智能系统插入附件当中时，委员会应充分考虑本条例中列出的标准，特别是第3条第（C）项中列出的标准。

3. 高风险人工智能系统的部署者不得以其行为已尽到勤勉义务或损害是由人工智能系统驱动的所有物理或虚拟活动、设备或运作过程所造成之原因主张自己免责。因不可抗力造成的伤害或损害，部署者不承担责任。

4. 高风险人工智能系统的部署者应确保其责任保险范围与第5条、第6条规定的赔偿金额和范围相适应。如果按照联盟或成员国的其他法律已生效的强制保险制度被认为已经覆盖了人工智能系统的运作，则根据本条例，为人工智能系统投保的义务应被视为已履行，只要相关的现有强制保险覆盖了本条例第5条和第6条规定之赔偿。

5. 在人工智能系统的严格责任类型发生冲突的情况下，本条例应优先于成员国既有的责任制度。

第5条 赔偿金额

1. 根据本条例被追究伤害或损害责任的高风险人工智能系统之部署者应负担下述赔偿：

（A）如果由于同一高风险人工智能系统的相同操作而导致死亡或对一个或多个人的健康或身体完整性造成伤害，则赔偿总额最高可达1000万欧元；

（B）如果对财产造成损害，包括一人或多人的多项财产因同一高风险人工智能系统的同一操作而受损，赔偿总额最高可达200万欧元；如果受影响者还对部署者主张合同之责任，如果财产损害总额低于500欧元，则不应根据本条例给付赔偿。

2. 凡因同一高风险人工智能系统的同一操作而遭受伤害或损害的多人之合计赔偿额超过第 1 段所规定的最高总额，则须按比例减少应给付于每个人的金额，以使合计赔偿额不超过第 1 段所列的最高金额。

第 6 条　赔偿范围

1. 在第 5 条第（1）款第（A）项规定的数额内，部署者应支付的赔偿金，如果发生人身伤害并造成受影响者随后死亡，赔偿金的计算应当基于：受影响者去世前所接受的医疗费用，以及死亡前丧失或减少收入能力或死亡前之伤害期间需求增加所造成的金钱上的持续损失。负有责任的部署者还应将死者的丧葬费偿还给负责支付这些费用的一方。

如果在伤害致死的事件发生时，受影响者与第三方存有某种关系且负有供养该第三方的法律义务，则部署者应通过以下方式赔偿第三方：在受影响人本应支付的范围内，支付相当于其年龄和一般描述之人的平均预期寿命的期间的生活费用。如果在伤害致死的事件发生时，第三方已经受孕但尚未分娩，部署者也应赔偿第三方。

2. 在第 5 条第（1）款第（B）项规定的数额内，部署者在受影响者的健康或身体完整受到伤害的情况下应支付的赔偿应包括偿还相关医疗费用以及支付受影响者遭受的任何金钱上的持续损失，这一损失包括受影响者收入能力之暂时中止、减少或永久丧失，或经医学证明的受影响者之需求增加。

第 7 条　时效期间

1. 根据第 4 条第（1）款提出的有关生命、健康或身体完整伤害的民事责任之请求，其特别时效期间为 30 年，自伤害发生之日起计算。

2. 根据第 4 条第（1）款提出的有关财产损害的民事责任之请求，其特别时效期间为：

（A）10 年，自财产损害发生之日起计算，或

（B）30 年，自未来高风险人工智能系统运作导致财产损害发生之日起计算。

上一款涉及的时效期间，以先结束的期间为准。

3. 本条不影响成员国国内法关于中止或中断时效期间的规定。

第三章　其他人工智能系统

第 8 条　其他人工智能系统的过错责任

1. 根据第 3 条第（C）项之规定，未被定义为高风险人工智能系统的人工智能系统的部署者，以及因此未列入本条例附件的部署者，应对人工智能系统驱动的所有物理或虚拟活动、设备或运作过程所造成的任何伤害或损害承担过错责任。

2. 如果部署者能够证明伤害或损害自己无过错，则部署者不承担任何责任，过错的判定依据下述任一理由：

（A）在不知情的情况下激活人工智能系统，同时采取一切合理和必要的措施避免激活，或；

（B）通过以下方式尽到了勤勉义务：为正确的任务和技能选择适当的人工智能系统、使人工智能系统正式投入运行、通过定期安装所有可用的更新来监控系统活动并保持运行可靠性。

部署者不得以伤害或损害是由人工智能系统驱动的所有物理或虚拟活动、设备或运作过程所造成而主张自己免责。因不可抗力造成的伤害或损害，部署者不承担责任。

3. 如果伤害或损害是由第三方通过修改人工智能系统的功能而干扰该系统造成的，但如果该第三方无法追踪，部署者仍应负责支付赔偿金。

4. 应部署者的要求，人工智能系统的生产者有义务在责任请求重要性所保证的范围内与部署者合作，以便部署者能够证明其行为无过错。

第 9 条　关于赔偿和时效期限的国家规定

根据第 8 条第（1）款提出的民事责任之请求，在时效期限以及赔偿金额和范围方面，应遵守伤害或损害发生地之成员国的法律。

第四章　责任分配

第 10 条　与有过失

1. 如果伤害或损害是由人工智能系统驱动的所有物理或虚拟活动、设备或运作过程以及受影响者或受影响者负责之任何人的行为造成的，则部署者在本法规下的责任程度应相应减少。如果受影响者或其负责之人对造成的伤害或损害负有单独或主要责任，则部署者不承担责任。

2. 被追究责任的部署者可以使用人工智能系统生成的数据来证明受影响者的与有过失部分。

第 11 条　连带责任

如果一个人工智能系统的部署者不止一人，他们应承担连带责任。

如果任何部署者也是人工智能系统的生产者，则本条例应优先适用于《产品责任指令》。

第 12 条　追偿

1. 除非根据本条例有权获得赔偿的受影响者已全额获得赔偿，否则部署者无权采取追偿行动。

2. 如果部署者与其他部署者对受影响者承担连带责任，并已按照第 4 条第（1）款或第 8 条第（1）款之规定向受影响者全额赔偿，则部署者可以按照其责任比例向其他部署者追偿部分赔偿。除另有规定外，负有连带责任的部署者应以同等比例相互承担责任。不能从共同承担责任的部署者处取得的，不足部分由其他部署者承担。连带责任情况下，在部署者赔偿受影响者并要求其他承担责任部署者调整垫付的范围内，受影响者对其他部署者的赔偿请求应由赔偿的部署者代位提出。代位求偿权的主张不得有损于原请求。

3. 如果有缺陷的人工智能系统的部署者根据第 4 条第（1）款或第 8 条第（1）款完全赔偿了受影响者的伤害或损害，其可以根据 85/374/EEC 号指令和有关缺陷产品责任的成员国之规定，对有缺陷的人工智能系统的生产者采取措施以补救自身损失。

4. 如果部署者的保险人按照第 4 条第（1）款或第 8 条第（1）款之规定赔偿了受影响者的伤害或损害，则受影响者就同一损害向另一人提出的任何民事责任之请求应代位给部署者的保险人，数额为部署者的保险人向受影响者赔付之数额。

第五章　最后规定

第 13 条　授权的行使

1. 委员会通过授权法案的权力须受本条所规定的条件之规限。

2. 第 4 条第（2）款所涉及委员会通过授权法案的权力期限为五年，自本条例适用之日起计算。

3. 第 4 条第（2）款所涉及之授权的权力可随时由欧洲议会或理事会撤销。撤销决定应当终止该决定明定的权力授权。该决定应在《欧洲联盟官方公报》公布之日或其中规定的较后日期生效。不影响任何已生效授权法案之有效性。

4. 在通过一部授权法案之前，委员会应根据《2016 年 4 月 13 日关于更好地制定法律的机构间协定》中规定的原则，与高风险人工智能系统技术委员会（TCRAI – commitee）进行磋商。

5. 委员会一经通过授权法案，即应同时通知欧洲议会和理事会。

6. 根据第 4 条第（2）款通过的授权法案只有在欧洲议会或理事会在接到通知后 2 个月内没有表示反对，或在该期限届满前，欧洲议会和理事会均已告知欧盟委员会它们不作反对的情况下才能生效。根据欧洲议会或理事会的提议，该期限应延长 2 个月。

第 14 条　审查

欧盟委员会应在 202 × 年［本条例实施之日起 5 年后］前审查本条例，此后每 3 年向欧洲议会、理事会和欧洲经济社会委员会提交一份详细的报告，根据人工智能的进一步发展审查本条例。

在编写前段提到的报告时，委员会应要求成员国提供有关判例法、法院裁判以及事故统计数据的相关信息，如事故数量、造成的损害、涉及的人工智能申请、保险公司的赔付。

委员会的报告应酌情附有立法提案。

第 15 条　生效

本条例自《欧洲联盟官方公报》公布之日起第 20 天起生效并将于 202 × 年 1 月 1 日起开始适用。本条例应具有全部效力，并直接适用于成员国。

附录：构成高风险人工智能系统及正在部署人工
智能系统之关键部门的详表[*]

	人工智能系统	关键部门
（a）	（EU）2018/1139 号条例第 3 条第（30）款所涉及的无人飞机	交通
（b）	符合国际自动机工程师学会（SAE）J 3016 号标准的自动化级别 4 级和 5 级的自动驾驶车辆	交通
（c）	自主交通管理系统	交通
（d）	自主机器人	辅助
（e）	公共场所自主清洁设备	辅助

三　动议及立法提案之解释性陈述

　　"责任"的概念在我们的日常生活中起着双重重要作用：一方面，它确保遭受伤害或损害的人有权向被证明对该伤害或损害负有责任的一方主张赔偿；另一方面，它首先为自然人和法人避免造成伤害或损害提供了经济激励。任何面向未来的责任框架都必须能够在有效保护潜在遭受伤害或损害之受害者的同时，提供足够的余地使新技术、产品或服务的开发成为可能，并在二者之间达成平衡。

　　特别是在新产品和服务的生命周期开始时，用户和第三方都存在一定程度的风险，即某些东西不能正常运作。这一试错的过程同时也是技术进步的关键促成因素，没有这一点，我们的大多数技术将不复存在。到目前为止，欧洲强有力的产品安全法规和责任规则已经足以应对新技术可能带来的更高风险。在许多人看来，人工智能的兴起正在挑战这种确定性。使这项技术独一无二的是它的"不透明性"，换句话说，它的"黑箱"特

---

　　[*]　本附件应旨在复制第 2018/858 号条例附件一（2018 年 5 月 30 日欧洲议会和理事会关于批准和市场监督机动车及其挂车以及拟用于此类车辆的系统、部件和单独技术单元的（EU）第 2018/858 号条例）中的详细程度。

性。再加上人工智能系统、其他人工智能系统及非人工智能系统相互之间的连通性，对外部数据的依赖性，网络安全漏洞的脆弱性以及独特的自主性使得识别谁控制了人工智能系统的使用风险，或者是哪个代码或输入导致了有害的操作变得极其昂贵，甚至不可能。因此，受侵害之人可能会面临获得赔偿的困难。许多人工智能系统与其他技术也没有太大区别，这些技术有时会构建于更为复杂的软件。现代人工智能系统通常性的功能相当琐碎，并且与我们从科幻电影中认识的有意识的机器人相去甚远。因此，有关授予人工智能系统法律人格的任何讨论都已太过陈旧。选择一种明智的方法来应对新的人工智能系统带来的法律挑战，意味着我们不用对责任框架进行重大更改。如果某人由于人工智能系统故障而受到伤害，则《产品责任指令》应该仍然是向生产者寻求赔偿的法律途径。如果损害是由侵害的第三人造成的，则会员国现有的基于过错的责任制度（在大多数情况下）提供了足够的保护水平。根据欧盟更好的监管原则，应在这些法律框架中讨论对生产者和侵害之第三人的任何必要立法调整。

尽管如此，本报告还是对现有责任制度的信心提出了一个重要的例外：在涉及人工智能系统部署者的责任时，本报告看到了一个法律空白。尽管这些人正在决定使用人工智能系统，他们主要是对相关风险进行控制并从其操作中受益，但由于受影响者无法证明部署者的过错，许多针对他们责任的请求都将失败。特别是在一些情况下，如伤害是由公共场所中的人工智能系统操作造成的，那么潜在的大量受影响者群体通常不会与部署者保持任何合同关系，使他们几乎没有机会获得损害赔偿。报告员根据人工智能系统的风险程度，提出了两种不同的方法来解决这一法律漏洞。

（1）高风险人工智能系统：这种系统的部署者与汽车或宠物的主人处于非常相似的位置。他（她）以一种随机的、不可能事先预测的方式，对严重危害公众的物品实施控制。因此，部署者——像汽车或宠物的主人一样——应当受到严格的责任制度的约束，并在一定程度和一定数额内赔偿受害者受法律保护的重要权利（生命、健康、人身完整、财产）遭受的任何损害。本报告定义了人工智能系统可被认定为高风险的明确标准，并将其详细列在附件中。鉴于技术和市场的迅速发展，以及充分审查人工智能系统所需的技术专门知识，应由欧洲联盟委员会通过授权法案修订附件。一个新成立的常设委员会，由各国专家和利益攸关方参加，应协助委员会审查潜在的高风险人工智能系统。

（2）所有其他人工智能系统：被未在附件中列出的人工智能系统造成伤害的人，仍应受益于对部署者的过错推定责任。关于赔偿数额和程度以及在人工智能系统造成损害的情况下的时限，成员国的法律仍然适用。

任何关于新立法的提案都需要深入分析现有法律，以避免重复或条款冲突。根据这一原则，本报告只涉及对生命、健康、人身完整和财产的损害。尽管人工智能系统可以公认地对人身权利和其他重要的受法律保护的利益造成相当大的损害，但在这些领域已有的和专门制定的法律规定（如反歧视法或消费者保护法）可以更好地解决这些侵权问题。出于同样的原因，报告员没有将人工智能系统使用生物测定数据或人脸识别技术纳入报告；在这一领域的任何未经授权的使用都已包括在《通用数据保护条例》等具体的数据保护法律中。在涉及人工智能系统是否属于严格责任或合同协议的限制效力问题时，关于相互冲突的国家责任制度，本报告认为，条例的规定应始终优先适用。此外，条例的目标是在受影响人以外的其他人向生产者提出潜在责任索赔之前，由部署者对受影响人实现充分赔偿。为了确保整个联盟的法律确定性，本条例未涵盖的后端运营者应与生产者、制造者和开发者遵守相同的责任规则。

由于欧盟及其成员国不需要对其责任框架进行根本性的改革，人工智能系统也不应该把我们从传统的保险体系中推开。公共资助的补偿机制并不能充分应对人工智能的兴起。这种补偿制度只会给纳税人带来不必要的财政负担。尽管缺乏涉及人工智能系统的高质量历史索赔数据，但随着技术的进一步发展，欧洲保险公司已经在逐个按地区和按覆盖范围地开发新产品。如果需要新的保险，保险市场会想出一个适当的解决办法。假想的场景被用来游说额外的公共系统是错误的。如果有一天像大规模恐怖袭击这样的大规模伤害事件发生，会员国可以像过去一样，在有限的时间内设立特别赔偿基金。

因此，本报告仅要求高风险人工智能系统的部署者持有足够的责任保险（与机动车辆保险规定指令中设定的义务相当），包括本法规确定的赔偿金额和范围。报告员坚信，保险市场要么调整现有的保险范围，要么推出各种新产品，分别涵盖不同部门的不同类型人工智能系统。

对人工智能系统部署者的责任规则采取了狭隘但明确的做法，报告员深信，要在有效保护社会和允许这一令人兴奋的技术进步与创新之间取得平衡。很多时候，只有人工智能的风险被挑出来了。是的，人工智能系统可以用来做坏事。但是，我们是否会允许负面效应的展现——从手机到核能的所有技术都会出现这种情况——来限制我们的普遍使用呢？我们是否想在应对气候变化的斗争中告知人工智能系统的帮助，改善我们的医疗保健系统，抑或更好地让残疾人融入社会？本报告强烈建议，在建立强有力的保障措施的同时，要集中精力挖掘人工智能系统的积极影响。

因此，所有关于人工智能的新法律都应以条例的形式制定。由于数字领域具有快速跨境动态的特点，我们的欧洲数字单一市场需要充分协调，以赶上全球数字竞争。必须强调的是，关于该条例的政治讨论应与对《产品责任指令》的必要审查同时进行。为人工智能系统的部署者引入一个新的责任制度，要求就本报告进行的谈判和对产品责任指令的审查在实质和方法上密切协调，以便它们共同构成一个统一的人工智能系统责任框架，平衡生产者、部署者的利益以及责任风险方面的受影响者。因此，在所有立法行动中调整和精简人工智能系统、部署者、生产者、开发者、缺陷、产品和服务的定义似乎是必要的。

最后但并非最不重要的是，政治参与者应该意识到，技术进步不会在他们的立法谈判中停止。如果我们的目标是跟上数字化的步伐，维护我们的数字主权，并在数字时代发挥重要作用，那么欧洲机构需要向我们成功的行业和从事新型人工智能系统研究的聪明研究人员发出明确的政治信息。在对人工智能兴起的立法回应成为法律之前，行业和研究人员应能够根据当前规则进行创新，并应受益于长达 5 年的过渡期。如果我们不给他们这种规划上的确定性，欧洲将错过许多令人着迷的新技术、产品或服务。

韩国个人信息保护法

高昱滋[*] 译

第一章 总则

第 1 条（目标）

本法规定了个人信息的处理和保护等相关事项，以保护个人的自由与权利，进而具体实现个人的尊严和价值为目标。<2014.3.24 修改 >

第 2 条（定义）

本法下列用语的含义：<2014.3.24，2020.2.4 修改 >

1. 个人信息是指符合下列任意一项规定的与自然人相关的信息：

甲 可以通过姓名、居民身份证号及视频等识别个人身份的信息；

乙 即使不能通过相关信息识别特定个人，但是可以通过与其他信息的简单结合识别特定个人身份的信息。此情况下，判断是否能够进行简单结合，需合理考虑识别个人身份（如获取其他信息的可能性）所需时间、费用、技术等；

丙 根据第 1 项之二对甲或乙进行去标识化处理的信息，即不使用、结合为了恢复原状而追加的信息就无法识别特定个人的信息（以下称为"去标识化信息"）。

1 之二 "去标识化处理"是指通过将个人信息部分删除或者部分或全部替代的方法，使其在不借助额外信息的情况下无法识别特定自然人的处

---

* 高昱滋，中国社会科学院大学法律硕士。

理过程。

2．"处理"是指个人信息的收集、生成、连接、联动、记录、储存、保存、加工、编辑、检索、输出、更正、修复、利用、提供、公开、销毁，以及其他类似的活动。

3．"信息主体"是指依据处理过的信息可以识别的主体。

4．"个人信息档案"是指为了方便检索个人信息，将个人信息依据一定规则系统排列或组成的集合。

5．"个人信息处理者"是指为了处理业务，运用个人信息档案自行处理个人信息或者通过他人处理个人信息的公共机关、法人、团体以及个人等。

6．"公共机关"是指下列各机关：

甲　国会、法院、宪法裁判所、中央选举管理委员会中处理行政事务的机关，中央行政机关（包含总统所属机关及国务总理所属机关）及其所属机关，地方自治团体；

乙　其他由总统令规定的国家机关及公共团体中的机关。

7．"影像信息处理设备"是指总统令规定的在一定空间内持续安装的对人或者事物的影像等进行拍摄或者通过有线、无线网络传输该信息的装置。

8．"科学研究"是指运用技术的开发与实证、基础研究、应用研究及民间投资研究等科学方法所做的研究。

第3条（个人信息保护原则）

①个人信息处理者应当明确个人信息的处理目的，并在实现其目的所需的最低限度内合法正当地收集个人信息。

②个人信息处理者应当在实现个人信息处理目的的必要范围内适当处理个人信息，不得将处理的个人信息用于其他目的。

③个人信息处理者应当在实现个人信息处理目的的必要范围内保障个人信息的正确性、完整性和最新性。

④个人信息处理者应当根据个人信息的处理方法及种类等，考虑信息主体权利被侵害的可能性及其危险程度，安全管理个人信息。

⑤个人信息处理者应当公开个人信息处理方针等个人信息处理相关事项，保障信息主体的阅览请求权等权利。

⑥个人信息处理者在处理个人信息时应当尽量减少对信息主体私生活的侵害。

⑦个人信息处理者在可以匿名或者去标识化的方式处理个人信息时，按照匿名处理的方式可以实现收集个人信息的目的时，应当进行匿名处理，按照匿名处理的方式不能实现收集个人信息的目的时，应当进行去标识化处理。

⑧个人信息处理者应当遵守并履行本法及其他相关法律法规中规定的责任和义务，努力获得信息主体的信赖。

第4条（信息主体的权利）

在处理自己的个人信息方面，权利主体享有下列各项权利：

1. 获取有关于个人信息处理信息的权利；

2. 选择和决定是否同意处理个人信息，以及同意范围等的权利；

3. 确认是否处理个人信息以及要求阅览（包括副本的发放，以下相同）个人信息的权利；

4. 禁止处理个人信息以及要求更正、删除及销毁个人信息的权利；

5. 因处理个人信息遭受损失时，以快速、公正的程序获得救济的权利。

第5条（国家等的责任）

①为了保护个人尊严以及私生活，国家及地方自治团体应当采取措施防止个人信息的目的之外的收集，误用、滥用以及无分别的监视、追踪等问题的发生。

②国家及地方自治团体为了保护第4条规定的信息主体的权利，应当准备修改法令等相应措施。

③为了改善与个人信息处理相关的不合理社会习俗，国家及地方自治团体应尊重、促进、支持个人信息处理者保护个人信息的自主活动。

④国家及地方自治团体在制定或者修改有关处理个人信息的法令以及条例时应当使其符合本法目的。

第 6 条 （与其他法律的关系）

在个人信息保护方面，除其他法律有特别规定之外，依照本法的规定执行。＜2014.3.24 修改＞

第二章 个人信息保护政策的制定等

第 7 条（个人信息保护委员会）

①成立隶属于国务总理的个人信息保护委员会以独立完成个人信息保护的相关事务（以下称为"保护委员会"）。＜2020.2.4 修改＞

②根据《政府组织法》第 2 条，保护委员会视为中央行政机关。但是，《政府组织法》第 18 条不适用于下列规定的事项：

1. 第 7 条之八第 3 项以及第 4 项规定的事项；

2. 第 7 条之九第 1 款的审议、决议事项中符合第 1 项规定的事项。

③ 删除 ＜2020.2.4＞

④ 删除 ＜2020.2.4＞

⑤ 删除 ＜2020.2.4＞

⑥ 删除 ＜2020.2.4＞

⑦ 删除 ＜2020.2.4＞

⑧ 删除 ＜2020.2.4＞

⑨ 删除 ＜2020.2.4＞

第 7 条之二（保护委员会的构成等）

①保护委员会由包括 2 名常任委员（委员长 1 名，副委员长 1 名）在内的 9 名委员构成。

②保护委员会委员产生于在个人信息保护方面具有丰富的经历以及专门知识的符合下列各项条件的人之中，委员长与副委员长由国务总理提名，其他委员中的 2 人由委员长提名，2 人由总统所属或者曾经所属的政党的交涉团体推荐，3 人由其他交涉团体推荐，由总统任命或者委任：

1. 担任或者曾经担任个人信息保护业务的 3 级以上的公务员（包括高级公务员团的公务员）的；

2. 担任或者曾经担任法官、检察官、律师 10 年以上的；

3. 在公共机关或者团体（包括由个人信息处理者组成的团体）曾经担任 3 年以上的管理人员或者得到上述机关或者团体推荐曾经负责个人信息保护业务 3 年以上的；

4. 具有个人信息相关领域的专门知识，以及根据《高等教育法》第 2 条第 1 项在学校担任或者曾经担任副教授以上职位 5 年以上的。

③委员长与副委员长将被任命为政务级公务员。

④委员长、副委员长、第 7 条之十三规定的事务处长官在成为政府委员时，可以不适用《政府组织法》第 10 条的规定。

［2020.2.4 本条新设］

第 7 条之三（委员长）

①委员长代表保护委员会，主持保护委员会的会议，统筹所管辖的事务。

②委员长有不得已的原因不能履行职责时，由副委员长代为履行职责；委员长、副委员长有不得已的原因不能履行职责时，由委员会事先规定的委员代为履行委员长的职责。

③委员长可以列席国会，陈述关于保护委员会所管理事务的意见，如果国会要求委员长列席，则委员长应当列席并进行报告或答辩。

④委员长可以列席国务会议并发言，也可以就所管辖事务建议国务总理提交议案。

［2020.2.4 本条新设］

第 7 条之四（委员的任期）

①委员的任期为三年，且只能连任一次。

②委员缺位时，应当立即任命或委任新委员。此时，新任命或委任的委员的任期应当重新开始计算。

［2020.2.4 本条新设］

第 7 条之五（委员的身份保障）

①除符合下列各项情况外，不得违反委员本人的意志对其免职或将其解聘：

1. 因身心障碍长期无法履行职务的；

2. 符合第 7 条之七规定的不合格事由的；

3. 违反本法或其他法律规定的职务义务的。

②委员应当遵守法律和良心，独立履行职责。

［2020.2.4 本条新设］

第 7 条之六（兼职禁止等）

①委员在任职期间不得兼任下列各项职务或开展与下列职务有关的营利性业务：

1. 国会议员或地方议会议员；

2. 国家公务员或地方公务员；

3. 总统令规定的其他职务。

②第 1 款中有关营利性业务的事项由总统令规定。

③委员不得参与政治活动。

［2020.2.4 本条新设］

第 7 条之七（不合格事由）

①符合下列条件之一的，不得成为委员：

1. 不是大韩民国公民的；

2. 符合《国家公务员法》第 33 条中规定的任一项的；

3. 《政党法》第 22 条所规定的党员。

②符合第 1 款中的任何一项时，委员应当辞去该职。但是，《国家公务员法》第 33 条第 2 项仅适用于根据《债务人复苏及破产相关法律》被宣告破产者在申请期间内未提出免责申请或者不允许其免除责任或者取消免责的情况。该法中第 33 条第 5 项仅适用于行为人犯《刑法》第 129 条至第 132 条规定之罪，《有关于性暴力犯罪的处罚等特别法》第 2 条规定之罪，《有关于儿童、青少年的性保护法律》第 2 条第 2 项规定之罪以及与职务相关的《刑法》第 355 条以及第 356 条规定之罪且延期宣判监禁以上刑罚的情况。

［2020.2.4 本条新设］

第 7 条之八（保护委员会的管辖事务）

保护委员会履行下列各项职责：

1. 个人信息保护相关的法令改善等事项；

2. 个人信息保护的政策、制度、计划的制定、执行等事项；

3. 对于信息主体的侵权调查及作出相应处分等事项；

4. 与个人信息处理相关的投诉处理、权利救济及个人信息相关的纠纷调解等事项；

5. 为了保护个人信息，与国际机构及外国个人信息保护机构的交流、合作等事项；

6. 关于个人信息保护的法令、政策、制度、实际情况等的调查、研究、教育及宣传等事项；

7. 对于个人信息保护技术开发的支持、普及及专业人才培养等事项；

8. 本法及其他法令中规定为保护委员会职责的事项。

[2020. 2. 4 本条新设]

第 7 条之九（保护委员会的审议、表决事项等）

①保护委员会审议、表决的事项如下：

1. 第 8 条之二规定的评价侵害个人信息的因素的相关事项；

2. 第 9 条规定的基本计划和第 10 条规定的施行计划的相关事项；

3. 个人信息保护相关的政策、制度及法令改善的相关事项；

4. 有关于个人信息处理的公共机关间的意见调整的相关事项；

5. 个人信息保护法令的解释和运用的相关事项；

6. 第 18 条第 2 款第 5 项规定的个人信息的使用、提供的相关事项；

7. 第 33 条第 3 款规定的影响评价结果的相关事项；

8. 第 28 条之六、第 34 条之二、第 39 条之十五规定的罚款征收的相关事项；

9. 第 61 条规定的提出意见及改善建议相关事项；

10. 第 64 条规定的有关施政措施等的相关事项；

11. 第 65 条规定的告发及惩戒建议的相关事项；

12. 第 66 条规定的公布处理结果的相关事项；

13. 第 75 条规定的罚款相关事项；

14. 相关法令及保护委员会规则的制定、修改及废除的相关事项；

15. 有关于个人信息保护，保护委员会的委员长或2名委员以上联名提交至会议的事项；

16. 根据本法或其他法令，由保护委员会审议、表决的其他事项。

②为审议、表决第1款中规定的各事项，必要时保护委员会可采取下列措施：

1. 听取相关公务员、具备个人信息保护专业知识的人或市民社会团体及相关从业者的意见；

2. 要求有关机关提交资料或查询事实。

③第2款第2项规定的有关机关，无特殊情况的，应当遵从该要求。

④保护委员会在审议、表决第1款第3项时，可以建议有关部门加以改善。

⑤保护委员会可以根据第4款的规定检查所提出的建议的履行情况。

［2020.2.4 本条新设］

第7条之十（会议）

①保护委员会会议由委员长召集。委员长认为确有必要或四分之一以上的在籍委员要求召开会议时，应当召集保护委员会会议。

②委员长或2名以上委员联名可以向保护委员会提出议案。

③召开保护委员会会议，应当有过半数的在籍委员参加，会议所作决定应当经到会委员的过半数通过。

［2020.2.4 本条新设］

第7条之十一（委员的排斥、忌避、回避）

①符合下列条件之一的，委员不得参与审议、表决：

1. 委员或其配偶或曾经的配偶为该事件的当事人或者与该事件有关的共同权利人或义务人的；

2. 委员与相关案件的当事人为亲属关系或者曾经为亲属关系的；

3. 委员为相关案件的证人、鉴定人、法律顾问的；

4. 委员作为当事人的代理人参与或者曾经参与过有关案件的；

5. 委员或委员所属的公共机关、法人或团体等与提出建议等的提供援助者有利害关系的。

②当事人在认为难以期待委员公正地审议、决议时，可以申请回避，由保护委员会通过表决决定是否应当回避。

③存在第 1 款或第 2 款规定的事由时，委员可以回避相关事项。

[2020.2.4 本条新设]

第 7 条之十二（分委员会）

①为高效履行业务，保护委员会可设立分委员会，分委员会将针对个人信息轻微受损或类似、重复的事项进行审议、表决。

②分委员会由 3 名委员组成。

③分委员会根据第 1 款的规定进行的审议和表决，视为保护委员会的审议和表决。

④召开分委员会会议，应当由全体组成委员参加，会议所作决定应当经全体委员通过。

[2020.2.4 本条新设]

第 7 条之十三（办事处）

保护委员会设有办事处以处理保护委员会的事务，本法未规定的有关于保护委员会组织的其他事项由总统令规定。

[2020.2.4 本条新设]

第 7 条之十四（运营等）

本法与其他法令未规定的有关于保护委员会的运营等其他必要事项由保护委员会的规则规定。

[2020.2.4 本条新设]

第 8 条

删除 <2020.2.4>

第 8 条之二（评价侵害个人信息的因素）

①中央行政机关的长官通过制定或修改所管辖的法令，实施、变更个人信息处理的配套政策或制度时，应当向保护委员会申请评价侵害个人信息的因素。

②保护委员会接到第 1 款规定的申请后，可以分析、检讨相关法令的

个人信息侵害因素,并可以向该法令所辖机关长官提出关于改善该法令所需要的事项的建议。

③有关于第 1 款规定的评价侵害个人信息因素的程序和方法等必要事项由总统令规定。

[本条新设 2015.7.24]

第 9 条 (基本计划)

①为了保护个人信息和保障信息主体的权益,保护委员会应当每隔 3 年与相关中央行政机关长官协商制定个人信息保护基本计划 (以下称为 "基本计划")。<2013.3.23,2014.11.19,2015.7.24 修改>

②基本计划应包括下列内容:

1. 个人信息保护的基本目标及推进方向;

2. 个人信息保护相关制度及法令的改善;

3. 防止侵害个人信息的对策;

4. 激活个人信息保护的自主规制;

5. 促进个人信息保护的教育和宣传;

6. 培养个人信息保护方面的专门人才;

7. 其他保护个人信息的必要事项。

③国会、法院、宪法裁判所、中央选举管理委员会可以制定并实施有关机关 (包括其所属机关) 保护个人信息的基本计划。

第 10 条 (实施计划)

①中央行政机关长官应当根据基本计划每年制定个人信息保护实施计划,并向保护委员会提交该计划,实施计划经保护委员会审议、表决通过后方可实施。

②有关于实施计划的制定和实施的必要事项由总统令规定。

第 11 条 (资料提交的要求等)

①为了有效制定基本计划,保护委员会可以要求个人信息处理者、相关中央行政机关的长官、地方自治团体的负责人及相关机构、团体等提交有关于个人信息处理者的法规遵守现状和个人信息管理实际状况等资料或陈述相关意见。<2013.3.23,2014.11.19,2015.7.24 修改>

②为了促进个人信息保护政策，评价个人信息保护的成果等，在必要时保护委员会为了掌握个人信息管理水平及实际情况，可以个人信息处理者、相关中央行政机关的长官、地方自治团体的负责人及相关机关、团体等为对象进行调查。<2015.7.24，2017.7.26，2020.2.4新设>

③为了有效制定和推进实施计划，中央行政机关的长官可以要求所管辖领域的个人信息处理者提交第1款规定的资料。<2015.7.24修改>

④根据第1款至第3款的规定被要求提交资料的主体，如果没有特殊情况，应当提交资料。<2015.7.24修改>

⑤第1款至第3款规定的提交资料的范围以及方法等必要事项由总统令规定。<2015.7.24修改>

第12条（个人信息保护方针）

①保护委员会可以制定包括个人信息处理的相关标准、个人信息侵害的类型及预防措施等的标准个人信息保护方针（以下称为"标准方针"），并鼓励个人信息处理者遵守该方针。<2013.3.23，2014.11.19，2017.7.26，2020.2.4修改>

②中央行政机关的长官可以根据标准方针，制定其管辖领域内有关于个人信息处理的个人信息保护方针，并鼓励个人信息处理者遵守该方针。

③国会、法院、宪法裁判所及中央选举管理委员会可以制定并实施有关机关（包括其所属机关）的个人信息保护方针。

第13条（自主规制的促进及支持）

保护委员会为了促进和支持个人信息处理者自主的个人信息保护活动，应制定下列必要政策：<2013.3.23，2014.11.19，2017.7.26，2020.2.4修改>

1. 有关于个人信息保护的教育和宣传的政策；

2. 支持和培养个人信息保护相关的机关、团体的政策；

3. 支持个人信息保护认证标志的引进和实施的政策；

4. 支持个人信息管理者制定和实施自主性规章的政策；

5. 为了支持个人信息处理者自主开展个人信息保护活动的其他必要事项的政策。

第 14 条 （国际合作）

①政府应当采取必要措施，以提高国际环境下的个人信息保护水平。

②政府应当制定相关政策，避免因向国外提供个人信息而使信息主体的权利受到侵害。

第三章　个人信息的处理

第一节　个人信息的收集、利用、提供等

第 15 条 （个人信息的收集、利用）

①符合下列情形之一的，个人信息处理者方可收集个人信息。并且个人信息处理者应当在其收集目的的范围内使用其收集的个人信息：

1. 取得信息主体的同意；

2. 法律有特别规定或为履行法定义务所必需；

3. 公共机关为履行法定职责所必需；

4. 为与信息主体签订和履行合同所必需；

5. 信息主体或其法定代理人处于无法做出意思表示的状态，或因地址不明等无法事先征得其同意时，明显为保护信息主体或第三人的生命健康及财产安全所必需；

6. 当个人信息处理者的正当利益明显优先于信息主体的权利时，为实现个人信息处理者的正当利益所必需。但本条仅适用于与个人信息处理者正当利益相关且不超出合理范围时。

②个人信息处理者根据第 1 款第 1 项取得同意时，应当将下列事项告知信息主体。下列各项之一发生变更时，应当告知信息主体并重新取得同意：

1. 个人信息收集和利用的目的；

2. 个人信息的收集项目；

3. 个人信息的保存和使用期限；

4. 信息主体所保留的拒绝的权利以及因拒绝个人信息收集产生的不

利影响的内容。

③总统令规定，不经信息主体同意使用个人信息时，应考虑以下问题：个人信息处理者是否在与最初收集目的相关的合理范围内对信息主体造成了不利影响；个人信息处理者是否采取了加密等安全保障措施。＜2020.2.4 新设＞

第 16 条 （个人信息收集的限制）

①个人信息处理者根据第 15 条第 1 款收集个人信息时，应当在能够实现处理目的所必需的最小范围内收集个人信息。这种情况下由个人信息处理者承担能够实现处理目的所必需的最小范围的举证责任。

②个人信息处理者在取得信息主体的同意收集个人信息时，应当具体告知信息主体享有拒绝提供实现处理目的的最小范围外的个人信息的权利。＜2013.8.6 新设＞

③个人信息处理者不得以信息主体不同意其收集实现处理目的所必需的最小范围外的个人信息为由，拒绝向信息主体提供产品或服务。

第 17 条 （个人信息的提供）

①符合下列任一条件时，个人信息处理者可以将信息主体的个人信息提供给第三方（包括共享）：＜2020.2.4 修改＞

1. 取得信息主体的同意时；

2. 第 15 条第 1 款第 2 项、第 3 项、第 5 项及第 39 条之三第 2 款第 2 项、第 3 项规定的在收集个人信息的目的范围内提供个人信息时。

②个人信息处理者根据第 1 款第 1 项的规定取得同意时，应当将下列事项告知信息主体。对下列任一项进行变更，应当告知信息主体并取得同意：

1. 个人信息的接收者；

2. 个人信息接收者的个人信息利用目的；

3. 提供的个人信息的项目；

4. 个人信息接收者的个人信息保存和使用期限；

5. 信息主体所保留的拒绝的权利以及因拒绝个人信息收集产生的不利影响的内容。

③个人信息处理者在向国外第三方提供个人信息时，应将第 2 款中所

涉及的事项告知信息主体并取得同意，不得违反本法签订向国外移转个人信息的相关合同。

④总统令规定，不经信息主体同意使用个人信息时，应考虑以下问题：个人信息处理者是否在与最初收集目的相关的合理范围内对信息主体造成了不利影响；个人信息处理者是否采取了加密等安全保障措施。<2020.2.4 新设 >

第 18 条（个人信息目的之外的利用、提供限制）

①个人信息处理者不得超出第 15 条第 1 款和第 39 条之三的第 1 款及第 2 款规定的范围使用个人信息或超出第 17 条第 1 款及第 3 款规定的范围将个人信息提供给第三方。

②针对第 1 款的规定，作出以下补充说明。在不损害信息主体或第三方利益的情况下，可以将个人信息用于目的之外的其他用途或将其提供给第三方。但第 1 项、第 2 项仅适用于对用户（《促进信息通信网使用及信息保护等相关法律》第 2 条第 1 款第 4 项所规定的主体，以下相同）的个人信息进行处理的信息通信服务提供者（《促进信息通信网使用及信息保护等相关法律》第 2 条第 1 款第 3 项所规定的主体，以下相同），第 5 项至第 9 项仅适用于公共机关：<2020.2.4 修改 >

1. 取得信息主体的另行同意的；

2. 其他法律有特别规定的；

3. 信息主体或其法定代理人处于无法做出意思表示的状态，或因地址不明等无法事先征得其同意的情况下，明显为保护信息主体或第三人的生命健康及财产安全所必需；

4. 删除 <2020.2.4 >

5. 经保护委员会的审议、表决，为履行其他法律规定的业务必须将个人信息用于目的以外的其他用途或必须将其提供给第三方使用的；

6. 为履行条约和其他国际协定向外国政府或国际机构提供所必需的；

7. 为调查犯罪、提起和维持公诉所必需的；

8. 法院为履行审判业务所必需的；

9. 为履行刑罚及监管、保护处分所必需的。

③个人信息处理者根据第2款第1项获得同意时，应当将下列事项告知信息主体，对下列中的任何一项进行变更时，都应当告知信息主体并取得同意：

1. 个人信息的接收者；

2. 个人信息的使用目的（提供时接收者的使用目的）；

3. 使用或提供个人信息的项目；

4. 个人信息的保存及使用期限（提供时接收者的保存及使用期限）；

5. 信息主体所保留的拒绝的权利以及因拒绝个人信息收集产生的不利影响的内容。

④公共机关在依据第2款第2项至第6项、第8项及第9项的规定将个人信息用于目的以外的其他用途或将其提供给第三方时，应当根据保护委员会的公告，在政府公报或者网站上登载有关于其使用以及提供给他人使用的法律依据、目的以及范围等必要事项。＜2013.3.23，2014.11.19，2017.7.26，2020.2.4修改＞

⑤个人信息处理者根据第2款中规定的任一情况，将个人信息因目的以外用途提供给第三方时，应当限制个人信息接收者的使用目的、使用方法以及其他必要事项，或要求其采取必要措施保证个人信息的安全性。被要求者应当采取必要措施以确保个人信息的安全性。

［2013.8.6修改标题］

第19条（接收个人信息者的使用、提供限制）

从个人信息处理者处接收个人信息的，在符合下列规定的各项条件时，方可将个人信息用于获取目的以外的其他目的或将其提供给第三方：

1. 取得信息主体另行同意时；

2. 其他法律有特别规定时。

第20条（自信息主体以外收集的个人信息的来源等告知）

①个人信息处理者在处理自信息主体以外收集的个人信息时，如被要求告知下列事项，应当立即将下列事项告知信息主体：

1. 个人信息的收集来源；

2. 个人信息的处理目的；

3. 根据第 37 条的规定，信息主体享有的要求停止处理个人信息的权利。

②处理个人信息的种类、规模，从业人数以及销售额规模符合总统令中规定标准的个人信息处理者，根据第 17 条第 1 款第 1 项的规定处理收集自信息主体以外的个人信息时，应当向信息主体告知第 1 款规定的全部事项。但是，因个人信息处理者收集的信息中不包括信息主体的联系方式等个人信息而无法告知的，不适用本条。

③根据第 2 款正文的规定应当告知时，向信息主体告知的时间、方法、程序等必要事项由总统令规定。＜2016.3.29 新设＞

④第 1 款和第 2 款正文的规定不适用下列任一情形。但是，下列情形仅在个人信息处理者的正当利益明显优先于信息主体的权利时适用：＜2016.3.29 修订＞

1. 第 32 条第 2 款规定的个人信息文件中包括需要告知的个人信息的；

2. 因告知规定的内容可能会危害他人生命健康、财产安全和其他利益的。

第 21 条（个人信息的删除）

①个人信息保存期间届满或不再需要个人信息（处理目的已经实现等）时，个人信息处理者应当删除个人信息，但是根据其他法律的规定应当保存该个人信息时，可以不适用本条的规定。

②个人信息处理者根据第 1 款的规定删除个人信息时，应当采取措施防止个人信息的复原或再生。

③根据第 1 款但书的规定，个人信息处理者应当保存个人信息时，应当将相应的个人信息或者个人信息文件与其他个人信息分开储存、管理。

④个人信息的删除方法及程序等必要事项由总统令规定。

第 22 条（取得同意的方法）

①个人信息处理者需要根据本法规定取得信息主体（包括第 6 款规定的监护人。适用于本条中的各款）的同意处理个人信息的，应当区分各个需要同意的事项以使信息主体可以明确认知各事项。个人信息处理者应当就各事项分别取得同意。＜2017.4.18 修改＞

②个人信息处理者在收到第 1 款中规定的书面同意（包括《电子文件及电子交易基本法》第 2 条第 1 项规定的电子文件）时，应当根据保护委员会规定的方法，以公告的形式标明个人信息的收集、利用目的，收集、利用项目等总统令规定的重要内容以方便各主体了解。< 2017. 4. 18，2017. 7. 26，2020. 2. 4 新设 >

③根据第 15 条第 1 款第 1 项、第 17 条第 1 款第 1 项、第 23 条第 1 款第 1 项以及第 24 条第 1 款第 1 项的规定，个人信息处理者为了与信息主体订立合同而需要得到信息主体的同意时，应当区分无须经信息主体同意即可处理的个人信息以及需要经信息主体同意方可处理的个人信息。此时，个人信息处理者应当对无须经信息主体同意即可处理的个人信息承担举证责任。< 2016. 3. 29，2017. 4. 18 修改 >

④个人信息处理者以向信息主体宣传以及推销产品和服务为目的，需要取得信息主体的同意处理个人信息时，应当使信息主体对其目的有明确认识。< 2017. 4. 18 修改 >

⑤个人信息处理者不得以信息主体不同意第 3 款规定的选择同意事项或者第 4 款和第 18 条第 2 款第 1 项规定的事项为由拒绝向其提供产品或者服务。< 2017. 4. 18 修改 >

⑥个人信息处理者处理不满十四周岁未成年人的个人信息时，应当根据本法规定取得其监护人的同意，这种情况下为了取得其监护人的同意可以直接从相关的未成年人处收集所需的最小范围内的个人信息。< 2017. 4. 18 修改 >

⑦其他有关于取得信息主体同意的详细方法以及第 6 款规定的最小范围内个人信息的内容应当在考虑个人信息的收集手段等事项后以总统令的形式确定。< 2017. 4. 18 修改 >

第二节 个人信息的处理限制

第 23 条（敏感信息的处理限制）

① 个人信息处理者不得处理思想、信念，工会、政党的加入、退出，政治见解，健康，性生活等相关信息，亦不得处理总统令中规定的其他可

能明显侵害信息主体私生活的个人信息（以下称为"敏感信息"）。但是，符合下列任何一项条件时，不适用本条之规定：

1. 将第 15 条第 2 款或第 17 条第 2 款规定的事项告知信息主体，并取得信息主体对于处理其他个人信息的同意及单独同意时；

2. 法律中要求或允许处理敏感信息时。

②个人信息处理者根据第 1 款的规定处理敏感信息时，应当采取第 29 条规定的确保安全性的必要措施，以防止敏感信息的丢失、失窃、泄露、伪造、变造或损坏。< 2016. 3. 29 新设 >

第 24 条（固有识别信息的处理限制）

①除下列各项中规定情况外，个人信息处理者不能按照相关法律处理总统令中所规定的信息，即为使用固有方式区分个人而赋予的识别信息（以下简称"固有识别信息"）：

1. 将第 15 条第 2 款或第 17 条第 2 款规定的事项告知信息主体，并取得处理其他个人信息的同意及另行同意时；

2. 法律允许处理固有识别信息或对固有识别信息的处理有具体要求时。

②删除 < 2013. 8. 6 >

③个人信息处理者根据第 1 款的规定处理固有识别信息时，应当采取总统令中规定的确保安全性的必要措施，以防止固有识别信息的丢失、失窃、泄露、伪造、变造或损坏。< 2015. 7. 24 修改 >

④对于符合总统令规定的处理个人信息的种类、规模，从业人数以及销售额规模等标准的个人信息处理者，根据总统令的规定，保护委员会应当定期调查其是否根据第 3 款的规定采取了确保安全性的必要措施。< 2016. 3. 29，2017. 7. 26，2020. 2. 4 新设 >

⑤总统令中规定的专门机关可以根据保护委员会的指示按照第 4 款的规定执行调查。< 2016. 3. 29，2017. 7. 26，2020. 2. 4 新设 >

第 24 条之二（居民身份证号码的处理限制）

①本条为第 24 条第 1 款规定的补充说明。符合下列任一条件时，个人信息处理者方可处理身份证号码：< 2016. 3. 29，2017. 7. 26，2020. 2. 4

修改 >

1. 法律、总统令、国会规则、大法院规则、宪法裁判所规则、中央选举管理委员会规则及监察院规则允许处理居民身份证号码或上述规定对于居民身份证号码的处理有具体要求时;

2. 明显为了保护信息主体或第三人的生命健康及财产安全所必需;

3. 保护委员会以公示的形式确定的,第1项及第2项规定的不可避免地需要处理居民身份证号码的情况。

②本条为第24条第3款的补充说明。个人信息处理者应当采取加密措施安全保管居民身份证号码,以防止身份证号码的丢失、失窃、泄露、伪造、变造以及损坏。加密措施的适用对象以及不同对象的适用时间等必要事项应当在考虑个人信息的处理规模以及泄露影响的情况下以总统令的形式规定。<2014.3.24,2015.7.24新设>

③个人信息处理者根据第1款的规定处理身份证号码时,在信息主体注册成为网络会员时,应当提供不使用身份证号码也能使其加入会员的方法。<2014.3.24修改>

④为使个人信息处理者能够提供第3款中规定的方法,保护委员会可以准备及支持调整相关法律、制定相关计划、完善必要的设施、构筑相关系统等各项措施。

<2014.3.24,2017.7.26,2020.2.4修改>

[2013.8.6本条新设]

第25条 (影像信息处理设备的设置、运营的限制)

①只有在符合下列条件时,方可在公共场所设置、运营影像信息处理设备:

1. 法律中有具体规定;

2. 为预防和调查犯罪所必需;

3. 为设施安全及消防安全所必需;

4. 为管制交通所必需;

5. 为收集、分析和提供交通信息所必需。

②任何人不得以窥视不特定多数人可以使用的浴室、卫生间、发汗

室、更衣室等可能明显侵害个人私生活的场所内部为目的设置、运营影像信息处理设备。但是，总统令中规定的监狱、精神保健设施等作为法定可以囚禁或保护自然人的设施不适用本条的规定。

③根据第 1 款计划设置、运营影像信息处理设备的公共机关长官和根据第 2 款的但书设置、运营影像信息处理设备的主体，应当根据总统令规定的程序召开听证会、说明会等，以听取相关专家及利害关系人的意见。

④为了便于信息主体识别影像信息处理设备，第 1 款中规定的影像信息处理设备的设置、运营者（以下称为"影像信息处理设备运营者"）应采取设置包含下列各项内容的指示牌等必要措施。但是，《军事基地及军事设施保护法》第 2 条第 2 项中规定的军事设施、《统合防卫法》第 2 条第 13 项规定的国家重要设施，以及总统令中规定的其他设施不适用本条规定：＜2016.3.29 修改＞

1. 设置目的及场所；

2. 拍摄范围及时间；

3. 管理负责人姓名及联系方式；

4. 总统令中规定的其他事项。

⑤影像信息处理设备运营者不得超出设置影像信息处理设备的目的任意操作影像信息处理设备或使其拍摄其他地方，不得超出设置影像信息处理设备的目的使用录音功能。

⑥根据第 29 条的规定，影像信息处理设备运营者应当采取确保安全性的必要措施，以防止个人信息的丢失、失窃、泄露、伪造、变造或损坏。＜2015.7.24 修改＞

⑦影像信息处理设备运营者应根据总统令的规定，制定影像信息处理设备的运营、管理方针。这时影像信息处理设备运营者可以不适用第 30 条的规定制定相关方针。

⑧影像信息处理设备运营者可以将设置、运营图像信息处理设备的事务委托给他人。但是，公共机关将设置、运营影像信息处理设备委托给他人时，其程序及条件应当符合总统令的规定。

第 26 条（根据业务委托处理个人信息的限制）

①个人信息处理者委托第三方办理个人信息处理的业务时，应当依据包含下列各项内容的文件：

1. 禁止处理委托业务履行目的以外的个人信息的相关事项；

2. 个人信息的技术性、管理性保护措施的相关事项；

3. 其他总统令中规定的为了安全管理个人信息的事项。

②根据第 1 款的规定，委托他人处理个人信息者（以下称为"委托者"）应当根据总统令规定的方式公开委托处理业务的内容和接受委托者（以下称为"受托者"）的信息以便信息主体随时确认。

③委托者将宣传及推销产品和服务的业务委托给他人处理时，应当以总统令规定的方法将委托内容与受托人告知信息主体。委托内容与受托人变更的情况也应当告知信息主体。

④为防止因业务委托导致的信息主体的个人信息丢失、失窃、泄露、伪造、变造或损坏，委托人应当对受托人进行培训。委托人应当根据总统令中关于检查处理现状的规定监督受托人是否安全处理个人信息。<2015.7.24 修改>

⑤受托者不得超出个人信息处理者委托的相关业务范围使用个人信息或将其提供给第三方。

⑥受托者在处理被委托业务的过程中违反本法产生损害赔偿责任时，受托者视为个人信息处理者的所属职员。

⑦受托者适用第 15 条至第 25 条、第 27 条至第 31 条、第 33 条至第 38 条及第 59 条的相关规定。

第 27 条（根据业务转让等移转个人信息的限制）

①个人信息处理者将经营的全部或部分个人信息以转让、合并等方式移转给他人时，应提前将下列各事项按照总统令规定的方法告知相关信息主体：

1. 欲移转个人信息的事实；

2. 接受个人信息移转者（以下称为"营业受让者等"）的姓名（接受个人信息移转者为法人时法人的名称）、地址、电话号码以及其他联系

方式;

3. 信息主体不愿意移转个人信息时可以采取措施的方式及程序。

②营业受让者等接受移转的个人信息时,应当立即将该事实按照总统令规定的方法告知信息主体。但是,个人信息处理者已经根据第 1 款的规定告知移转事实的,不适用本条的规定。

③营业受让者等通过业务的转让、合并等方式获得移转的个人信息时,不得超出本来目的使用个人信息或者将其提供给第三方。此时,营业受让者等视为个人信息处理者。

第 28 条 (对于个人信息经办人的监督)

①为了使个人信息得到安全管理,个人信息处理者在处理个人信息的过程中应当对接受个人信息处理者指挥、监督的任职员工、派遣劳动者、钟点工等人员 (以下简称"个人信息经办者")进行适当的管理和监督。

②个人信息处理者应当对个人信息经办者进行必要的定期培训,以保障个人信息经办者合理使用个人信息。

第三节 关于去标识化信息处理的特例 <新设 2020.2.4 >

第 28 条之二 (去标识化信息的处理等)

①个人信息处理者为了统计、科学研究、公益性记录保存等目的,可以不经信息主体的同意处理去标识化信息。

②个人信息处理者根据第 1 款的规定向第三方提供去标识化信息时,所提供的信息中不应当包括能够用于识别特定个人的信息。

第 28 条之三 (去标识化信息结合的限制)

①针对第 28 条之二,作出以下补充说明。为了统计、科学研究、公益性记录保存等目的需要结合不同的个人信息处理者提供的去标识化信息的,由保护委员会或相关的中央行政机关的长官指定专门机关执行。

②欲向上述机关以外的其他主体搬运结合信息的个人信息处理者,应当将该信息进行去标识化处理或使其符合第 58 条之二的规定,并得到专门机关的长官的批准。

③第 1 款所规定的结合程序和方法,专业机关的指定和取消指定的标

准、程序，对专业机关的管理、监督以及第 2 款规定的搬运及批准标准、程序等必要事项由总统令规定。

[2020.2.4 本条新设]

第 28 条之四 （有关于去标识化信息的安全措施义务等）

①个人信息处理者在处理去标识化信息时，应当将为了使个人信息恢复原状而追加的信息与其他个人信息相分离，并单独进行保存、管理等。且个人信息处理者应当根据总统令的规定采取确保安全性必要的技术、管理及物理措施，以防止相关信息丢失、失窃、泄露、伪造或损坏。

②个人信息处理者在处理去标识化信息时，为了管理去标识化信息的处理目的、接受第三方提供者等去标识化信息处理内容，应当将总统令规定的有关事项制作并保存为记录。

[2020.2.4 本条新设]

第 28 条之五 （去标识化信息处理时的禁止义务等）

①任何人不得以了解特定个人为目的处理去标识化信息。

②个人信息处理者在处理去标识化信息时，如发现生成的信息能够识别特定个人，应当立即停止处理该信息，并立即将其回收、销毁。

[2020.2.4 本条新设]

第 28 条之六 （有关于征收去标识化信息处理的罚款等）

①个人信息处理者违反第 28 条之五第 1 款，以了解特定个人为目的处理信息时，保护委员会可以对其处以整体销售额的百分之三以下的罚款。但是，符合总统令中的规定没有销售额的或销售额难以计算的，可以在对其处以 4 亿韩元以下或本金的百分之三以下之中选择较大的数额判处罚款。

②罚款的征收等必要事项应当遵循第 34 条之二条第 3 款至第 5 款的规定。

[2020.2.4 本条新设]

第 28 条之七 （适用范围）

第 20 条、第 21 条、第 27 条、第 34 条第 1 款、第 35 条至第 37 条、第 39 条之三、第 39 条之四、第 39 条之六至第 39 条之八的规定不适用于去标识化信息。

第四章 个人信息的安全管理

第 29 条（安全措施义务）

个人信息处理者应当根据总统令的规定采取制定内部管理计划并保管访问记录等确保安全的必要的技术性、管理性及物理性措施，以防止个人信息的丢失、失窃、泄露、伪造、变造或损坏。＜2015.7.24 修改＞

第 30 条（个人信息处理方针的制定及公开）

①个人信息处理者应制定包括下列各项内容的个人信息处理方针（以下简称"个人信息处理方针"）。在这种情况下公共机关应当根据第 32 条的规定，对于成为登记对象的个人信息文件制定个人信息处理方针：＜2016.3.29，2020.2.4 修改＞

1. 个人信息的处理目的；

2. 个人信息的处理及保存期间；

3. 有关于第三方提供个人信息的事项（只有在相应的情况下需要制定）；

3 之二　个人信息的删除程序及删除方法（根据第 21 条第 1 款但书的规定，应当保存该个人信息时，个人信息处理方针中应当包括其保存依据和保存的个人信息项目）；

4. 关于个人信息处理的委托的事项（只有在相应的情况下才需要制定）；

5. 关于信息主体和法定代理人的权利、义务及其行使方法的事项；

6. 第 31 条规定的个人信息保护负责人的姓名或处理个人信息保护业务相关投诉事项的部门名称及电话号码等联系方式；

7. 网络访问信息文件等自动收集个人信息的装置的设置、运营及拒绝被收集的相关事项（只有在相应的情况下才需要制定）；

8. 总统令规定的其他关于个人信息处理的事项。

②为了信息主体确认方针内容的简便性，个人信息处理者应当根据总

统令规定的方法将制定或变更的个人信息处理方针予以公开。

③个人信息处理方针的内容和个人信息处理者与信息主体缔结的合约内容不同时，适用有利于信息主体的条款。

④保护委员会可以制定个人信息处理方针的制定方针并鼓励个人信息处理者遵守。<2013.3.23，2014.11.19，2017.7.26，2020.2.4修改>

第31条（个人信息保护负责人的指定）

①个人信息处理者应当指定总管与负责个人信息处理相关业务的个人信息保护负责人。

②个人信息保护负责人履行下列各项业务：

1. 制定并实施个人信息保护计划；

2. 定期调查及改善个人信息处理实态及惯例；

3. 处理与个人信息有关的投诉及救济受害者；

4. 构筑内部控制系统以防止个人信息泄露和误用、滥用；

5. 制定与实施个人信息保护教育计划；

6. 保护、管理、监督个人信息文件；

7. 总统令中规定的其他为了妥善处理个人信息的工作。

③个人信息保护负责人在履行第2款规定的业务时，必要时可以随时调查个人信息的处理现状、处理体系等，或接受相关当事人的报告。

④个人信息保护负责人在个人信息保护方面违反本法及其他相关法律时，应立即采取改进措施，必要时应当向所属机关或团体的负责人报告改进措施。

⑤个人信息处理者不得使个人信息保护负责人在没有正当理由的情况下因履行第2款规定的业务而遭受损失。

⑥个人信息保护负责人的指定条件、业务、资格条件以及其他必要的事项由总统令规定。

第32条（个人信息文件的登记及公开）

①公共机关的长官使用个人信息文件时，应当在保护委员会处登记下列事项。变更登记事项同下：<2013.3.23，2014.11.19，2017.7.26，2020.2.4修改>

1. 个人信息文件的名称；

2. 个人信息文件的管理依据及目的；

3. 个人信息文件中记录的个人信息项目；

4. 个人信息的处理方法；

5. 个人信息的保存时间；

6. 通常或反复提供个人信息时，该信息的接收者；

7. 其他由总统令规定的事项。

②符合下列条件的个人信息文件，不适用第 1 款的规定：

1. 记录国家安全、外交机密以及其他国家重大利益相关事项的个人信息文件；

2. 记录犯罪的调查、公诉的提出和维持、刑罚及监管的执行、矫正处分、保护处分、治安观察处分和出入境管理相关事项的个人信息文件；

3. 记录有关于违反《征税犯罪处罚法》的行为的调查及违反《关税法》的行为调查的个人信息文件；

4. 只用于公共机关内部业务处理的个人信息文件；

5. 其他法律中规定为秘密的个人信息文件。

③保护委员会在必要时可以对第 1 款规定的个人信息文件的登记事项及其内容进行讨论，并劝告相关公共机关长官加以改进。＜2013.3.23，2014.11.19，2017.7.26，2020.2.4 修改＞

④保护委员会应当公开第 1 款规定的个人信息文件的登记情况，使任何人都可以简便查阅。＜2013.3.23，2014.11.19，2017.7.26，2020.2.4修改＞

⑤第 1 款规定的登记和第 4 款规定的公开方法、范围及程序相关的必要事项由总统令规定。

⑥关于国会、法院、宪法裁判所、中央选举管理委员会（包括其所属机关）的个人信息文件登记及公开等相关事项，分别由国会规则、大法院规则、宪法裁判所规则及中央选举管理委员会规则规定。

第 32 条之二（个人信息保护认证）

①保护委员会可以对个人信息处理者处理及保护个人信息的一系列措

施是否符合本法进行认证。＜2017.7.26，2020.2.4 修改＞

②第 1 款中规定的认证有效期为 3 年。

③符合下列条件时，根据总统令的规定保护委员会可以取消根据第 1 款进行的认证，但是，在符合第 1 项的情况时，应当取消对其的认证：＜2017.7.26，2020.2.4 修改＞

1. 通过虚假或其他不正当方法获得个人信息保护认证的；

2. 拒绝或妨碍第 4 款规定的事后管理的；

3. 未达到第 8 款规定的认证标准的；

4. 严重违反个人信息保护相关法律的。

④保护委员会为了维持个人信息保护认证的实效性，每年必须实施 1 次以上的事后管理。＜2017.7.26，2020.2.4 修改＞

⑤根据总统令的规定，保护委员会可以令专门机关履行第 1 款规定的认证、第 3 款规定的认证取消、第 4 款规定的事后管理及第 7 款规定的认证审查员管理业务。＜2017.7.26，2020.2.4 修改＞

⑥根据第 1 款的规定获得认证的，可以根据总统令规定，对认证内容进行标示或宣传。

⑦执行第 1 款规定的审查认证的审查员的资格及资格的取消条件等必要事项由总统令规定，总统令应当根据其专业性及经历等进行规定。

⑧其他的个人信息管理体系、信息主体权利保障、安全性确保措施是否符合本法的规定等根据第 1 款的规定认证的标准、方法、程序等必要事项由总统令规定。

［2015.7.24 本条新设］

第 33 条　（个人信息影响评价）

①公共机关的长官因运用符合总统令规定的标准的个人信息文件而可能使信息主体的个人信息受到侵害的，应当在分析其危险因素并对其应当改善的事项进行评估（以下称为"影响评价"）后，向保护委员会提交该结果。在这种情况下公共机关的长官应当委托保护委员会指定的机构（以下简称"评价机构"）进行影响评价：＜2013.3.23，2014.11.19，2017.7.26，2020.2.4 修改＞

②进行影响评价时，应考虑下列事项：

1. 处理的个人信息数量；

2. 是否向第三方提供个人信息；

3. 对信息主体权利的危害可能性及其危险程度；

4. 总统令规定的其他事项。

③保护委员会可以对收到的根据第 1 款的规定所作的影响评价结果提出意见。＜2013. 3. 23，2014. 11. 19，2017. 7. 26，2020. 2. 4 修改＞

④公共机关长官根据第 1 款的规定对个人信息文件进行影响评价的，在该个人信息文件根据第 32 条第 1 款的规定登记时，应当附上影响评价结果。

⑤保护委员会应当采取制定培养相关专家，开发、普及影响评价标准等必要措施促进影响评价。＜2013. 3. 23，2014. 11. 19，2017. 7. 26，2020. 2. 4 修改＞

⑥第 1 款规定的评价机关的指定及取消指定，评价标准，影响评价的方法、程序等必要事项由总统令规定。

⑦有关于国会、法院、宪法裁判所、中央选举管理委员会（包括其所属机关）的影响评价的事项，分别由国会规则、大法院规则、宪法裁判所规则及中央选举管理委员会规则规定。

⑧公共机关以外的个人信息处理者因使用个人信息文件，可能导致信息主体个人信息受损时，应当在影响评估方面作出积极应对。

第 34 条（个人信息泄露通知等）

①个人信息处理者得知个人信息泄露时，应立即向相关信息主体告知以下事实：

1. 泄露的个人信息项目；

2. 泄露的时间和经过；

3. 为了使因为泄露导致的损失最小化，信息主体可以采取的办法等相关信息；

4. 个人信息处理者的应对措施及受害救济程序；

5. 信息主体遭受损失时，可以接受投诉的部门及联系方式。

②个人信息处理者在个人信息泄露时，为了将损失降到最低，应当制定对策并采取必要的措施。

③个人信息处理者泄露了总统令规定的一定数量以上的个人信息时，应当立即向保护委员会或总统令规定的专门机关申报第 1 款规定的事实及采取了第 2 款规定的措施后的结果。在这种情况下，保护委员会或总统令规定的专门机关可以对损失扩大的预防以及损失的恢复等给予技术支持。
< 2013. 3. 23，2014. 11. 19，2017. 7. 26，2020. 2. 4 修改 >

④第 1 款规定的通知时间、方法及程序等必要事项由总统令规定。

第 34 条之二 （罚款的处罚等）

①个人信息处理者处理的身份证号码遗失、失窃、外泄、伪造、变造或损坏时，保护委员会可以对其处以 5 亿韩元以下的罚款。但是，个人信息处理者根据第 24 条第 3 款的规定采取了必要措施，防止居民身份证号码的丢失、失窃、泄露、伪造、变造或损坏的，不适用本条规定。< 2014. 11. 19，2015. 7. 24，2017. 7. 26，2020. 2. 4 修改 >

②保护委员会根据第 1 款的规定对个人信息处理者处以罚款时应当考虑下列事项：< 2014. 11. 19，2015. 7. 24，2017. 7. 26，2020. 2. 4 修改 >

1. 是否根据第 24 条第 3 款的规定，为了确保信息的安全性采取了必要措施；

2. 身份证号码丢失、失窃、泄露、伪造、变造或损坏的程度；

3. 是否采取了防止损失扩大的后续措施。

③根据第 1 款的规定，应当缴纳罚款者在应当缴纳期限内未缴纳罚款，自缴纳罚款的期限届满之日第二日至缴纳罚款的前一天，保护委员会应当在未缴纳罚款的百分之六的范围内征收由总统令规定的滞纳金。这种情况下滞纳金的征收期限不得超过 60 个月。< 2014. 11. 19，2017. 7. 26，2020. 2. 4 修改 >

④根据第 1 款的规定应当缴纳罚款者在应当缴纳罚款的期限内未缴纳罚款，保护委员会应当按期催缴，在指定的期间内未缴纳罚款及滞纳金的，则应当根据滞纳国税处分例的规定征收罚款及滞纳金。< 2014. 11. 19，2017. 7. 26，2020. 2. 4 修改 >

⑤罚款的处罚、征收的其他必要事项由总统令规定。

第五章　信息主体的权利保障

第 35 条（个人信息的阅览）

①信息主体可以向相关的个人信息处理者提出要求，阅览其处理的本人的个人信息。

②针对第 1 款的规定，作出以下补充说明。信息主体向公共机关要求阅览自己的个人信息时可以直接提出要求或者根据总统令的规定通过保护委员会向公共机关提出阅览要求。<2013.3.23，2014.11.19，2017.7.26，2020.2.4 修改>

③个人信息处理者接到第 1 款及第 2 款规定的阅览要求时，应当允许信息主体在总统令规定的期限内阅览相关个人信息。因正当理由不能在规定时间内阅览的，应当告知信息主体该正当理由并且延长阅览期限，该理由消失时应当立即允许信息主体阅览该信息。

④符合下列各项要求的，个人信息处理者可以限制或拒绝信息主体的要求并告知其限制或拒绝的理由：

1. 法律规定禁止或限制阅览的；

2. 可能会危害他人生命健康、财产安全和其他利益的；

3. 公共机关在执行下列公务时，造成重大障碍的：

甲　有关于征税或者退税的业务；

乙　有关于《初、中等教育法》及《高等教育法》中规定的各级学校，《终身教育法》中规定的终生教育机关以及其他依照法律设置的高等教育机关中成绩评价或入学者选拔的业务；

丙　学历、技能及录用的相关的考试和资格审查的业务；

丁　针对赔偿金、给付金的计算而进行的评估或判断的相关业务；

戊　其他法律规定的正在进行的审计和调查工作。

⑤第 1 款至第 4 款中规定的阅览要求、阅览限制、通知等方法及程序的必要事项由总统令规定。

第 36 条　（个人信息的更正、删除）

①第 35 条规定的阅览自己个人信息的信息主体可以要求个人信息处理者更正或删除该个人信息。但是，其他法令中明确规定该个人信息为收集对象的，不予删除。

②个人信息处理者在接到信息主体根据第 1 款提出的要求时，除其他法令规定了个人信息的更正或删除的特殊程序外，应当立即调查该个人信息，并应当在按照信息主体的要求采取更正、删除等必要措施后，将结果告知信息主体。

③个人信息处理者根据第 2 款的规定删除个人信息时，应采取措施防止该信息复原或再生。

④信息主体的要求符合第 1 款的但书时，个人信息处理者应当立即将该信息内容告知信息主体。

⑤个人信息处理者在根据第 2 款进行调查时，必要时可以要求相关信息主体提交确认更正、删除要求事项所需的证据材料。

⑥第 1 款、第 2 款及第 4 款规定的更正或删除要求、通知方法及程序等必要事项由总统令规定。

第 37 条　（个人信息的停止处理等）

①信息主体可以要求个人信息处理者停止处理自己的个人信息。在这种情况下，公共机关可以根据第 32 条的规定要求停止对于成为登记对象的个人信息文件中的个人信息的处理。

②个人信息处理者在收到第 1 款规定的要求时，应当立即按照信息主体的要求，停止处理全部或部分个人信息。但是，符合下列任何一项条件时，个人信息处理者可以拒绝信息主体的停止处理要求：

1. 法律有特殊规定的，或为了遵守法律上的义务必须处理个人信息的；

2. 可能会危害他人生命健康、财产安全和其他利益的；

3. 公共机关为履行其他法律规定的职责必须处理个人信息的；

4. 不处理个人信息将导致合同履行困难，如个人信息处理者不能提供与信息主体约定的服务，且信息主体没有明确表明解除合同的。

③个人信息处理者根据第 2 款规定的但书拒绝停止处理的要求时，应

及时向信息主体告知原因。

④个人信息处理者根据信息主体的要求停止处理个人信息时，应当对停止处理的个人信息采取立即销毁等必要措施。

⑤第 1 款至第 3 款规定的要求停止处理、拒绝停止处理、通知等的方法及有关程序等必要事项由总统令规定。

第 38 条（权利行使的方法及程序）

①信息主体可以根据第 35 条的阅览，第 36 条的更正、删除，第 37 条的停止处理，第 39 条之七的同意撤回等要求（以下称为"阅览等要求"），委托代理人以总统令规定的文书等方法、程序进行上述活动。＜2020.2.4 修改＞

②不满十四周岁未成年人的监护人可以向个人信息的处理者提出阅览该未成年人的个人信息等要求。

③个人信息处理者可以根据总统令规定请求提出阅览等要求者支付手续费和邮寄费（仅限于要求邮寄副本的情况）。

④个人信息处理者应当制定信息主体提出阅览等要求的具体方法和程序，且应当公开并使信息主体了解具体的方法和程序。

⑤个人信息处理者应当制定并说明信息主体在提出的阅览等要求被拒绝时提出异议的程序。

第 39 条（损害赔偿责任）

①个人信息处理者违反该法使信息主体遭受损失的，信息主体可以向个人信息处理者要求损害赔偿。此时，个人信息处理者若无法证明其没有故意或过失，就应当承担损害赔偿责任。

②删除 ＜2015.7.24＞

③个人信息处理者因故意或重大过失导致个人信息丢失、失窃、流出、伪造、变造或损坏，给信息主体造成损失时，法院可在损失额 3 倍的范围以内确定损害赔偿金额。但是，个人信息处理者能够证明没有故意或重大过失的，不适用本条。＜2015.7.24 新设＞

④法院在确定第 3 款规定的赔偿金额时，应当考虑下列事项：＜2015.7.24 新设＞

1. 对于故意或者可能发生损害的认识程度；

2. 违法行为导致的损失规模；

3. 个人信息处理者因违法行为获得的经济利益；

4. 违法行为的罚金及罚款；

5. 违法行为的持续期间、次数等；

6. 个人信息处理者的财产状态；

7. 个人信息处理者丢失、盗取、泄露信息后，回收个人信息的努力程度；

8. 个人信息处理者为救济信息主体损害的努力程度。

第 39 条之二　（法定损害赔偿的请求）

①针对第 39 条第 1 款，作出以下补充说明。个人信息处理者因故意或过失导致个人信息丢失、失窃、泄露、变造、伪造、损坏时，信息主体可索要 300 万韩元以内的赔偿金。此情况下，若个人信息处理者无法证明自己不存在故意或过失，则无法免除责任。

②法院在当事人根据第 1 款的规定提出请求时，可以考虑整个法庭辩论的主旨和证据调查的结果，判处与第 1 款规定的范围相当的赔偿金。

③根据第 39 条的规定要求赔偿损害的信息主体在事实审理的辩论结束之前，可以将该请求变更为第 1 款中规定的请求。

［2015.7.24 本条新设］

第六章　信息通信设备提供者等的个人信息处理等特例（2020 年修订）

第 39 条之三　（有关于个人信息的收集、利用的特例）

①针对第 15 条第 1 款的规定，作出以下补充说明。信息通信服务提供者以使用为目的收集个人信息时，应当将下列事项告知用户并取得用户的同意。下列各事项的变更情况也应当告知用户并且取得用户的同意：

1. 个人信息的收集和利用目的；

2. 收集个人信息的项目；

3. 个人信息的使用、保存期限。

②符合下列条件时，信息通信服务提供者无须取得第 1 款所规定的同意即可收集及使用用户的个人信息：

1. 为履行信息通信服务（指的是《信息通信网利用促进及信息保护等相关法律》第 2 条第 1 款第 2 项规定的信息通信服务。以下相同）相关合同所需要的个人信息，因经济、技术原因通过正常手段获取同意有明显困难时；

2. 提供信息通信服务后需要结算费用时；

3. 其他法律有特别规定时。

③信息通信服务提供者不得以用户拒绝提供实现处理目的最小范围以外的个人信息为由拒绝提供服务。这种情况下，实现处理目的最小范围的个人信息是指为了履行相关服务的基本功能需要的信息。

④不满十四周岁的未成年人应当在其监护人的同意之下允许信息通信服务提供者收集、使用、提供其个人信息。信息通信服务提供者应当根据总统令的规定对其监护人是否同意进行确认。

⑤信息通信服务提供者应当以显著方式和清晰易懂的语言向不满十四周岁的未成年人告知个人信息处理相关事项。

⑥保护委员会应当制定相关政策保护不满十四周岁的未成年人，以防止其无法明确认识到个人信息处理的危险性及结果、使用者的权利等。

［2020.2.4 本条新设］

第 39 条之四（有关于个人信息泄露等的通知、申报特例）

①针对第 34 条第 1 款及第 3 款，作出以下补充说明。信息通信服务提供者与第 17 条第 1 款规定的提供用户个人信息的主体（以下简称"信息通信服务提供者等"）在得知个人信息丢失、失窃、泄露（以下简称"泄露等"）时，应立即将下列事项告知相关用户，并向保护委员会或总统令中规定的专门机构进行申报，无特殊事由，应在得知该情况的 24 小时内进行通知和申报。有无法获取用户联系方式等特殊事由的，可根据总统令相关规定，采取替代通知的措施：

1. 泄露的个人信息项目；

2. 泄露发生的时间；

3. 用户可以采取的措施；

4. 信息通信服务提供者等的对应措施；

5. 可以接受用户咨询的部门及其联系方式。

②总统令中规定的专门机关在接到第 1 款规定的申报时必须立刻将该情况告知保护委员会。

③信息通信服务提供者等应当向保护委员会说明第 1 款规定的特殊事由。

④第 1 款规定的通知及申报的方法、程序等必要事项由总统令规定。

［本条新设 2020.2.4］

第 39 条之五（关于个人信息保护措施的特例）

信息通信服务提供者等应尽量限制处理用户个人信息的主体。

［本条新设 2020.2.4］

第 39 条之六（关于个人信息销毁的特例）

①信息通信服务提供者等为了保护在 1 年内未使用信息通信服务用户的个人信息，应当根据总统令的规定采取销毁个人信息等必要措施。但是，其他法律有规定或用户有不同要求时，应当遵循该规定或要求。

②信息通信服务提供者等应当在第 1 款中规定的期限结束的 30 天前，将总统令中规定个人信息被销毁的事实、期限结束日及被销毁的个人信息的项目等事项以电子邮件等总统令规定的方式告知用户。

［本条新设 2020.2.4］

第 39 条之七（关于用户的权利等的特例）

①同意信息通信服务提供者等收集、利用、提供个人信息的用户随时可以撤销同意。

②信息通信服务提供者等根据第 1 款规定的提供的同意的撤销的方法、第 35 条规定的个人信息的阅览的方法、第 36 条规定的进行更正等的方法应当要比个人信息的收集方法简单。

③用户根据第 1 款的规定撤销同意后，信息通信服务提供者等应当立即销毁收集的个人信息，使并采取必要措施使其不能恢复、再生等。

［本条新设 2020.2.4］

第 39 条之八（个人信息使用明细的通知）

①符合总统令规定标准的信息通信服务提供者等，根据第 23 条和第 39 条之三的规定收集个人信息的使用者应当定期通知用户其个人信息的使用（包括第 17 条规定的提供）明细。但是，因未收集用户的联系方式等个人信息而无法通知用户的，不适用本条。

②根据第 1 款的规定，个人信息的使用者应当通知的信息种类、进行通知的周期和方法及其他必要事项由总统令规定。

［2020.2.4 本条新设］

第 39 条之九（损害赔偿的保障）

①为履行第 39 条及第 39 条之二规定的损害赔偿责任，信息通信服务提供者应当采取必要措施，如参保、参与税务减免优惠活动、积累准备金等。

②第 1 款中所涉及的参保及参与税务减免优惠活动的对象，以及个人信息处理者的范围、标准等必要事项由总统令规定。

［2020.2.4 本条新设］

第 39 条之十（泄露的个人信息的删除、切断）

①信息通信服务提供者应当确保用户的居民身份证号码、账户信息、信用卡信息等个人信息不会通过信息通信网向公众泄露。

②针对第 1 款的规定，作出以下补充说明。个人信息泄露时，通信服务提供者应当根据保护委员会或总统令指定的专门机关的要求，采取删除、切断信息等必要措施。

［本条新设 2020.2.4］

第 39 条之十一（国内代理人的指定）

①信息通信服务提供者等在国内没有住所或营业场所，且用户数量、销售额等符合总统令规定的标准的，应当书面指定代理人（以下称为"国内代理人"）代理下列事项：

1. 第 31 条规定的个人信息保护负责人的业务；

2. 第 39 条之四规定的通知、申报；

3. 第 63 条第 1 款规定的相关物品、文件等的提交。

②国内代理人应由在国内有住所或营业场所的主体担任。

③存在国内代理人时，下列事项均应包含在第 30 条规定的个人信息处理方针中：

1. 国内代理人的姓名（代理人是法人时其名称及法定代表人的姓名）；

2. 国内代理人的住所（代理人是法人时其营业地址所在地）、电话号码及电子邮箱地址。

④国内代理人违反本法中与第 1 款有关的各项规定的行为，视为信息通信服务提供者的行为。

［本条新设 2020. 2. 4］

第 39 条之十二（国外移转的个人信息的保护）

①信息通信服务提供者等不得违反本法的规定签订与用户的个人信息有关的国际合同。

②信息通信服务的提供者等向国外提供用户个人信息（包括查询的情况），委托国外主体处理、保管个人信息的，应当取得用户的同意。但是，根据第 30 条第 2 款的规定公开第 3 款规定的事项，或者以电子邮箱等总统令规定的方式向用户告知第 3 款规定的事项的，个人信息处理的委托、保管无须遵循第 17 条第 3 款规定的程序。

③信息通信服务提供者等必须事先将下列事项告知用户，方可得到第 2 款规定的同意：

1. 移转的个人信息项目；

2. 个人信息移转的国家，移转日期及移转方法；

3. 接受个人信息移转者的姓名（接受个人信息移转者为法人时其名称及信息管理负责人的联系方式）；

4. 接受个人信息移转者的个人信息利用目的及保存、使用期限。

④信息通信服务提供者等得到第 2 款规定的同意，将个人信息移转至国外时，应根据总统令的规定采取保护措施。

⑤接收用户个人信息的移转者将相关个人信息移转到第三国的，应当适用第 1 款至第 4 款的规定。在这种情况下，"信息通信服务提供者等"

视为"接受个人信息移转者","接受个人信息移转者"视为"在第三国接受个人信息移转者"。

［本条新设 2020.2.4］

第 39 条之十三（相应原则）

针对第 39 条之十二，作出以下补充说明。对于限制个人信息移转的国家，应当采取相应的措施对其信息通信服务的提供者等进行限制。但是，本条不适用于履行条约或其他国际协定等必要的情况下。

［本条新设 2020.2.4］

第 39 条之十四（关于从事广播事业者的特例）

符合《广播法》第 2 条第 3 项甲目至戊目以及同条第 6 项、第 9 项、第 12 项和第 14 项规定的主体（以下称"广播事业者等"）在处理观众个人信息时，适用本法中关于信息通信服务提供者的规定。此时，"广播事业者等"视为"信息通信服务提供者"或"信息通信服务提供者等"，"观众"视为"用户"。

［本条新设 2020.2.4］

第 39 条之十五（关于罚款的征收等特例）

①信息通信服务提供者等的行为符合下列任一条件时，保护委员会可以对相应信息通信服务提供者等处以违法所得的百分之三以下的罚款。

1. 违反第 17 条第 1 款、第 2 款，第 18 条第 1 款、第 2 款及第 19 条（包括第 39 条之十四规定的准用情况）的规定使用、提供个人信息的；

2. 违反第 22 条第 6 款（包括第 39 条之十四规定的准用情况）的规定，未经其监护人同意，收集不满十四周岁的未成年人个人信息的；

3. 违反第 23 条第 1 款第 1 项（包括第 39 条之十四规定的准用情况）的规定，未经用户同意收集敏感信息的；

4. 根据第 26 条第 4 款（包括第 39 条之十四规定的准用情况）的规定，管理、监督或教育存在疏忽，导致特定受托人违反本法规定的；

5. 用户个人信息丢失、失窃、泄露、伪造、变造或毁损后，未采取第 29 条规定的措施（不包括制定内部管理计划的事项）的（包括第 39 条之十四规定的准用情况）；

6. 违反第 39 条之三第 1 款（包括第 39 条之十四规定的准用情况）的规定未经用户同意收集个人信息的；

7. 违反第 39 条之十二第 2 款正文的规定（包括同条第 5 款规定的准用情况），未经用户同意，向国外提供用户个人信息的。

②依据第 1 款的规定征收罚款时，信息通信服务提供者等拒绝提交销售额计算资料或提交虚假资料的，可以根据与该信息通信服务提供者等规模相当的信息通信服务提供者的财务报表等会计资料和用户数及使用费用等营业情况资料来推测销售额。但是，没有销售额或销售额难以计算的，可以按照总统令的规定处以 4 亿韩元以下的罚款。

③保护委员会在按照第 1 款的规定征收罚款时，须考虑下列事项：

1. 违法行为的内容及程度；

2. 违法行为的期间及次数；

3. 违法行为所获得的利益规模。

④在确定第 1 款中规定的罚款时应当考虑第 3 款规定的情况，具体的计算标准和计算程序由总统令规定。

⑤根据第 1 款的规定，应当缴纳罚款者在应当缴纳罚款的期限内未缴纳罚款的，保护委员会应当自应缴纳罚款的期限届满之日的第二日起征收未缴纳罚款的年百分之六的滞纳金。

⑥根据第 1 款的规定，应当缴纳罚款者在规定的期限内未缴纳罚款的，保护委员会应当按时催缴。在规定期间内未缴纳罚款和滞纳金的，应当按照滞纳国税处分例的规定征收。

⑦因法院的判决等事由退还根据第 1 款的规定征收的罚款时，应当参考金融公司等的存款利率等，根据总统令规定的利率，支付缴纳罚款之日起至退还之日的利息。

⑧针对第 7 款的规定，作出以下补充说明。因法院的判决而取消罚款处分，但又根据判决征收新的罚款时，仅针对先缴纳的罚款与新产生的应当缴纳的罚款的差额计算利息。

［2020.2.4 本条新设］

第七章　个人信息纠纷调解委员会 ＜2020.2.4 修改＞

第 40 条 （设置及构成）

①为了调整与个人信息相关的纠纷，设立个人信息纠纷调解委员会（以下简称"纠纷调解委员会"）。

②纠纷调解委员会由包括 1 名委员长在内的 20 名以内的委员组成，委员由直接任命委员和委任委员组成。＜2015.7.24 修改＞

③委任委员由保护委员会委员长从符合下列条件的人中选出，直接任命委员自总统令规定的国家机关的所属公务员中产生：＜2013.3.23，2014.11.19，2015.7.24 修改＞

1. 曾就职于掌管个人信息保护业务的中央行政机关高层公务员团体的公务员，或就职于或者曾经就职于相应公共部门及相关团体的公务员，具有个人信息保护工作经验的；

2. 在大学或公认的研究机关担任或者曾经担任副教授以上或与其相当职务的；

3. 担任或者曾经担任法官、检察官或律师的；

4. 受到与个人信息保护相关的市民社会团体或消费者团体推荐的；

5. 担任或曾经担任由个人信息管理者构成的事业团体的高管的。

④委员长由保护委员会委员长在非公务员的委员中委任。＜2013.3.23，2014.11.19，2015.7.24 修改＞

⑤委员长和委任委员的任期为两年，可连任一次。＜2015.7.24 修改＞

⑥纠纷调解委员会为了有效履行调解纠纷的业务，必要时可以根据总统令的规定，按照调解案件的领域设立由 5 名以内的委员组成的调解部。在这种情况下，调解部受纠纷调解委员会委托对事项作出的决议，视为纠纷调解委员会的议决。

⑦召开调解委员会或调解部的会议，应当有过半数的在籍委员参加，会议所作决定应当经到会委员的过半数通过。

⑧保护委员会可以处理调解纠纷所需的事务，如受理纠纷、确认事实等。<2015.7.24 修改＞

⑨有关于纠纷调解委员会运营的其他必要事项由总统令规定。

第 41 条（委员的身份保障）

除被判处剥夺政治权利以上刑罚或因身心障碍不能履行职务外，不得违反委员本人的意志对其免职或将其解聘。

第 42 条（委员的排斥、忌避、回避）

①符合下列条件之一的，根据第 43 条第 1 款的规定，委员不得参与审议、表决向纠纷调解委员会申请的调解纠纷的案件（以下本条中称为"案件"）：

1. 委员或其配偶或曾经的配偶成为该事件的当事人或者与该事件相关的共同权利人或义务人的；

2. 委员与相关案件的当事人为亲属关系或者曾经是亲属关系的；

3. 委员为相关案件的证人、鉴定人、法律顾问的；

4. 委员作为当事人的代理人参与或者曾经参与过相关案件的。

②如果认为难以期待委员公正地审议、决议时，当事人可以向委员长申请回避，此时，委员长可以不经过纠纷调解委员会的表决自行决定委员是否应当回避。

③存在第 1 款或第 2 款规定的事由时，委员可以自行回避事件的审议、表决。

第 43 条（调解的申请等）

①希望调解个人信息相关纠纷的主体可以向纠纷调解委员会申请调解纠纷。

②纠纷调解委员会收到当事人单方面提出的纠纷调解申请时，应当向另一方告知申请内容。

③公共机关根据第 2 款的规定接到调解纠纷通知时，在没有特别理由的情况下，应当调解纠纷。

第 44 条（处理期间）

①纠纷调解委员会应当自收到第 43 条第 1 款规定的调解纠纷申请之

日起 60 日内对其进行审查并制定调解案。但是，出现不得已的情况时，经纠纷调解委员会的表决通过后可以延长处理期限。

②纠纷调解委员会根据第 1 款的但书延长处理期限时，应当告知申请人延长处理期限的理由和关于延长期限的其他事项。

第 45 条 （资料的要求等）

①根据第 43 条第 1 款的规定，纠纷调解委员会接到纠纷调解申请时，可以向纠纷当事人申请调解所需的资料。在这种情况下，当事者没有正当的理由的，应当按照要求进行提交。

②纠纷调解委员会认为确有必要时，可以要求纠纷当事人或证人出席委员会，听取其意见。

第 46 条 （调解前的建议和解）

根据第 43 条第 1 款的规定，纠纷调解委员会在受理纠纷调解申请时，可向当事人提及相关内容，并向其建议在调解前达成和解。

第 47 条 （纠纷的调解）

①纠纷调解委员会可以拟定调解案，调解案中应包含下列内容：

1. 要求调查对象停止侵害；

2. 恢复原状、赔偿损失以及其他必要的救济措施；

3. 为了防止相同或相似的侵权事件再次发生的必要措施。

②纠纷调解委员会应当及时向当事人出示根据第 1 款拟定的调解方案。

③收到第 1 款规定的调解案的当事人从收到该调解案的当天起算，15 日内未作出接受调解的意思表示的视为拒绝。

④当事人接受调解内容的，纠纷调解委员会应当制作调解书，调解书应当由纠纷调解委员会委员长和各当事人分别签字盖章。

⑤第 4 款规定的调解内容与判决和解具有相同效力。

第 48 条 （调解的拒绝及中断）

①纠纷调解委员会认为纠纷性质不适合由纠纷调解委员会进行调解或认定其以不正当目的申请调解时，可以拒绝调解该纠纷的申请。此时，应当将拒绝该申请的理由告知申请人。

②纠纷调解委员会进行的申请调解案件的处理程序因一方提起诉讼而

中断，纠纷调解委员会应当向当事人告知该事实。

第 49 条 （集体纠纷调解）

①在信息主体所受损害或权利受到侵害与多数信息主体相同或相似的情况下，对于总统令中所规定的事项，国家及地方自治团体、个人信息保护团体及机关、信息主体、个人信息处理者可委托或申请纠纷调解委员会进行统一调解（以下称为"集体纠纷调解"）。

②纠纷调解委员会根据第 1 款的规定接受委托或者接受申请进行集体纠纷调解时，可以通过其决议根据第 3 款至第 7 款的规定启动集体纠纷调解程序。在这种情况下，纠纷调解委员会应当在总统令规定的期间内公告程序的开始。

③纠纷调解委员会可以从不属于集体纠纷调解当事人的信息主体或个人信息处理者处接受追加其为纠纷调解当事人的申请。

④纠纷调解委员会可以根据决议在第 1 款及第 3 款规定的集体纠纷调解当事人中选出最适合代表共同利益的一人或数人为代表当事人。

⑤个人信息处理者接受纠纷调解委员会的集体纠纷调解的内容时，纠纷调解委员会可以建议不是集体纠纷调解的当事人的主体针对信息主体遭受的损害制定补偿计划书并向纠纷调解委员会提交。

⑥针对第 48 条第 2 款，作出以下补充说明。集体纠纷调解的当事人，即多数信息主体中的一部分信息主体向法院提起诉讼时，应当将提起诉讼的部分信息主体排除在调解程序之外，纠纷调解委员会的调解程序不因部分信息主体提起的诉讼而中断。

⑦集体纠纷调解期间为 60 天，调解期间应当自第 2 款规定的公告结束后的第二天起算。但是，如果出现不得已的情况，纠纷调解委员会可以通过表决延长处理期限。

⑧关于集体纠纷调解程序等的必要事项由总统令规定。

第 50 条 （调解程序等）

①第 43 条至第 49 条未规定的纠纷的调解方法、调解程序及调解业务处理等其他必要事项由总统令规定。

②本法未规定的纠纷调解委员会的运作及纠纷调解程序的相关事项，

适用《民事调解法》的规定。

第八章　个人信息集团诉讼（2020 年修订）

第 51 条（集体诉讼的对象等）

个人信息处理者拒绝根据第 49 条的规定进行集体纠纷调解或拒绝接受集体纠纷调解结果时，符合下列任一条件的团体都可以向法院提出诉讼（以下简称"集体诉讼"），请求法院排除侵害：

1. 具备下列条件的，根据《消费者基本法》第 29 条的规定在公平交易委员会注册的消费者团体：

甲　根据章程，以增进信息主体的权益为主要目的的；

乙　正式会员数为 1000 名以上的；

丙　根据《消费者基本法》第 29 条规定，注册已满 3 年的。

2. 具备下列条件的，《非营利性民间团体支持法》第 2 条规定的非营利性民间团体：

甲　由法律上或者事实上受到同一侵害的 100 名以上信息主体组成，要求提起集体诉讼的；

乙　在章程中表明团体以保护个人信息为目的，且最近 3 年以上有相应的活动业绩的；

丙　团体的常设成员数为 5000 名以上的；

丁　在中央行政机关登记的。

第 52 条（专属管辖）

①集体诉讼的起诉地点为被告的主要事务所或营业场所之所在地，没有主要事务所或营业所的，由主要业务负责人的住所的地方法院本院合议庭管辖。

②外商在适用第 1 款的规定时，根据在大韩民国的主要事务所、营业所或业务负责人的住址而确定管辖。

第 53 条（诉讼代理人的选任）

集体诉讼的原告应当聘请律师担任诉讼代理人。

第 54 条（诉讼许可申请）

①提起集体诉讼的团体应当将包括下列各项内容的诉讼许可申请书与诉状一同向法院提交：

1. 原告及其诉讼代理人；

2. 被告；

3. 信息主体的被侵害权利的内容。

②第 1 款规定的诉讼许可申请书在提交时应当附加下列各项材料：

1. 能够证明提出诉讼的团体符合第 51 条规定条件的申辩材料；

2. 能够证明个人信息处理者拒绝调解或没有接受调解结果的文件。

第 55 条（诉讼许可条件等）

①具备下列条件时，法院方可以决定的形式允许集体诉讼的提出：

1. 个人信息处理者拒绝纠纷调解委员会的纠纷调解或拒绝接受调解结果；

2. 第 54 条规定的诉讼许可申请书中填写的事项不存在瑕疵。

②对于法院的允许或不允许提出集体诉讼的决定，可以立即提起上诉。

第 56 条（终局判决的效力）

驳回原告请求的判决为终局性判决时，第 51 条规定的其他团体不得再针对同一案件提起集体诉讼。但是符合下列任一条件的，不适用本条规定：

1. 判决生效后，国家、地方自治团体或国家、地方自治团体设立的机构发现与该案相关的新的证据的；

2. 经查明判决的驳回是由原告故意造成的。

第 57 条（《民事诉讼法》的适用等）

①关于集体诉讼，本法没有特别规定时，适用《民事诉讼法》。

②获取第 55 条所规定的集体诉讼许可的，可根据《民事执行法》第四编作出保全处分。

③有关于集体诉讼程序的必要事项由大法院规则规定。

第九章　附则（2020 年修订）

第 58 条（部分不适用的情况）

①符合下列任一条件的个人信息，不适用第三章到第七章的规定：

1. 公共机关处理的个人信息中根据《统计法》的规定收集的个人信息；

2. 为了分析有关于国家安全保障的信息收集或提供的个人信息；

3. 为了公共卫生等公共安全和安宁，在紧急情况下暂时处理的个人信息；

4. 为了达到舆论、宗教团体、政党采访、报道、传教、推荐选举候选人等特有目的，收集、利用的个人信息。

②根据第 25 条第 1 款的规定在公开场所设置、运营影像信息处理设备所处理的个人信息，不适用第 15 条，第 22 条，第 27 条第 1 款、第 2 款，第 34 条及第 37 条的规定。

③个人信息处理者以促进同学会、同好会等的亲密和睦为目的运营团体的，为了该团体的运营而处理个人信息时，不适用第 15 条、第 30 条及第 31 条的规定。

④个人信息处理者根据第 1 款的规定处理个人信息时，应当在最短的时间内处理为了实现处理目的所必需的最小范围内的个人信息。且个人信息处理者应当准备技术性、管理性及物理性保护措施，准备有关个人信息处理的信访处理措施，以及应当准备为了妥善处理个人信息的其他必要措施以确保个人信息的安全管理。

第 58 条之二（不适用的情况）

在合理考虑时间、费用、技术等因素的情况下，本法不适用于即使使用其他附加信息也无法进一步识别特定主体的信息。

［2020.2.4 本条新设］

第 59 条（禁止行为）

处理或曾经处理过个人信息的主体不得有下列任何一项行为：

1. 以虚假或其他不正当手段获取个人信息或获得信息主体的同意；

2. 泄露通过业务得知的个人信息或未经授权将通过业务得知的个人信息提供给他人使用；

3. 无正当权限或超出许可权限毁损、灭失、变更、伪造或泄露他人个人信息。

第 60 条 （保守秘密等）

从事或曾经从事下列各项工作的人员，不得将通过职务获取的秘密泄露给他人或利用于职务目的以外的其他用途。但是，在其他法律有特别规定的情况下，不适用本条规定：＜2020.2.4 修改＞

1. 从事或曾经从事第 7 条之八及第 7 条之九所规定的保护委员会的业务的；

1 之二 从事或曾经从事第 32 条之二规定的个人信息保护认证业务的；

2. 从事或曾经从事第 33 条规定的影响评价业务的；

3. 从事或曾经从事第 40 条规定的纠纷调解委员会的纠纷调解业务的。

第 61 条 （意见的提出及改善的建议）

①保护委员会认为确有必要制定包括影响个人信息保护内容的法律或条例时，经过审议、表决后可以向有关部门提出意见。＜2013.3.23，2014.11.19，2017.7.26，2020.2.4 修改＞

②为了保护个人信息，保护委员会认为必要时可以建议个人信息处理者改善个人信息处理情况。此时，接受建议的个人信息处理者应当做出努力，并向保护委员会反馈所采取措施的结果。＜2013.3.23，2014.11.19，2017.7.26，2020.2.4 修改＞

③为了保护个人信息，相关中央行政机关长官认为必要时，可根据管辖的法律建议个人信息处理者改善个人信息处理情况。此时，接受建议的个人信息处理者应当做出努力，并向相关中央行政机关长官反馈所采取措施的结果。

④中央行政机关、地方自治团体、国会、法院、宪法裁判所、中央选举管理委员会可以对其所属机关及管辖的公共机关提出有关个人信息保护的意见或对其进行检查、指导。

第62条（侵害事实的举报等）

①个人信息处理者在处理个人信息时损害到其他主体的权利或利益的，该主体可以向保护委员会举报其受到侵害的事实。＜2013.3.23，2014.11.19，2017.7.26，2020.2.4修改＞

②为了有效率地履行第1款规定的举报的接收、处理业务，保护委员会可以根据总统令的规定指定专门机关。此时专门机关应当设立、运用个人信息侵害举报中心（以下称为"举报中心"）。＜2013.3.23，2014.11.19，2017.7.26，2020.2.4修改＞

③举报中心履行下列各项工作：

1. 有关于个人信息处理举报的受理、咨询；

2. 事实的调查、确认及听取相关人士的意见；

3. 与第1项和第2项规定业务配套的业务。

④为有效开展第3款第2项规定的事实调查、确认等工作，保护委员会认为确有必要时可根据《国家公务员法》第32条之四的规定，将所属公务员派遣到第2款规定的专门机关中。＜2013.3.23，2014.11.19，2017.7.26，2020.2.4修改＞

第63条（材料提交的要求及检查）

①保护委员会认为个人信息处理者符合下列任何一项条件时，可以要求其提交相关物品、文件等资料：＜2013.3.23，2014.11.19，2017.7.26，2020.2.4修改＞

1. 发现有违反本法的行为或有违反本法的嫌疑的；

2. 收到违反本法的举报或投诉的；

3. 为了保护信息主体的个人信息，总统令中规定的其他必要情况。

②保护委员会如果认为个人信息处理者没有按照第1款的要求提交资料或认为其有违反本法的行为时，可以令所属公务员出入个人信息处理者及其违法行为关系人的事务所或营业场所，检查业务情况、账簿或文件等。在这种情况下，进行检查的公务员必须持有能够表明其权限的证件，并向相关人士出示该证件。＜2013.3.23，2014.11.19，2015.7.24，2017.7.26，2020.2.4修改＞

③相关中央行政机关的长官根据其管辖法律，可以根据第1款的规定要求个人信息处理者提交资料，或者可以根据第2款的规定对个人信息处理者及违法行为关系人进行检查。＜2015.7.24 修改＞

④保护委员会发现个人信息处理者存在违反本法的行为或发现其存在嫌疑时，可以要求相关中央行政机关的长官（受相关中央行政机关首长指挥、监督并行使检查权限的为法人时指其法人）制定具体范围，并对个人信息处理者进行检查，必要时可要求保护委员会的公务员共同参与相关检查。此时，中央行政机关长官在没有特殊情况时应当遵从该要求。＜2020.2.4 修改＞

⑤保护委员会可以要求相关中央行政机关的长官（受相关中央行政机关首长指挥、监督并行使检查权限的为法人时指其法人）就第4款的检查结果，对个人信息处理者采取纠正措施或提出处理等意见。＜2020.2.4 修改＞

⑥第4款及第5款的方法和程序等相关事项由总统令规定。＜2020.2.4 修改＞

⑦保护委员会为了预防和有效应对个人信息侵害事故的发生，可以与相关中央行政机关长官联合检查个人信息保护情况。＜2015.7.24，2017.7.26，2020.2.4 新设＞

⑧保护委员会和相关中央行政机关长官按照第1款及第2款的规定收集或者接受个人信息处理者提交的文件、资料的，非依本法规定，不得将该文件和资料提供给第三方或向公众公开。＜2020.2.4 新设＞

⑨保护委员会和相关中央行政机关长官应当采取制度上和技术上的补充措施，以防止通过信息通信网接收的提交或收集的资料以及电子化的个人信息、商业秘密的泄露。＜2020.2.4 新设＞

第64条（纠正措施）

①保护委员会有一定的证据证明个人信息受到侵害，且认为如果放任其发展的话可能会造成难以恢复的损害的，可以命令违法主体（除中央行政机关、地方自治团体、国会、法院、宪法裁判所、选举委员会以外）采取下列的措施：＜2013.3.23，2014.11.19，2017.7.26，2020.2.4 修改＞

1. 停止侵害行为；

2. 暂时停止处理个人信息；

3. 其他为保护个人信息及防止侵害所必要的措施。

②相关的行政机关的长官有一定的根据证明个人信息受到侵害，且认为如果放任其发展的话可能会造成难以恢复的损害的，可以根据所管辖法律命令违法主体采取第 1 款规定的各项措施。

③地方自治团体、国会、法院、宪法裁判所、中央选举管理委员会等发现其所属机关及管辖的公共机关违反本法时，可以命令其采取第 1 款规定的各项措施。

④中央行政机关、地方自治团体、国会、法院、宪法裁判所、中央选举管理委员会违反本法时，保护委员会可以建议相关机关长官采取第 1 款规定的各项措施。在这种情况下，接受建议的机关没有特别理由的，应当听取该建议。

第 65 条（告发及惩戒建议）

①保护委员会有一定的理由认为个人信息处理者因违反本法等与个人信息的保护相关的法规而涉嫌犯罪的，可以向主管侦查的机关告发其行为。< 2013. 3. 23，2014. 11. 19，2017. 7. 26，2020. 2. 4 修改 >

②保护委员会有一定的理由认为存在违反本法等个人信息保护相关法规的行为的，可以建议相应的个人信息处理者惩戒有责任的主体（包括代表者及有责任的职员）。此时，接受建议的主体应当听取该建议，并向保护委员会通报其结果。< 2013. 3. 23，2013. 8. 6，2014. 11. 19，2017. 7. 26，2020. 2. 4 修改 >

③相关中央行政机关的长官可以根据所管辖的法律，对个人信息处理者按照第 1 款的规定进行告发或根据第 2 款的规定对所属机关、团体等的长官提出惩戒建议。此时，接受建议的主体应当听取其建议，并向相关中央行政机关的长官通报其结果。

第 66 条（结果的公开发表）

①保护委员会可以公开发表第 61 条规定的改善建议、第 64 条规定的纠正措施、第 65 条规定的告发及惩戒建议及第 75 条规定的罚款的内容及

结果。<2013.3.23，2014.11.19，2017.7.26，2020.2.4 修改>

②相关中央行政机关的长官可以根据所管辖的法律公开发表第 1 款中规定的内容。

③第 1 款及第 2 款规定的公布方法、标准及程序等由总统令规定。

第 67 条　（年度报告）

①保护委员会应当根据相关机关等提交的必要资料，每年撰写有关制定及实施个人信息保护政策报告书，并在国会召开定期会议之前提交至国会（包括通过信息通信网提交）。

②第 1 款中规定的报告书应包括下列各项内容：<2016.3.29 修改>

1. 信息主体的权利受损及受到救济现状；

2. 个人信息处理相关状态调查等结果；

3. 个人信息保护政策推进现状及实绩；

4. 个人信息相关的海外立法及政策动向；

5. 与身份证号码处理相关的法律、总统令、国会规则、大法院规则、宪法裁判所规则、中央选举管理委员会规则及监查院规则的制定、修改现状；

6. 其他有关于个人信息保护政策，应当公开或报告的事项。

第 68 条　（权限的委任、委托）

①根据本法，保护委员会或相关中央行政机关的长官的部分权限可以根据总统令规定，委任或委托给特别市长、广域市长、道知事、特别自治道知事或总统令规定的专门机关。<2013.3.23，2014.11.19，2017.7.26，2020.2.4 修改>

②根据第 1 款规定，接受保护委员会或相关中央行政机关长官的委任或受委托的机关，应当将被委任或受委托的业务的处理结果通报给保护委员会或相关中央行政机关长官。<2013.3.23，2014.11.19，2017.7.26，2020.2.4 修改>

③保护委员会根据第 1 款的规定将部分权限委任或委托给专门机关时，可以提供专门机关执行业务所需要的经费。<2013.3.23，2014.11.19，2017.7.26，2020.2.4 修改>

第 69 条（惩罚适用时公务员的认定）

①保护委员会的委员中非公务员的委员以及非公务员的职员在适用《刑法》或其他法律规定的处罚规定时，视为公务员。<2020.2.4 新设 >

②从事保护委员会或者相关的中央行政机关长官委托的业务的有关机关的工作人员在适用《刑法》第 129 条至第 132 条的规定时视为公务员。<2020.2.4 新设 >

第十章　罚则

第 70 条（罚则）

符合下列任何一项条件的，处 10 年以下有期徒刑或 1 亿韩元以下的罚金：<2015.7.24 修改 >

1. 以妨碍公共机关个人信息处理业务为目的，变更或注销公共机关正在处理的个人信息，导致其业务中断、瘫痪等，给公共机关执行公务造成严重障碍的；

2. 通过虚假或其他不正当手段获取他人正在处理的个人信息后，为了营利或其他不正当目的提供给第三方的。教唆、介绍他人将通过不正当的手段获取的个人信息为了营利或其他不正当的目的提供给他人使用的。

第 71 条（罚则）

符合下列任何一项条件的，处 5 年以下有期徒刑或 5000 万韩元以下罚金：<2016.3.29，2020.2.4 修改 >

1. 不符合第 17 条第 1 款第 2 项的规定，同时违反同款第 1 项的规定未经信息主体的同意，将个人信息提供给第三方的，或明知上述情况接受他人提供的个人信息的；

2. 违反第 18 条第 1 款、第 2 款（包括第 39 条之十四规定的准用情况），第 19 条，第 26 条第 5 款，第 27 条第 3 款或第 28 条之二的规定使用个人信息或向第三方提供个人信息的，及明知该情况，为了营利或其他不正当的目的获取个人信息的；

3. 违反第 23 条第 1 款规定处理敏感信息的；

4. 违反第 24 条第 1 款规定处理固有识别信息的;

4 之二　违反第 28 条之三规定处理去标识化信息或向第三方提供去标识化信息的,以及明知该情况,为了营利或其他不正当的目的接收第三方提供的去标识化信息的;

4 之三　违反第 28 条之五第 1 款的规定,以了解特定个人为目的处理去标识化信息的;

4 之四　违反第 36 条第 2 款(包括第 27 条规定的接收从信息通信服务提供者等处移转个人信息的主体和第 39 条之十四所适用的情况)的规定未采取更正、删除等必要措施(包括第 38 条第 2 款规定的阅览等要求所必需的措施),使用个人信息或将其提供给第三方的信息通信服务提供者等的;

4 之五　违反第 39 条之三第 1 款(包括第 39 条之十四规定的准用情况)的规定,未经用户同意收集个人信息的;

4 之六　违反第 39 条之三第 4 款的规定(包括第 39 条之十四规定的准用情况),未经其监护人的同意或未确认其监护人同意与否,收集不满十四周岁未成年人的个人信息的;

5. 违反第 59 条第 2 项规定,泄露通过业务得知的个人信息或未经授权将通过业务得知的个人信息提供给他人使用的,以及明知该情况为了营利或其他不正当目的接收个人信息的;

6. 违反第 59 条第 3 项规定,毁损、灭失、变更、伪造或泄露他人个人信息的。

第 72 条 (罚则)

符合下列任何一项条件的,处 3 年以下有期徒刑或 3000 万韩元以下的罚金:

1. 违反第 25 条第 5 款的规定,超出设置影像信息处理设备的目的任意操作影像信息处理器或使其拍摄其他地方的,或超出设置影像信息处理设备的目的使用录音功能的;

2. 违反第 59 条第 1 项的规定,以虚假或其他不正当手段获取个人信息或获得信息主体同意的;以及明知该情况仍为了营利或其他不正当的目的获取个人信息的；

3. 违反第 60 条的规定，将通过职务获取的秘密泄露给他人或用于职务目的以外其他用途的。

第 73 条（罚则）

符合下列任何一项条件的，处 2 年以下有期徒刑或 2000 万韩元以下罚金：＜2015.7.24，2016.3.29，2020.2.4 修改＞

1. 违反第 23 条第 2 款、第 24 条第 3 款、第 25 条第 6 款、第 28 条之四第 1 款或第 29 条的规定，未采取确保安全性的必要措施，造成个人信息丢失、失窃、泄露、伪造、变造或损坏的；

1 之二　违反第 21 条第 1 款（包括第 39 条之十四规定的准用情况）的规定未销毁个人信息的信息通信服务提供者等；

2. 违反第 36 条第 2 款的规定，未采取更正、删除等必要措施，继续利用个人信息或将其提供给第三方的；

3. 违反第 37 条第 2 款的规定，未停止个人信息处理，继续使用或提供给第三方使用的。

第 74 条（两罚规定）

①法人的法定代表人或者法人及个人的代理人、雇佣者以及其他职员做出与其法人或个人的业务相关的违反第 70 条规定的行为的，在处罚行为人的同时，对其法人或个人也应当处以 7000 万韩元以下的罚金。但是，如果法人或个人对相关业务尽到了相应的注意义务且没有疏于对上述主体的监督，则不适用本条规定。

②法人的代表人、法人或个人的代理人、雇佣者以及其他职员做出与其法人或个人的业务相关的违反第 71 条至第 73 条的行为的，在处罚行为人的同时，对其法人或个人也处以相应的罚金。但是，如果法人或个人对相关业务尽到了相应的注意义务且没有疏于对上述主体的监督，则不适用本条规定。

第 74 条之二（没收、追缴等）

犯有第 70 条至第 73 条规定的任何一项罪行的，可以没收其所取得的钱物或者其他所得利益，不能没收的，可以追缴相应的金额。在这种情况下，没收或追缴可作为附加刑适用。

［2015.7.24 本条新设］

第 75 条（罚款）

①符合下列任何一项条件的，处 5000 万韩元以下的罚款：＜2017.4.18 修改＞

1. 违反第 15 条第 1 款的规定收集个人信息的；

2. 违反第 22 条第 6 款的规定未取得不满十四周岁的未成年人的监护人同意的；

3. 违反第 25 条第 2 款的规定设置、运营影像信息处理设备的。

②符合下列任何一项条件的，处 3000 万韩元以下的罚款：＜2013.8.6，2014.3.24，2015.7.24，2016.3.29，2017.4.18，2020.2.4 修改＞

1. 违反第 15 条第 2 款、第 17 条第 2 款、第 18 条第 3 款或第 26 条第 3 款的规定未将应当告知信息主体的事项告知信息主体的；

2. 违反第 16 条第 3 款或第 22 条第 5 款的规定拒绝提供产品或服务的；

3. 违反第 20 条第 1 款或第 2 款的规定未向信息主体告知该项内容的；

4. 违反第 21 条第 1 款、第 39 条之六（包括根据第 39 条之十四所准用的情况）的规定未采取销毁个人信息等必要措施的；

4 之二　违反第 24 条之二第 1 款的规定处理身份证号码的；

4 之三　违反第 24 条之二第 2 款的规定未采取加密措施的；

5. 违反第 24 条之二第 3 款的规定，未提供信息主体可以不使用身份证号码的方法的；

6. 违反第 23 条第 2 款、第 24 条第 3 款、第 25 条第 6 款、第 28 条之四第 1 款或第 29 条的规定，未采取确保安全性必要措施的；

7. 违反第 25 条第 1 款的规定设置、运营影像信息处理机的；

7 之二　违反第 28 条之五第 2 款的规定，生成了可以识别特定主体的个人信息但未停止使用或未回收、销毁该信息的；

7 之三　违反第 32 条之二第 6 款的规定，未取得认证但虚假标明认证内容或利用其进行宣传的；

8. 违反第 34 条第 1 款的规定，未向信息主体告知该款之事实的；

9. 违反第 34 条第 3 款的规定，未向保护委员会或总统令规定的专门机关申报措施结果的；

10. 违反第 35 条第 3 款的规定，限制或拒绝信息主体的阅览的；

11. 违反第 36 条第 2 款的规定，未采取更正、删除等必要措施的；

12. 违反第 37 条第 4 款的规定，未对停止处理的个人信息采取销毁等必要措施的；

12 之二　违反第 39 条之三第 3 款（包括第 39 条之十四规定的准用情况）的规定，拒绝提供服务的；

12 之三　违反第 39 条之四第 1 款（包括第 39 条之十四规定的准用情况）的规定，未通知用户、保护委员会及专门机构或无正当理由未在 24 小时内通知或申报的；

12 之四　违反第 39 条之四第 3 款的规定，未向相关主体申报或进行虚假申报的；

12 之五　违反第 39 条之七第 2 款（包括第 39 条之十四规定的准用情况）的规定，未提供同意撤回、阅览、修改个人信息的方法的；

12 之六　违反第 39 条之七第 3 款（包括第 39 条之十四规定的准用情况和第 27 条中从信息通信服务提供者等处获取个人信息的个体）的规定，未采取必要措施的信息通信服务提供者等；

12 之七　违反第 39 条之八第 1 款正文（包括第 39 条之十四规定的准用情况）的规定，未将个人信息的使用明细告知信息主体的；

12 之八　违反第 39 条之十二第 4 款（包括同条第 5 款规定的准用情况）的规定，未采取保护措施的；

13. 未采取第 64 条第 1 款规定的纠正措施的。

③符合下列任何一项条件的，处 2000 万韩元以下的罚款：＜2020.2.4 新设＞

1. 违反第 39 条之九第 1 款的规定，信息通信服务提供者未采取参加保险或参与税务减免优惠活动或者积累准备金等必要措施的；

2. 违反第 39 条之十一第 1 款的规定，未指定国内代理者的；

3. 违反第 39 条之十二第 2 款但书的规定，将个人信息委托国外主体处理、保管时，未将第 39 条之十二第 3 款规定的事项公开或将其告知用户的。

④符合下列任何一项条件的，处 1000 万韩元以下的罚款：< 2017. 4. 18，2020. 2. 4 修改 >

1. 违反第 21 条第 3 款的规定，未将个人信息分离储存、管理的；

2. 违反第 22 条第 1 款至第 4 款的规定，未根据规定的方法获得同意的；

3. 违反第 25 条第 4 款的规定，未采取设置指示牌等必要措施的；

4. 违反第 26 条第 1 款的规定，未依据包含该款规定内容的文件委托第三方办理个人信息处理的业务的；

5. 违反第 26 条第 2 款的规定，未公开委托业务内容和受托人的；

6. 违反第 27 条第 1 款或第 2 款的规定，未向信息主体告知个人信息移转事实的；

6 之二　违反第 28 条之四第 2 款规定，未制作并保管相关记录的；

7. 违反第 30 条第 1 款或第 2 款的规定，未制定个人信息处理方针或未将其方针公开的；

8. 违反第 31 条第 1 款的规定，未指定个人信息保护负责人的；

9. 违反第 35 条第 3 款、第 4 款，第 36 条第 2 款、第 4 款或第 37 条第 3 款的规定，未将应当告知的事项告知信息主体的；

10. 未提交或虚假提交第 63 条第 1 款规定的有关物品、文件等资料的；

11. 拒绝、妨碍、逃避第 63 条第 2 款规定的出入、检查的。

⑤根据第 1 款至第 4 款的规定，罚款由总统令规定的保护委员会和相关中央行政机关长官征收。在这种情况下，相关中央行政机关的长官将对相关领域的个人信息处理者征收罚款。< 2013. 3. 23，2014. 11. 19，2017. 7. 26，2020. 2. 4 修改 >

第 76 条（关于罚款规定适用的特例）

在根据第 75 条的规定征收罚款时，不适用第 34 条之二的关于征收罚款的规定。

[2013.8.6 本条新设]

附　则

附则 < 第 10465 号，2011.3.29 >

第 1 条（施行日）本法自公布 6 个月后开始施行。但是，第 24 条的第 2 款和第 75 条第 2 款的第 5 项，自公布 1 年后开始施行。

第 2 条（其他法律的废止）有关于公共机关个人信息保护的法律将被废止。

第 3 条（有关个人信息纠纷调解委员会的临时措施）本法施行时，根据《促进信息通信网使用及信息保护等相关法律》规定的个人信息纠纷调解委员会的行为或以个人信息纠纷调解委员会为对象的行为，可以视为以本法为依据的个人信息纠纷调解委员会的行为或以个人信息纠纷调解委员会为对象的行为。

第 4 条（有关正在处理的个人信息的临时措施）在本法施行之前，根据其他法律合法处理的个人信息，视为依照本法处理的。

第 5 条（有关罚则适用的临时措施）①本法施行前，对违反先前的《有关于公共机关个人信息保护的法律》的行为适用罚则时，依照该法处理。

②在本法施行前，对违反先前的《促进信息通信网使用及信息保护等法律》的行为适用惩罚时，依照该法处理。

第 6 条（其他法律的修改）①对"6·25"战死者遗骸的发掘等相关法律的部分内容作出以下修改：

第 14 条第 1 款第 2 项中"《有关于公共机关个人信息保护的法律》第 2 条第 2 项"修改为"《个人信息保护法》第 2 条第 1 项"。

②对公务员伦理法的部分内容作出以下修改：

第 6 条第 6 款和第 9 款中的"《有关于公共机关个人信息保护的法律》第 10 条"修改为"《个人信息保护法》第 18 条"。

③对国家公务员法的部分内容作出以下修改：

第19条之三第3款中的"《有关于公共机关个人信息保护的法律》第2条第1项"修改为"《个人信息保护法》第2条第6项"，同条第4款中的"《有关于公共机关个人信息保护的法律》"修改为"《个人信息保护法》"。

④对发明振兴法的部分内容作出以下修改：

将第20条之二第1款中的"《有关于公共机关个人信息保护的法律》"修改为"《个人信息保护法》"。

⑤对信用信息利用及保护相关法律的部分内容作出以下修改：

对第23条第2款第2项修改如下：

2.《个人信息保护法》

⑥对儿童福利法的部分内容作出以下修改：

第9条之二第3款中的"《有关于公共机关个人信息保护的法律》"修改为"《个人信息保护法》"。

⑦对第10333号法律癌症管理法修正案的部分内容作出以下修改：

第14条第1款后段中"《有关于公共机关个人信息保护的法律》第3条第2款"修改为"《个人信息保护法》第58条第1款"。

第49条中的"《有关于公共机关个人信息保护的法律》第10条第3款"修改为"《个人信息保护法》第18条第2款"。

⑧对关于禁止歧视残疾人及权利救济的法律的部分内容作出以下修改：

第3条第8项丙目中"《有关于公共机关个人信息保护的法律》第2条第2项"修改为"《个人信息保护法》第2条第1项"；

第22条第2款中"《有关于公共机关个人信息保护的法律》"修改为"《个人信息保护法》"。

⑨对电子签名法的部分内容作出以下修改：

删除第24条第2款。

⑩对电子政府法的部分内容作出以下修改：

第21条第2款中的"《有关于公共机关个人信息保护的法律》第2条

第 2 项"修改为"《个人信息保护法》第 2 条第 1 项";

第 39 条第 4 款中的"《有关于公共机关个人信息保护的法律》第 5 条"修改为"《个人信息保护法》第 32 条","根据上述法律第 20 条第 1 款，经公共机关个人信息保护审议委员会审议"修改为"根据《个人信息保护法》第 7 条，通过个人信息保护委员会的审议和表决";

第 42 条第 1 款中的"《有关于公共机关个人信息保护的法律》第 2 条第 8 项"修改为"《个人信息保护法》第 2 条第 3 项"，将"《有关于公共机关个人信息保护的法律》第 10 条第 3 款第 1 项及同条第 5 款"修改为"《个人信息保护法》第 18 条第 2 款第 1 项及第 19 条第 1 项"。

⑪对信息通信网利用促进及信息保护等相关法律的部分内容作出以下修改：

删除第四章第 4 节（第 33 条、第 33 条之二、第 34 条至第 40 条）、第 66 条第 1 项和第 67 条；

第 4 条第 1 款、第 3 款，第 64 条之二第 3 款后段，第 65 条第 1 款和第 69 条中的"行政安全部长、知识经济部长或广播通信委员会"分别修改为"知识经济部长或广播通信委员会"；

第 64 条第 1 款各项之外的部分、第 3 款、第 4 款前段、第 5 款前段、第 6 款、第 9 款、第 10 款，第 64 条之二第 1 款、第 2 款、第 3 款各项之外的部分的前段，第 65 条第 3 款、第 76 条第 1 款第 12 项及第 4 款至第 6 款中"行政安全部长或广播通信委员会"修改为"广播通信委员会"。

⑫对关于公正追讨债券的法律的部分内容作出以下修改：

第 2 条第 5 项中"《有关于公共机关个人信息保护的法律》第 2 条第 2 项"修改为"《个人信息保护法》第 2 条第 1 项"。

⑬对出入境管理法的部分内容作出以下修改：

第 12 条之二第 6 款和第 38 条第 3 款中的"《有关于公共机关个人信息保护的法律》"修改为"《个人信息保护法》"。

⑭对韩国奖学财团设立等相关法律的部分内容作出以下修改：

第 50 条第 3 款中"《有关于公共机关个人信息保护的法律》"修改为"《个人信息保护法》"。

第 7 条（与其他法令的关系）本法施行时，在其他法令中引用本法实施之前的《有关于公共机关个人信息保护的法律》以及其中的规定时，本法中有相应规定的，可以视为替换之前的规定，并引用本法及本法的相关规定。

附则（政府组织法）＜第 11690 号，2013.3.23＞

第 1 条（施行日）①本法自公布之日起施行。

②省略

第 2 条至第 5 条省略

第 6 条（其他法律的修订）①至＜149＞的省略

＜150＞对个人信息保护法的部分内容作出如下修改：

第 9 条第 1 款，第 11 条第 1 款，第 12 条第 1 款，第 13 条各项以外的部分，第 24 条第 4 款，第 30 条第 4 款，第 32 条第 1 款以外的部分的前段、后段，同条中的第 3 款、第 4 款，第 33 条第 1 款前段、后段，同条中第 3 款、第 5 款，第 34 条第 3 款前段、后段，第 35 条第 2 款，第 40 条第 3 款各项之外的部分，同条之中第 4 款、第 8 款，第 61 条第 1 款，同条之中第 2 款前段、后段，第 62 条第 1 款，同条之中的第 2 款前段，同条之中的第 4 款，第 63 条第 1 款各项之外的部分，同条之中第 2 款前段，同条之中的第 4 款、第 5 款，第 64 条第 1 款各项之外的部分，第 65 条第 1 款，同条第 2 款前段、后段，第 66 条第 1 款，自第 68 条第 1 款至第 3 款，第 69 条及第 75 条第 4 款前段中的"行政安全部长"修改为"安全行政部长"；

第 18 条第 4 款中的"行政安全部令"修改为"安全行政部令"。

＜151＞至＜710＞省略

第 7 条 省略

附则 ＜第 11990 号，2013.8.6＞

第 1 条（施行日）本法自公布 1 年后开始施行。

第 2 条（关于限制居民身份证号码处理的临时措施）①本法施行时，居民身份证号码的个人信息处理者，必须自本法施行日起 2 年内销毁其持有的居民身份证号码。但是，符合修改后的第 24 条之二第 1 款各项规定的不适用本条。

②在第 1 款规定的期限内未销毁居民身份证号码的，违反修改后的第 24 条之二第 1 款的规定。

附则 ＜第 12504 号，2014.3.24＞

本法自公布之日起施行。但是，法律第 11990 号个人信息保护法部分修改法律第 24 条之二及第 75 条第 2 款第 5 项的修改内容将自 2016 年 1 月 1 日起施行。

附则（政府组织法） ＜第 12844 号，2014.11.19＞

第 1 条（施行日）本法自公布之日起施行。但是，根据附则第 6 条修改的法律中，在修改的本法施行前已经颁布以及还未到施行日的法律的部分，分别从该部分的应当施行之日起施行。

第 2 条至第 5 条省略

第 6 条（其他法律的修订）①至＜55＞的省略

＜56＞对《个人信息保护法》的部分内容作出如下修改：

第 9 条第 1 款，第 11 条第 1 款，第 12 条第 1 款，第 13 条各项以外的部分，第 24 条之二第 1 款、第 3 款，第 30 条第 4 款，第 32 条第 1 款以外的部分的前段，同条中的第 3 款、第 4 款，第 33 条第 1 款前段、后段，同条中第 3 款、第 5 款，第 34 条第 3 款前段、后段，第 34 条之二第 1 款正文，同条第 2 款各项之外的部分，同条第 3 款前段，同条第 4 款，第 35 条第 2 款，第 40 条第 3 款各项之外的部分，同条之中第 4 款、第 8 款，第 61 条第 1 款，同条之中第 2 款前段、后段，第 62 条第 1 款，同条之中的第 2 款前段，同条之中的第 4 款，第 63 条第 1 款各项之外的部分，同条之中第 2 款前段，同条之中的第 4 款、第 5 款，第 64 条第 1 款各项之外的部分，第 65 条第 1 款，同条第 2 款前段、后段，第 66 条第 1 款，自第 68 条第 1 款至第 3 款，第 69 条及第 75 条第 4 款前段中的"行政安全部长"修改为"安全行政部长"。

第 18 条第 4 款中的"安全行政部令"修改为"行政安全部令"。

＜57＞至＜258＞省略

第 7 条 省略

附则　＜第 13423 号，2015.7.24＞

第 1 条（施行日）本法自公布之日起施行。但是，第 8 条第 1 款，第 8 条之二，第 9 条，第 11 条第 1 款，第 32 条之二，第 39 条第 3 款、第 4 款，第 39 条之二，第 40 条，修改后的第 75 条第 2 款第 7 项之二规定自公布 1 年后施行，第 12504 号法律《个人信息保护法》部分修改法律修改后的第 24 条之二第 2 款前段及第 75 条第 2 款第 4 项之三的规定自 2016 年 1 月 1 日起施行。

第 2 条（关于损失赔偿的适用例）修改后的第 39 条第 3 款、第 4 款及第 39 条之二的规定，自本法施行后，适用于由丢失、盗窃、泄露、伪造、变造与毁损个人信息造成的损害赔偿申请等。

第 3 条（有关个人信息保护认证的临时措施）在该法实施之前自行政自治部长官处取得个人信息保护认证的，可以视为根据修改后的第 32 条第 2 款的规定取得个人信息保护认证。

第 4 条（有关个人信息认证审查员资格的临时措施）在该法施行之前取得个人信息保护认证审查员资格的，可以视为根据本法的规定取得了的个人信息保护认证审查员资格。

第 5 条（关于个人信息纠纷调解委员会委员任期的临时措施）在本法施行之前，行政自治部长官任命或委任的纠纷调解委员会委员根据本法第 40 条修改规定视为保护委员会委任的纠纷调解委员会委员。

第 6 条（有关处罚等的临时措施）对本法施行前的违法行为适用处罚或罚款时，适用本法实施之前的规定。

附则　＜第 14107 号，2016.3.29＞

第 1 条（施行日）本法自公布 6 个月后开始施行。但是，修改后的第 24 条之二的第 1 款第 1 项和第 67 条第 2 款第 5 项，自公布 1 年后开始施行。

第 2 条（关于自信息主体以外收集的个人信息的来源等告知的适用例）修改后的第 20 条第 2 款及第 3 款的，自本法施行后首次从信息主体以外之处收集个人信息时开始适用。

第 3 条（关于个人信息处理方针的临时措施）①本法施行当时，根据本法实施之前的规定，个人信息处理方针可以视为修改后的第 30 条第 1 款中规定的个人信息处理方针。

②个人信息处理者在本法施行后的 6 个月内，应当按照本法第 30 条第 1 款规定的修改宗旨修改第 1 款规定的个人信息处理方针。

附则 ＜**第 14765 号**，2017.4.18 ＞

本法自公布后 6 个月后开始施行。

附则（政府组织法） ＜**第 14839 号**，2017.7.26 ＞

第 1 条（施行日）①本法自公布之日起施行。但是，根据修改后的附则第 5 条的规定，在修改本法施行前颁布或者未到施行日的法律，分别自规定的施行日起施行。

第 2 条至第 4 条省略

第 5 条（其他法律的修订）①至 ＜48＞ 的省略

＜49＞ 对个人信息保护法的部分内容作出以下修改：

第 11 条第 2 款，第 12 条第 1 款、第 13 条各项之外的部分，第 24 条第 4 款、第 5 款，第 30 条第 4 款、第 32 条第 1 款各项以外的部分的前段，同条第 3 款、第 4 款，第 32 条之二第 1 款，同条第 3 款各项以外的部分正文，同条第 4 款、第 5 款，第 33 条第 1 款的前段及后段，同条第 3 款、第 5 款，第 34 条第 3 款前段及后段，第 34 条之二第 1 款的正文，同条第 2 款各项之外的部分，同条第 3 款的前段，同条第 4 款，第 35 条第 2 款，第 61 条第 1 款，同条第 2 款的前段及后段，第 62 条第 1 款，同条第 2 款的前段，同条第 4 款，第 63 条第 1 款各项之外的部分，同条第 2 款前段，同条第 4 款的前段及后段，同条第 5 款至第 7 款，第 64 条第 1 款各项之外的部分，第 65 条第 1 款，同条第 2 款的前段及后段，第 66 条第 1 款，第 68 条第 1 款至第 3 款，第 69 条及第 75 条第 4 款前段中的"行政自治部长"修改为"行政安全部长"；

第 18 条第 4 款中的"行政自治部令"修改为"行政安全部令"；

法律第 14765 号个人信息保护法部分修改法律第 22 条第 2 款中的"行政自治部令"修改为"行政安全部令"；

第 24 条之二第 1 款第 3 项中的"安全行政命令"修改为"行政安全

部令"，同条第 4 款中的"安全行政部长"修改为"行政安全部长"。

从 ＜50＞ 到 ＜382＞ 省略

第 6 条 省略

附则 ＜**第 16930 号，2020.2.4**＞

第 1 条（施行日）本法自公布 6 个月后开始施行。

第 2 条（关于委员任期的临时措施）本法施行时，根据本法实施之前的规定任命的保护委员会的委员任期在该法施行前 1 日届满。

第 3 条（根据职能调整的管辖事务等的临时措施）①本法施行时《广播通信委员会的设置及运营相关法律》第 11 条第 1 款中的广播通信委员会的管辖事务中涉及个人信息保护职能的，由保护委员会继承。

②本法施行时，行政安全部长所管的事务，根据修改后的第 7 条之八的规定，由保护委员会继承。

③本法施行前行政安全部长作出的告示、行政处分和其他行为，以及以行政安全部长为对象的申请、申报和其他行为，管辖权从行政安全部长移交至保护委员会的，视为保护委员会的行为或以保护委员会为对象的行为。

④本法施行前，广播通信委员会进行的告示、行政处分、其他行为和以广播通信委员会为对象的举报和其他行为，其管辖权从广播通信委员会移交到保护委员会的，视为保护委员会的行为或以保护委员会为对象的行为。

⑤本法施行时，行政安全部、广播通信委员会所属公务员中，以总统令形式规定的公务员是本法中规定的保护委员会所属公务员。

第 4 条（关于保护委员会的临时措施）①本法施行时，根据本法实施之前的规定，保护委员会的行为或以保护委员会为对象的行为视为根据本法的保护委员会的行为或以保护委员会为对象的行为。

第 5 条（关于个人信息保护管理体系认证机构的临时措施）①本法施行时根据《促进信息通信网使用及信息保护等相关法律》（以下简称《信息通信网法》）第 47 条之三被指定为认证机关或审查机关的，视为本法第 32 条之二规定的专门机关。

②本法施行时，根据《信息通信网法》第47条之三获得个人信息保护管理体系认证或获得认证审查员资格的，视为本法第32条之二的规定取得个人信息保护管理体系认证或获得认证审查员资格。

第6条（有关权限委托的临时措施）本法施行时，根据本法实施之前的规定，将行政安全部长官的部分权限委任或委托给特别市长、广域市长、道知事、特别自治市长或专门机关的，视为根据本法将保护委员会的部分权限分别委托给上述主体。

第7条（有关处罚及罚项的临时措施）对本法施行前的行为适用刑罚及罚款的，按照本法实施之前的规定执行。

第8条（关于征收罚项的临时措施）对本法施行之前终止的行为的罚款按照本法实施之前的规定征收。

第9条（修改其他法律）①对广播通信委员会的设置及运营相关法律的部分内容作出以下修改：

第11条第1款第2项中的"个人信息保护伦理"修改为"网络伦理，营造健康的网络使用环境"。

②对信用信息利用与保护相关法律的部分内容作出以下修改：

第39条之二第4款中的"针对行政安全部长"修改为"针对个人信息保护委员会"。

③对政府组织法的部分内容作出以下修改：

第34条第1款中的"电子政府，个人信息保护"修改为"电子政府"。

④对居民登记法的部分内容作出以下修改：

第7条之五第6款第1项中"有关行政机关（包括根据《个人信息保护法》第7条的个人信息保护委员会）"修改为"有关行政机关"。

第10条（与其他法令的关系）①本法施行时，在其他法令（包括本法施行前公布的以及未到施行日的法令）中，根据本法，保护委员会继承的广播通信委员会及行政安全部的相关事务中，引用"广播通信委员会"或"广播通信委员会委员长"的，根据该法律的规定，视为对"保护委员会"或"保护委员会委员长"的引用。引用"广播通信委员会所属公务员"的，可以视为对"保护委员会所属公务员"的引用，引用"行政安全部所属公务员"的，根据法律的规定，可以视为对"保护委员会所属公务员"的引用。

②本法施行时，在其他法令中引用本法施行前的《信息通信网法》或其规定的，在本法中有相应规定时，视为对本法或本法的相关规定的引用。

图书在版编目（CIP）数据

民商法论丛. 第72卷 / 梁慧星主编. ── 北京：社
会科学文献出版社，2021.12
ISBN 978 – 7 – 5201 – 9515 – 7

Ⅰ.①民⋯ Ⅱ.①梁⋯ Ⅲ.①民商法 – 研究 – 文集
Ⅳ.①D913.04 – 53

中国版本图书馆 CIP 数据核字（2021）第 260193 号

民商法论丛 第 72 卷

主　　编 / 梁慧星
副 主 编 / 朱广新

出 版 人 / 王利民
组稿编辑 / 刘骁军
责任编辑 / 易　卉
文稿编辑 / 张　娇
责任印制 / 王京美

出　　版 / 社会科学文献出版社·集刊分社（010）59367161
　　　　　　地址：北京市北三环中路甲 29 号院华龙大厦　邮编：100029
　　　　　　网址：www. ssap. com. cn
发　　行 / 市场营销中心（010）59367081　59367083
印　　装 / 三河市龙林印务有限公司

规　　格 / 开　本：787mm × 1092mm　1/16
　　　　　　印　张：28.25　字　数：428 千字
版　　次 / 2021 年 12 月第 1 版　2021 年 12 月第 1 次印刷
书　　号 / ISBN 978 – 7 – 5201 – 9515 – 7
定　　价 / 158.00 元